Kunst-Reiseführer in der Reihe DuMont Dokumente

In der vorderen Umschlagklappe: Kaiserfora und Forum Romanum

In der hinteren Umschlagklappe: Plan des antiken Rom

T. Cuccioni inc.

Pantheon

Herbert Alexander Stützer

Das antike Rom

Die Stadt der sieben Hügel:
Plätze, Monumente, Kunstwerke
Geschichte und Leben im alten Rom

DuMont Buchverlag Köln

Auf der Umschlagvorderseite: Forum Romanum: Blick auf Septimius-Severus-Bogen, Phokas-Säule und Castor-Tempel. Im Hintergrund der Titus-Bogen

Auf der vorderen Innenklappe: Dioskur von der Balustrade des Kapitols

Auf der Umschlagrückseite: Ostia antica

CIP-Kurztitelaufnahme der Deutschen Bibliothek

Stützer, Herbert Alexander
Das antike Rom / Herbert Alexander Stützer. –
Köln : DuMont, 1979.
  (DuMont-Dokumente : DuMont-Kunst-Reiseführer)
  ISBN 3-7701-1099-4

© 1979 DuMont Buchverlag, Köln
Alle Rechte vorbehalten
Satz und Druck: Boss-Druck, Kleve und J. P. Bachem, Köln
Farb-Reproduktion: Offset-Repro-Zentrum, Düsseldorf
Schwarzweiß-Reproduktion: Helio, Köln
Buchbinderische Verarbeitung: Boss-Druck, Kleve

Printed in Germany   ISBN 3-7701-1099-4

Inhalt

Vorwort

Rom ist eine moderne Weltstadt, aber in ihr lebt die Vergangenheit mit: die Antike, das Frühchristentum, das Mittelalter, Renaissance und Barock.

Für viele haben jene Bereiche eine besondere Anziehungskraft, die aus der Zeit der Antike stammen, in der sich Rom aus einem kleinen Gemeinwesen zum Mittelpunkt der Welt entwickelte. Diejenigen, die das *alte* Rom suchen, will dieses Buch führen. Es möchte sich aber nicht damit begnügen, den Weg durch die antike Stadt zu weisen und Namen und Jahreszahl von dem, was noch vorhanden ist, zu nennen. Von den Bauwerken bestehen die meisten nur noch als Ruinen. Bei allem Reiz, den Ruinen ausüben, möchte man wissen, wie die Bauten früher ausgesehen haben. Darum zeigt dieses Buch, soweit es möglich ist, zur Ergänzung Rekonstruktionen.

Architekturen werden erst lebendig, wenn man weiß, was in ihnen vorging. Wie sah es aus und was geschah auf den Marktplätzen, in den Tempeln und Heiligtümern, in Palästen und Basiliken, in den Theatern und den Rennbahnen des Circus, in den Thermen und an vielen anderen Orten? Der Verfasser bemüht sich, mit Hilfe der antiken Literatur die Fragen zu beantworten und das Leben und Treiben im alten Rom zu schildern. Und nicht nur die Literatur hilft zum Verständnis. Noch unmittelbarer sprechen zu uns oft Plastiken, Malereien und Mosaiken, die entweder dort sind, wo sie sich schon in der Antike befanden, oder in den verschiedenen Museen. Auch diese Kunstwerke werden in die Darstellung der alten Stadt einbezogen.

Das Buch wendet sich nicht an jene Reisenden, die das fast dreitausend Jahre alte Rom in drei Tagen kennenlernen wollen. Es wünscht sich einen Romfreund, der sich auf dem Forum, dem Palatin oder anderswo auch gelegentlich einmal auf eine Bank oder einen Stein setzt und nachliest, wie es hier einst gewesen ist. Es will auch denen zur Hand gehen, die sich daheim oder unterwegs auf ihre Rundgänge vorbereiten. Vielleicht findet es auch hier und dort einen Leser, der nicht nach Rom fahren will oder kann, der sich aber für das alte Rom, seine Geschichte, Kultur und Kunst interessiert und im bequemen Sessel am Leben der antiken Stadt teilnehmen möchte.

Einleitung: Die Anfänge Roms

Die Sage und ihr historischer Kern

Ehe wir uns dem alten Rom zuwenden, soweit es heute noch in seinen Überresten lebt, wollen wir die Frage stellen, wann und in welcher Weise es gegründet wurde. Dazu ist es nötig, zu hören, was die Sage verkündet, was die antiken Schriftsteller berichten und zu welchen Schlüssen die modernen Forscher gekommen sind. Wenden wir uns also zuerst der römischen Sage zu, die bereits an die Ereignisse in Troja anknüpft und folgenden Inhalt hat:

Der troische Held Aeneas, der Sohn des Anchises und der Göttin Aphrodite, verläßt mit seinem greisen Vater auf dem Rücken die brennende Stadt. Er verliert dabei seine Gattin, aber er rettet seinen Sohn Ascanius, der auch Iulus genannt wird. Mit einer Schar überlebender Troer kommt Aeneas auf einer abenteuerlichen Fahrt nach Sizilien. Dort stirbt sein Vater und wird auf dem Eryx begraben.

Ein Jahr später bricht Aeneas von Sizilien auf. Ein von Iuno gesandter Sturm treibt seine Schiffe an die Küste Afrikas, wo ihn die Königin Dido aufnimmt. Diese entbrennt in Liebe zu ihm und will ihn für immer behalten. Iuppiter aber mahnt Aeneas, seinen Weg fortzusetzen. Dido tötet sich aus Verzweiflung, Aeneas indes kehrt nach Sizilien zurück, wo er am Jahrestag von seines Vaters Tod Leichenspiele veranstaltet. Die Frauen seines Gefolges stecken, der Irrfahrten überdrüssig, auf Iunos Weisung einen Teil seiner Flotte in Brand. Doch Aeneas segelt mit dem Rest der Schiffe und seinen tüchtigsten Gefolgsleuten nach Italien. Er geht bei Cumae an Land und steigt mit der Sibylle in die Unterwelt, in der auch sein verstorbener Vater Anchises die Zukunft vor seinen Augen erstehen läßt.

Aeneas fährt die Küste entlang weiter nach Norden und kommt so nach Latium, wo er Lavinia, die Tochter des Königs Latinus, heiratet. Der Vermählung gingen Kämpfe voraus; denn Turnus, der Fürst der Rutuler, erhob ebenfalls Anspruch auf Lavinia. Beide hatten ihre Bundesgenossen. Zu denen des Aeneas gehörte ein gewisser Euandros, von dem es heißt, er sei aus Arkadien gekommen und habe mit einer kleinen Schar dort, wo später die Stadt Rom entstehen sollte, gesiedelt.

Nach dem Tode des Latinus tritt Aeneas dessen Nachfolge an und gründet eine Stadt, die er nach seiner Gattin Lavinium nennt. Sein Sohn und Nachfolger Iulus zieht in die

Albaner Berge, um dort eine zweite Stadt – Alba Longa – zu gründen, die von Königen regiert wird, deren letzte Numitor und Amulius heißen. Mit diesen nimmt die Sage von Romulus ihren Anfang.

Numitor herrscht als König von Alba Longa, aber sein Bruder Amulius stößt ihn vom Thron. Um Rhea Silvia, Numitors Tochter, zu hindern, Nachkommen zu gebären, zwingt Amulius seine Nichte, Priesterin der Vesta zu werden, woran die Pflicht zu dreißigjährigem Dienst in Jungfräulichkeit gebunden ist. Es nähert sich Rhea Silvia aber der Kriegsgott Mars, und sie schenkt Zwillingen das Leben. Amulius bringt die Mutter um und läßt die Zwillinge, Romulus und Remus, in einer Wanne im Tiber aussetzen.

Da der Tiber gerade Hochwasser führt, wird die Wanne mit den Kindern in der Nähe des Palatins ans Ufer getrieben. Dort hört eine Wölfin sie schreien und säugt sie, bis Faustulus, ein königlicher Hirte, sie findet. Zusammen mit seiner Frau Acca Larentia zieht Faustulus die Kinder auf.

Als die Zwillinge herangewachsen sind, wird Remus bei einem Streit mit den Hirten Numitors gefangengenommen und nach Alba Longa gebracht. Dort klärt sich die Herkunft der Zwillinge auf, und diese erkennen in Numitor ihren Großvater. Gemeinsam kämpfen sie gegen Amulius, so daß nach dessen Tod Numitor wieder rechtmäßiger König wird.

Romulus und Remus entschließen sich bald danach, in der Gegend, in der sie aufgewachsen sind, eine Stadt zu gründen. Um zu erfahren, wer deren König werden soll, befragen sie zuvor die Götter. Sie warten auf ein Vogelzeichen; und als dem Romulus zwölf Geier, dem Remus aber nur sechs erscheinen, ist es klar, daß sich die Götter in diesen Auspizien für Romulus entschieden haben.

Romulus baut nun eine Mauer für seine Stadt auf dem Palatin. Remus aber, der seine Niederlage nicht verwunden hat, springt aus Spott über sie hinweg, wofür ihn Romulus oder einer seiner Gefolgsleute erschlägt. »So soll jeder sterben, der nach dir über meine Mauer springt«, ruft Romulus dabei aus.[1] Von nun an ist er unumstrittener Alleinherrscher, und die Stadt trägt seinen Namen.

Das wäre, kurz gefaßt, der Inhalt der römischen Sage. Wie immer bei Mythen und Sagen gibt es verschiedene Versionen, Abweichungen und auch Widersprüche. Wenn wir aber wissen wollen, inwieweit wir aus der Sage Schlüsse auf die Frühgeschichte der Stadt Rom ziehen können, müssen wir nach den Ursprüngen dieser Sage forschen. Dabei werden wir feststellen, daß sie im Griechischen wurzelt.

Schon der um 700 v. Chr. lebende griechische Dichter Hesiod nennt in seiner Theogonie den König Latinos, der ein Sohn von Kirke und Odysseus sei. Italien interessiert die Griechen nicht zuletzt im Zusammenhang mit diesem homerischen Helden, der auch als Gründer mehrerer italischer Städte genannt wird.

Nach Hellanikos von Lesbos, der im 5. Jahrhundert v. Chr. Sagen aufzeichnete, ist Odysseus mit Aeneas in Italien gewesen und gründete mit ihm zusammen Rom. Aeneas war ja in Homers Ilias als troischer Held fest verwurzelt. Spätestens seit dem ausgehenden 7. Jahrhundert v. Chr. erzählte man, er sei nach Trojas Fall in den Westen gesegelt.

Der sizilische Historiker Alkimos, ein jüngerer Zeitgenosse Platons, nennt als erster Grieche den Namen des Romulus. Er bezeichnet ihn als Sohn des Aeneas. Nach Kallias von Syrakus, einem Geschichtsschreiber aus der Zeit um 300 v. Chr., hat eine gewisse Rhome, die mit den Troern nach Italien gekommen sei, den König Latinos geheiratet und ihm drei Söhne geschenkt. Zwei von diesen – Rhomos und Rhomylos – hätten Rom gegründet und die Stadt nach ihrer Mutter benannt. Von Rhome hatte schon Hellanikos gesprochen, und zwar als einer Troerin, die, des Umherfahrens müde, die Schiffe verbrannt habe. Timaios von Tauromenion, der wie Kallias sizilischer Grieche war und ebenfalls um 300 v. Chr. lebte, hat schließlich die Aeneas-Sage mit römischem Legendengut bereichert und läßt den Helden Rom in seiner künftigen Größe voraussehen.

Wie haben nun die Römer diese von Griechenland ausgehende Sagenwelt aufgenommen? Was haben sie verändert, was dazufabuliert? Wo steckt vielleicht sogar ein römischer Kern in einer griechischen Sage?

Wir finden auf alle diese Fragen jedoch erst seit der zweiten Hälfte des 3. Jahrhunderts v. Chr. eine Antwort; denn bis dahin gibt es keine römische Literatur. Der ältere Cato berichtet zwar, daß lange vor seiner Zeit bei den Gastmählern Lieder vorgetragen wurden, in denen Ruhm und Taten bekannter Männer gepriesen worden seien. Doch den Inhalt dieser Balladen kennen wir nicht.

Wenn wir die *Kunst* der frühen Zeit auf Werke, die Sagenmotive zum Gegenstand haben, durchforschen, ist das Ergebnis dürftig.

In der Villa Giulia in Rom steht eine kleine Tonplastik aus dem etruskischen Veji, die Aeneas zeigt, wie er seinen Vater Anchises auf den Schultern davonträgt (Abb. 1). Man kannte demnach im 5. Jahrhundert v. Chr. in Italien die Aeneas-Sage, und es ist anzunehmen, daß man auch von der Fahrt des troischen Helden an die Küsten der Apenninenhalbinsel wußte.

Kannte man auch schon Romulus und seine Sage? Die Plastik der römischen Wölfin auf dem Kapitol, die ebenfalls aus der ersten Hälfte des 5. Jahrhunderts v. Chr. stammt, könnte zur Bejahung der Frage verleiten. Doch es ist umstritten, ob die Wölfin, der man die Zwillinge erst in der Renaissance beigefügt hat, als jene gedacht war, die Romulus und Remus gesäugt hat. Vielleicht war sie als Weihgeschenk für einen Gott bestimmt; denn in Italien gehört zu mehreren Gottheiten der Wolf (Abb. 2).

Ganz gewiß kannte man die Romulus-Sage um 300 v. Chr.; denn Livius berichtet, daß die curulischen Ädilen Gnaeus und Quintus Ogulnius im Jahre 295 v. Chr. »beim Ruminalischen Feigenbaum die Bilder der Knaben, die an der Wölfin saugten, der Gründer Roms also, aufstellen« ließen.[2]

Doch nun sind wir zeitlich schon nicht mehr weit von den ersten literarischen Zeugnissen entfernt. Gegen Ende des 3. Jahrhunderts v. Chr. beginnen Dichter und Geschichtsschreiber, die römische Ursprungssage zu berichten. Naevius erzählt in seinem Epos ›Bellum Poenicum‹ die Sage von Aeneas und führt sie fort bis zu Romulus, der für ihn ein Enkel des Aeneas ist. Der Geschichtsschreiber Fabius Pictor läßt Aeneas sein Geschick im Traum vorausschauen. Er knüpft die römische Ursprungsgeschichte mit Stolz an griechisch-troische Ereignisse, erzählt von Euandros, dem Arkadier, der an der Stelle des späteren Roms gesiedelt habe, läßt Ascanius Alba Longa bauen und zählt als erster die Reihe albanischer Könige auf, um so – zum richtigen Zeitpunkt – bei Romulus anzukommen, dessen Stadtgründung er in das Jahr 747 setzt. Ennius, der ein römischer Homer sein möchte, stellt in seinen ›Annales‹ die Geschichte von der Eroberung Trojas bis zur Gegenwart dar. Wenn er Romulus darin wieder zum Enkel von Aeneas macht, beweist er, daß er weniger in zeitlich-historischen Kategorien denken kann als Fabius Pictor.

Der erste römische Geschichtsschreiber Fabius Pictor, der allerdings in griechischer Sprache schrieb, ist es auch, der die Sage so erzählt hat, wie sie von Livius und Plutarch, also von Schriftstellern der Kaiserzeit, in ihren entscheidenden Partien weitererzählt wurde. Plutarch beruft sich sogar ausdrücklich auf Fabius Pictor und schreibt – was für den griechischen Ursprung der römischen Sage bezeichnend ist –, Fabius habe die Sage im wesentlichen so dargestellt, wie sie zuerst durch Diokles von Peparethos den Hauptumständen nach den Griechen bekanntgeworden sei.[3]

Livius, der Zeitgenosse des Kaisers Augustus, ist skeptisch gegen das, was er übernimmt, und erklärt in der Einleitung zu seinem Werk ›Libri ab urbe condita‹: »Was aus den Zeiten, da die Stadt gegründet wurde, überliefert ist, will ich weder bestätigen noch widerlegen, ist es doch mehr erdichtete Sage als unverfälschtes Denkmal der Geschichte.« Im übrigen sucht er manches rationalistisch auszudeuten. So erklärt er zu dem üblichen Bericht über die Wölfin, die Romulus und Remus gesäugt habe, einige Leute seien der Ansicht, Larentia, die Gattin des Hirten Faustulus, habe die Kinder genährt. Weil sie aber als ›lupa‹, als Dirne, galt und Lupa auch der Name für Wölfin sei, habe sich die Sage von der säugenden Wölfin herausgebildet.[4]

Plutarch, ein griechischer Schriftsteller, der in der Zeit Trajans als Gesandter nach Rom ging, weist ebenfalls auf diese Deutung hin. Er gibt auch eine Erklärung für die überlieferte Vaterschaft des Mars, die schon Livius angezweifelt hat. Plutarch meint, Rhea Silvia habe leicht Glauben an die Zeugung durch Mars gefunden, weil die Wölfin diesem Gott heilig sei. Er bietet auch noch eine zweite Möglichkeit der Auslegung an, wenn er auf Leute hinweist, die behaupten, Rhea Silvia selbst sei getäuscht worden, weil ihr Onkel Amulius in der Rüstung des Mars zu ihr gekommen sei, um sie ihrer Jungfräulichkeit zu berauben.[5] Bei dieser auf griechischer Phantasie basierenden Gründungssage, welche schon die Historiker der Kaiserzeit mit äußerster Skepsis behandelten, fragt man sich, ob sie überhaupt einen Rest von geschichtlicher Wahrheit birgt.

Bei allem Phantasiereichtum, aus dem die Aeneas-Sage weitaus künstlich geschaffen ist, steht wohl im Hintergrund die Erinnerung an die Wanderungsströme, die am Ende des 2. Jahrtausends vom Orient zum Okzident führten.[6] Auch in der Romulus-Sage steckt vermutlich ein historischer Kern, zu dem man mittels der Sprachwissenschaft vordringt.

Bei den Etruskern findet man den Geschlechtsnamen *ruma*[7], und dieser ist offensichtlich identisch mit dem Ortsnamen ›Roma‹, so wie auch andere italische Städte nach etruskischen Geschlechtsnamen benannt sind. Wenn ein uraltes, später ausgestorbenes Geschlecht den Namen ›Romilii‹ trug, so lebte zweifellos der etruskische Geschlechtsname *ruma* darin fort; und es ist durchaus möglich, daß es einen Mann gab, der etruskisch *rumle* hieß, woraus dann im Lateinischen ›Romilius‹ oder ›Romulius‹ wurde. Das wäre dann jener Name, der uns als ›Romulus‹ überliefert ist.

Es ist in diesem Zusammenhang nicht uninteressant, daß es auch eine Romulus-Sage etruskischer Prägung gibt. Sie lautet:

»Tarchetius, ein äußerst ungerechter und grausamer König der Albaner, empfing in seinem Hause eine göttliche Erscheinung. Ein Phallus stieg aus dem Herde empor und blieb da viele Tage lang stehen. In Tyrrhenien befand sich damals ein Orakel der Thetis, von welchem er die Antwort erhielt, daß eine Jungfrau sich zu dieser Erscheinung begeben solle; diese werde dann einen Sohn gebären, der dereinst zu großem Ruhm gelangen und sich durch Tapferkeit, Glück und Stärke auszeichnen würde. Tarchetius entdeckte diesen Ausspruch einer von seinen Töchtern und befahl ihr, sich mit jenem Phallus zu vereinigen; aber diese empfand das als Schande und schickte eine Magd. Darüber war nun Tarchetius, als er es erfuhr, sehr aufgebracht und ließ beide gefangensetzen, um sie hinzurichten. Allein da ihm Vesta im Traum die Hinrichtung untersagte, befahl er den beiden verhafteten Jungfrauen, ein Stück Zeug zu weben, mit dem Versprechen, daß sie nach dessen Vollendung Männer bekommen sollten. Sie arbeiteten also bei Tage an dem Gewebe; aber des Nachts mußten andere auf Tarchetius' Befehl dasselbe wieder aufziehen. Indes gebar die Magd durch die Vereinigung mit dem Phallus Zwillinge, welche Tarchetius einem gewissen Teratius übergab, daß er sie töte. Dieser setzte sie neben dem Fluß aus. Eine Wölfin kam in die Gegend und reichte ihnen das Euter. Auch brachten allerhand Vögel Speisen herbei und steckten sie den Kindern in den Mund, bis endlich ein Hirte, der lange mit Verwunderung zugesehen hatte, es wagte, hinzugehen und die Kinder mitzunehmen. Auf solche Weise wurden sie gerettet. Nachdem sie herangewachsen waren, überfielen sie den Tarchetius und brachten ihn um.«[8]

Die Romulus-Sage dieser Prägung scheint neben der üblichen Fassung völlig vergessen zu sein. Plutarch hat sie überliefert, und er beruft sich dabei »auf einen gewissen Promathion, der eine Geschichte Italiens geschrieben hat«.[9] Gewiß, Promathion ist so wenig bekannt[10], daß wir vorsichtig sein müssen, weil wir weder seine Quellen noch seine Glaubwürdigkeit beurteilen können. Doch enthält diese Fassung der Sage ohne Zweifel original Etruskisches. Tarchetius wird zwar als König der Albaner bezeichnet, aber sein Name ist eindeutig etruskisch. Dazu befand sich das erwähnte Orakel in Tyrrhenien, also im Etruskerland. Und schließlich handelt es sich bei der Phallus-Legende mit großer Wahrscheinlichkeit um eine alte Volkssage etruskischer Herkunft, die auch von der Geburt des zweiten Königs der etruskischen Dynastie in Rom, von Servius Tullius, erzählt wird[11].

So bedeutet die Sage zwar keine Bestätigung, aber eine Ergänzung dessen, was die Sprachforschung ermittelt hat. Es scheint, als wäre nicht die *ganze* Ursprungssage dichterischer Phantasie entsprungen. Vermutlich hat es in der Frühzeit Roms eine für die Stadt bedeutende Persönlichkeit gegeben, die Romulus oder ähnlich hieß und von den Etruskern abstammte.

Auffassungen antiker Geschichtsschreiber

Wenn auch die antiken Historiker, wie wir es bei Livius und Plutarch gelesen haben, die Romulus-Sage weitaus als Dichtung ansahen, so bezweifelten sie doch nicht, daß Romulus gelebt und die Stadt gegründet hat. Bis in die Spätantike hinein stand auf dem Germalus, einem der beiden Gipfel des Palatins, auch die Hütte, die Romulus bewohnt haben soll. Aus Holz, Schilf und Rohr errichtet, wurde sie mehrfach durch Brand beschädigt, aber immer wieder aufgebaut; denn sie galt als römisches Nationalheiligtum.

Auch über das Gründungsdatum bestand im großen und ganzen Einigkeit. Abgesehen von Ennius, der 880 v. Chr. angab, nannte man ein Jahr in der Mitte des 8. Jahrhunderts v. Chr. Schließlich wurde das von dem spätrepublikanischen Gelehrten M. Terentius Varro genannte Jahr 753 v. Chr. zum offiziellen Gründungsjahr erklärt, so daß man die römische Zeitrechnung – *ab urbe condita* – mit diesem Datum beginnen ließ.

Die antiken Historiker machten keinen Unterschied zwischen der ersten Besiedlung und der Stadtgründung. Wie sie sich diese im einzelnen vorstellten, mag die Beschreibung Plutarchs erläutern:

»Nachdem Romulus seinen Bruder mit seinen Erziehern auf dem Platze Remonia begraben hatte, setzte er den Bau der Stadt fort, ließ aber vorher Männer aus Etrurien kommen, die ihn, wie bei Mysterien, unterrichten und alles nach gewissen heiligen Gebräuchen und Vorschriften anordnen mußten. Es wurde nämlich auf dem jetzigen Comitium eine runde Grube gemacht und in diese Erstlinge von allen Dingen, deren Gebrauch entweder das Gesetz erlaubt oder die Natur notwendig macht, gelegt. Zuletzt warf jeder eine Handvoll Erde, die er aus dem Lande, woher er gekommen war, mitgebracht hatte, hinein und rührte alles durcheinander. Eine solche Grube heißt bei den Römern, ebenso wie das ganze Weltgebäude, *mundus*. Hierauf beschrieb man um sie, wie um den Mittelpunkt eines Zirkels, den Umfang der Stadt. Der Erbauer befestigt an einem Pflug eine eiserne Pflugschar, spannt einen Ochsen und eine Kuh daran und zieht in eigener Person eine tiefe Furche um jene Grenzlinie. Einige gehen hinterdrein, deren Aufgabe es ist, die vom Pflug aufwärts geworfenen Erdschollen einwärts zu kehren und keine außerhalb liegen zu lassen. Durch diese Linie bestimmt man den

1   Titus-Bogen. Forum Romanum

2

3

4 Sog. Tempel des Romulus.
   Forum Romanum

2 Statue einer Virgo
   Vestalis Maxima. Haus
   der Vestalinnen.
   Forum Romanum

3 Relief der Decennalienbasis. Forum Romanum

5 Castor- und Pollux-Tempel.
   Forum Romanum

6 Saturn-Tempel mit Forum Romanum ▷

7 Sockel der
Ehrensäule
des Trajan.
Trajansforum

8 Basilica Ulpia
und Trajanssäule
auf dem Trajans-
forum ▷

11 Tempel auf dem Forum
Boarium, fälschlicher-
weise Vesta-Tempel
genannt ▷

9 Märkte des Trajan

10 Gebälk vom Forum
Transitorium mit
Minerva-Szenen

12 Tempel auf dem Forum
Boarium, fälschlicher-
weise Tempel der
Fortuna Virilis
genannt ▷

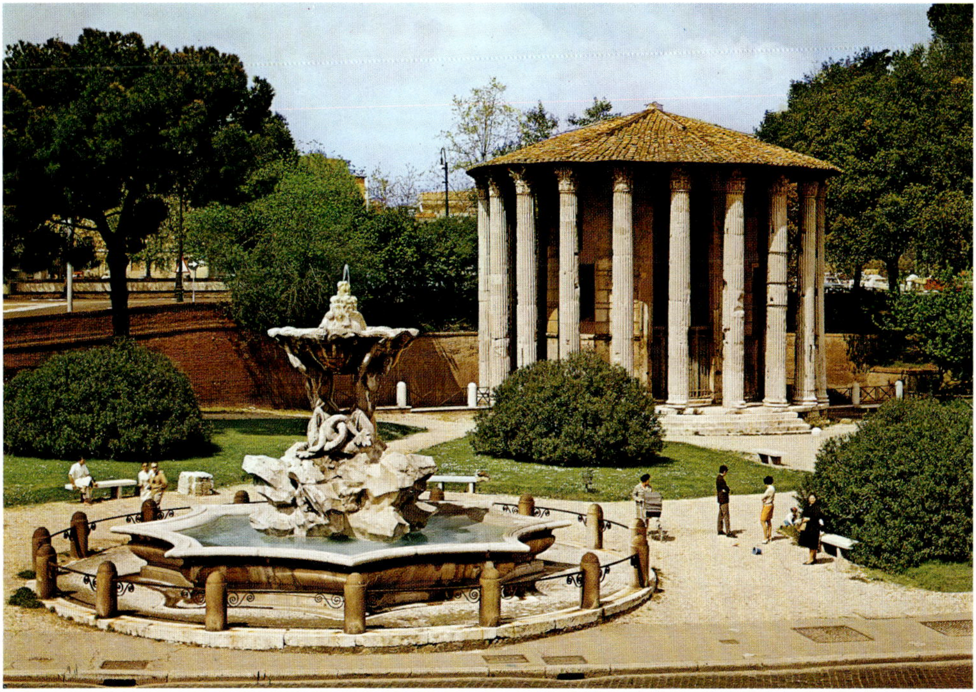

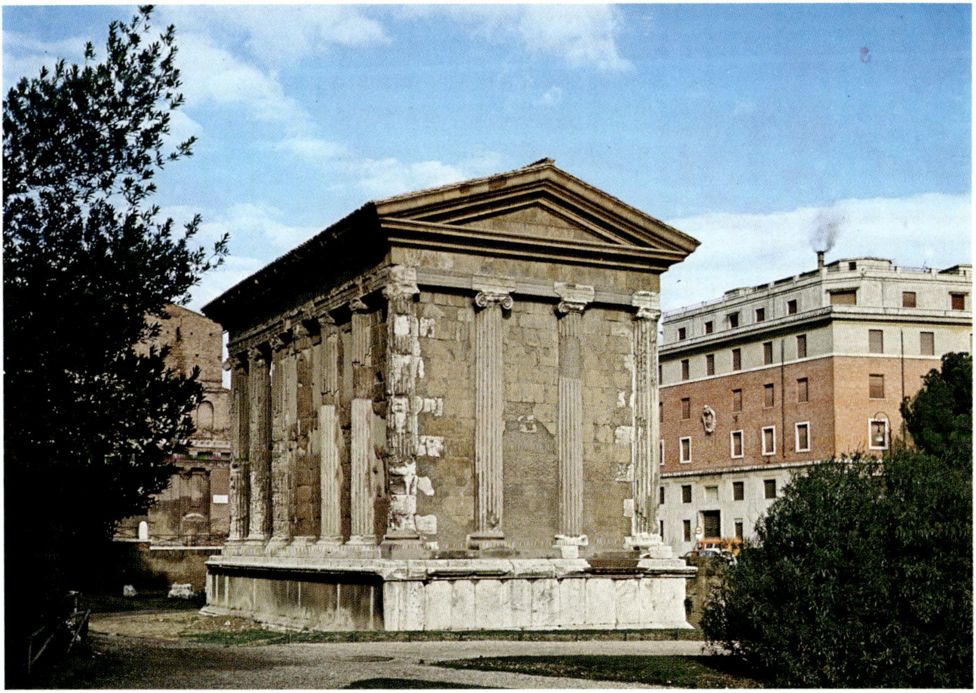

13 ›Apollo‹. Freskenfragment, gefunden südlich der Cacus-Stiege. Antiquarium des Palatins

14 ›Ankunft der Schiffe des Odysseus bei den Lästrygonen‹. Fresko aus einem Haus auf dem Esquilin. Vatikanische Museen

15 Musikantinnen, Detail der ›Aldobrandinischen Hochzeit‹. Fresko aus einem Haus auf dem Esquilin. Vatikanische Museen

16 Aufgang vom Forum
    Romanum zum Palatin

17 Statue der Roma vor
    dem Senatorenpalast.
    Kapitol

18 Marc Aurel. Kopf des
    Reiterstandbildes auf
    dem Kapitol ▷

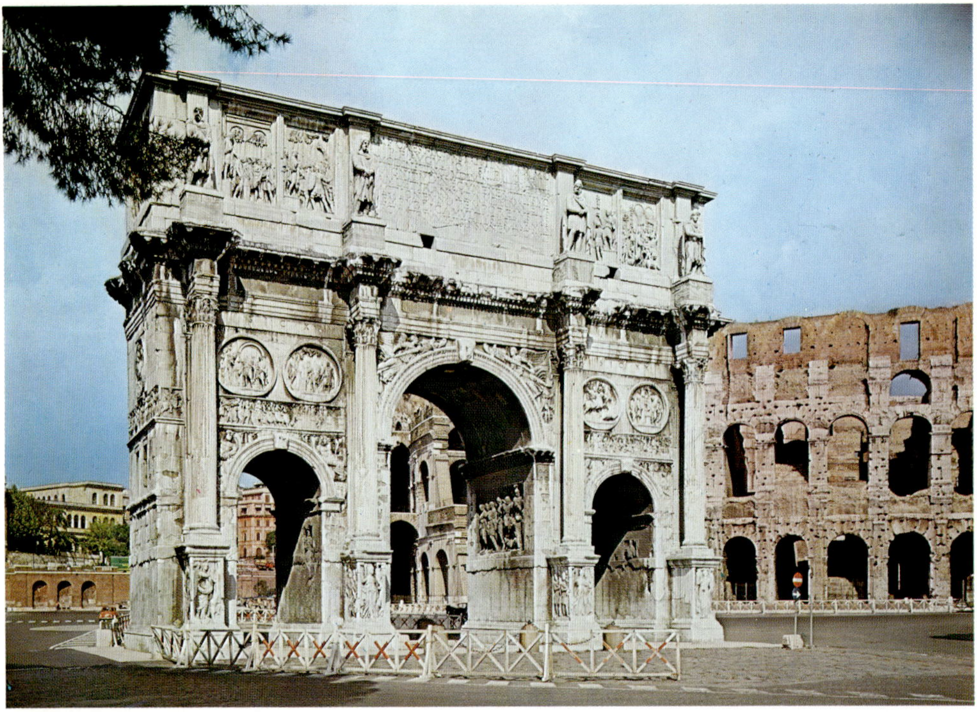

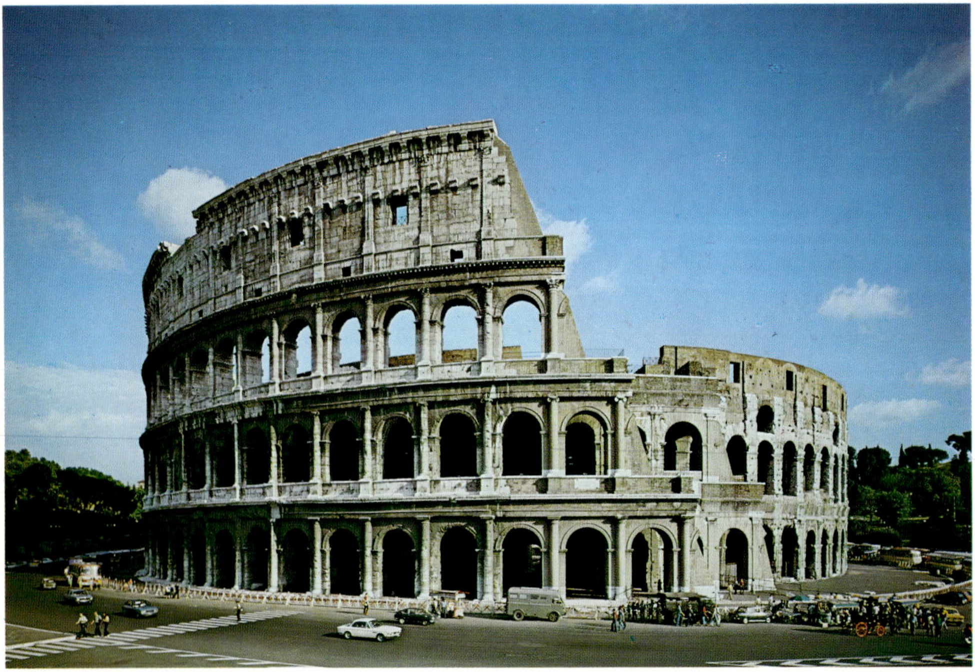

21 Area Sacra del Largo Argentina (Republikanische Tempel). Tempel A

22 Casal Rotondo, Sockel eines spätantiken Hochgrabes. Via Appia antica

23 Grabmal der Caecilia Metella. Via Appia antica

Umfang der Mauer, und sie wird mit Ausstoßung zweier Buchstaben Pomerium (Promoerium), das heißt der Raum hinter oder nach der Mauer, genannt. Wo man ein Tor einzusetzen gedenkt, nimmt man die Pflugschar ab und hebt den Pflug darüber weg, um einen Zwischenraum zu lassen. Aus dieser Ursache hält man die ganze Mauer, die Tore ausgenommen, für heilig; sollten aber auch die Tore für heilig gehalten werden, so mußte man sich ein Gewissen machen, Dinge, die zwar notwendig, aber nicht rein sind, durch sie ein- und auszuführen.«[12]

Daß die Gründung Roms ›nach etruskischem Ritus‹ erfolgt ist, stand für die antiken Autoren fest. Nur daß der Mundus[13] auf dem Comitium, also auf dem Forum, gelegen habe, entspricht nicht der allgemeinen Auffassung. Man glaubte ja, daß die frühe Stadt auf dem Palatin angelegt gewesen sei. »Das Palatium, der Ort, an dem Romulus erzogen worden ist, wurde zuerst ummauert«, schreibt Livius[14]. Demzufolge mußte man den Mundus inmitten der Palatinstadt suchen.

Auch den Mundus »als Mittelpunkt eines Zirkels« anzusehen, ist ungewöhnlich. Der allgemeinen Auffassung nach war die Palatinstadt nach etruskischem Vorbild quadratisch angelegt, weswegen sie *Roma Quadrata* genannt wurde. Tacitus glaubte sogar, deren genaue Grenzen zu kennen, und schrieb: »Am Forum Boarium, wo wir das eherne Bild des Stiers erblicken, weil man das Tier ja an den Pflug spannt, fing die Furche zur Bezeichnung der Stadt an, so daß sie den großen Altar des Hercules einschloß. Hierauf wurden in bestimmten Zwischenräumen die Marksteine errichtet, dicht am Fuß des Palatinberges entlang bis zum Altar des Consus, dann bis zu den alten Kurien, schließlich bis zu dem Heiligtum der Laren. Das römische Forum und das Kapitol, hat man geglaubt, sei nicht von Romulus, sondern von Titus Tatius der Stadt hinzugefügt.«[15]

Mit Titus Tatius nun hat es folgende Bewandtnis: Er galt als König der Sabiner, von denen es heißt, sie hätten eine Ansiedlung auf dem Quirinal besessen. Schon in den Anfängen sollen sich Latiner und Sabiner zu einer Doppelgemeinde zusammengeschlossen haben, was man für eine Folge des Raubes der Sabinerinnen hielt. So erzählt Livius, daß es den Latinern an Frauen gemangelt habe. Darum lud Romulus die umliegenden Gemeinden zu einem Turnier ein, bei dem den zahlreich erschienenen Sabinern die Mädchen geraubt wurden. Die Folge war ein Krieg zwischen Römern und Sabinern, der mit einem Friedensschluß endete, bei dem sich die ehemaligen Feinde vereinigten, eine gemeinsame Regierung bildeten und Rom zu ihrer Hauptstadt machten. Damit war das Doppelkönigtum des Romulus und des Titus Tatius begründet.[16]

Forschungsergebnisse und Hypothesen moderner Historiker

Bei der Konfrontation der Auffassungen antiker und moderner Gelehrter ergibt sich, daß nicht unerhebliche Differenzen bestehen. Unsere Erkenntnisse fußen zuerst einmal auf Ausgrabungen, aus denen sich schließen läßt, daß es schon im 13. bis 12. Jahrhundert v. Chr. Siedler im Gebiet des späteren Rom gegeben haben muß. Man hat nämlich in der Füllerde alter Tempel bei der Kirche S. Omobono Scherben von bronzezeitlichen Gefäßen gefunden, die zur apenninischen Keramik gehören, von der man sonst nirgendwo in Rom etwas ausgegraben hat. S. Omobono liegt südlich vom Kapitol. Also muß in diesem Bereich die Ansiedlung gewesen sein, die vermutlich sehr klein war. Die Nähe des Tibers wird die Wahl des Ortes mitbestimmt haben. Doch nicht die bronzezeitlichen Funde aus dem Bereich von S. Omobono sind es, die unser Hauptinteresse in Anspruch nehmen, sondern die früheisenzeitlichen von Forum und Palatin, weil sie über die ersten latinischen Ansiedler Aufschluß geben.

Auf dem Forum Romanum, das in der Frühzeit ein Sumpfgebiet war, hat man zwischen dem Caesar-Tempel und dem Augustus-Bogen sowie auf dem ›Archaischen Friedhof‹ früheisenzeitliche Brandgräber entdeckt, denen zeitlich ungefähr ein Brandgrab unter dem ›Haus der Livia‹ auf dem Palatin entspricht. Wie Gräber dieser Art beschaffen waren, mag die Abbildung des ältesten Grabes, dessen Inhalt sich im Antiquarium des Forums befindet, zeigen.

In einem schachtartig in die Erde eingetieften Pozzo, einem Grubengrab, stand die Urne, die sicherlich einem Gefäß des täglichen Gebrauches entsprach. Zugedeckt war sie

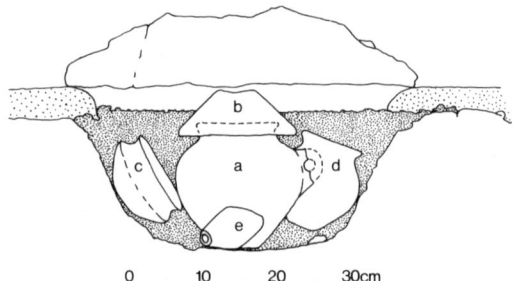

Ältestes Brandgrab auf dem Forum Romanum   a Einhenklige Urne für die Asche   b Übergestülpte Schale   c Bauchknickschale   d Kleineres Gefäß in Form der Urne   e Bikonischer Amphoriskos   Nach Kähler

mit einem einfachen Napf. Außer der Asche des Toten lag in der Urne eine zerfressene bronzene Bogenfibel mit gewundenem, knotenverziertem Bügel. Vielleicht hatte sie ein Tuch zu halten, das die Überreste des Toten umschloß. Um die Urne herum waren Grabbeigaben angeordnet: eine Bauchknickschale mit Schnuröse, ein Gefäß von gleicher Form wie die Urne, ein bikonischer Amphoriskos und das Fragment eines Fußschälchens. Man glaubte nämlich, daß der Tote mit einem Teil seines individuellen Selbst fortlebte, und gab ihm Speise und Trank und manches von dem, was er im Leben gebraucht hatte, in sein Grab mit.

Zu den Gräbern auf dem Palatin und dem Forum kamen später solche im Gebiet der Velia, des Quirinals und des Esquilins. Da die Erdbestattung mehr und mehr die Feuerbestattung ablöste, wurden jetzt längliche Fossa-Gräber, die der Körperbestattung dienten, vorherrschend.

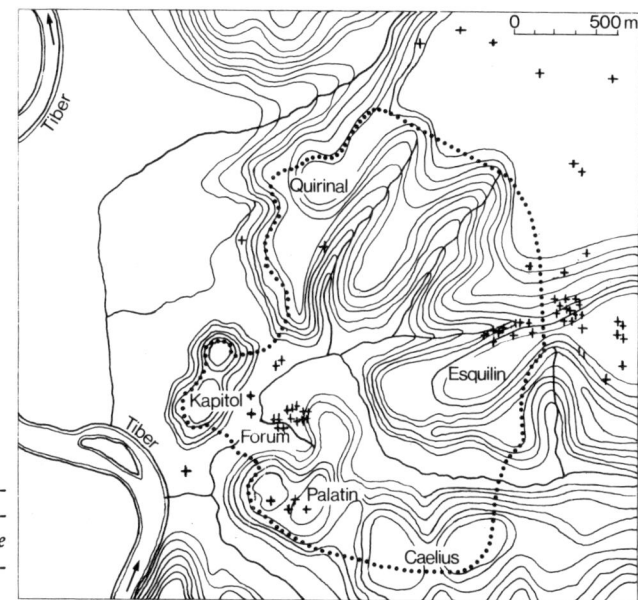

Funde aus der späten Bronze- und der frühen Eisenzeit. (Die Kreuze zeigen die Fundstellen an.) Nach Müller-Karpe

Auf die Frage nach der Datierung geben außer den Urnen die Grabbeigaben Antwort, aber nicht so eindeutig, daß sich die Gelehrten völlig einig wären.[17] Dennoch kann man sagen, daß die ältesten Gräber spätestens im 9., wahrscheinlich aber schon im 10. Jahrhundert v. Chr. angelegt worden sind. Zu dieser Zeit also gab es eine Ansiedlung im Bereich des Palatins. Die Bewohner müssen der frühlatialen Kultur zugehört haben, denn die Beigaben, die man in den Gräbern Roms und in gleichzeitigen der Albaner Berge gefunden hat, sind von derselben Art. Die ersten Römer waren demnach indoeuropäische Italiker latinischen Stammes.

Vergleicht man nun die Ergebnisse der modernen Forschung mit den Ansichten der antiken Historiker, so wird klar, daß das 8. Jahrhundert v. Chr. nicht die Zeit der ersten latinischen Besiedlung sein kann, die von den antiken Autoren ja mit der Stadtgründung gleichgesetzt wird. Auch die Ziehung eines Pomeriums nach etruskischem Ritus in den ersten Anfängen ist höchst unwahrscheinlich. Im 10. oder 9. Jahrhundert v. Chr. hat man gewiß keine Sakralgrenze nach Etruskerbrauch gezogen. Es verdient aber untersucht zu werden, was die antiken Schriftsteller veranlaßt hat, die Gründung Roms in die Mitte des 8. Jahrhunderts v. Chr. zu verlegen. Sehen wir uns zuerst nach Ausgrabungen um, deren Funde aus dieser Zeit stammen.

1950 sind Arbeiten auf dem Germalus zum Abschluß gekommen, die ein Fundament aus natürlichem Tuffgestein zutage gefördert haben, das erkennen läßt, daß hier drei Hütten aufgebaut waren. Besonders von einer dieser Hütten sind die Bodenspuren so deutlich, daß man den Bau unschwer rekonstruieren kann.

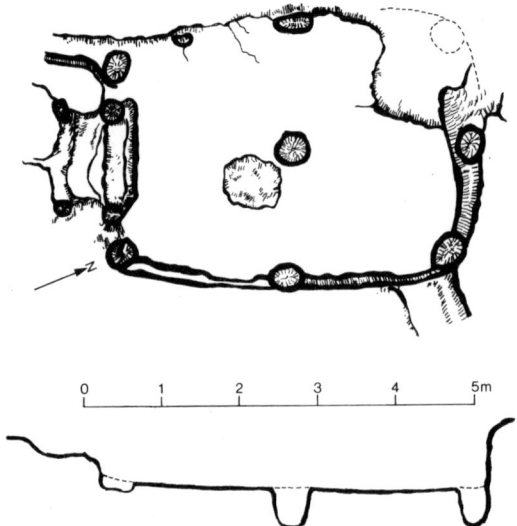

Fundament aus Tuff von einer Hütte auf dem Germalus. Nach Davico

Die Löcher im Boden des Tuffgesteins sind offensichtlich planmäßig angelegt, um hölzerne Pfosten aufzunehmen. Dabei wird die Fläche von sechs Löchern begrenzt. Das siebente Loch in der zerstörten vierten Ecke ergibt sich aus der Gesamtanlage. An der gegenüberliegenden Schmalseite befinden sich zwei kleine Löcher, denen zwei noch kleinere vorgelagert sind. In den Mittelpunkt der Fläche ist ein besonders großes Pfostenloch eingehauen.

Füllt man nun die Löcher neu mit Pfosten, so ersteht ein Bau, wie ihn die Rekonstruktionszeichnung nach Alberto Davico zeigt. Da man auch ein paar Brocken von

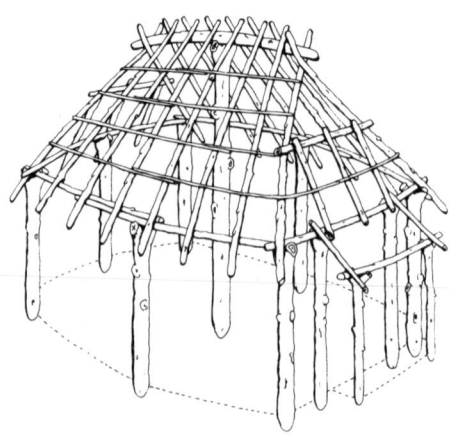

Rekonstruktion der Hütte. Nach Davico

einem Lehmbewurf mit Abdrücken eines Weidengeflechtes gefunden hat, kann man daraus folgern, daß die Wände aus einem solchen Geflecht bestanden haben und mit Lehm beworfen waren.

Bodenspuren zwischen dem Mittelpfosten und der Tür deuten darauf hin, daß im Innern der Hütte eine Feuerstelle war. Freilich konnte sie nicht groß und offen sein. Sie befand sich zwischen den vier ›Beinen‹ eines Kochuntersatzes, von dem man noch einen kleinen Rest aufgefunden hat. Wir können uns also ein ziemlich genaues Bild von den Hütten machen, von denen sich im übrigen auch das Alter angeben läßt. Scherben, die auf der untersten Schicht gefunden wurden, weisen nämlich ins 8. Jahrhundert v. Chr. Aus dieser Zeit dürfte auch die Gesamtanlage stammen.

Es ist nicht unwesentlich, zu wissen, daß man die Fundamente in *dem* Bereich des Germalus gefunden hat, in dem noch im 4. nachchristlichen Jahrhundert die Hütte des Romulus gezeigt wurde, von der Dionysios von Halikarnassos (1, 79, 11) berichtet, daß sie aus Holz und Schilf gebaut und mit Stroh gedeckt gewesen sei. So ist es also nicht ausgeschlossen, daß auf dem freigelegten Fundament jene Hütte aufgebaut war, die man im Altertum als Romulus-Haus verehrt hat. Doch das besagt noch nicht, daß Romulus – so sich in der Sagengestalt eine historische Persönlichkeit verbirgt – auch tatsächlich hier gelebt hat.

Die Ausgrabungen der Hüttenfundamente sind für uns sehr wertvoll, weil sie uns eine Vorstellung vermitteln, wie die Römer im 8. Jahrhundert v. Chr. gewohnt haben. Sie tragen indes nichts zur Beantwortung der Frage bei, was die antiken Autoren veranlaßt hat, die Stadtgründung in das 8. Jahrhundert v. Chr. zu verlegen. So bleibt nichts anderes übrig, als die geschichtliche Situation in dieser Zeit zu untersuchen.

Das junge Rom hatte im 8. Jahrhundert eine beträchtliche Ausdehnung erreicht und erstreckte sich vom Palatin bis zum Esquilin und Quirinal. Das Handwerk hatte durch die Einführung der rotierenden Töpferscheibe einen Aufschwung erfahren. Der Binnen- und Außenhandel belebte sich. Dazu brachte die Nähe der neugegründeten griechischen Kolonien in Süditalien nicht nur wirtschaftlichen und kulturellen Austausch; die Römer hatten nun auch Gelegenheit, den Städtebau der Griechen und deren Kommunalpolitik kennenzulernen und daraus Nutzen zu ziehen. So kann man Müller-Karpes Frage verstehen: »Sollte es nicht möglich sein, daß die spätrepublikanischen Gelehrten eine entfernte Kunde von dieser Epoche des Wachstums, des wirtschaftlichen Aufblühens und der kommunalen und vielleicht auch politischen Festigung des römischen Gemeinwesens hatten, die sie veranlaßte, die Gründung Roms in eben dieses 8. Jahrhundert zu verlegen?«[18]

In Anbetracht der Fakten ist man geneigt, die Frage Müller-Karpes bejahend zu beantworten. Man fühlt sich indes zu einer neuen Frage veranlaßt: Wenn sich im 8. Jahrhundert v. Chr. städtische Wesenszüge herausbildeten, wann ist dann die Stadtwerdung endgültig erfolgt?

Massimo Pallottino lehnt eine Datierung der Stadtwerdung ab, weil er sie als einen Prozeß betrachtet, der sich allmählich vollzog.[19] Und doch gibt es in diesem Prozeß ein entscheidendes Ereignis: die Bestimmung des Pomeriums. Wenn auch der Bericht über die Ziehung des Pomeriums in der Zeit des Anfangs angezweifelt werden muß, so scheint doch unter der Herrschaft der etruskischen Könige um 600 v. Chr. eine heilige Grenze bestimmt worden zu sein. Von diesem Zeitpunkt an war nämlich innerhalb des Stadtbereiches jegliche Bestattung, auch die der Kleinkinder, verboten, was auf eine Sakralgrenze schließen läßt. Diese hätte dann Rom als Vierregionenstadt umschlossen, deren Bezirke die Namen *Suburana, Esquilina, Collina* und *Palatina* trugen und sich über Caelius, Esquilin, Viminal, Quirinal, Kapitol und Palatin erstreckten.

Die Bestimmung des Pomeriums dürfte den Abschluß der Stadtwerdung bedeutet haben, ganz im Sinne Müller-Karpes, der seine Vermutung folgendermaßen formuliert: »Was die sakralrechtliche Konstituierung der Urbs anbetrifft – gesetzt den Fall, die Anlage eines Pomeriums *Etrusco ritu* sei wirklich das wesentliche Kennzeichen der Urbs und diese sei um 600 v. Chr erfolgt –, so ist es durchaus möglich, daß dieses Ereignis nicht die Ursache und den Beginn der Stadtentstehung, sondern die Folge aus dem bereits städtischen Charakter der Ansiedlung, gleichsam den Abschluß der Stadtwerdung, darstellt.«[20]

Zu beantworten bleibt jetzt noch die Frage, in welcher Weise Rom die Ausdehnung seines Siedlungsgebietes erreichte, das im 8. Jahrhundert v. Chr. schon so groß war, daß es Palatin, Esquilin und Quirinal umschloß.

Wenn antike Schriftsteller die Meinung vertraten, die erste Ansiedlung sei auf dem Palatin erfolgt, so weichen die meisten modernen Forscher von dieser Auffassung nicht ab. Auch für sie gilt als Ort der ältesten Besiedlung der Palatin mit seinen beiden Kuppen, dem Germalus und dem Palatium, wenn sie auch nicht ausschließen, daß schon in den Anfängen das Gebiet zur Velia hin mitbesiedelt wurde.

Wie sich die Ausweitung zum Quirinal, Esquilin und auch zum Caelius hin vollzog, darüber gehen die Auffassungen auseinander. Einige Gelehrte stimmen noch der antiken These zu, daß sich in der Frühzeit die Bewohner von Palatin und Quirinal zu einer Doppelgemeinde vereinigt haben. Ernst Kornemann hat diese These u. a. in seiner ›Römischen Geschichte‹ erläutert. Auch für ihn ist der Ausgangspunkt der latinischen Siedlung, den er in die Zeit vor 1000 v. Chr. datiert, der Palatin, von dem aus sich das Siedlungsgebiet über die Velia zum Esquilin hin erweiterte. *Esquiliae* wird dabei mit ›Außensiedlung‹ übersetzt. Zum latinischen Siedlungsareal gehörte der Bereich der sieben Hügel, deren Bewohner sich nach antiker Überlieferung zum Septimontiumsfest trafen. Dabei darf man unter den sieben Hügeln nicht jene verstehen, die uns als solche geläufig sind: Palatin, Kapitol, Esquilin, Caelius, Quirinal, Viminal und Aventin. Die sieben Hügel der Frühzeit waren Palatium, Germalus, Velia, Oppius, Cispius, Fagutal und Subura. Palatium und Germalus bilden den Palatin, zu dem bisweilen auch die Velia gerechnet wird, während Oppius, Cispius und Fagutal Erhebungen des Esquilin darstellen und die Subura (oder Sucusa) eine Kuppe des Caelius ist.

Einer etwas jüngeren Zeit gehört nach Kornemann die Besiedlung des Quirinal und Viminal an, die durch Sabiner erfolgt sei. Diese lebten mit den Latinern in Frieden, was sich bereits daran zeige, daß sie deren Grabstätte im Forums-Tal übernommen und über den alten Brandgräbern Körpergräber angelegt hätten. Schon frühzeitig sei aus den beiden Ansiedlungen eine Doppelgemeinde geworden.[21]

Die Grabstätten spielen für die Verfechter dieser These eine große Rolle, da sie – allen voran Friedrich von Duhn[22] – die höchst anfechtbare Ansicht vertreten, daß die Brandgräber auf Latiner, die Körpergräber aber auf Sabiner zurückgehen. Nachdem nun neuere Forschungen ergeben haben, daß die Fundgegenstände im Quirinalbereich sich nicht von latinischen Erzeugnissen unterscheiden und es nichts gibt, was sabinischem Material ähnlich wäre, ist die These von der latinisch-sabinischen Doppelgemeinde mehr als fragwürdig geworden.[23]

Eine andere Auffassung vertrat schon 1905 der italienische Gelehrte G. Pinza. Nachdem man Grabstätten auf dem Forum, dem Esquilin und dem Quirinal gefunden hatte, schloß Pinza auf dazugehörige und eventuell noch weitere selbständige Hügelsiedlungen. Diese hätten sich dann – durch eine starke Persönlichkeit dazu veranlaßt – zusammengeschlossen. So sei die Stadt durch die Vereinigung mehrerer Dorfgemeinden entstanden.[24]

Eine solche durch Synoikismos erfolgte Stadtwerdung bezweifelt Müller-Karpe. Er hält die Siedlung im Palatin-Velia-Bereich für die einzige Ursiedlung. Müller-Karpe geht davon aus, daß die ersten Gräber auf dem Esquilin ein Jahrhundert nach denen im Palatinbereich angelegt sind, was auch auf spätere Besiedlung des Esquilins schließen lasse. Es scheint ihm nun wenig glaubwürdig, daß sich nur einige hundert Meter östlich von der Palatin-Velia-Gegend »eine völlig selbständige und nach Aussage der Nekropole auch recht umfangreiche Siedlung entwickelt haben soll. Eher wird man daran denken wollen, daß beide Gräbergruppen, sowohl diejenige auf dem Palatin und im Forums-Tal als auch die auf dem Esquilin, zu einer gemeinsamen Siedlung, nämlich zu Rom gehört haben«.[25] Was aber die Gräber am Quirinal angeht, so rechnet Müller-Karpe die älteren, die unter dem späteren Augustus-Forum liegen, mehr zum Forums-Tal als zum Quirinal. Die auf der Quirinalhochfläche gefundenen indes sind jünger als die ältesten vom Esquilin, so daß für dieses Siedlungsgebiet das gleiche gilt wie für das esquilinische.

Sowohl Pinza als auch Müller-Karpe haben ihre Anhänger. Beider Meinungen beruhen auf Hypothesen, zu denen hier nicht Stellung genommen werden soll. Wichtiger für uns ist die Erkenntnis, daß sich im 8. Jahrhundert v. Chr. die Ansiedlung vom Palatin bis zum Esquilin und zur Quirinalhochfläche erstreckte. Und wenn schon anzunehmen ist, daß in Roms Frühzeit ein Etrusker eine Rolle spielte, der Romulus oder so ähnlich hieß, was spricht dann dagegen, diesen Mann in eben jener Zeit zu vermuten, in der Rom einen gewaltigen Aufschwung nahm und sich bereits städtische Wesenszüge herausbildeten? Wir würden damit auch den antiken Historikern entsprechen, die Romulus dem 8. Jahrhundert zuweisen. Daß wir ihn deshalb nicht – gleich diesen – als Gründer einer ersten Ansiedlung ansehen und seine sagenhafte Geschichte akzeptieren, versteht sich von selbst.

Der antiken Tradition nach folgten dem Romulus die Könige Numa Pompilius, Tullus Hostilius, Ancus Marcius, Tarquinius Priscus, Servius Tullius und Tarquinius Superbus. Auch sie stehen noch im Dämmerlicht der Sage, das sich erst bei den letzten drei Herrschern aufzuhellen beginnt. Daß es in der Frühzeit Könige gegeben hat, gilt als sicher. Ob es vor Tarquinius Priscus vier waren, ob deren Namen stimmen, ob in dem, was die antiken Historiker von ihnen berichten, Geschichtliches neben Sagenhaftem enthalten ist, das alles mag dahingestellt bleiben. Auch die Frage, ob alle Könige, welche die latinischen Italiker Roms regierten, Etrusker waren, wollen wir offenlassen. Jochen Bleicken erklärt: »Es hat überhaupt keine latinischen Könige in Rom gegeben; sie sind eine durchsichtige Erfindung der späten Zeit, als man in den Männern der Heroenzeit Roms ungern Ausländer sehen mochte ...«[26] Diese These scheint uns aber zu gewagt, auch wenn Bleicken sie damit stützt, daß er in den Doppelnamen der Könige den einen Bestandteil jeweils als etruskisch bezeichnet.

Aus etruskischen Geschlechtern kamen außer Romulus sicherlich Tarquinius Priscus, Servius Tullius und Tarquinius Superbus, deren Regierungszeit man schon einigermaßen verläßlich datieren kann, und zwar 616–578, 578–534 und 534–510 v. Chr. Wenn es zutrifft, daß die geheiligte Stadtgrenze des Pomeriums um 600 v. Chr. bestimmt wurde, dann fällt dieses Ereignis in die Regierungszeit des Tarquinius Priscus.

Zusammenfassend wäre also zu sagen, daß die erste latinische Ansiedlung im 10.–9. Jahrhundert v. Chr. erfolgte. Im 8. Jahrhundert v. Chr. erstreckte sich Rom über den Palatin, Esquilin und Quirinal und wies bereits städtische Wesenszüge auf. Die Stadtwerdung fand wahrscheinlich unter Tarquinius Priscus um 600 v. Chr. ihren Abschluß. Und damit wollen wir uns *dem* zuwenden, was vom antiken im gegenwärtigen Rom noch sichtbar ist.

I Marktplätze

1 Forum Romanum

Trockenlegung durch die Cloaca Maxima

Herz und Mittelpunkt Roms war – und so ist es noch heute – das Forum Romanum. In der Antike bildete es das Zentrum der Stadt, ja des Römischen Reiches. Hier fanden die Märkte statt, hier fielen die großen politischen Entscheidungen, hier tagten Gerichte und hier verehrte man viele Götter (Abb. 3 und 4; Forumsplan in der vorderen Umschlagklappe).

In den Anfängen war das Forum ein sumpfiges, feuchtes Tal zwischen den Hügeln, in dem man viele Tote bestattete. Inmitten der Anhöhen hatte es eine zentrale Lage, und als diese besiedelt waren, wurde es zum natürlichen Mittelpunkt der Stadt. Ehe man jedoch mit größeren Anlagen begann, mußte man das Gebiet entwässern. Es gab bereits einen natürlichen Wasserlauf, der das Forum von Nordosten nach Südwesten durchquerte und die Wasser von den Hügeln des Esquilins, Quirinals und Viminals in den Tiber leitete. Unter Tarquinius Priscus, also um 600 v. Chr., wurde, wie Livius (1, 38) berichtet, die Cloaca Maxima gebaut, durch welche man den natürlichen Abfluß kanalisierte. Der kleine Kanal wurde dann im 2. Jahrhundert v. Chr. überwölbt und teilweise überbaut. Das Entwässerungswerk bekam seine besondere Weihe durch ein Heiligtum, das man seiner Schutzherrin, der Venus Cloacina, gerade dort anlegte, wo die Cloaca Maxima vom Nordosten her in das Forum eintrat. Von dem kleinen Heiligtum, das ursprünglich aus einer Plattform mit zwei weiblichen Figuren bestand, ist nur ein Podium mit einem Travertinring erhalten geblieben.

Händler, Tabernen und Basiliken

Das alte Forum war noch verhältnismäßig klein. Es reichte von den Abhängen des Kapitols bis zu der Stelle, an die man später den Caesar-Tempel baute, und diente

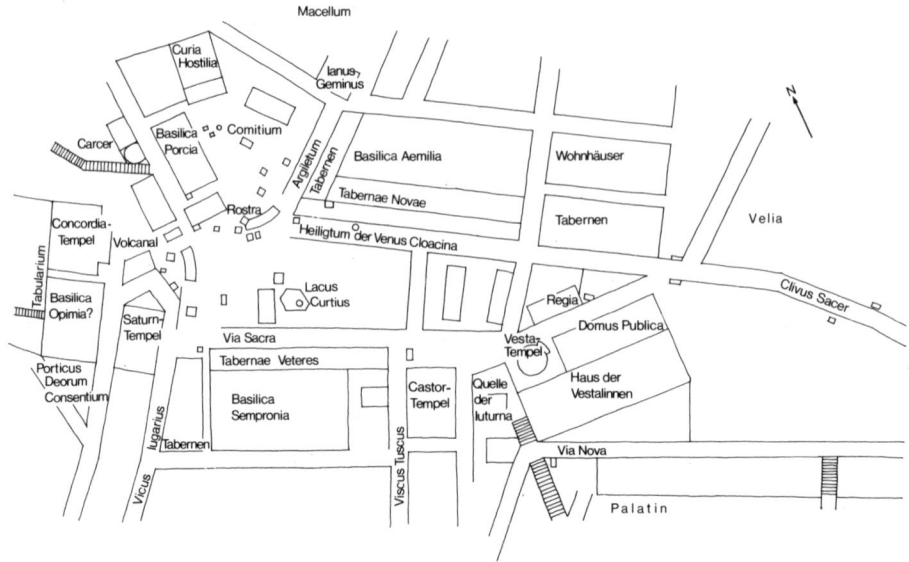

Das Forum Romanum in republikanischer Zeit. Lageplan nach Lugli

zuerst einmal dem Handel. Bauern und Händler trugen hier alles zusammen, was sie verkaufen wollten und was die Bürger der Stadt zum Lebensunterhalt brauchten. Auch die Wechsler waren auf dem Forum zu finden. Diese bekamen mit dem Anwachsen des Nah- und Fernhandels immer größere Bedeutung. Sie ließen ihre Münzen über den Tisch rollen, um die Kunden so auf sich aufmerksam zu machen, wechselten Geld ein und tauschten Währungen der verschiedenen italischen Länder wie auch des Auslandes, mit dem Rom Handel trieb.

Um Ordnung in das Händler- und Wechslerwesen zu bringen, baute der Staat *tabernae*, Buden also, die er vermietete. Die wichtigsten waren die *tabernae veteres* an der Südseite des Platzes und die *tabernae novae* im Norden. Die Namen *veteres* und *novae* haben ihren Ursprung in der Erneuerung der nördlichen Tabernen nach dem Brand von 210 v. Chr.

Die Wechsler breiteten sich auf dem Forum immer weiter aus und verdrängten mehr und mehr die übrigen Händler. Doch viele von diesen hatten bereits nördlich vom Forum eine Stätte gefunden. Dort gab es außer einem Markt für Fische und einem weiteren für Schmuck, Kleidung, Drogerieartikel u. dgl. mehr ein *macellum*, einen großen Lebensmittelmarkt, dem nach dem Brand von 210 v. Chr. die beiden erwähnten Märkte angegliedert wurden.

Auf dem Forum tagten auch die Gerichte, und zwar im Freien. Tribünen und Einzäunungen bestanden aus provisorischen Holzkonstruktionen. So vollzog sich das öffentliche Leben in noch recht primitiven Formen. Auf die Dauer gaben sich die Römer aber nicht damit zufrieden. Seit sie Hannibal im Jahre 202 v. Chr. besiegt hatten, fühlten sie sich als Angehörige einer Großmacht. Sie hatten auch Städte kennengelernt, die schöner waren als ihre eigenen, und strebten danach, ihrer Hauptstadt mehr Glanz zu geben. Für das Forum Romanum bedeutete das den Bau von repräsentativen Hallen, vor allem für das Gerichts- und Marktwesen.

Basilica hieß der neue Bautyp, der seit dem beginnenden 2. Jahrhundert v. Chr. in Rom Eingang fand. Der Name läßt auf griechische Herkunft schließen; denn *basiliké* ist die weibliche Form eines Adjektivs, das ›königlich‹ bedeutet. Es handelt sich also um eine königliche Halle der hellenistischen Zeit, deren Vorbild in ägyptischen Palästen zu suchen ist.

Nun eignete sich Rom diesen Typ an und entwickelte ihn vielfältig. Männer aus alten Geschlechtern betätigten sich als Bauherren; und es war Marcus Porcius Cato, der als Censor im Jahre 184 v. Chr. die erste römische Basilika auf Staatskosten errichten ließ. Heute ist nichts mehr von dem 52 v. Chr. abgebrannten Bauwerk erhalten. Es stand in der Nähe der Kurie und diente u. a. den Volkstribunen als Versammlungsraum.

Der *basilica Porcia* folgte sehr bald die *basilica Aemilia*. Sie wurde 179 v. Chr. von den Censoren M. Aemilius Lepidus und M. Fulvius Nobilior errichtet. Die Aemilier fühlten sich auch weiterhin für dieses Bauwerk verantwortlich. Sie sorgten für notwendige Ausbesserungen und Erneuerungen. Bis zur Zerstörung durch den Westgoten Alarich im Jahre 410 n. Chr. blieb die Basilika erhalten. Ihre Reste verwandte man im Lauf späterer Jahrhunderte als Baumaterial. So fanden die Archäologen bei ihren Ausgrabungen nicht viel, aber das Wenige reicht aus, um eine Vorstellung von diesem einst so prunkvollen Gebäude zu vermitteln.

Bei der Basilica Aemilia handelt es sich im eigentlichen Sinne um eine *Markt*basilika. Sie diente von Anfang an Handelszwecken, war Bankgebäude und Produktenbörse. Den Kern des Bauwerks bildete ein großer, langgestreckter, rechteckiger Saal, der von Säulenhallen umgeben war, von denen die an den Längsseiten die Funktion von Schiffen hatten. Mauern schlossen die Basilika nur an eben diesen Längsseiten ab, die Schmalseiten waren aller Wahrscheinlichkeit nach offen. Während zwischen dem Saal und der Nordmauer *zwei* Seitenschiffe nebeneinander verliefen, begrenzte den Raum auf der Südseite nur *ein* Schiff. Dafür aber waren an die südliche Mauer zum Forum hin Tabernen – die bereits erwähnten *tabernae novae* – angebaut, vor denen sich noch ein Portikus mit Pilastern und Halbsäulen dorisch-tuskischer Ordnung erhob. Dieser war zweigeschossig, so wie auch die Seitenschiffe im Innern jeweils aus zwei Geschossen bestanden.

Was der Forumsbesucher heute vorfindet, ist wenig, aber dennoch ausreichend, um einen Eindruck von der Gesamtanlage zu vermitteln. Auf Teilen des Marmorfußbodens stehen Reste von Säulenstümpfen, welche die Anlage des Hauptraumes mit seinen Seitenschiffen erkennen lassen. Das Mauerwerk der Tabernen ist teilweise wiederaufgestellt und ergänzt. Herabgefallene Stücke geben Proben von der Pracht und

Schönheit der Dekoration, so jene Metopen mit Bukranien, Stierschädeln also, die zum dorischen Fries des äußeren Portikus gehörten. Vom Friesband des Untergeschosses im Inneren der Basilika sind ebenfalls Teile gefunden worden. Sie befinden sich im Antiquarium des Forums. Szenen aus der Frühgeschichte Roms zeigen diese Reste, die Arbeiten des 1. Jahrhunderts n. Chr. sein dürften. Von den beiden besterhaltenen Friesstücken hat man ergänzte Gipsabgüsse im Ostteil der Basilica Aemilia aufgestellt. Das eine zeigt den Raub der Sabinerinnen, das andere die Bestrafung der Tarpeia, die bewaffnete Sabiner in das Kapitol eingelassen hatte.

Gegenüber der Basilica Aemilia – dort, wo die Tabernae veteres standen – wurde im Jahre 170 v. Chr. eine weitere Basilika errichtet, und zwar von dem Censor Tiberius Sempronius Gracchus. Ebenso wie bei der Porcia und Aemilia mußten auch hier private Wohnviertel einem großen Bauvorhaben weichen. 54 v. Chr. errichtete Iulius Caesar an der Stelle der *basilica Sempronia* ein neues großartiges Gebäude, das nach dem Namen seines Erbauers *basilica Iulia* genannt wurde. Augustus vollendete den Bau und mußte, da dieser durch Feuer zerstört wurde, alsbald einen Neubau aufführen lassen, den er seinen Enkeln und Adoptivsöhnen Caius und Lucius Caesar weihte. 284 n. Chr. wurde die Basilika abermals durch eine Feuersbrunst stark beschädigt und bald danach von Diokletian wiederhergestellt. Aus dieser Zeit stammen nun die wenigen Reste, die heute noch erhalten sind. Im Südwestteil des Gebäudes findet man eine von Bogen durchbrochene Ziegelwand vom Neubau Diokletians. Sonst sieht man nur Pfeilerstümpfe, die Ausmaß und Anlage der Basilica Iulia markieren.

Einst bestand das Innere der Basilika aus einem großen Saal, der von zweigeschossigen Pfeilerhallen umgeben war, während die Außenmauern von doppelstöckigen Hallen ummantelt waren, deren Frontseiten sich zu den Straßen hin durch Bogen öffneten. Nur die Rückfront läßt eine Anlage von Tabernen erkennen. Die hiervon übriggebliebenen Tuff- und Travertinblöcke stammen aus augusteischer Zeit, und zwar von jenen Tabernen, in denen die *tabernae veteres* fortbestanden, die man beim Bau der neuen Basilika von der Vorderseite an die Rückseite verlegt hatte. Die Basilica Iulia war eine *Gerichts*basilika. Hier tagte in der Kaiserzeit das Centumviralgericht, das besonders für Eigentums- und Erbschaftsprozesse zuständig war. Es handelte sich um einen großen Sondergerichtshof in Privatsachen, dem in der Zeit Trajans nicht mehr *centumviri*, also hundert, sondern hundertachtzig Richter zugehörten.

In dieser Zeit müssen aber mancherlei Mißstände im Centumviralgericht geherrscht haben. Die Oratoren, die Rechtsanwälte, die einem Mandanten bei seiner Klage oder Verteidigung Beistand leisteten, waren oft junge und unerfahrene Winkeladvokaten. Um sich Ansehen und Gehör zu verschaffen, brachten sie sich bestochene ›Bravorufer‹ mit, die wiederum das zahlreiche Publikum zum Beifall animierten. Die Zuschauer bestanden zumeist aus sensationslüsternen Müßiggängern, die sich in den Prozeßpausen *vor* der Basilika vergnügten. Auf deren Stufen findet man noch heute in den Stein gekritzelte Felder für Spiele, was darauf schließen läßt, daß sich viele von ihnen mit einer Art Brettspiel die Zeit vertrieben.

Stätten der Politik und Repräsentation

Das Forum war nicht nur der Ort der Märkte und Gerichte, sondern auch der Politik. Davon zeugt das Comitium, das ursprünglich in einem neben dem alten kleinen Forum gelegenen Platz bestand. Es diente den *comitia curiata* als Versammlungsort.

Die Funktion des Comitiums wird von der politischen Struktur des frühen Rom her verständlich. Über den Stadtstaat herrschte ein *rex*, ein König, als oberster Feldherr, Priester und Richter. Beratend zur Seite stand ihm die Ältestenversammlung: der Senat, in dem die Häupter der Adelsgesellschaft zusammengeschlossen waren. Es gab aber auch eine Volksversammlung zur Beschlußfassung: die *comitia curiata*. Diese trugen ihre Namen nach den Kurien, aus denen ihre Vertreter kamen.

Das römische Volk war in der Königszeit in drei *tribus* eingeteilt, welche die etruskischen Namen *Ramnes, Tities* und *Luceres* trugen. Jede Tribus bestand aus zehn Kurien (lat. *curiae*), die sich wiederum aus den Geschlechtergemeinschaften, den *gentes*, zusammensetzten. Das so gegliederte Staatsvolk bildete mit seinen männlichen Vertretern die Comitia curiata, die auf dem Comitium als Versammlungsplatz zusammentrat und abstimmte, was allerdings nicht individuell, sondern korporativ geschah.

Das alte Comitium lag zwischen dem Abhang des Kapitols und dem Argiletum. Seine Grenze bildete im Norden das Kuriengebäude, im Süden die alte Rostra. Es galt als geheiligtes Gelände, auf dem nicht nur die politischen Versammlungen stattfanden, sondern auch die hohen Feste des Volkes gefeiert wurden. Caesar schränkte bei der Neuordnung des Forums den Platz ein, so daß für das Comitium nur noch der Raum zwischen der Kurie und dem Lapis niger blieb. Das weist darauf hin, daß das Comitium an Bedeutung verloren hatte. Doch der Bedeutungsschwund begann schon wesentlich früher, als nämlich im 5. Jahrhundert v. Chr. die *comitia centuriata* geschaffen wurden, eine Volksversammlung, die nach militärischen Einheiten – nach Centurien, nach Hundertschaften – gegliedert war und auf dem Marsfeld zusammentrat. Dennoch waren die Comitia curiata nicht völlig überflüssig geworden, sofern sie in familienrechtlichen Fragen, wie z. B. der Adoption, zu entscheiden und die von den Comitia centuriata gewählten höchsten Staatsbeamten zu bestätigen hatten.

Curia bedeutet aber nicht nur ›Geschlechterverband‹, sondern bezeichnet auch jenes Gebäude, in dem der Senat tagte, dessen Mitglieder Patrizier waren, also Angehörige der ältesten römischen Adelsgeschlechter, die in der Königszeit dem Rex beratend zur Seite standen und in der Zeit des Interregnums einen *interrex*, einen Zwischenkönig, wählten.

Als um 510 v. Chr. die Könige vertrieben wurden und die Republik an die Stelle der Königsherrschaft trat, bekam der Senat erhöhte Bedeutung. An der Spitze des

Staates standen zwei Konsuln, die bis gegen 450 n. Chr. den Titel *praetor*[1] führten und für die Dauer eines Jahres von der Volksversammlung gewählt wurden. Die Macht lag aber letztlich beim Senat. Er hatte das Aufsichtsrecht über alles, was im Staat geschah, auch über das Sakralwesen. Er kontrollierte die Magistrate, die höchsten Beamten, bestätigte Wahlen und Gesetze, die er auch für ungültig erklären konnte, bestimmte die Außenpolitik, nominierte die Statthalter und entschied in Fragen der Kriegführung. Bei einem Staatsnotstand hatte er das Recht, durch das *senatus consultum ultimum* die höchsten Beamten zu ermächtigen, auch gegen das Gesetz Maßnahmen zu ergreifen, welche die Gefahr abwenden konnten. Nicht umsonst stand in der emblemartigen Formel SPQR (Senatus Populusque Romanus) der Senat an erster Stelle.

Zu Beginn der Republik waren nur Patrizier Senatsmitglieder, seit dem 5. Jahrhundert v. Chr. kamen auch – das war einer ihrer großen Erfolge im Kampf um die Gleichberechtigung – Plebejer hinzu. Diese Bürger aus dem Volk wurden in der Senatorenliste als *conscripti*, als Beigeordnete, bezeichnet, während die Häupter von Adelsfamilien *patres* genannt wurden, so daß die Anrede der Senatsversammlung jetzt lautete: *patres (et) conscripti*.

Der Senat tagte also in der Kurie, von deren erstem Bau nichts mehr übrig geblieben ist. Ruinen aus den republikanischen Jahrhunderten oder gar aus der Königszeit sind selten. Über Rom ist nicht wie über Pompeii ein Aschenregen niedergegangen, der den Zustand der frühen Jahrhunderte konserviert hat. Rom war immer voller Leben und Aktivität. In der Antike ersetzte man beständig Altes durch Neues. In christlicher Zeit baute man in die Ruinen Kirchen; jahrhundertelang benutzte man zerstörte Gebäude als Steinbruch für sakrale und profane Neubauten. Das aber, was stehen blieb, stammt zumeist ebenso wie das, was die Archäologen unserer Jahrhunderte ausgruben und neu zusammensetzten, aus der Kaiserzeit, oft aus der späten.

So verhält es sich auch mit der Kurie. Das Gebäude, das man heute vorfindet, entstand in der Zeit des Kaisers Diokletian. Die erste Kurie soll von dem dritten König der Sage, von Tullus Hostilius, oder einem Mitglied seines Geschlechtes erbaut worden sein. Diese *curia Hostilia* wurde in der republikanischen Zeit von Sulla erneuert und erweitert und nach einem Brand Jahrzehnte danach noch einmal wiederhergestellt. Caesar hat bei seiner großen Umgestaltung des Forums die Kurie von Grund auf neu gebaut und dabei sogar ihren Ort verändert. Die *curia Iulia* brannte im Jahre 283 n. Chr. nieder und wurde von Diokletian nach dem alten Plan wiederaufgebaut. Was wir heute vorfinden, ist also die Kurie der späten Kaiserzeit, des Dominats, unter welchem der Senat, der schon in den Jahrhunderten des kaiserlichen Prinzipats bei allem gesellschaftlichen Glanz nur noch wenig politische Macht hatte, zur Bedeutungslosigkeit herabsank.

Das Gebäude, aus dem die im Mittelalter eingebaute Kirche wieder entfernt wurde, zeigt sich mit einer Ziegelfassade, die ursprünglich unten mit Marmor und oben mit Stuck verkleidet war. Das Innere stellt sich als hoher Saal mit einer Flachdecke dar. Den Fußboden ziert ein Opus sectile, bei dem geschnittene farbige Steine zu kunstvollen Ornamenten zusammengefügt sind. Während an der Schmalseite, die dem Eingang gegenüberliegt, ein Podium für das Präsidium aufgebaut ist, verlaufen an den Längsseiten Stufen, auf denen Holzstühle für die Senatoren standen. In diesem Raum befanden sich auch eine goldene Statue und ein Altar der Victoria.

In der Kurie sind seit 1949 zwei Marmorschranken aufgestellt, die man zwischen dem Comitium und der Phokas-Säule gefunden hat. Man kennt sie unter dem Namen Plutei oder Anaglypha Traiani. Wie man heute weiß, stammen sie aber nicht aus der Zeit Trajans, sondern aus der seines Nachfolgers Hadrian. Allerdings findet sich auf der ursprünglich linken Schranke ein Relief, das ein Ereignis der Regierungszeit Trajans feiert: die *institutio alimentaria*, durch welche die Versorgung armer freigeborener Kinder aus Staatsmitteln geregelt wurde (Abb. 5a). Man sieht den von der Rostra des Caesar-Tempels zum Volk sprechenden Trajan und daneben eine Gruppe, die zeigt, wie eine Mutter mit ihrem Kind dem sitzenden Kaiser ihren Dank entgegenbringt. Auf der rechten Schranke ist der Vollzug des von Hadrian im Jahre 118 n. Chr. angeordneten Steuerschuldenerlasses dargestellt, und zwar durch fast militärisch gekleidete Männer, die Schuldurkunden in Tafelform zur Verbrennung bringen (Abb. 5b).

Die Reliefs sind für uns von besonderem Interesse, weil die darauf abgebildeten Anlagen und Gebäude des Forums uns eine Vorstellung von diesen Baulichkeiten vermitteln. Auf der linken Schranke sieht man im Hintergrund: den Augustus-Bogen, den Castor-Tempel, die Arkaden der Basilica Iulia und die Marsyas-Statue mit dem Feigenbaum. Letzterer hat zusammen mit einem Weinstock und einem Olivenbaum inmitten des Forums gestanden, um die Unabhängigkeit des Staates zu verbürgen. Daneben befand sich die Statue eines Silens mit einem Schlauch, der vom Volk Marsyas genannt wurde. Mit der gleichen Gruppe von Feigenbaum und Marsyas beginnt die Darstellung auf der rechten Schranke. Dann folgen die Arkaden der Basilica Iulia, der Saturn-Tempel, ein einfacher Bogen und der Tempel des Vespasian. Auf der letzten, verlorengegangenen Platte dürfte sich der Concordia-Tempel befunden haben.

Auf der Rückseite beider Schranken sind übergroß die *suovetaurilia* dargestellt (Abb. 5c). Die Wortkombination besteht aus den drei Worten: sus (Schwein), ovis (Schaf) und *taurus* (Stier). Es sind die Tiere, die der Ernährung dienten und als besonders wertvoll galten. Sie allein waren des Staatsopfers würdig und wurden – so wie auf den Plutei – mit Kränzen und Bändern geschmückt.

Wenn von der Kurie die Rede ist, muß noch auf die neben ihr liegende Kirche SS. Luca e Martina hingewiesen werden. Wo sie heute liegt, befand sich in der Zeit der Antike das *secretarium,* in dem gegen angeklagte Senatoren in nichtöffentlichen Gerichtssitzungen verhandelt wurde.

Zu den bedeutenden Stätten politischen Lebens gehört auch die Rostra, die Rednerbühne. Die Rostra der republikanischen Zeit lag auf der Grenze zwischen dem Comitium und dem alten Forum. Das, was von ihr zur wissenschaftlichen Untersuchung freigelegt wurde, ist heute wieder unter dem Pflaster verborgen.

Die Rostra verdankt ihren Namen den Schnäbeln der Schiffe der im Latinerkrieg erbeuteten Flotte von Antium, die im Jahre 338 v. Chr. vom Konsul C. Maenius an der Rednerbühne angebracht wurden.[2] Auf dieser Rostra standen die berühmtesten Redner und Politiker der römischen Republik. Mit dem Ende der republikanischen Zeit fand auch deren Rednerbühne, die unter Sulla noch einen Umbau erfahren hatte, ihr Ende.

Im Zusammenhang mit dem Forumsumbau errichtete Caesar eine neue Rostra an der westlichen Seite des Forums, die erst unter Augustus ihre endgültige Form bekam und zumeist ›Rostra Augusti‹ genannt wird. Die kaiserliche Rednerbühne bestand aus zwei Teilen, von denen der westliche den Zugang über Treppen ermöglichte, während der östliche zum Forum hin mit einer Mauer aus Tuffblöcken endete, die mit vergoldeten Schiffsschnäbeln geschmückt war. Die beiden Teile waren durch eine Plattform miteinander verbunden.

Von der kaiserlichen Rostra hörte man nicht mehr die freie politische Rede. Von ihr aus hielt der Kaiser Ansprachen an sein Volk, oder es fanden Zeremonien und Festakte statt, zu denen die von alters her üblichen Totenfeiern zu Ehren bedeutender Persönlichkeiten gehörten.

Wenn ein Prominenter zu Grabe oder zum Scheiterhaufen getragen wurde, geschah dies mit einer *pompa,* einem festlichen Trauerzug. Voran gingen Musikanten mit Flöten, Hörnern und Trompeten. Es folgten Fackelträger, dann Frauen, die laut klagten, während eine von ihnen eine *nenia,* ein Totenlied, sang, in dem der Verstorbene über alle Maßen gelobt wurde. Es fehlte im Leichenzug aber auch nicht der Spott, für den die Römer eine besondere Ader hatten. Nicht nur daß man Spottlieder sang, man sorgte auch noch auf andere Weise für den Witz. So berichtet Sueton, Geschichtsschreiber in der ersten Hälfte des 2. Jahrhunderts n. Chr., vom Leichenzug beim Tode des Kaisers Vespasian, zu dessen Eigenarten eine an Geiz grenzende Sparsamkeit gehörte: »Der Archimimus Favor trat im Trauerzug entsprechend der Sitte in der Maske des Kaisers auf und ahmte seine Eigentümlichkeiten und Reden nach. So fragte er die Prokuratoren mit lauter Stimme, wie teuer das Begräbnis und die Pompa würden. Als er hörte, daß es zehn Millionen Sesterzen seien, rief er in aller Öffentlichkeit aus: ›Gebt mir hunderttausend Sesterzen und werft mich meinetwegen in den Tiber.‹«[3]

Daß der Tote mit seiner Maske in der Person eines Schauspielers an seinem eigenen Begräbnis teilnahm, war üblich. Es waren auch die verstorbenen Ahnen in solcher Gestalt zugegen. Die Römer hatten einen entwickelten Ahnenkult. Sie bewahrten im Atrium ihres Hauses die wächsernen Masken der Vorfahren auf. Wenn nun ein Mitglied der Familie beigesetzt wurde, nahmen Männer am Trauerzug teil, welche die Ahnen repräsentierten. Sie banden sich deren Masken vor das Gesicht und kleideten sich in die Amtskleidung des jeweils Verstorbenen, z. B. als Censor, als Konsul oder als Praetor. So berichtete es schon im 2. Jahrhundert v. Chr. der Historiker Polybios, von dem wir auch wissen, daß der Tote im Leichenzug meist stehend mitgeführt wurde. Es heißt bei Polybios (6, 53): »Wenn ein hervorragender Mann bei den Römern gestorben ist, so trägt man ihn in seinem vollen Schmuck im Leichenzug zur Rostra auf das Forum, und zwar zumeist stehend, damit ihn alle sehen können, und nur selten sitzend.«

Späterhin wurde der Tote auf einer offenen Bahre im Trauerzug getragen. Vor ihm gingen Liktoren mit ihren Rutenbündeln, den *fasces*. Es folgten die Familienangehörigen, von denen die Frauen, schmucklos und mit geöffneten Haaren, laut klagten. Auf dem Forum an der Rostra hielt der Trauerkonduktor. Die ›Ahnen‹ nahmen auf einer *sella curulis*, dem Sessel der römischen Magistrate, um die Rednerbühne Platz, und ein naher Verwandter oder eine angesehene Persönlichkeit hielt die Lobrede auf den Toten.

Rätselvoll: Grab des Romulus und Lacus Curtius

Auf dem Forum gibt es viele Orte, die einst als geheiligt galten. Zumeist stammen sie aus alter Zeit. Zu den ältesten gehört jene Stelle an der Grenze des Comitiums, an der sich das sogenannte ›Grab des Romulus‹ befindet.

Als unter Caesar und Augustus das Forum erneuert wurde, hatte man keine Bedenken, das vermeintliche Grab zuzuschütten. Man bedeckte die Stelle aber nicht mit gewöhnlichen Pflastersteinen, sondern mit *lapis niger,* mit schwarzem Marmor, um anzuzeigen, daß hier ein geheiligter Ort, ein *locus religiosus,* sei.

1899 grub man aus, was unter dem Lapis niger verborgen war. Zutage kamen verschiedene Reste, zuerst einmal auf einem viereckigen Unterbau eine Tuffstufe mit zwei etruskisch profilierten Sockeln, die Tierskulpturen getragen haben könnten; und tatsächlich berichten antike Schriftsteller von Löwen am ›Grab des Romulus‹. Wie 1955 begonnene Grabungen ergeben haben, handelt es sich aller Wahrscheinlichkeit nach aber nicht um ein Grab. Offensichtlich lagen die Löwen vor einem *sacellum,* einem kleinen Heiligtum. Unter der Anlage befindet sich eine Grube, in der einfache Keramiken und Tierknochen gefunden wurden. Es ist schwer zu sagen, welcher Art das Heiligtum war. Sollte es etwas zu tun haben mit jenem vermeintlichen Mundus, von dem – wie bereits erwähnt – Plutarch berichtet, er habe auf dem Comitium gelegen? Auf die Heiligkeit des gesamten Bereichs weisen auch die zahlreichen Gegenstände hin, die man in der Füllerde unter dem Lapis niger gefunden hat. Es sind Scherben von Gefäßen etruskischer, griechischer und einheimischer Herkunft aus verschiedener Zeit,

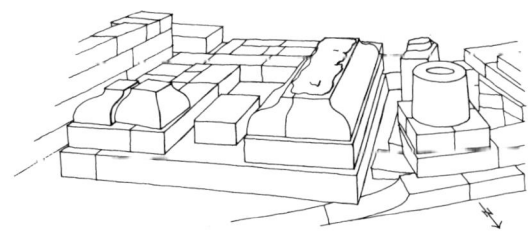

Reste eines Heiligtums unter dem Lapis niger

Bronze- und Elfenbeinfigürchen aus dem 6. Jahrhundert v. Chr. und aus dem gleichen Zeitraum Reste von einem Gorgo-Antefix und einer Reliefplatte mit einem Reiter, die von einem kleinen Tempel stammen müssen. Alle diese Reste befinden sich heute im Antiquarium des Forums. Rechts neben den Tuffbasen für die Löwen stehen ein konischer Säulenstumpf und eine viereckige Stele, deren oberer Teil abgebrochen ist (Abb. 7). Die Stele trägt an allen vier Seiten eine Inschrift mit einem sehr alten lateinischen Text, dessen Buchstaben fast noch griechisch anmuten. Die Schrift verläuft vertikal, aber die Buchstaben liegen quer; angeordnet sind sie in der Art eines Bustrophedons, d. h. in diesem Fall, daß sie von unten nach oben und von oben nach unten gelesen werden müssen; denn *boustrophedon* ist die Art, ›wie man die Ochsen wendet‹.

Von dem Text ist nur wenig verständlich, zumal von der Stele das obere Stück abgebrochen ist. Folgende Worte lassen sich übersetzen: RECEI = König, SAKROS ESED = sei geheiligt oder sei verfallen oder sei verflucht, KALATOREM = heiliger Herold, IOUX-MENTA = Gespanne. Vermutlich soll die Inschrift die heilige Stätte vor allen Verletzungen schützen. Goidanich hat die Eingangsformel auf der Westseite der Stele ergänzt und folgendermaßen übersetzt: »Wer diesen Ort entheiligt, sei den Manen verfallen.«[4]

Aus dem Vorkommen des Wortes ›König‹ kann man schließen, daß die Inschrift zur Königszeit, also im 6. Jahrhundert v. Chr., entstanden ist. Sollte jedoch der *rex sacrorum*, der Opferkönig, gemeint sein, den es ja noch in der Republik gab, so wäre sie ins 5. Jahrhundert v. Chr. zu datieren.

Viele Zweifel liegen auch über einer anderen heiligen Stätte aus früher Zeit: dem Lacus Curtius, der sich im Mittelteil des Forums befindet. Was man heute sieht, ist der runde Sockel eines Puteals mit einem zwölfeckigen Unterbau.

Über den Anlaß zur Errichtung des Denkmals war man sich schon in der Antike nicht einig. Das Wort *lacus* bedeutet ›See‹, aber auch ›Sumpf‹, und erinnert noch an die Zeit, da das Forum ein Sumpfgelände war. Darum nimmt es nicht wunder, wenn man hört, der ›Lacus‹ erinnere an jenen Sabiner Mettius Curtius, der in der Romulus-Zeit bei den kriegerischen Auseinandersetzungen mit den Römern in einen Sumpf auf dem Forum geraten sei, aus dem er sich aber habe wieder befreien können. Nach einer zweiten Version hat der Konsul Caius Curtius auf Senatsbeschluß im Jahre 445 v. Chr. ein Puteal an der Stelle aufstellen lassen, in die ein Blitz eingeschlagen war. Die Römer hielten nämlich durch Blitz getroffene Stellen für heilig und umgaben sie mit einem Puteal, einer Steinbegrenzung in der Art einer Brunneneinfassung. Nach einer dritten Version schließlich soll sich im Jahre 362 v. Chr. auf dem Forum ein tiefer Spalt aufgetan haben. Man befragte das Orakel und erfuhr, daß sich der Spalt erst schließe, wenn man den Unterirdischen das höchste Gut Roms geopfert habe. Welch höheres Gut gab es aber als einen mutigen jungen Krieger? Darum entschied sich Marcus Curtius, auf seinem Pferd mit voller Rüstung in die Tiefe zu springen, woraufhin sich der

Spalt wieder schloß. Es läßt sich nicht mehr feststellen, auf welches Ereignis hin die Römer das Denkmal anlegten. Vermutlich war der Blitzschlag für Caius Curtius der Anlaß, ein Puteal aufzustellen. Das Volk aber sah wohl im ›Lacus‹ jenen Spalt, in den sich der kühne Marcus Curtius stürzte; denn es liebt Wundergeschichten.

Man hat in der Nähe des Lacus Curtius eine große Marmorplatte mit einem Relief gefunden, die offensichtlich zu steinernen Schranken gehörte, welche den ›Lacus‹ umgaben. Das Reliefbild zeigt einen Krieger in voller Rüstung mit Schild und Lanze auf einem Pferd (Abb. 6). Nach der Meinung vieler Gelehrter ist hier *Marcus* Curtius dargestellt, aber man fragt sich, ob es nicht der Sabiner *Mettius* Curtius sein soll. Den Hintergrund bildet nämlich ein von Schilf bewachsenes Forum, und der Reiter, der sich mit der Lanze auf dem Boden abstützt, weil sein Pferd zusammensinkt, gleicht mehr jenem Mettius, der im Sumpf einbrach, als dem kühnen Springer Marcus.

Es ist nicht leicht festzustellen, wann das Relief, das sich heute im Konservatoren- palast auf dem Kapitol befindet und von dem eine Kopie auf dem Forum am Lacus Curtius steht, geschaffen wurde. Es gibt Merkmale, die eine Entstehung im letzten Jahrhundert der Republik wahrscheinlich machen, während andere auf die frühe Kaiserzeit hindeuten. Auf letztere läßt auch eine Inschrift auf der Rückseite der mit dem Relief verbundenen Marmorplatte schließen, die lautet: L NAEVIUS L F SURDINUS PR INTER CIVIS ET PEREGRINOS (Lucius Naevius Surdinus, Sohn des Lucius, Praetor [für Verhandlungen] zwischen Bürgern und Fremden). Dieselbe Inschrift findet sich noch einmal, und zwar nicht weit vom Lacus Curtius entfernt, auf dem Forumspflaster in Bronzebuchstaben vom Typ der frühen Kaiserzeit, die erneuert worden sind. Durch sie wird der Praetor peregrinus Surdinus verewigt, der im Zeitalter des Augustus das Forum neu pflastern ließ. Wenn man seinen Namen auch auf das Curtius-Relief setzte, ist wahrscheinlich, daß dieses eher aus seiner als aus republikanischer Zeit stammt.

Wie Sueton berichtet, warfen Angehörige aller Stände alljährlich eine Münze in den Lacus Curtius »zur Erfüllung eines Gelübdes, das sie für das Leben des Augustus gemacht« hatten.[5] Es war Sitte bei den Römern, aus Dank oder um eines Anliegens willen Geldstücke in Brunnen, Quellen und Höhlen zu werfen, woran noch der an der Fontana di Trevi geübte Brauch erinnert.

Numen und Heiligtümer von Ianus, Volcanus und Vesta

Das Forum Romanum ist auch eine Stätte der Götterverehrung und der Tempel. Zu den ältesten Heiligtümern gehörte der Ianus-Tempel, von dem es heute keine Spuren mehr gibt. Er befand sich an der Nordwestecke der Basilica Aemilia auf dem Argile- tum, einer Straße, die vom Forum zur Subura führte und an der viele Geschäfte von Friseuren, Buchhändlern und Schuhmachern lagen.

Im Lateinischen heißt *ianus* soviel wie ›gedeckter Gang‹ oder ›Torbogen‹. Der Gott der Tore – gemeint sind die Stadttore – aber ist *Ianus,* ein sehr alter römischer Gott, dem viel Rätselvolles anhaftet. Nach ihm ist auch der Januar benannt, der im frühen Rom als elfter Monat gerechnet wurde. Vermutlich erklärt sich die Verbindung von Gott und Monatsname aus der Auffassung, daß die Sonne bei ihrem Aufstieg nach der Wintersonnenwende durch ein *Tor* muß, das dem Ianus heilig ist.

Aus Abbildungen auf antiken Münzen können wir schließen, daß der Tempel ein kleines viereckiges Heiligtum mit zwei Türen an einander gegenüberliegenden Seiten war. Er verkörperte also die Idee eines Doppeltors. Diese Ianus-Pforte wurde in Kriegszeiten geöffnet und im Frieden geschlossen. Ein Kultbild brachte Augustus für den kleinen Tempel aus Ägypten mit.

Ianus wurde in der römischen Antike als Gott der Stadttore doppelköpfig dargestellt. Als Vorbilder dazu dienten die doppelköpfigen Hermes- und Apollon-Statuen Griechenlands. In der Frühzeit gab es überhaupt keine Ianus-Bilder.

Wir betrachten die römische Religion viel zu sehr unter dem Gesichtspunkt ihrer Verwandtschaft mit der griechischen. Dabei hatte Rom, besonders in seinen Anfängen, ganz eigene religiöse Vorstellungen, Riten und Kulte. Viele römische Götternamen sind nur noch einem kleinen Kreis von Gelehrten geläufig. Gewiß, man kennt die Laren als die Schutzgottheiten von Haus und Hof, die Penaten als Beschützer der Vorratskammern und Flora als Göttin der Pflanzenwelt. Auch von Liber als Fruchtbarkeitsgott für Mensch, Tier und Pflanze hat man vielleicht schon gehört. Doch wer weiß noch etwas von Seia, Segetia und Tutulina, den Schutzgottheiten des Korns *in* der Erde, *oberhalb* der Erde und nach der Ernte. Pilumnus wachte über die Mehlbereitung, er galt außerdem als Schutzgott bei Hochzeit und Geburt. Als Göttin der Früchte verehrte man Pomona, als Gott der Herden Faunus. Auch Stadtbezirke hatten ihre Schutzgottheiten, so der Palatin seine Palatua, der Quirinal seinen Quirinus. Aius Locutius war die Gottheit der warnenden Stimme, Nenia die göttliche Macht der Totenklagen. Es gab auch göttliche Gewalten, die Unheil stifteten: Febris, die Göttin des Fiebers, Verminus, der die Tiere mit Würmern verseuchte, und Incubus, der die Frauen verführte.

Man könnte die Reihe der göttlichen Namen noch um ein Vielfaches verlängern. Doch die bereits genannten lassen schon erkennen, worin das Wesen der altrömischen Religion liegt. Die Römer stellten sich ursprünglich das Göttliche nicht wie die Griechen als Person und Gestalt vor. Für sie waren die Götter Mächte, Numina. Gewiß, das Wort *numen* mag erst im 2. Jahrhundert v. Chr. entstanden sein[6], aber das, was es besagt, galt schon am Anfang der römischen Religion. Numen bedeutet soviel wie ›göttlicher Wille‹, ›göttliche Macht‹. Die Mächte, denen man sich allerwärts gegenübersah, waren für die Römer das Göttliche.

Weil sich der römische Mensch in der Abhängigkeit von diesem Göttlichen wußte, versuchte er, es zu beeinflussen. Er tat es im wesentlichen nicht magisch, nicht durch Zwang, sondern durch Anrufung, Aufforderung und Gebet. Oder er leistete ein Gelübde, ein *votum*. Bei diesem versprach er der Gottheit etwas Bestimmtes, falls sie das Gewünschte erfüllt. Das Opfer aber, das der Mensch darbringt, soll die Gottheit stärken, ihre Kraft mehren (*mactare* = ›opfern‹ bedeutet ursprünglich ›mehren‹), auf daß *sie* wiederum helfen kann. Und bei alledem ist es wichtig, daß man sich streng an die Form des Ritus hält und ihn fehlerfrei vollzieht. Davon hängt es ab, ob man auf das Göttliche Einfluß gewinnt und Hilfe und Erhörung findet. Für den Römer bedeutet *religion* ›gewissenhafte Erwägung und Beobachtung‹. Das Wort kommt nicht von *religare* = ›binden‹, nämlich an Gott, sondern von *relegere* = ›erwägen‹, noch wörtlicher: ›immer wieder von neuem lesen‹. So erklärt es auch Cicero in seinem Buch ›Vom Wesen der Götter‹ (2, 72). Man muß also das, was die göttlichen Mächte verlangen, erwägen und gewissenhaft beobachten; und dazu gehört auch die genaue Beachtung der vorgeschriebenen Riten.

Erst unter dem Einfluß der Etrusker im 6. Jahrhundert v. Chr., die sich wie die Griechen die Götter als Personen vorstellten, wurden die römischen Götter personifiziert. Aber es gab immer noch das Göttliche, das nicht als Person existierte, sondern als Macht waltete; ja im Grunde sah der Römer bei den personifizierten Göttern mehr die Wirkung ihrer Macht als ihre Gestalt.

Selbstverständlich war auch das Götter*bild* erst seit der Personifizierung des Numinosen möglich; und Terentius Varro mag im Prinzip nicht unrecht haben, wenn er erklärt, daß Rom in den ersten 170 Jahren seines Bestehens kein Götterbild gekannt habe. So gab es auch kein Bild von Ianus, der ebenfalls als Numen, als göttliche Macht, galt, bis man sich der Griechenart anschloß und den Doppelgesichten nach dem Vorbild der doppelköpfigen Hermes- und Apollon-Figuren darstellte.

Aus sehr alter Zeit stammt auch das Volcanal, die Kultstätte des Gottes Volcanus, die unterhalb des Kapitols westlich von der Rostra Augusti liegt. Heute findet man kaum mehr als Reste eines aus dem Felsen gehauenen Altars und eines Tuffpflasters mit Ablaufrinne. Ursprünglich reichte der heilige Bezirk vom Tempel der Concordia bis zur Rostra und stellte ein stufenförmiges Terrain dar, das allerdings schon beim Neubau des Concordia-Tempels stark eingeengt wurde.

Volcanus war der Gott des Feuers, nicht des wohltätigen wärmenden, sondern des zerstörenden. Deshalb errichtete man ihm in alter Zeit aus Furcht vor Feuersbrunst keine Kultstätten innerhalb der Stadt. Vermutlich entstand auch das Volcan-Heiligtum am Fuße des Kapitolhügels schon zu einer Zeit, als dieser Bereich noch außerhalb der Ansiedlung lag. Es ist nicht ausgeschlossen, daß Volcanus aus dem östlichen Mittelmeergebiet nach Italien gekommen ist. Auch er war für die Römer anfangs Numen und nicht Person und hatte keinen Tempel, sondern eine Kultstätte. Wegen seiner Bedeutung gab man ihm einen eigenen *flamen,* einen Sonderpriester. Auch ein eigenes Fest wurde ihm zu Ehren gefeiert, und zwar am 23. August: die Volcanalia. An diesem Tag verbrannte man auf dem Altar als Opfer für Volcanus kleine Fische, die man im Tiber gefangen hatte. Das Datum erklärt sich vermutlich aus der Absicht, den Gott nach Einbringung der Ernte günstig zu stimmen, damit diese in den Scheunen vor

Feuer sicher war. Zu einem Gott, der Unheil sandte, gehörte immer auch die Fähigkeit, es abzuwenden. Bei der allgemeinen Tendenz, römische Gottheiten griechischen anzugleichen, hat man Volcanus mit Hephaistos gleichgesetzt. Das bedeutet aber eine Veränderung seines Wesens; denn Hephaistos ist jener, der sich des wohltätigen Feuers bedient, ist er doch der kunstfertige göttliche Schmied und als solcher Schutzherr der Handwerker.

Es gibt noch eine andere Gottheit des Feuers, die in Rom verehrt wurde: Vesta. Auch sie hatte ihr Heiligtum auf dem Forum, eigentlich an der Grenze des alten Forums, das schließlich bis zur Velia hin erweitert wurde, weswegen man den Ostteil *forum adiectum,* ›hinzugefügtes‹ Forum, nannte (Abb. 9).

Was man heute vorfindet, ist der Rest eines kleinen Rundtempels, dessen durch Halbsäulen gegliederte Cellawand von schlanken Säulen umgeben war, die auf einem Sockelunterbau mit gekröpftem Gesims standen. Wie man deutlich sieht, wurde beim Wiederaufbau des Tempelrestes viel ergänzt, so daß man sich die Gesamtanlage gut vorstellen kann, und zwar wie sie nach dem letzten Wiederaufbau des Vesta-Tempels durch Iulia Domna, die Gattin des Septimius Severus, im beginnenden 3. Jahrhundert n. Chr. ausgesehen hat. Die Reste des Fundamentes und des Podiums gehen allerdings auf die augusteische Zeit zurück. Zuvor war der Tempel, der in seinen Anfängen nur in einer Hütte bestand, mehrfach in Flammen aufgegangen.

Im Vesta-Tempel brannte das heilige Feuer der Gottheit. Es war kein zerstörendes Feuer wie das des Volcanus, sondern ein wärmendes, lebenspendendes, das auch im häuslichen Herd glühte. Gewiß, man kennt Vesta nur als Göttin des Staatsherdes, aber in ihren Anfängen war sie das Numen der häuslichen Herdflamme. Feuer brannte auch im Haus des Königs, und es brannte inmitten der ›Großfamilie‹ der Bürger in der Stadt. Und so wie die Flamme im Herd von den Frauen gehütet wurde, wurde sie auch im Staat von Frauen am Leben gehalten: von den Vestalinnen.

Nur wenige Gottheiten haben sich so vor Anthropomorphismus – vor Vermenschlichung – und Personifizierung geschützt wie Vesta. Immer lebte sie in ihrem Tempel nur als Flamme. Nie hat es von ihr ein Kultbild gegeben. Als sie personenhaft bildlich dargestellt wurde – und das war frühestens am Ende des 3. Jahrhunderts v. Chr. –, da geschah es nur für Stätten außerhalb ihres Heiligtums.

Im Inneren des kleinen Tempels hat man eine trapezförmige Grube gefunden, in der Scherben, Bruchstücke von Weihegaben und Tierknochen lagen, die man heute im Antiquarium des Forums besichtigen kann. Auch gab es einen *penus,* einen Vorratsraum, weswegen nicht zuletzt der Tempel auch den Penaten heilig war. Im Penus wurden die Kultmittel aufbewahrt, so *mola salsa,* gesalzenes Schrotmehl, das zum Bestreuen der Opfertiere gebraucht wurde, und *suffimen,* Räucherwerk, von dem Ovid sagt, daß es aus Pferdeblut, Kalbsasche und Bohnenstroh bestehe.[7] Dazu kamen noch andere Kultmittel und dann die *sacra,* die heiligen Gegenstände, deren heiligster das Palladium war. Dieses galt als Kultbild der Pallas Athene, das in ihrem Tempel von Troja gestanden habe. Es sei nicht von Menschenhand geschaffen, sondern vom Himmel gefallen. Aeneas habe es gerettet. Über ihn sei es schließlich nach Rom gekommen und garantiere durch seine Anwesenheit den Bestand des Staates.

So heilig war der Penus der Vesta, daß sich ihm kein Mann nähern durfte, nicht einmal der Pontifex Maximus. Von einer Feuersbrunst aus dem Jahre 241 v. Chr. wird berichtet, daß Lucius Caecilius Metellus, der fromme Pontifex Maximus, sich den Weg zum Penus bahnte, um die heiligen Gegenstände zu retten. Doch selbst dieses wohlgemeinte Sakrileg brachte für den Pontifex den Verlust des Augenlichtes mit sich.

Der Dienst im Heiligtum wurde von sechs vestalischen Jungfrauen versehen. Ihr Lebensweg war folgender: Ein Mädchen, das zur Vestalin ausgewählt wurde, mußte sechs bis zehn Jahre alt, aus adligem Haus und »frei von Makeln aller Art« sein. Es unterstand fortan nicht mehr der väterlichen Gewalt, sondern der des Pontifex Maximus, des obersten Priesters. Wie es heißt, diente die Vestalin zehn Jahre als Novizin und lernte, was sie zu verrichten hatte; zehn weitere Jahre führte sie das Erlernte aus; in den letzten zehn Jahren unterrichtete sie Novizen. Dann durfte sie in die Welt zurückkehren und heiraten. Die meisten Vestalinnen sollen aber ihrem Keuschheitsgelübde treu geblieben sein.

Zu den Aufgaben der Vestapriesterinnen, deren Oberin sich *Virgo Vestalis Maxima* nannte, gehörte vielerlei, was dem Kult diente. So bereiteten sie z. B. die Mola salsa, das gesalzene Schrotmehl, aus Speltähren selbst und verteilten es an das Volk. Sie erfüllten also in der ›Familie‹ des Volkes ähnliche Aufgaben wie Frauen und Töchter in der wirklichen Familie. An bestimmten Tagen hatten sie dem Rex sacrorum, von dem noch die Rede sein wird, die rituelle Frage zuzurufen: »Wachst du, König? Wache!« Der wichtigste Dienst der Vestalinnen bestand aber darin, daß sie das heilige Feuer bewahrten. Wenn eine von ihnen es ausgehen ließ, wurde sie ausgepeitscht. Nur einmal im Jahr mußte das Feuer verlöschen, zum 1. März, an dem in der römischen Frühzeit Neujahr begangen wurde, zu dessen Feier auch die Flamme wiedergeboren werden sollte.

Über die Privilegien und Strafen der Vestalinnen berichtet Plutarch: Zu den Vorrechten »gehört, daß sie noch bei Lebzeiten ihres Vaters ein Testament machen und wie die Frauen, die drei Kinder haben, ihre übrigen Geschäfte ohne Vormund erledigen können. Wenn sie öffentlich erscheinen, geht ein Lictor vor ihnen her. Begegnen sie zufälligerweise einem zu Tode geführten Missetäter, so wird diesem das Leben geschenkt; doch muß die Vestalin es beschwören, daß die Begegnung ohne ihr Wissen und zufällig war, nicht absichtlich geschehen ist. Wer unter die Sänfte tritt, wenn sie sich austragen lassen, wird mit der Todesstrafe belegt.

Die Strafe dieser Jungfrauen für kleinere Vergehungen besteht in Schlägen, die der Oberpriester der Sünderin verabreicht, zuweilen auch nackt an einem dunklen Orte und hinter einem vorgezogenen Tuche. Hat aber eine die Keuschheit verletzt, so wird sie bei dem collinischen Tore lebendig begraben. Nicht weit von diesem Tore, noch innerhalb der Stadt, befindet sich ein lang hingezogener Hügel, der in der Sprache der Lateiner *agger* heißt. Hier wird ein nicht gar großes unterirdisches Gemach bereitet, in welches man von oben hinuntersteigen muß. Es stehen darin ein bereitetes Bett, eine brennende Lampe und einige wenige Lebensbedürfnisse, wie Brot, Wasser, eine Flasche Milch und Öl, gleich als wenn man sich ein Gewissen daraus machte, eine zum heiligsten Dienste geweihte Person durch Hunger zu töten. Die verurteilte Vestalin selbst setzt man in eine zugedeckte und mit Riemen fest verschnürte Sänfte, damit niemand ihr Schreien hören soll, und trägt sie über den Markt. Alle, die ihr begegnen, gehen schweigend aus dem Wege und begleiten sie, ohne ein Wort zu sprechen, in tiefster Erschütterung. Es gibt auch in der Tat keinen schauderhafteren Anblick, und ein solcher Tag ist für die Stadt der allertraurigste. Wenn die Sänfte an den bestimmten Ort gekommen ist, machen die Gerichtsdiener die Bande los; unterdessen verrichtet der Oberpriester vor Vollziehung der Strafe mit gen Himmel gehobenen Händen ein geheimes Gebet, führt dann die Unglückliche ganz verhüllt aus der Sänfte und stellt sie auf die ins Gewölbe hinunterführende Leiter. Hierauf wendet er sowie die übrigen Priester das Gesicht weg, und sobald sie hinabgestiegen ist, wird die Leiter herausgezogen und das Gewölbe mit Erde überschüttet, bis der Boden wieder gleich und eben ist. Auf diese Art werden die Vestalinnen gestraft, die das Gelübde der Keuschheit gebrochen haben.«[8]

Neben dem Vesta-Tempel stand das Haus der Vestalinnen. Was man heute vorfindet, sind die Reste des Neubaus, der nach dem neronischen Brand aufgeführt und unter Domitian, Trajan und Septimius Severus restauriert wurde.

Rechts vom Eingang, der dem Vesta-Heiligtum zugewandt ist, sieht man eine Ädikula, ein tempelartiges Häuschen, in dem ein Bildnis der Göttin aus der Zeit Hadrians aufgestellt war. Das Haus – eher ein Palast – umschließt ein Peristyl, einen Säulenhof, in dessen Mitte drei Wasserbecken angelegt waren, von denen man das mittlere in späterer Zeit durch eine achteckige Konstruktion überbaut hat. Von den zahlreichen Räumlichkeiten ist bei mehreren noch zu erkennen, welchem Zweck sie einmal dienten.

An der östlichen Schmalseite öffnet sich ein ehemals überwölbter, großer Raum mit Mosaikresten im Fußboden, der wohl für Zusammenkünfte und Empfänge benutzt wurde. Die sechs Türen, die von ihm ausgingen, dürften zu Abstellräumen – man spricht von der Sakristei der Priesterinnen – geführt haben. Unter den Räumen an der Längsseite, die der Via Nova zugewandt ist, findet man einen, in dem Reste einer Mühle zu sehen sind, während ein danebenliegender mit mehreren kleinen Becken wohl als Backstube gedient hat. Aus diesem Trakt führten Treppen in die Obergeschosse und zur Via Nova. An der westlichen Schmalseite kommt man durch einen größeren Raum in die ehemalige Küche, die man an einer Herdstelle erkennt, und in die Speisekammer. Im Säulenhof aber haben die Archäologen die beschrifteten Sockel und die oft stark beschädigten Statuen der Virgines Vestales Maximae wieder aufgestellt, in deren Haltung, Gebärde und Gesichtsausdruck sich Strenge, Ernst und römische Frauenwürde abzeichnen (Farbabb. 2). Die besterhaltene Statue steht im Thermenmuseum.

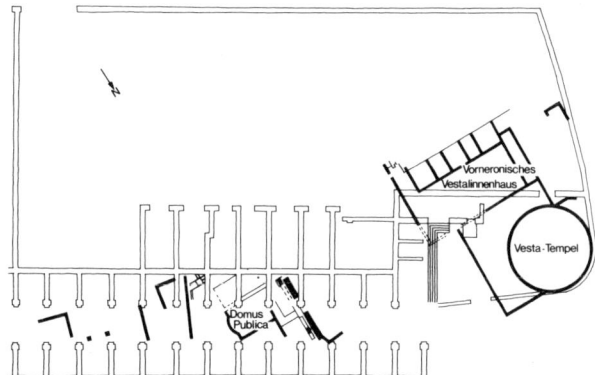

Grundrisse der Domus Publica und des vorneronischen Vestalinnen-Hauses im Lageplan des späteren Hauses der Vestalinnen. Nach van Deman

Auch von dem Haus der Vestalinnen, das aus vorneronischer Zeit stammt, wesentlich kleiner war und in anderer Richtung verlief, findet man noch Mosaikfußböden in der Nordwestecke der Anlage.

Schließlich seien noch ein paar Worte über die Vestalia gesagt, über das Fest, das zu Ehren Vestas am 9. Juni stattfand. Es war das Fest des heiligen Feuers, an dem die Vestalinnen an das Volk die Mola salsa austeilten. Als im 2. Jahrhundert v. Chr. in Rom ein eigenes Bäckereigewerbe aufkam, wurden die Vestalia weitaus zu einem Fest der Bäcker. »Sieh, wie das Brot vom Hals der bekränzten Esel herabhängt, rauher Mühlsteine Last Blumengewinde umschlingt«, sagt Ovid[9]; und er weiß, daß das Fest der Bäcker aus Erinnerung an die Zeit entstand, da der Bauer sein Brot noch auf dem Herd backte, dessen Herrin doch Vesta war.

Regia und Pontifex Maximus

In einem gewissen Zusammenhang mit dem Vesta-Heiligtum stand die *regia*, die auch in dessen unmittelbarer Nähe liegt. Nach der römischen Überlieferung residierte Numa Pompilius, der fromme König der Sage, in der Regia und überließ diese dem Pontifex Maximus. Wie es auch sei, in der Zeit der Republik verfügte Roms Oberpriester über das einst königliche Anwesen. Seine Residenz hatte er in der Domus Publica, die nur wenige Meter davon entfernt lag. Ihre Reste, die vor allem in einer Apsis und einem Mosaikfußboden bestehen, haben die Archäologen unter und neben dem Nordteil des Vestalinnen-Hauses freigelegt. Die Domus Publica hatte durch Augustus ihre Bedeutung verloren, da der Kaiser, der seit 12 v. Chr. das Amt des Pontifex Maximus ausübte, auf dem Palatin residierte.

Schon um 500 v. Chr. errichtet, brannte die Regia mehrfach nieder. Bei den Neubauten behielt sie ihren alten Grundriß, doch ist kaum festzustellen, welchen Zwecken die Räumlichkeiten dienten. Die Gesamtanlage gleicht einem Trapez. In diesem befindet sich ein langgestrecktes, rechteckiges Gebäude, das in einen Pronaos und zwei weitere Teile gegliedert ist und vermutlich für sakrale Zwecke verwendet wurde. Wozu der in nördlicher Richtung angegliederte Trakt benutzt wurde, ist noch weniger erkennbar, zumal ein mittelalterliches Haus, das hier stand, viele Spuren verwischt hat. Was geblieben ist, sind einige Schächte und ein Brunnen in der Form eines Tholos. Wenn man aber auch nicht mehr feststellen kann, welchem Zweck der einzelne Raum diente, so weiß man doch, daß sich in der Regia ein Heiligtum des Kriegsgottes Mars und seiner heiligen Schilde und Lanzen befand. Auch war hier ein Sacrarium der Ops, die als Göttin des Erntesegens, aber auch des Reichtums und Überflusses verehrt wurde. Es durfte nur von den Vestalinnen und vom Pontifex Maximus betreten werden.

Der Pontifex Maximus nahm die erste Stelle unter den römischen Priestern ein, aber so war es nicht von allem Anfang an. In der Frühzeit übte der König das Amt des obersten Priesters aus. Da man glaubte, nur ein König sei würdig genug, um vor den Göttern den Staat zu vertreten, behielt man auch in der Republik für den Sakralbereich das Amt eines Königs bei. Er wurde *rex sacrorum* oder *rex sacrificulus* genannt und hatte die Opferhandlungen zu vollziehen, die früher dem König oblagen. Ihm zur Seite stand seine Gemahlin als *regina sacrorum*. Es gab in Rom keine Priesterkaste, wohl aber eine Rangordnung der verschiedenen Priesterämter. In dieser stand an erster Stelle der Rex sacrorum. Dann folgten die Sonderpriester des Iuppiter, des Mars sowie des Quirinus; und erst an fünfter Stelle hatte der Pontifex Maximus seinen Platz. In der Frühzeit unterstanden auch die Vestalinnen vermutlich dem Rex sacrorum als dessen geistliche ›Haustöchter‹.

Um die Leitung des Sakralwesens muß ein Machtkampf stattgefunden haben, aus dem der Pontifex Maximus als Sieger hervorgegangen ist. Er jedenfalls wurde Haupt der Staatsreligion, dem auch der Rex sacrorum fortan unterstand. Seit dem Ende des 3. Jahrhunderts v. Chr. ging man sogar dazu über, den Pontifex Maximus wie einen hohen Beamten durch das Volk wählen zu lassen. Um aber seine Sonderstellung gegenüber den Magistraten nicht ganz aufzuheben, kamen zu seiner Wahl nicht alle fünfunddreißig Tribus[10] zusammen, sondern nur siebzehn. Wie begehrt das Amt des geistlichen Oberhauptes war, erkennt man daran, daß sich Caesar dieses Amt aneignete und daß es seit Augustus die römischen Kaiser innehatten.

Römische Form: die Tempel von Saturn und Castor

Außer den bereits beschriebenen Heiligtümern gab es auf dem Forum Romanum eine stattliche Anzahl von Tempeln. Ehe wir uns ihnen zuwenden, sei erst einiges über den römischen Tempel im allgemeinen gesagt.

Das Wort *templum* bezeichnete ursprünglich nicht das Haus eines Gottes, sondern einen heiligen Bezirk, von dem aus die Zeichen in einem zu ihm in Beziehung stehenden Himmelsabschnitt, der ebenfalls *templum* hieß, beobachtet wurden. Der Brauch kommt von den Etruskern. Diese glaubten, man könne die Absichten der Götter aus den Blitzen erkennen, und schufen ein Kollegium von Zeichendeutern, dessen Mitgliedern es oblag, die geweihten Bezirke nach einem ganz bestimmten heiligen Schema abzugrenzen und von dem so geschaffenen Templum aus die Himmelszeichen zu beobachten und auszulegen. Wie so vieles im Bereich des Religiösen wurde auch dieser Brauch von den Römern übernommen, bei denen die Auguren von einem Templum aus den Flug und die Schreie der Vögel beobachteten, um so den Willen Iuppiters in Dingen des Staates zu ergründen.

Als die Etrusker gleich den Griechen für die Kultbilder ihrer Götter Häuser bauten, wählten sie die Plätze dafür in einem heiligen Bezirk, was die Römer von ihnen übernahmen. So konnte es dann geschehen, daß der Name für den heiligen Bezirk auf das in ihm errichtete Bauwerk übertragen wurde, weswegen man dieses fortan als Templum bezeichnete.

Seiner Form nach ist der etruskische Tempel vom griechischen abhängig. Am nächsten kommt er dem Prostylos, der aus einer Cella für das Kultbild der Gottheit besteht, an deren Eingangsseite sich ein Pronaos – eine Vorhalle mit einer Säulenfront – befindet. Die Prostylosform ist aber beim griechischen Tempel äußerst selten. Seine typische Ausprägung findet dieser im Peripteros, bei dem die Säulenhalle um die Cella ganz herumläuft und sie einschließt. Das entspricht dem griechischen Form- und Lebensgefühl; denn so wird der Tempel ein in sich geschlossener Körper, der von allen Seiten gleich aussieht, keine Richtungstendenz nach irgendeiner Seite hat und wie ein Körper wirkt, der auf einer Fläche liegt.

Der Etrusker hatte ein anderes Lebensgefühl. Darum knüpfte er zwar an den Prostylos an, entwickelte ihn aber in seiner Art weiter. Er hob den Tempel über andere Bauwerke hinaus und stellte ihn auf ein Podium. Er legte ihn nicht auf eine Fläche, sondern baute ihn an einem Platz, daß er diesen beherrschte. Der Tempel zieht somit die Blicke auf sich, zuerst – über die Freitreppe – auf seine Fassade, dann aber weiter in sich hinein; denn er will nicht ruhender Körper, sondern Bewegungsraum sein, der eine Richtungstendenz vom Außen zum Innen bezweckt. Er saugt überhaupt den Raum in sich hinein, denn er hat, anders als der Prostylos, einen tiefen geräumigen Pronaos, der im übrigen noch den Zeichendeutern zur Himmelsbeobachtung dient. Während der griechische Peripteros mit seinen verhältnismäßig eng stehenden Säulen geschlossen ist und dadurch *plastisch* wirkt, bietet der tiefe, weiträumige und ziemlich offene Pronaos des etruskischen Tempels, in dem Licht und Schatten ihr Spiel treiben, ein Bild *malerischer* Wirkung, die durch den übermäßigen Terracottaschmuck an Gebälk und Dach des hölzernen Tempels noch verstärkt wird. So unterscheidet sich der etruskische Tempel nicht unwesentlich vom griechischen.

Wenn wir dem etruskischen Tempel hier so viel Aufmerksamkeit schenken, dann deshalb, weil er in der frühen Zeit auch der Tempel der Römer war, wie der Iuppiter-Tempel auf dem Kapitol beweist. Seit dem 2. Jahrhundert v. Chr. bildet sich dann der eigentlich römische Tempel heraus, und dieser stellt eine Synthese zwischen dem etruskischen und griechischen Tempel dar. Als etruskisch kann man im Prinzip seine Gestalt ansehen, mit Podium, Pronaos und Cella, als griechisch seine Dekoration, sofern Säulen, Gebälk und Giebelfeld nach Griechenart gebildet sind. Bestes Beispiel dafür ist der noch vollständig erhaltene rechteckige Tempel auf dem Forum Boarium, von dem noch die Rede sein wird. Doch auch die Reste der Tempel auf dem Forum Romanum bieten uns sehr anschauliche Beispiele.

Als eines der ältesten Heiligtümer gilt der Tempel des Saturn, der im Jahre 498 v. Chr. eingeweiht wurde (Farbabb. 6; Abb. 8). Vom ersten Bau ist freilich nichts mehr erhalten. Der Tempel wurde in der republikanischen Zeit mehrfach erneuert und im 4. nachchristlichen Jahrhundert nach einem Brand wiederaufgebaut. Heute findet man noch die Reste eines überdimensionalen Podiums aus Travertinquadern und acht Granitsäulen, auf deren jonischen Kapitellen ein Gebälk mit einem Stück des Giebelfeldes ruht. Das Podium geht auf den Neubau zurück, den L. Munatius Plancus, einer der Generale Caesars, 42 v. Chr. aufführen ließ, während das übrige vom Bau des 4. Jahrhunderts n. Chr. stammt. Allerdings hat man dabei, wie es in der späten Antike nicht selten geschah, ältere Stücke mitverbaut. So hat man den Palmettenfries über den Kapitellen aus dem Trajansforum beigebracht.

In der Cella des Tempels stand einstmals das Kultbild Saturns, der eine Sichel in der Hand trug. Offenbar war er ein Gott der Bauern, den man von den Etruskern übernommen hatte. Später setzte man ihn mit dem griechischen Kronos gleich. Zu seiner Verehrung fanden alljährlich am 17. Dezember die Saturnalien statt, ein uraltes Bauernfest, das 217 v. Chr. neugestaltet wurde. Nach der winterlichen Aussaat feierten Herren und Sklaven eine Art Karnevalsfest, bei dem alle Standesunterschiede aufgehoben waren und bei dem man sich gegenseitig mit Kerzen und kleinen Tonfiguren beschenkte. Zum Fest gehörte ein Opfer für Saturn. Ihm zu Ehren veranstaltete man auch ein Lectisternium, ein Göttermahl, bei dem die Statuen von Göttern auf Festbetten lagen. Man saß selbst beim großen gemeinsamen Mahl und dehnte das Fest bis tief in die Nacht hinein aus. Unter Augustus wurde die Dauer der Saturnalien auf drei Tage verlängert, später sogar auf sieben.

Östlich von der Treppe zum Pronaos des Saturn-Tempels sieht man heute noch die Schwelle einer Tür mit Löchern für ihren Verschluß. Diese Tür führte einst in das aerarium, das in das Podium eingebaut war, also in die Schatzkammer, in welcher der römische Staatsschatz aufbewahrt wurde, der vor allem aus Gold- und Silberbarren sowie aus Münzen bestand. Als in der Zeit des Imperiums die Kaiser ihren eigenen Fiskus hatten, unterstand die Verwaltung des Aerarium populi Romani dem Senat.

Zu den ältesten Heiligtümern des Forums gehört auch der Castor-Tempel. Seine Geschichte beginnt mit den kriegerischen Auseinandersetzungen zwischen Römern und Latinern, die damit endeten, daß 496 v. Chr. die Römer am See Regillus, der heute als Krater Panatno Secco bekannt ist, die Latiner besiegten. Damals sollen der Legende nach die Dioskuren Castor und Pollux auf dem Forum Romanum erschienen sein, ihre Rosse an der Quelle der Iuturna getränkt und den Römern den Sieg am Regillus-See verkündet haben.

Castor und Pollux entsprechen den griechischen Zwillingen Kastor und Polydeukes, über deren Herkunft es mehrere Versionen gibt, von denen eine besagt, sie seien Söhne des Zeus und der Leda. Kastor galt als großer Rossebändiger, Polydeukes als berühmter Faustkämpfer. Schon früh gab es einen Kult der Dioskuren, der Göttersöhne, in Unteritalien. Auch die Etrusker verehrten sie. In Tusculum hatten sie ebenfalls Kultstätten, und von dort her kannten sie wohl die Römer, was in der Legende vom Erscheinen auf dem Forum nach dem Sieg am See Regillus zum Ausdruck kommt.

Man dankte den Dioskuren durch den Bau eines Tempels, der schon 484 v. Chr. durch den Sohn des Siegers A. Postumius eingeweiht wurde. Ursprünglich benannte man ihn nur nach Castor und sprach erst seit dem 1. Jahrhundert v. Chr. von einem Heiligtum der Dioskuren.

Auch der Castor-Tempel wurde mehrfach erneuert. Im Inneren des Podiums befinden sich noch einige kleine Tuffblöcke von der ersten Anlage. Der Unterbau geht großenteils auf die Wiederherstellung des Jahres 117 v. Chr. zurück. Bei ihm ist zum erstenmal in der römischen Baugeschichte die Mauer durch Mörtel zu einer festen Gußmasse zusammengeschmolzen worden. Die drei Säulen aber, die heute das Wahrzeichen des Forum Romanum sind, stammen von dem Neubau, den Tiberius noch in der Augustuszeit aufführte und den er in seinem eigenen und im Namen seines Bruders Drusus im Jahre 6 n. Chr. den Dioskuren weihte. Die drei Säulen mit ihren korinthischen Kapitellen zeichnen sich durch besondere Eleganz aus. Sie tragen ein Stück des Gebälkes, dessen Architrav mit einem Blattmuster geziert ist (Farbabb. 5; Abb. 4).

Der Castor-Tempel muß in der Kaiserzeit ein repräsentativer Bau gewesen sein. Die inwendig mit Säulen geschmückte Cella war auch außen von Säulen umgeben, so daß man wie bei griechischen Tempeln von einem Peripteros sprechen kann. Und doch weicht die Bauauffassung ganz von der griechischen ab. Die Cella des Castor-Tempels steht nicht in der Mitte, sondern am Ende des Säulenumlaufs, wodurch der Pronaos eine beachtliche Tiefe besitzt. Sie ist durch das gewaltige Podium beherrschend in die Höhe gehoben; und eine Freitreppe führt zu ihr hinauf, so daß es sich bei dem Castor-Tempel um einen Richtungsbau in echt römischem Sinne handelt.

Der Kult der Dioskuren lag besonders den Frauen am Herzen, weil sie als Helfer in großer Not galten. Auch die Ritter kannten eine besondere Verehrung für die göttlichen Reiter. Seit 304 v. Chr. war es Brauch, daß sie in jedem Jahr am 15. Juli, dem Geburtstag des Castor-Tempels, mit Olivenlaub geschmückt und in voller Ausrüstung vom Mars-Tempel zum Kapitol ritten. Nach Dionysios von Halikarnassos zogen sie bei ihrer Prozession am Tempel der Dioskuren vorbei, an dem zuvor ein Staatsopfer stattgefunden hatte.[11]

Dem Andenken an Castor und Pollux war noch eine weitere Stätte geweiht, die direkt neben dem Castor-Tempel liegt: der heilige Bezirk der Iuturna, dessen Zentrum in einem als *lacus Iuturnae* bezeichneten Wasserbecken besteht, in das noch heute Wasser hineinsprudelt. Iuturna war eine Quellgöttin, deren Name auf etruskischen Ursprung hindeutet. Ihr Wasser galt als heilkräftig, wodurch schon eine gewisse Verbindung zu den Dioskuren bestand, die man bei Krankheiten anrief und von denen es hieß, daß sie durch Träume Kranke heilten.

Die Dioskuren tränkten der Legende nach ihre Rosse an der Quelle der Iuturna, weswegen man ihnen hier auch Standbilder errichtete, deren Reste im Brunnen gefunden und im Antiquarium des Forums aufgestellt wurden. Die Bruchstücke lassen erkennen, daß es sich um Skulpturen von zwei Reitern handelt, die neben ihren Pferden stehen. Aus der noch archaischen Bearbeitung der Rosse und dem schon etwas aufgelockerten Stand der Figuren läßt sich schließen, daß die Plastiken in der ersten Hälfte des 5. Jahrhunderts v. Chr. geschaffen worden sind. Die Arbeit stammt offensichtlich von einem großgriechischen Meister, so daß man es nicht für ausgeschlossen hält, daß die Figuren in Unteritalien angefertigt und erst später nach Rom zum Lacus Iuturnae gebracht wurden, wo sie – im Laufe der Zeit vermutlich restauriert – bis zum Verfall des Forums aufgestellt waren.[12]

Im Brunnen gefunden hat man auch einen kleinen Marmoraltar, der im 2. Jahrhundert n. Chr. entstanden sein könnte und der heute beim ›Lacus‹ steht. Auf der vorderen Breitseite sieht man Castor und Pollux, auf Lanzen gestützt, während auf der Rückseite Helena, die Schwester der Dioskuren, erscheint und mit der Fackel als Lichtgöttin auftritt. Die Schmalseiten zeigen die mythologischen Eltern der Dioskuren: Zeus mit göttlich bloßem Oberkörper, Zepter und Blitz in den Händen haltend, und Leda mit aufwirbelndem Gewand, das ihre nackte Schönheit rahmt.

Auf einem zweiten kleinen Altar ist Iuturna zusammen mit ihrem Bruder Turnus dargestellt, der uns als König der Rutuler und erbitterter Feind des Aeneas bekannt ist. Dieser Altar hat seine Aufstellung vor einer Aedicula gefunden, die man erst in den fünfziger Jahren unseres Jahrhunderts wiederhergestellt und ergänzt hat (Abb. 10). In ihr befand sich eine Statue der Iuturna. Der Türausschnitt, der den Blick in das Innere eröffnet, ist von Säulen korinthischer Ordnung, einem Architrav mit dem Namen der Göttin und dem Giebelfeld darüber elegant gerahmt. Vor der Aedicula steht außer dem kleinen Altar ein Puteal mit einer Weiheinschrift des M. Barbatius Pollio, der wohl zur Zeit des Augustus kurulischer Ädil war.

Im Osten und Süden des heiligen Bereiches der Iuturna befinden sich noch Räume, die vermutlich der Krankenheilung dienten sowie dem Heilschlaf, in dem der Mensch träumend göttliche Anweisungen für seine Gesundheit empfing. Nicht zufällig fand man hier Figuren von Gesundheit bringenden Gottheiten, vor allem eine Statue, die Aesculapius, den Gott der Heilkunst, zusammen mit einem Camillus, einem Opferdiener, zeigt. Seit der Zeit Konstantins, in der die heidnischen Gottheiten mehr und mehr ihre Bedeutung verloren, hatte in diesen Räumen die *statio aquarum,* die oberste Behörde für städtische Wasserversorgung, ihren Sitz.

Nach den Ständekämpfen entsteht der Concordia-Tempel

Am Abhang des Kapitols lag der Tempel der Concordia. Was man an Ort und Stelle noch vorfindet, ist nicht viel mehr als der Kern des Unterbaus aus Gußwerk, der noch zum Teil durch die heutige Straße Via del Foro Romano überdeckt wird.

Dieser Tempel verdankt seine Entstehung einem politischen Ereignis: dem zeitweiligen Ende der über ein Jahrhundert währenden Ständekämpfe zwischen Patriziern und Plebejern. Die Patrizier entstammten den vornehmen privilegierten Geschlechtern, während die Plebejer die große Masse des Volkes bildeten. Ihrem personenrechtlichen Stand nach waren die Plebejer keine Sklaven, sondern Freie. Sie betätigten sich als Bauern, Handwerker oder Kaufleute, hatten aber keinerlei Rechte. Sie konnten keine eigenen Geschlechter bilden, sondern mußten sich an patrizische Geschlechter anschließen. Sie waren somit Klienten, die zu Gefolgschaft und wirtschaftlichen Leistungen verpflichtet waren und dafür auf den Schutz ihres Patrons, z. B. vor Gericht, Anspruch hatten. Die große Masse der Plebejer war arm und verschuldet; es gab aber auch solche, die es in ihren Berufen, beispielsweise als Kaufmann, zu etwas gebracht hatten. Beide verlangten politische Rechte und eine soziale Angleichung; und so begannen schon mit dem Anfang der Republik die Ständekämpfe.

Die Plebejer waren nicht machtlos. Man war auf sie als Soldaten angewiesen und fürchtete einen Wehrstreik. Man veranlaßte sie auch zur Rückkehr, als sie – wie es die Überlieferung will – Rom verließen, um eine neue Stadt zu gründen. Sie schlossen sich nun fester zusammen. Sie gründeten ein *concilium plebis*, eine eigene Volksversammlung, die seit 471 v. Chr. nach lokalen Bezirken, nach *tribus*, gegliedert war und darum *comitia tributa* hieß. Diese wählten *tribuni plebis*, Volkstribunen, deren ursprüngliche Zahl ungewiß ist. Im Jahre 449 v. Chr. gab es jedenfalls bereits zehn. Ihre Rechte bestanden darin, daß sie sakrosankt, also unantastbar, waren, gegen Handlungen eines Magistrats und Senatsbeschlüsse ihr Veto einlegen und zugunsten von Plebejern Hilfe gegen die Obrigkeit leisten konnten, was man als *ius auxilii* bezeichnete.

Ein weiterer Erfolg der Plebejer war die Zwölftafelgesetzgebung um 450 v. Chr. Bis dahin gab es nur ein mündlich überliefertes und kein schriftlich fixiertes Recht, was sich besonders ungünstig für die politisch und wirtschaftlich Schwächeren, also für die Plebejer, auswirkte. Darum auch war es ein Volkstribun, der sich für die schriftliche Festlegung des Rechtes einsetzte. Man entsandte eine Kommission zu den Griechen, damit sie deren Gesetzgebung studierte; dann berief man ein Kollegium von zehn Männern zur Formulierung der Gesetze, die auf zwölf Tafeln aufgezeichnet wurden.

Leider ist uns der Inhalt dieser ersten Kodifizierung des römischen Rechtes nur bruchstückhaft bekannt, aber wir wissen immerhin, daß die Aufzeichnung Privatrecht, Strafrecht, Sakralrecht und Prozeßrecht umschloß.

Die Plebejer empfanden es als eine Diskriminierung, daß es ihnen verboten war, Patrizier zu heiraten. Auch diese Vorschrift wurde 445 v. Chr. aufgehoben. Was ihnen aber noch fehlte, war das Recht, das höchste Staatsamt zu bekleiden: das Konsulat.

Schon saßen Plebejer im Senat, auch hatten sie sich den Zutritt zu hohen Staatsämtern erkämpft, aber Konsul zu werden, war ihnen noch immer nicht gestattet. Es bedurfte noch zäher Auseinandersetzungen, ehe das Ziel erreicht war. Durch die sogenannten Licinisch-Sextischen Gesetze im Jahre 367 v. Chr. aber wurde dann bestimmt, daß jeweils einer der beiden Konsuln ein Plebejer sein müsse. Damit waren die Ständekämpfe vorerst einmal beendet. Man versöhnte sich mit den Patriziern und feierte die Eintracht durch einen Tempel, den man der Concordia weihte.

Wie Plutarch berichtet, hatte der Dictator M. Furius Camillus vor der Sitzung des Senats, in der über die Zulassung eines plebejischen Konsuls entschieden werden sollte, der Concordia für den Fall der Beendigung der Unruhen einen Tempel gelobt, dessen Errichtung am Tage nach der Einigung vom Volk beschlossen wurde, und zwar »an einem Ort, wo er vom Markt und Versammlungsplatz aus gesehen werden könne«.[13] Aus dem Gelübde des Camillus wird deutlich, daß die Römer jetzt auch Abstracta als Gottheiten kannten. In der frühen Zeit verehrte man Numina, göttliche Mächte, die unter griechischem und etruskischem Einfluß personifiziert wurden. Nun fanden auch menschliche Eigenschaften, Kräfte, Tugenden, Ziele ihre Personifizierung, und aus der Eintracht wurde die Göttin Concordia. Auch hierfür gab es griechische Vorbilder, wenn auch bei den Hellenen die vergöttlichten Abstracta mehr in der Dichtung als im Kult zu finden waren. Concordia aber bekam in Rom einen Tempel, der, wie die meisten Heiligtümer, nach einer gewissen Zeit erneuert werden mußte. Es geschah im Jahre 121 v. Chr. durch den Konsul L. Opimius, was dem Geist, in dem der Concordia-Tempel erbaut war, wenig entsprach. Denn Opimius betätigte sich als Hauptgegner des Volkstribunen Caius Gracchus, des großen Reformers zugunsten des Volkes. Er war es auch, der den Gracchen dazu trieb, sich von einem treuen Sklaven töten zu lassen.

Die wenigen Reste, die vom Concordia-Tempel geblieben sind, stammen von dem repräsentativen Neubau, den Tiberius 7 v. Chr. begann. Durch den Abhang des Kapitols bedingt, konnte man die Cella nicht in die Länge, sondern nur in die Breite vergrößern, so daß der vorgelagerte Pronaos um elf Meter schmaler war als sie. Außer dem Unterbau und der Schwelle zur Cella existieren noch ein Stück vom Gebälk, das man im Tabularium des Kapitols findet, und Basis- und Kapitellfragmente, die im Antiquarium des Forums aufbewahrt werden. Diese Überbleibsel beweisen, wie kunstvoll und abwechslungsreich die Bauornamentik der augusteischen Zeit war, so daß man sich gut vorstellen kann, daß der Tempel, der bis in die Spätantike erhalten blieb, als einer der schönsten Tempel der Stadt Rom galt.

1   Aeneas und Anchises.
    Terrakottagruppe
    aus Veji. Villa Giulia

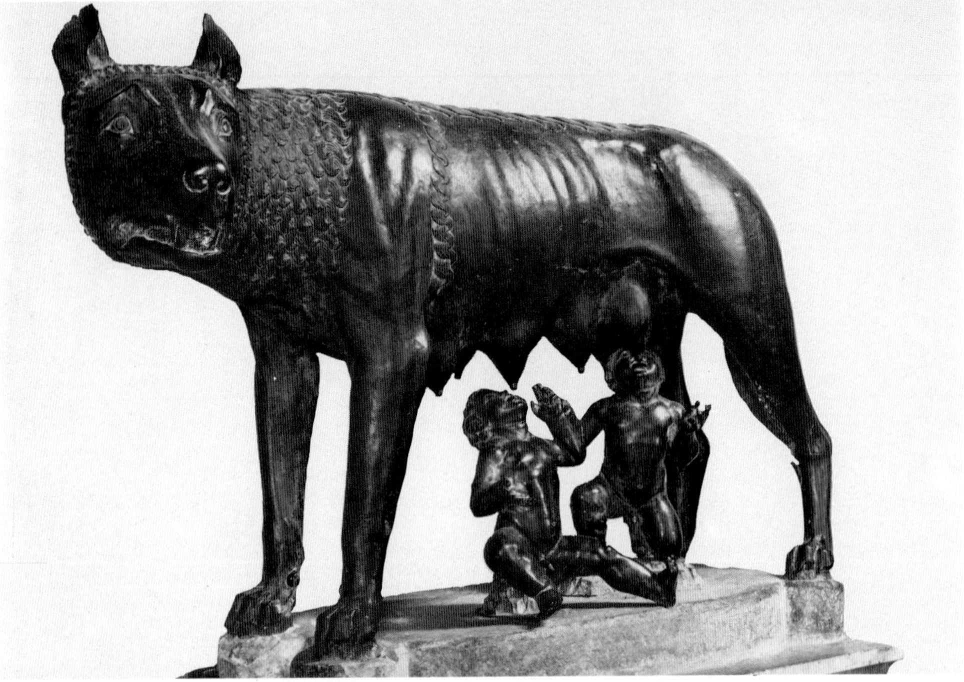

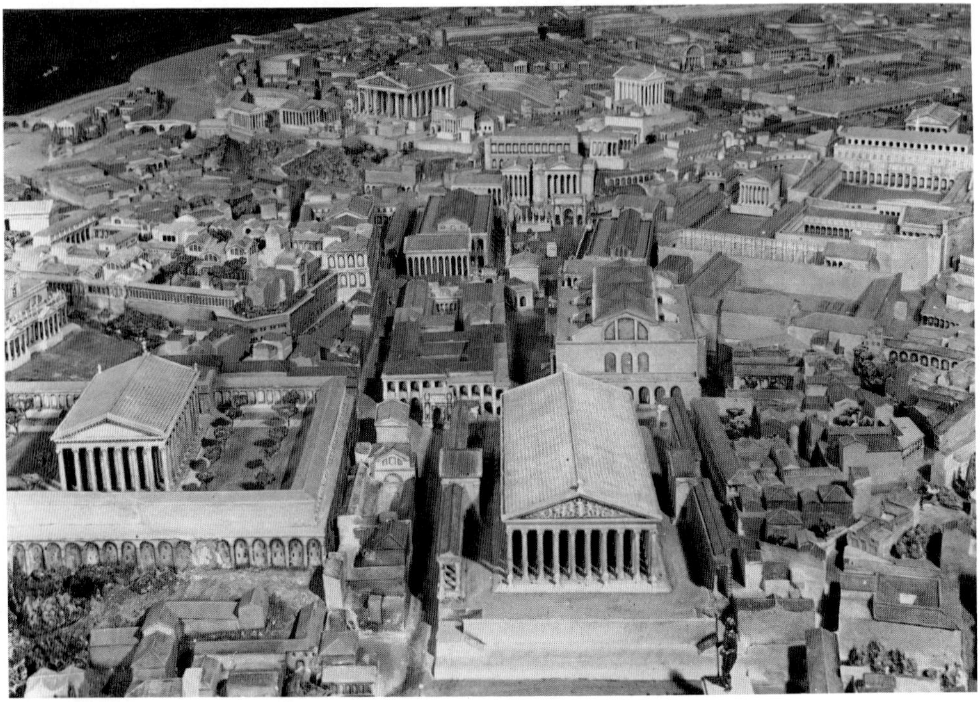

4 Forum Romanum und Kapitol

a

b

c

5 Plutei Traiani. a Institutio alimentaria b Steuerschuldenerlaß c Suovetaurilia. Forum Romanum

6   Relief vom Lacus Curtius auf dem Forum Romanum. Konservatorenpalast

7   Inschriftenstele unter dem Lapis niger.
    Forum Romanum

8   Tempel des Saturn. Forum Romanum

9 Vesta-Tempel. Forum Romanum

10 Aedicula vom Lacus Iuturnae. Forum Romanum

11 Tempel des Antoninus Pius und der Faustina. Forum Romanum

12 Tempel der Venus und Roma. Velia

13 Sogenannter Tempel des Romulus und Konstantinsbasilika. Forum Romanum

14 Kopf der Sitzfigur Konstantins aus der Konstantinsbasilika. Konservatorenpalast

15 Titus als Triumphator. Relief im Durchgang des Titus-Bogens. Forum Romanum

16 Römische Legionäre im Triumphzug. Relief im Durchgang des Titus-Bogens. Forum Romanum

17 Fragmente vom Milliarium Aureum. Forum Romanum

18 Kaiserfora. Rekonstruktion. Museo della Civiltà Romana

19 Forum Iulium (Caesar-Forum)

20 Forum des Augustus. a Heutiger Zustand b Rekonstruktion

21 Säule des Trajan. Detail. Trajansforum

22　Märkte des Trajan

23　Halle des Trajan-Marktes an der Via
IV. Novembre

24　Kolossalstatue des Hercules Victor. Vergoldete Bronze. Konservatorenpalast

25 Tempel auf dem
Forum Boarium,
fälschlicherweise
Tempel der Fortuna
Virilis genannt

26 Rundtempel auf dem
Forum Boarium,
fälschlicherweise Vesta-
Tempel genannt

Halle der zwölf olympischen Gottheiten

Ganz in der Nähe des Concordia-Tempels, nur durch den Tempel des Vespasian von ihm getrennt, befindet sich ein Heiligtum, in dem nicht nur *eine* Gottheit, sondern eine Götter*versammlung* verehrt wurde: der *porticus Deorum Consentium*. *Di Consentes* nannte man den Götterrat, den etruskische Götter unter dem Vorsitz des Tinia bildeten. Doch diese Vorstellung von einem Rat, der dem höchsten Gott zur Seite steht, konnte in Rom nicht Wurzeln schlagen. So sind die Gottheiten im Porticus Deorum Consentium auch nicht als Rat zu verstehen, sondern als eine Repräsentation der zwölf olympischen Gottheiten, die ihren Ursprung in der griechischen Mythologie haben. Freilich wurden sie in den Entsprechungen dargestellt, welche die römische Religion für sie gefunden hat, so Zeus durch Iuppiter, Hera durch Iuno usw. Damit sind schon zwei der Götter genannt, die in dem Porticus als vergoldete Standbilder verehrt wurden. Die übrigen sind Neptun und Minerva, Mars und Venus, Apoll und Diana, Vulkan und Vesta, Merkur und Ceres.

Wir wissen nicht, wann genau die Figuren hier aufgestellt worden sind. Es ist auch nicht ausgeschlossen, daß sie zuvor an einer anderen Stelle des Forums ihren Platz hatten. Es fällt allerdings auf, daß es dieselben Gottheiten sind, von denen Livius[14] berichtet, man habe für sie an drei aufeinanderfolgenden Tagen ein Lectisternium, ein Göttermahl, bereitet, bei dem für jedes Götterpaar eine eigene Tafel aufgestellt war. Diese Feiern standen im Zusammenhang mit den Sühnezeremonien, die im Jahre 217 v. Chr. nach der römischen Niederlage am Trasimenischen See im Zweiten Punischen Krieg abgehalten wurden. So ist es möglich, daß damals auch der Porticus Deorum Consentium mit seinen Statuen geschaffen wurde.

Ganz gewiß hat man den Porticus im 3. oder 2. Jahrhundert v. Chr. errichtet. Was ausgegraben und wieder zusammengesetzt werden konnte, ist von einem Neubau aus der Flavierzeit übriggeblieben, der – nach einer aufgefundenen Inschrift zu schließen – im Jahre 367 n. Chr. vom Stadtpräfekten Vettius Agorius Praetextatus restauriert wurde.

Heute besteht der Porticus Deorum Consentium aus einer Halle von korinthischen Säulen, auf denen ein Gebälk ruht. Dabei verläuft die Halle nicht geradlinig, sondern sie ist im stumpfen Winkel gebrochen, so daß sie gleichsam aus zwei Flügeln zusammengesetzt ist. Hinter der Säulenhalle liegen sieben Kammern aus Ziegelmauerwerk. Vermutlich waren es ursprünglich noch mehr. Über ihren ehemaligen Verwendungszweck läßt sich nichts Sicheres sagen.

Tempel des Divus Iulius

Auf dem Forum Romanum stehen auch Tempel, die vergöttlichten Kaisern zu Ehren errichtet worden sind. Es begann damit, daß der Senat nach der Ermordung Caesars

anordnete, dieser solle als ein Gott verehrt werden. Deshalb mußte für den Vergöttlichten auch ein Tempel erbaut werden.

Die Wahl des Bauplatzes erklären die Ereignisse bei den Begräbnisfeierlichkeiten,
von denen Sueton u. a. berichtet:

»An Stelle der Leichenrede ließ der Konsul Antonius durch einen Herold den Beschluß des Senats verlesen, durch den dieser Caesar alle göttlichen wie menschlichen
Ehren zuerkannt hatte, desgleichen den Eid, durch den alle Senatsmitglieder sich zum
Schutze dieses einen Mannes verpflichtet hatten. Er selbst fügte nur wenige Worte hinzu. Das vor der Rednerbühne aufgestellte Leichenbett trugen teils amtierende, teils
ehemalige Magistratsbeamte zum Forum hinab. Während nun einige Leute vorschlu-
gen, die Leiche in der Kapelle des Kapitolinischen Iuppiter zu verbrennen, andere
dazu die Kurie des Pompeius (in der Caesar ermordet worden war) in Vorschlag
brachten, traten plötzlich zwei Unbekannte mit Schwertern an der Seite und zwei
Wurfspießen in den Händen auf und zündeten das Gerüst mit Wachsfackeln an. Sogleich schleppte die herumstehende Menge dürres Reisig, Gerichtsbänke und Richter-
stühle und, was an Leichengaben zur Hand war, zusammen. Die Musikanten und
Schauspieler legten die Gewänder ab, die sie aus den bei den Triumphen einst ge-
tragenen Garderobestücken entnommen und zu der gegenwärtigen Feier angelegt hatten, zerrissen sie und warfen sie in die Flammen; ebenso die Veteranen ihre Waffen,
in deren Schmuck sie den Leichenzug begleiteten, viele Matronen die Schmuckgegen-
stände, welche sie an sich trugen, sowie die goldenen Kapseln und Prätexten[15] ihrer
Kinder.«[16]

An der Stätte der Leichenverbrennung sollte für den Divus Iulius ein Tempel errichtet werden. Wenn man auch Caesar in den Rang eines Gottes erhoben hatte, so
unterschied man sprachlich doch noch *deus* (Gott) von *divus* (göttlich). Der Tempel
wurde im Jahre 42 v. Chr. von den Triumvirn Octavian, Antonius und Lepidus beschlossen, aber erst 29 v. Chr. von Octavian geweiht.

Vom Caesar-Tempel ist nur wenig erhalten geblieben: der Kern des Unterbaus mit
seiner stark restaurierten Fassade, in deren Mittelnische ein runder Altar steht, der
aber später durch eine vorgebaute Mauer den Blicken entzogen wurde.

Auf dem heute noch sichtbaren Unterbau erhob sich einst der Tempel, dessen Pronaos aus sechs frontalen und zwei seitlichen Säulen bestand. In der Cella befand sich
ein Standbild des vergöttlichten Caesar, der den Mantel über den Kopf gezogen hatte.
Vor der Fassade legte man eine Terrasse an, die als Rostra gedacht war und später oft
bei Leichenfeierlichkeiten des kaiserlichen Hauses Verwendung fand. Nach dem Vorbild der alten Rostra schmückte man auch sie an ihrer Front mit Schiffsschnäbeln. Diese
waren in der Schlacht von Actium erbeutet worden. Es entbehrt nicht des in der Geschichte immer wieder vorkommenden Grotesken, daß der Tempel von Octavian und
Antonius gemeinsam beschlossen wurde, daß er dann aber mit Schiffsschnäbeln aus
jener Schlacht geschmückt wurde, in der Octavian den inzwischen zum Gegner gewordenen Antonius endgültig besiegt hatte. Beim Caesar-Tempel hat man Reste von einem

Fries gefunden, der vermutlich zur Cella gehörte. Die Bruchstücke, die im Antiquarium des Forums aufbewahrt sind, zeigen Ranken, Gorgoneien und geflügelte Mädchen.

Kaiserkult

Ehe wir uns den Tempeln vergöttlichter Kaiser auf dem Forum zuwenden, soll einiges Grundsätzliche zum römischen Kaiserkult gesagt werden. Caesar war vergöttlicht worden und hatte einen *flamen,* einen Sonderpriester, für seinen Kult zugebilligt bekommen. Damit war auch ein göttlicher Schimmer auf den Augustus Octavianus, den Adoptivsohn Caesars, gefallen. Er konnte sich fortan *divi filius,* des Göttlichen Sohn, nennen. Dennoch ließ er sich nicht selbst als göttlich bezeichnen. Er wollte nicht den Fehler seines Adoptivvaters begehen, der zwar nie das von ihm ersehnte Gottkönigtum sichtbar erstrebt, aber doch göttliche Verehrung zu Lebzeiten entgegengenommen und damit den Zorn der überzeugten Republikaner heraufbeschworen hatte.

Gewiß, es gab auch einen Kult des göttlichen Augustus, aber dieser war nur in den Provinzen gestattet, und dann in Verbindung mit dem Kult der *dea Roma,* der Göttin Rom, der im Osten jedoch gelegentlich fortgelassen wurde. Auch die Dichter scheuten sich nicht, dem Kaiser göttliche Namen und Ehren zuteil werden zu lassen. In Rom und in Italien allerdings sah man streng darauf, daß Augustus nicht wie ein Gott gefeiert wurde. Dafür griff man auf altrömische Vorstellungen zurück und verehrte den Genius des Kaisers.

Die Römer suchten ursprünglich, wie schon mehrfach erwähnt, das Göttliche in den Mächten der Natur. Darum vergöttlichten sie auch die Zeugungskraft des Mannes, also den *genius.* Jeder Mann hatte seinen eigenen Genius, der die Fortdauer seiner Familie und seines Geschlechtes garantiert. Im Hause erfuhr deshalb der Genius des *pater familias,* des Familienoberhauptes, seine besondere Verehrung. Man bereitete ihm seinen Kult am häuslichen Herd; und die Sklaven schworen bei ihm. Auch empfing er beim Geburtstag des Hausherrn bestimmte Gaben und Spenden.

Allmählich erweiterte sich der Begriff. Unter Genius verstand man jetzt die Lebenskraft, die einem Manne eigen ist. Schließlich wurde unter griechischem Einfluß der Genius zu einem Schutzgeist, einem Dämon, einem Schutzgott, der den Mann ständig begleitet.

Da der Kaiser im Reich die gleiche Stelle einnahm wie der Pater familias in seinem Haus, sprach auch nichts dagegen, wenn man seinem Genius – dem Genius Augusti – einen eigenen Kult widmete. Man verband ihn dazu noch mit dem Kult der Laren.

Die Laren waren ursprünglich Schutzgottheiten des römischen Bauerngutes. Es gab in jeder Familie einen *lar familiaris,* der das Haus behütete und in ihm verehrt wurde. Älter aber scheint der Kult der *lares compitales* zu sein. Das lateinische Wort *compitum* bedeutet Scheideweg, Kreuzweg. Gemeint ist also der Ort, an dem Straßen, Wege und damit bäuerliche Grundstücke zusammentreffen. Auch diese Stätten waren den Laren heilig. An den Compita standen kleine Kapellen und Altäre, an denen den Laren Opfer dargebracht wurden. Hier fanden auch die Compitalia statt, Feste, die zu Ehren der Compital-Laren gefeiert wurden.

Auch die Kreuzungen Roms standen unter der Obhut der Laren. Als Augustus der Stadt eine neue Regionenaufteilung gab, stellte er jede Region unter den Schutz ihrer Compital-Laren und richtete für diese Kultstätten ein. Auf vielen Altären sah man ein Bild, auf dem Augustus zwischen zwei tanzenden Laren, die ein Trinkhorn und eine Schale in Händen hielten, dargestellt war. Der Kaiser stand stellvertretend für seinen Genius da; und nach kurzer Zeit wurden Laren und Genius des Augustus *ein* Begriff, so daß man von *lares Augusti* sprach. Diesen konnte der Kaiser ruhig Opfer darbringen lassen; galten sie doch nicht ihm, sondern seinem Genius und seinen Laren. Der Kult breitete sich schnell über ganz Italien aus, und wie in Rom *magistri vici*, Vorsteher von Stadtvierteln, für ihn verantwortlich waren, so waren es in den Municipien Italiens *augustales,* die zumeist aus dem Stande der Freigelassenen, der ehemaligen Sklaven, genommen wurden. Auf diese Weise also hatte der Kaiserkult in Italien eine Form gefunden, die anders war als die der hellenistischen Reiche, in denen die noch lebenden Herrscher göttlichen Rang einnahmen und sich als Gottkönige verehren ließen.

Nach seinem Tode allerdings wurde Augustus wie sein Adoptivvater vergöttlicht. Bereits in seiner letzten Lebenszeit hat man die Apotheose vorbereitet. Sueton berichtet darüber: »Auch sein (des Augustus) Tod, von dem ich weiterhin reden werde, und seine Erhebung nach dem Tode sind ihm durch deutlichste Vorzeichen verkündet worden. Als er auf dem Marsfelde vor zahlreich versammeltem Volke das Reinigungsopfer verrichtete, flog ein Adler mehrmals um ihn herum und schwang sich dann auf den in der Nähe liegenden Tempel; dort setzte er sich über dem dort angebrachten Namen des Agrippa, und zwar über dem ersten Buchstaben nieder. (Gemeint ist der Buchstabe M; denn Agrippa hieß Marcus. M aber ist auch der erste Buchstabe von *mors*, Tod.) Sobald Augustus diesen Vorgang bemerkt hatte, beauftragte er seinen Kollegen Tiberius, die üblichen Gelübde für die nächstfolgende Periode zu verkünden; denn trotzdem sie fertig aufgeschrieben vorlagen, wollte er, wie er sagte, kein Gelübde aussprechen, das er nicht mehr zu erfüllen in der Lage wäre. Zur gleichen Zeit wurde durch einen Blitzstrahl aus der Inschrift seiner Statue der erste Buchstabe seines Namens (er trug u. a. den Namen Caesar) weggeschmolzen. Die befragten Zeichendeuter gaben zur Antwort, er werde nur noch *hundert* Tage leben, denn diese Zahl bedeutet der Buchstabe C, und er werde unter die Götter aufgenommen werden; *Aesar* nämlich, der Rest des Namens Caesar, heiße auf etruskisch soviel wie Gott.«[17]

Als Augustus gestorben war, wurde er am 17. September 14 n. Chr. feierlich konsekriert, d. h. zur Gottheit erhoben. Nach Sueton »fand sich auch ein Mann im Range eines Praetors, der (nach der Verbrennung des Kaisers auf dem Marsfeld) beschwor, er habe das Bild des Verbrannten zum Himmel auffahren sehen«.[18] Tiberius und Livia errichteten für den Divus einen Tempel auf dem Forum Romanum. Leider ist von dem

Bau über der Erde nichts mehr erhalten, und ausgegraben ist dort, wo er gestanden haben soll (zwischen Palatin und Kapitol, südlich der Basilica Iulia), noch nichts. Wir kennen diesen Tempel nur von verschiedenen Darstellungen auf Münzen und wissen, daß er unter der Regierung des Tiberius nicht fertiggeworden ist und erst von Caligula seine Weihe empfangen hat. Nach einem Brand im Jahre 69 n. Chr. wurde er von Domitian neu aufgebaut und von Antoninus Pius abermals restauriert.

Tiberius setzte auch 14 n. Chr. die *sodales Augustales* ein und beauftragte sie mit dem Kult des vergöttlichten Augustus. Sie stellten eine aristokratische Bruderschaft dar, zu der Tiberius, Drusus, Claudius und Germanicus gehörten. Die Sodales Augustales sind nicht zu verwechseln mit den bereits erwähnten Kollegien der Augustales, die von Augustus ungefähr 25 Jahre früher als Träger des Kaiserkults in den Municipien gegründet worden waren.

Wie es Augustus begonnen hat, so ist es im Prinzip geblieben. Der Kaiser wurde zu seinen Lebzeiten in Rom und Italien nur in seinem Genius verehrt. Nach seinem Tode aber wurde er konsekriert, wenn sein Nachfolger es vorschlug und der Senat es in aller Form beschloß. Um dem Volk das Emporsteigen der kaiserlichen Seele anschaulich zu machen, wurde es Brauch, vom Scheiterhaufen bei der Verbrennung einen Adler auffliegen zu lassen.

Es gab allerdings auch Kaiser, die sich schon zu Lebzeiten als Götter in Rom verehren ließen. Vom Cäsarenwahn befallen, spielten sich Caligula und Nero in übelster Weise als ›Götter‹ auf; und Domitian legte sich den Titel *Dominus et Deus*, Herr und Gott, zu. Das ›Dominus‹ war dabei kaum weniger anmaßend als das ›Deus‹; denn Augustus hatte großen Wert darauf gelegt, nicht ›Herr‹ zu sein, sondern *princeps*, also ›Erster‹ unter den Bürgern.

Zu Ehren verstorbener, konsekrierter Augusti entstanden im Reich bald eine große Anzahl von Tempeln. Auch in Rom gibt es deren mehrere, die uns noch beschäftigen werden. Wenden wir uns zuerst jenen zu, die auf dem Forum Romanum erbaut worden sind.

Tempel vergöttlichter Kaiser

Neben dem Concordia-Tempel am Abhang des Kapitols steht der Tempel, der dem vergöttlichten Vespasian und seinem Sohn Titus geweiht ist. Vespasian gehörte zu den großen Kaisern, die nach Krisenzeiten die Ordnung im Römischen Reich wiederhergestellt haben. Er galt als nüchtern und realistisch, als humorvoll und witzig, so daß es sehr gut zu seinem Charakterbild paßt, wenn Sueton von ihm berichtet, daß er beim ersten Anfall seiner tödlichen Krankheit ausgerufen habe: »Wehe mir, ich glaube, ich werde ein Gott!«[19]

Als Vespasian nun gestorben und tatsächlich vergöttlicht worden war, errichtete ihm sein Sohn Titus einen Tempel, der aber bei dessen kurzer Regierungszeit unvollendet blieb. So mußte des Titus Bruder und Nachfolger Domitian den Bau zu Ende führen. Fortan war der Tempel gleich ein Heiligtum beider Augusti, des Vespasian wie des Titus; und beider Statuen standen in der Cella zur Verehrung.

Der Tempel, der noch von Septimius Severus und Caracalla restauriert worden war, versank später völlig im Schutt. Man hat das Podium mit den Cellaresten, auch mit dem Postament für die beiden Divi, freigelegt. Drei noch vorhandene Säulen mußten nach Verstärkung der Fundamente neu aufgerichtet werden und sind nun das Wahrzeichen des *Templum Vespasiani et Titi*. Sie entstammen der korinthischen Ordnung, sind schlank und elegant und tragen ein Stück ihres Gebälks, auf dem noch ein Teil der alten Inschrift sichtbar ist. Ein anderes Gebälkstück befindet sich im Tabularium des Kapitols. Es besteht aus einem Fries, der mit Opfergeräten und Bukranien, Rinderschädeln, geschmückt ist, und aus einem von Konsolen gestützten Geison, alles reich ornamentiert durch Blattkompositionen, Rosetten, Eierstäbe und eine Zahnschnittleiste.

Wenn Hadrian im äußersten Osten des Forums, auf der Velia, zu Ehren der Venus und Roma einen Tempel baute, so steht auch dieser in gewisser Hinsicht im Dienst des Kaiserkultes (Abb. 12). Der Sage nach war Aeneas ein Sohn des Anchises und der Venus, und die Kaiser des Julischen Hauses hielten sich für Nachkommen des Aeneas. Nun war das Julische Haus zur Zeit Hadrians zwar schon gut fünfzig Jahre ausgestorben, aber das Kaisertum hatte seinen Anfang mit dem julischen Geschlecht genommen, so daß Venus auch in der Zeit Hadrians noch als besondere Schutzgöttin des Kaiserhauses angesehen wurde, weswegen ein Tempel ihr zu Ehren auch das Kaisertum verklärte. Verbunden mit Roma, der Stadtgöttin der Metropole, wurde Venus zur Patronin der Römer; und ein Tempel beider, mit dessen Bau man dazu noch am 21. April, dem Gründungstag Roms, begann, konnte zu einem Nationalheiligtum werden.

Der von Hadrian nach eigenen Plänen errichtete Tempel war durch Übergröße – 145 zu 100 Meter Grundfläche – gekennzeichnet. Nach römischer Art stand er auf einem hohen Podium; doch der Kaiser, der große Vorliebe für Kultur und Kunst der Griechen hatte, gab ihm griechisches Aussehen, indem er ihn als Peripteros, also ganz von Säulen umschlossen, erbauen ließ. Das Innere hat seine eigene Art. Es besteht aus zwei Cellen mit Apsiden, die mit ihren Rückseiten gegeneinander gestellt sind, so daß die Kultfigur der Venus nach Osten und die der Roma nach Westen blickte. Anscheinend waren die Apsiden im Verhältnis zu den Kultfiguren zu klein. Apollodoros von Damaskos, der berühmte Baumeister aus der Zeit Trajans, soll das jedenfalls beanstandet und noch manches andere heftig kritisiert haben, was den empfindlichen Kaiser sehr gereizt habe. Man erzählte sich, Apollodoros' heftige Kritik an des Kaisers Baukunst habe ihn schließlich das Leben gekostet.

Der Bau des Tempels der Venus und Roma wurde 121 n. Chr. begonnen. Hadrian weihte ihn noch ein bis zwei Jahre vor seinem Tode, aber die letzte Vollendung blieb Antoninus Pius vorbehalten. Anfang des 4. Jahrhunderts mußte das Heiligtum dann nach einem Brand durch Maxentius erneuert werden. Was heute noch steht, stammt außer dem Podium von dieser Restauration. Es sind die Apsiden, Reste der Cellen mit Ansätzen zu kassettierten Deckengewölben, Stücke vom Marmorfußboden und Säulen des Cellainneren wie der Hallen, die den Tempel an seinen Langseiten rahmten. In sehr geschickter Weise hat die Stadt Rom heute die fehlenden Säulen durch zylinderförmig zugestutzte Buchsbäume ersetzt, so daß die Gesamtanlage – wenigstens an der Ostseite – gut erkennbar ist.

An der Westseite ist in den Tempel die Kirche S. Francesca Romana mit ihrem Kloster hineingebaut, in welchem sich heute das Antiquarium des Forums befindet.

Nicht nur Kaiser wurden nach ihrem Tode vergöttlicht, sondern auch ihre Gemahlinnen, mitunter auch andere Mitglieder des kaiserlichen Hauses. Anschauliches Beispiel dafür ist der Tempel des Antoninus Pius und der Faustina (Abb. 11). Als die ältere Faustina, die Gemahlin des Kaisers Antoninus Pius, im Jahre 141 n. Chr. gestorben war, wurde sie vom Senat konsekriert. Zu ihrer Verehrung als Diva baute man einen Tempel an der Nordseite des Forums. Als dann genau zwanzig Jahre später ihr kaiserlicher Gemahl ihr im Tode folgte, wurde der Tempel auf Senatsbeschluß auch ihm geweiht und trägt seither die Namen beider.

Dieser Tempel ist der besterhaltene Podiumtempel des Forums. Noch stehen auf dem hohen Unterbau mit der erneuerten Freitreppe die aus Steinblöcken errichteten Seitenwände der Cella sowie der tiefe Pronaos mit seinen römisch-korinthischen Marmorsäulen, die durch Architrav und Fries miteinander verbunden sind. Der ganze Fries war mit einem Relief aus Greifen, Vasen, Kandelabern und Ranken geschmückt. Heute findet man die Dekoration nur noch an den Seiten, weil sie an der Vorderfront abgeschlagen wurde, wo man, an ihrer Stelle, den Namen des Antoninus Pius einmeißelte, damit er über dem auf dem Architrav verewigten Namen der Faustina stehe.

Im Mittelalter wurde in die Cella eine Kirche eingebaut – S. Lorenzo in Miranda –, die 1602 eine Barockfassade bekam, welche, recht anachronistisch, das Forum beherrscht und Zeugnis davon gibt, daß in Rom Architekturen der Antike oft den Kern von Bauwerken späterer Jahrhunderte bilden.

Wenn man vom Tempel des Antoninus Pius und der Faustina auf der Via Sacra nach Osten geht, kommt man zuerst am Archaischen Friedhof vorbei und dann an Kammern, die unterhalb des Straßenniveaus liegen. Ursprünglich hielt man die Zellen für einen Carcer, ein Gefängnis. Es handelt sich aber um das Kellergeschoß eines Hauses aus dem letzten republikanischen Jahrhundert. Ob hier ein Gasthaus oder ein Bordell eingerichtet war, wie einige Forscher meinen, mag dahingestellt bleiben.

Geht man noch ein paar Schritte weiter, so steht man vor einem Rundbau, der als Tempel des Romulus bezeichnet wird. Gemeint ist nicht etwa der Stadtgründer Romulus, sondern der Sohn des Kaisers Maxentius, der im Jahre 309 n. Chr. in jungen Jahren gestorben und dann zum Divus erklärt worden ist. Es gibt Gedenkmünzen, aus denen klar hervorgeht, daß man Romulus einen Rundtempel erbaut hat. Ob dieser aber mit dem auf dem Forum identisch ist, muß stark bezweifelt werden. Auch die Inschrift über der Tür mit dem Namen Konstantins, von der im 16. Jahrhundert noch ein Reststück erhalten war, erklärt nichts, weil sie darauf hindeuten kann, daß es sich um eine Anlage Konstantins handelt, aber auch die Möglichkeit offenläßt, daß dieser einen bereits fertigen Bau nach der Überwindung seines Gegenspielers Maxentius für sich beschlagnahmt hat, was dann nicht ausschließen würde, daß er zuvor als Tempel des vergöttlichten Romulus gedient hätte (Farbabb. 4; Abb. 13).

Wenn wir auch über den Verwendungszweck des Bauwerkes im unklaren bleiben, so interessiert uns die Anlage unter dem Gesichtspunkt des Architektonischen wegen ihrer Eigenart doch sehr. Den Kern bildet ein Rundbau, dessen Fassade, von der nur noch Reste vorhanden sind, halbkreisförmig verläuft und von Nischen unterbrochen ist (vgl. den Forumsplan in der vorderen Umschlagklappe). Flankiert wurde die Rotunde von zwei einschiffigen Hallen, die in Apsiden ausliefen und vor deren Eingängen hohe Säulen aus Marmor standen, von denen die auf der rechten Seite noch erhalten sind. Das Portal des Tempels verdient ebenfalls besondere Beachtung. Es besteht aus Porphyrsäulen, die einen wiederverwendeten Architrav tragen, und rahmt eine antike Tür, die zwar ihres Schmuckes beraubt ist, aber durch das vorhandene alte Schloß besondere Bedeutung bekommt.

Heute stellt der Tempel des Romulus die Vorhalle zur Kirche der Heiligen Cosmas und Damian dar, doch auch diese stammt aus der Antike. Sie ist hineingebaut in die Bibliothek des von Vespasian erbauten Forum Pacis. Damit befinden wir uns schon an der Nahtstelle zu den Kaiserfora, von denen noch ausgiebig die Rede sein wird.

Triumphus im Gewande Iuppiters

Man hat nicht nur den verstorbenen und vergöttlichten Kaisern Tempel gebaut, sondern auch den lebenden Triumphbogen errichtet. Dabei ist der Brauch, siegreichen Feldherren Ehrenbogen zu setzen, älter als das Kaisertum. Um den Sinn des Triumphbogens verständlich zu machen, ist es nötig, zuerst von den Triumphzügen zu sprechen.

Der *triumphus*, wie der Triumphzug bei den Römern hieß, ist etruskischer Herkunft. Ursprünglich handelt es sich um eine religiöse Zeremonie. Das vom Krieg heimkehrende Heer mußte, ehe es das Pomerium, die geheiligte Grenze zur Innenstadt, überschritt, durch die *porta triumphalis* auf dem Marsfeld ziehen. Diese war in ihren Anfängen mehr ein Sühnetor als eine Triumphpforte, und in der Frühzeit mußte auch ein geschlagenes Heer den Bogen durchschreiten; denn es sollte sich durch diesen Akt vom Unsegen des Krieges reinigen. War das Heer siegreich, dann setzte sich der Zug zum Kapitol in Bewegung. Man hatte vor dem Feldzug dem Iuppiter Capitolinus Gelübde für den Fall des Sieges gemacht, und nun zog eine Prozession mit dem Feldherrn zum Tempel des Gottes, um diese Vota einzulösen.

In der Zeit der Republik wurde die Prozession des Heeres vom Marsfeld zum Kapitol mehr und mehr zum Triumphzug für das siegreiche Heer und seinen Feldherrn. Als Voraussetzung galt, daß eine regelrechte Schlacht stattgefunden hatte und daß in dieser mindestens fünftausend Feinde gefallen waren. Wenn diese Voraussetzungen erfüllt waren, konnte der Feldherr Abgesandte des Senats, der den Triumphus bewilligen mußte, vor die Pomeriumsgrenze bitten und mit ihnen über dessen Abhaltung verhandeln. Allerdings durfte ein Triumph nur den höchsten Magistraten bewilligt werden: einem Diktator, einem Konsul oder einem Praetor. In der Kaiserzeit stand er ausschließlich den Augusti zu. Bis in die siebziger Jahre des 1. Jahrhunderts n. Chr. wurde er gelegentlich auch einem Prinzen oder einem besonders angesehenen Feldherrn gestattet.

Der Triumph, der anfänglich einen Tag, später aber zwei bis drei Tage dauerte, gestaltete sich in folgender Weise: Der Zug begann auf dem Marsfeld an der Porta Triumphalis. Dort brachte man zuerst an den Kultstätten, die in der Nähe lagen, Opfer dar. Dann setzte man sich in Bewegung und nahm vermutlich seinen Weg über das Forum Boarium, den Circus Maximus, zog am Palatin vorbei zur Ostseite des Forum Romanum, das man auf der Via Sacra durchquerte, um zum Kapitol aufzusteigen.

Die Spitze des Zuges bildete eine Gruppe, die große Bilder mit eroberten Städten, Schlachtendarstellungen und Kriegsszenen sowie Geschenke an den Triumphator trug. Opfertiere für Iuppiter wurden mitgeführt, indes Trompeter die Tuba bliesen. Man sah Lictoren, deren Fasces für diesen Tag mit Lorbeeren geschmückt waren, dann hohe Beamte und den Senat. Geiseln durften ebensowenig fehlen wie Kriegsgefangene, die ihre schweren Ketten mit sich schleppten.

Den Höhepunkt des Zuges bildete der *currus triumphalis,* der Wagen des Triumphators, auf dem dieser stehend einherfuhr. Er trug eine Tunica und darüber eine Toga, beide gold- und purpurverziert. Sein Haupt schmückte ein Lorbeerkranz. In der Linken hielt er ein Elfenbeinzepter, das von einem Adler gekrönt war, in der Rechten einen Lorbeerzweig. Auf dem Wagen stand außer seinen Kindern ein Staatssklave, der dem Triumphator eine Krone aus Gold und Edelsteinen über das Haupt hielt und, wenn die Menge in Jubelrufe ausbrach, ihm zuraunte: »Bedenke, daß du nur ein Mensch bist!«

Ehe wir den Zug weiterverfolgen, wollen wir kurz innehalten, um nach dem Sinn dieser Zeremonien zu fragen. Will man mit dem golddurchwirkten Gewand, der Krone, dem Adlerzepter den Triumphator nur ehren? Bei Livius gibt es dazu einige sehr beachtliche Sätze. Er berichtet von den Auseinandersetzungen zwischen Patriziern und Plebejern über die Frage, ob letztere zum Priesteramt zugelassen werden sollten. Der Wortführer für die Zulassung argumentiert damit, daß man den Plebejern Priesterämter schon anvertrauen dürfe, nachdem man ihnen auch den Triumphus zugestanden habe. Er sagt: »Gibt es einen Gott oder einen Menschen, der es unwürdig findet, wenn solche Menschen noch die Ehrenzeichen der priesterlichen Würde und des Vogelschauers erstreben? Solche Männer, die ihr selbst mit dem Thronsessel, mit der purpurverbrämten Toga, mit der Palmentunika, mit dem gestickten Rock, mit dem Kranz des Triumphators und dem Lorbeer geehrt habt? ... Warum soll der Held, der in der erhabenen Tracht des allmächtigen Iuppiter im vergoldeten Wagen durch die Stadt zum Kapitol hinauffahren durfte, sich nicht auch mit Opferschale und Krummstab zeigen, ein geweihtes Tier opfern und von der Burg die Einwilligung der Vögel holen?«[20]

Was uns in diesem Zusammenhang an der Textstelle interessiert, ist die Tatsache, daß Livius die Kleidung des Triumphators als Tracht Iuppiters bezeichnet. Manche Forscher glauben, die gemeinsame Tracht erkläre sich damit, daß man sich sowohl beim Gewand Iuppiters als auch bei dem des Triumphators an das Vorbild der Kleidung der frühen Könige gehalten habe. Wahrscheinlicher aber ist, daß man durch die Gewandung dem Triumphator die Gestalt Iuppiters geben wollte. Zieht man dazu noch in Erwägung, daß das Triumphkleid sowie die Goldkrone im Tempel des Iuppiter Capitolinus aufbewahrt wurden und daß der Adler, den das Zepter des Triumphators ziert, dem Iuppiter heilig ist, dann wird ganz klar, daß der gefeierte Feldherr den höchsten Gott repräsentieren sollte. Dazu kommt, daß sich der Triumphator das Gesicht mit Mennig bemalte. Dadurch bekam es denselben rötlichen Ton, den auch die Kultstatue Iuppiters aufwies. Offensichtlich sollte der juppitergleiche Aufzug des Triumphators besagen, daß nicht er, der Feldherr, der eigentliche Sieger sei. Iuppiter habe den Sieg errungen, und der Feldherr sei nur sein Repräsentant gewesen. Darum auch feiere jetzt Iuppiter den Triumph. Der Triumphator stehe gleichsam stellvertretend im Zuge an des Gottes Platz.[21]

Damit erklärt sich auch die Mahnung des Staatssklaven, der triumphierende Feldherr, der hier als Stellvertreter des Gottes einherfährt, möge bedenken, daß er selbst nur ein Mensch sei. Bescheidenheit schützt im übrigen vor Dämonen, die besonders den erhöhten Menschen bedrängen. Darum trug der Triumphator auch eine Bulla als Amulett; und unter seinem Wagen hing ein Phallus, der ebenfalls als *fascinum* galt, als apotropäisches Mittel zur Abwendung böser Mächte.

Den Abschluß des Triumphzuges bildeten die Soldaten. Sie trugen ihre Auszeichnungen und Lorbeerkränze. Sie riefen immer wieder *io triumphe,* dasselbe Wort, das auch das Volk, das den Triumphweg säumte, jubelnd ausrief. Die Soldaten sangen Loblieder auf ihren Feldherrn, zwischendurch auch Spottverse, die dem römischen Sinn für Witz entsprachen, ursprünglich aber auch die Dämonen abwehren sollten, weil sie das Allzumenschliche in dem Erhöhten hervorkehrten. Ehe der Zug am Ende des Forums zum Kapitol einlenkte, wurden die Kriegsgefangenen in den Carcer geführt, von dem noch die Rede sein wird. Erst wenn ihre Hinrichtung gemeldet war, sollte die Feier im kapitolinischen Iuppiter-Tempel beginnen. Hier übergab der Triumphator seinen Lorbeerkranz dem Gott, also dem eigentlichen Sieger, und es folgten das Opfer und Dankgebet für Iuppiter. Damit hatte das Fest seinen Höhepunkt erreicht. Es schlossen sich noch Festmähler für die Prominenz an sowie eine Bewirtung von Soldaten und Volk.

Triumphbogen

Im engen Zusammenhang mit den Triumphzügen stehen die Triumphbogen. Dabei ist es nicht etwa so, als ob alle Bogen, die wir heute mit diesem Namen bezeichnen, in der Folge von Triumphen nach gewonnenen Kriegen errichtet worden wären. In der Antike gab es im Römischen Reich eine Fülle von Bogen, die zum Gedenken an bestimmte Taten oder Ereignisse sowie zum Dank für empfangene Wohltaten prominenten Persönlichkeiten, zumeist Kaisern, gewidmet waren. Für diese wäre der Name ›Ehrenbogen‹ angebrachter als die Bezeichnung ›Triumphbogen‹. Die Römer sprachen auch erst vom 3. Jahrhundert n. Chr. an vom *arcus triumphalis,* und dann nur in einigen bestimmten Fällen. In der Zeit der Republik hieß ein solcher Bogen, auch der eigentliche Triumphbogen, ganz einfach *fornix,* in der Kaiserzeit *arcus.*

Die Bogen auf dem Forum Romanum stehen alle im Zusammenhang mit militärischen Siegen. Der älteste von ihnen ist der Fornix Fabianus. Er wurde von Quintus Fabius Maximus erbaut, als er im Jahre 121 n. Chr. in Gallien die Allobroger besiegt hatte. In der Zeit der Republik oblag die Erbauung eines Bogens noch nicht wie in der Kaiserzeit dem Senat, sie war noch Angelegenheit des Feldherrn. Der Fabier-Bogen stand auf der Via Sacra an der östlichen Ecke der Regia. Bei den Ausgrabungen fand man von ihm nicht mehr als sein Fundament und Stümpfe von Tuffpfeilern.

Etwa fünfzig Meter weiter auf der Via Sacra, neben dem Tempel des vergöttlichten Caesar, stand der Bogen des Augustus. Auch von diesem dreitorigen Bauwerk ist außer einem Säulenkapitell und einigen Gebälkstücken nicht mehr geblieben als das Fundament. Der Bogen wurde im Jahre 19 v. Chr. errichtet, und zwar aus Anlaß der Wiedererlangung der römischen Feldzeichen, die im Partherkrieg des Crassus verlorengegangen waren.

Unmittelbar neben dem Augustus-Bogen in östlicher Richtung hat man noch Pfeilerfundamente eines älteren Bogens für den Princeps Augustus gefunden. Der Senat hatte diesen Triumphbogen bewilligt, nachdem Octavian im Jahre 31 v. Chr. in der Schlacht von Actium Antonius und Kleopatra besiegt hatte. Noch vor Beginn des Parther-Bogens hatte man den eintorigen Actium-Bogen abgetragen und die Stücke als Baumaterial für die neue Anlage vermutlich wiederverwandt.

Auch von dem zeitlich nächsten Triumphbogen auf dem Forum, dem Bogen des Tiberius, ist nur das Fundament erhalten. Er stand am westlichen Ende der Via Sacra – dort, wo es zum Clivus Capitolinus weitergeht –, und zwar nicht *auf,* sondern *neben* ihr. Von einem Relief des Konstantinsbogens wissen wir, wie der Tiberius-Bogen ausgesehen hat. Er war eintorig und an den Pfeilern durch Halbsäulen geschmückt. Der Senat hatte ihn zu Ehren von Tiberius und Germanicus errichten lassen, als letzterer 16 n. Chr. die Germanen besiegt und die unter Varus verlorengegangenen Feldzeichen zurückerobert hatte.

Einen wirklichen Eindruck von einem römischen Triumphbogen erhält man durch den Bogen des Titus, der allerdings auch vom Untergang bedroht war (Farbabb. 1). Im

Mittelalter war er in die Festung der Frangipani einbezogen. Als sich Papst Pius VII. im Jahre 1822 entschloß, den Bogen wiederherzustellen, mußte sein Restaurator Valadier ihn bei seiner Freilegung zuerst einmal abtragen, um ihn wiederaufzubauen, wobei er fehlendes Material durch Travertinsteine ersetzte. Der Titus-Bogen zeichnet sich durch seine beherrschende Lage aus. Er wurde dort erbaut, wo die Via Sacra ihren höchsten Punkt erreicht, weswegen sie in diesem Bereich den Namen *Summa Sacra Via* trägt. Er stand wenige Meter von dem berühmten Tempel des Iuppiter Stator entfernt, der schon zum Palatin gehört und von dem noch die Rede sein wird.

Der Triumphbogen für Titus wurde erst nach dessen Tod im Jahre 81 n. Chr. unter seinem Nachfolger und Bruder Domitian errichtet. Es gab aber in Rom noch einen anderen Titus-Bogen, den man in der letzten Lebenszeit des Kaisers gebaut und dessen Reste man bei Ausgrabungen in der Apsis des Circus Maximus gefunden hat. Auf der Widmungsinschrift, die uns überliefert ist, steht verzeichnet, daß man Titus den Bogen für die Besiegung des jüdischen Volkes und die Zerstörung Jerusalems errichtet habe. Auf der noch vorhandenen Widmungsinschrift des Forumsbogens fehlt dagegen eine Angabe über die Taten des Titus und seine verschiedenen Ämter und Titel, denn er hatte inzwischen die Erde verlassen. Dafür aber steht in großen Lettern das ›Divo‹ zum Zeichen, daß der Bogen dem vergöttlichten Kaiser geweiht ist.

Der Titus-Bogen auf dem Forum ist ein Werk echt flavischer Kunst; massiv, aber wohlproportioniert, zeichnet er sich trotz ›barocker‹ Extravaganzen im dekorativen Detail durch wohltuende Einfachheit aus. Zwei Pylonen tragen eine Attika und rahmen mit ihr zusammen den eigentlichen Bogen. Dabei fehlt an den Pylonen und der Attika jeglicher Reliefschmuck. Die Attika ziert nur die Widmungsinschrift, während die Pylonen durch schlicht, aber schön gerahmte Blendfenster belebt sind, von denen eines ein *echtes* Fenster ist, durch das man eine Treppe erreicht, die in das Innere der Attika führt. Die Pylonen sind von Halb- bzw. Dreiviertelsäulen eingefaßt, so daß eine Belebung in der Vertikale erfolgt, während eine horizontale Gliederung durch gekröpfte Gesimse erreicht wird.

Der einzige Reliefschmuck an den Außenseiten des Bogens findet sich auf dem Fries unterhalb der Attika, in den Bogenzwickeln und auf den Volutenschlußsteinen der Archivolten. Auf dem Fries sind Szenen aus dem Triumphzug des Titus dargestellt, allerdings sind nur noch die auf der dem Colosseum zugewandten Seite erhalten; die auf der Gegenseite wurden zerstört. Die Zwickelfelder zeigen beiderseits Viktorien, die Schlußsteine Gestalten, denen die Köpfe abgeschlagen sind. Bei der Figur auf der Ostseite dürfte es sich entweder um die Göttin Roma handeln oder aber um *virtus,* die in diesem Fall als Göttin der militärischen Tapferkeit zu verstehen wäre. Auf dem Schlußstein der Westseite ist eine männliche Figur dargestellt, die anscheinend den *genius populi Romani* verkörpert. Wenn auf der Gegenseite *virtus* gemeint ist, könnte diese Figur auch *honos,* den Gott des kriegerischen Ruhms, symbolisieren.

In reichem Reliefschmuck zeigt sich der Bogendurchgang. Im Scheitel des kassettierten Tonnengewölbes befindet sich eine Darstellung mit dem vergöttlichten Kaiser, den ein Adler zum Himmel emporträgt. Die beiden Seiten sind mit kunstvoll komponierten Szenen ausgefüllt, die den Triumphzug des Titus nach seinem Sieg über die Juden im Jahre 70 n. Chr. zum Thema haben.

Das Relief auf der Nordseite des Durchgangs ist dem Triumphator Titus gewidmet (Abb. 15). Er steht auf einem Wagen mit einem Viergespann, während eine Victoria hinter ihm die Siegeskrone über seinen Kopf hält. Vor dem Wagen schreitet die Göttin Roma, neben ihm, mit bloßem Oberkörper, der Genius des römischen Volkes. So ist die historische Szene gleichsam transzendiert und verklärt. Mit der geschichtlichen Wirklichkeit wird der Aufzug durch einen Togatus – offensichtlich ein Vertreter des Senats – und durch die im Hintergrund sichtbaren Lictoren verbunden. Der Meister des Werkes hat die statischen und dynamischen Elemente der Szenerie kunstvoll komponiert und durch die Staffelung vom Hoch- zum Flachrelief eine Tiefenwirkung erreicht, die der römischen Tendenz zum Räumlichen entspricht.

Auf der Südseite des Durchgangs wird gezeigt, wie die römischen Legionäre auf die Porta Triumphalis zuschreiten (Abb. 16). Sie führen die kostbarsten Beutestücke aus Jerusalem mit sich: den goldenen Tisch der Schaubrote, die silbernen Trompeten und den siebenarmigen Leuchter. Die langhaarigen Gestalten, die mit beschriebenen Tafeln den Zuschauern am Triumphweg irgend etwas mitteilen oder verdeutlichen wollen, können Herolde oder Personifikationen sein.

Ganz realistisch ist der Zug der Legionäre dargestellt, auf einer Bildbühne, deren Raum durch die unregelmäßig hintereinander gestaffelten Figuren vertieft erscheint. Die Schar wirkt nicht wohlgeordnet, darum aber höchst lebendig durch die dynamische Bewegung der vorwärtsdrängenden Legionäre, die durch die Verlangsamung im Schritt bei der letzten Gruppe wirksam kontrastiert wird. Die Schatten, welche die Vorderen auf die Nachfolgenden werfen, erzielen einen malerischen Effekt, den die Römer in ihrer Kunst sehr schätzten.

Etwa 120 Jahre später als der Titus-Bogen entstand ein anderer Bogen, und zwar auf der Westseite des Forums: der Bogen des Septimius Severus. Dieser Kaiser hatte nach seinen Kriegen gegen Parther und Araber keinen Triumph gefeiert. Darum errichtete ihm der Senat im Jahre 203 n. Chr. aus Anlaß seines zehnjährigen Regierungsjubiläums einen Ehrenbogen, der gleichzeitig auch seinen Söhnen Caracalla und Geta gewidmet war, wie man es in der überdimensionalen Inschrift auf der Attika einst lesen konnte. Als aber Caracalla seinen Bruder ermordet hatte, ließ er die auf diesen bezogene Stelle beseitigen und durch Ehrentitel für die beiden in der Inschrift Verbliebenen ersetzen.

Im Gegensatz zum Titus-Bogen ist der Bogen des Septimius Severus dreitorig. Da schon der Parther-Bogen des Augustus drei Durchgänge hatte, handelt es sich hier um kein Novum. Die Eigenart des Severus-Bogens gegenüber dem Titus-Bogen besteht vielmehr darin, daß seine Formen entsprechend dem Zeitgeschmack betont üppig und repräsentativ sind. Statt Halbsäulen, die mit dem Baukörper verwachsen sind, stehen jetzt Vollsäulen auf Sockeln *vor* ihm und enden unter einem gekröpften Gesims. Die breite Attika lastet auf dem Gebälk. Wie wir durch eine Münze des Caracalla wissen, trug sie ehemals eine Bronzegruppe, die aus einem sechsspännigen Triumphwagen des Kaisers mit seinen beiden Söhnen und sie flankierenden Reitern bestand.

Der Bogen zeigt sich an seinen Außenseiten auch reich mit Reliefs geschmückt, und zwar nach einem genau durchgeführten Schema. An den acht Säulensockeln sind Kriegsgefangene dargestellt, die von römischen Legionären fortgeführt werden. Der Schmuck um die Bogen herum ist Allegorien vorbehalten. In den Zwickeln des Hauptbogens schweben Viktorien mit Trophäen, unter ihnen symbolisieren kleine Figuren – je zwei auf der Vorder- und Rückseite des Bogens – die vier Jahreszeiten, um an den glückbringenden Jahreskreislauf unter Septimius zu erinnern. Auf beiden Volutenschlußsteinen ist der Kriegsgott Mars dargestellt. In den Bogenzwickeln über den Seitentoren weisen Flußgottheiten auf die Flüsse hin, die in des Kaisers Unternehmungen von Bedeutung waren. Über ihnen befinden sich schmale Reliefstreifen, auf denen Roma die Huldigung der Besiegten entgegennimmt, und darüber wieder sind Felder mit historischen Szenen, die man wie auf den Bildbändern um die Ehrensäulen des Trajan und Marc Aurel kontinuierlich verfolgen kann, wenn man auf dem linken Feld der Ostseite mit der Betrachtung des ausziehenden Heeres beginnt und auf dem rechten Feld der Westseite bei der Truppenansprache des Kaisers endet.

Am besten erhalten und am interessantesten ist die Darstellung auf dem linken Feld der Westseite, das den Einzug des Heeres in Seleukeia am Tigris und die Eroberung von Ktesiphon zeigt. Den Vergleich mit dem Bildschmuck der großen Ehrensäulen rechtfertigt die Entwicklung der Bilderfolge von Feld zu Feld und die Aufteilung der einzelnen Felder in Streifen, auf denen sich Szene an Szene reiht. Formal allerdings entfernt sich die Darstellung von früheren Arbeiten. Die Figuren wirken auf der durch die Streifen geschaffenen Bühne wie aufgereiht, wenn sie nicht zu Gruppen zusammengeballt erscheinen. Für die Körper wird die repräsentative Frontal- oder aber Dreiviertelansicht bevorzugt, wähend sich die Köpfe gern ins Profil drehen. Ihre Ausarbeitung erfolgte großenteils mit dem Bohrer, was den Gesichtern Ausdruckskraft verleiht, ohne ihnen individuelle Züge zu geben. Es kündigt sich bereits die Spätantike an.

Kriegsgefangene im Carcer Mamertinus

Triumphbogen lassen nur gelegentlich erkennen, welch grausame Behandlung die Römer ihren geschlagenen Feinden zukommen ließen. Bei Flavius Josephus, der ein Buch über den jüdischen Krieg geschrieben hat, bekommen wir eine anschauliche Vorstellung davon, wenn wir lesen, was beim Triumphzug zu Ehren des Vespasian und Titus mit dem Gegner geschah: »Der Festzug bewegte sich zum Tempel des Iuppiter Capitolinus, wo man sich dann aufstellte. Nach altem Brauch wird nämlich dort so lange gewartet, bis ein Bote die Nachricht vom Tode des feindlichen Feldherrn bringt. Damals also war es Simon, der Sohn des Giora, der im Triumphzug unter den anderen

Gefangenen mitgeführt ward. Man warf ihm einen Strick um und zerrte ihn auf einen Platz über der Versammlungsstätte, und schon während dies geschah, wurde er von denen gegeißelt, die ihn dorthin brachten. Das ist der Ort, an dem nach römischem Gesetz die zum Tode Verurteilten hingerichtet werden. Und als nun die Kunde von seinem Tod laut wurde, da erscholl lauter Jubel, und die Opfer nahmen ihren Anfang, die unter den rituellen Gebeten glückverheißend verliefen.«[22]

Nicht alle fanden ein so schnelles Ende wie Simon. Oft verbrachten die Gefangenen noch schreckliche Tage in dem Carcer, der nicht weit vom Triumphweg entfernt lag, nämlich am Anfang des Clivus Argentarius nördlich vom Concordia-Tempel. Heute spricht man vom Carcer Mamertinus, aber der Name wurde dem Gebäude erst nach einem späteren Besitzer gegeben. In seinem derzeitigen Zustand ist der Carcer von der Kirche S. Giuseppe dei Falegnami überbaut. Dabei verbirgt sich hinter einer Vorhalle die alte Fassade aus Travertinblöcken, deren Inschrift besagt, daß sie von den Konsuln C. Vibius Rufinus und M. Cocceius Nerva, also um 22 n. Chr. unter der Regierung des Tiberius, aufgebaut wurde.

Das Innere ist wesentlich älter. Heute zweigeschossig, bestand es ursprünglich aus einem einzigen runden Raum, der überkuppelt war und als Zisterne diente. Ein kleiner Springquell sprudelt aus dem Boden, weswegen man von alters her von einem Tullianum sprach. Von der Rotunde, von der später durch die Fassade der Konsuln Rufinus und Nerva ein Stück abgeschnitten wurde, geht heute wie damals ein unterirdischer Gang ab, der schließlich in die Cloaca Maxima einmündet, in die hinein man Wasser abfließen lassen konnte. Sicherlich reicht diese Anlage bis ins 4. vorchristliche Jahrhundert zurück, wenn sie nicht noch älter ist. Später, vielleicht um 100 v. Chr., hat man die Kuppel der Rotunde abgeschnitten, eine Decke eingezogen und einen oberen trapezförmigen Raum aufgemauert und mit einem Tonnengewölbe gedeckt. Die Verbindung zwischen beiden Stockwerken bestand in einem Loch in der Decke des Untergeschosses.

Das Bauwerk diente in dieser Form als Carcer und Hinrichtungsstätte. Die heutige sakrale Ausstattung weist nur auf die Gefangensetzung von Petrus und Paulus hin, die allerdings reine Legende ist. Als historische Tatsache gilt indes, daß u. a. die Teilnehmer der Verschwörung des Catilina hier erdrosselt wurden und daß der Gallierfürst Vercingetorix nach Caesars Triumph im Jahre 46 v. Chr. im Carcer durch Enthauptung sein Ende fand. Was sich hinter diesen nüchternen Mitteilungen aber verbirgt, mag der Bericht des Plutarch zeigen, der von dem Triumphzug des Marius 104 v. Chr. berichtet, an dessen Ende der Tod des Numidierkönigs Jugurtha stand. Nach Plutarch verlor der Gefangene schon während des Umzuges seinen Verstand. Dann wurde er in den Carcer geworfen. »Dabei zogen ihm einige mit roher Gewalt das Gewand vom Körper. Andere, die seine goldenen Ohrgehänge besitzen wollten, rissen ihm das Ohrläppchen gleich mit ab. Nackt wurde er in das tiefe nasse Loch gestoßen, wobei er völlig verwirrt und grinsend ausrief: ›Beim Herkules! Wie kalt ist euer Bad‹.«[23]

So künden Bauwerke am Forum noch heute von römischem Sieg und Triumph, aber auch von römischer Härte und Grausamkeit.

Reiterstandbilder, Ehrensäulen und der Nabel der Welt

Auf dem Forum standen auch Reiterstandbilder und Ehrensäulen für Kaiser, von denen leider nur wenig erhalten blieb. Nicht weit vom Lacus Curtius hat man ein Fundament aus Gußwerk ausgegraben, in das drei Travertinblöcke eingelassen sind, in denen drei Beine eines Bronzepferdes verankert waren. Es handelt sich dabei um das Fundament eines Reiterstandbildes für Domitian aus dem Jahre 91 n. Chr. Wir kennen das Werk aus einem Gedicht des Dichters Publius Papinius Statius[24] und von einer Goldmünze.

Der Kaiser saß auf einem Pferd, von dem drei Füße fest auf dem Boden standen, während der vierte auf einen Kopf gesetzt war, der das unterworfene Rheinland personifizierte, womit die germanischen Siege Domitians gefeiert werden sollten. Das Denkmal stand nicht lange auf dem Forum; denn Domitian wurde 96 n. Chr. ermordet und sein Andenken wurde ausgelöscht *(damnatio memoriae)*, weswegen man auch das Reiterstandbild samt seinem Sockel beseitigte.

Nur ein paar Meter vom Domitian-Denkmal entfernt befindet sich ein anderes Fundament, das ebenfalls ein Reiterstandbild getragen hat und Kaiser Konstantin hoch zu Roß zeigte. Es fehlt jedweder Hinweis, der uns eine Vorstellung vom Aussehen des Monumentes ermöglichen könnte. Wir wissen nur aus einer im Mittelalter kopierten Inschrift, daß das Denkmal im Jahre 334 n. Chr. von Senat und römischem Volk *Constantino Maximo* – Konstantin dem Großen – gewidmet war.

Zeitlich zwischen den beiden Reiterstandbildern entstand ein reliefgeschmückter Säulensockel, den man auf dem Forum gefunden und nach mehrfachem Ortswechsel im Bereich von Rostra und Septimius-Bogen mittels eines neu gemauerten Fundamentes wiederaufgestellt hat.

Auf der Vorderseite des Sockels halten zwei Viktorien einen Schild, auf dem zu lesen ist: CAESARUM DECENNALIA FELICITER. Es handelt sich also um ein Monument, das den beiden Caesares unter den Tetrarchen zu ihren Decennalien, ihrem zehnjährigen Regierungsjubiläum, gewidmet ist. Um die historischen Hintergründe zu erhellen, sei an folgendes erinnert:

Der Kaiser Diokletian ernannte zur Bewältigung seiner Aufgaben in dem weitausgedehnten und von Gefahren umlauerten Römischen Reich im Jahre 285 n. Chr. seinen alten Kriegsgefährten Maximianus zum Mitregenten und verlieh ihm ein Jahr später den Titel ›Augustus‹. 293 n. Chr. wurden zwei Unterkaiser mit dem Titel ›Caesar‹ hinzugezogen: Constantius Chlorus und Galerius. In dieser als Tetrarchie bezeichneten Viermännerherrschaft unterstand Italien und Africa dem in Mailand residierenden Maximianus. Galerius herrschte von Sirmium aus über Illyrien, Makedonien und Griechenland. Constantius Chlorus regierte Spanien, Gallien und Britannien; seine beiden Residenzen waren Trier und York. Diokletian selbst behielt sich die Herrschaft über den Osten vor und wählte Nicomedia in Bithynien, das heutige Ismid, als Regierungssitz. Es handelte sich bei dieser Aufteilung um eine Verwaltungsmaßnahme und nicht um eine Reichsteilung. Diokletian blieb *der* Monarch. Er war der oberste Augustus und unumschränkte Herr.

Rom hatte durch die Tetrarchie seinen Rang als Hauptstadt des Reiches eingebüßt, aber es war noch immer geistiger und religiöser Mittelpunkt. Als die Caesares Constantius Chlorus und Galerius ihr zehnjähriges Regierungsjubiläum feierten, wurde des Ereignisses darum auch in der alten Hauptstadt mit einer Ehrensäule gedacht, an deren Sockel sich die erwähnte Inschrift ›Caesarum decennalia feliciter‹ befindet und die man deshalb die Decennalienbasis nennt.

Auf der Rückseite des Sockels (Farbabb. 3) zeigt ein Relief einen Kaiser, wie er an einem *foculus,* einem Dreifußaltar mit brennender Flamme, steht und mit einer Schale Wein in das Feuer gießt, also das Voropfer darbringt. Währenddessen fliegt eine Victoria auf den Kaiser zu und hält, zusammen mit einem hinter diesem stehenden Togatus, einen Kranz über sein Haupt. Links neben dem kleinen Altar sieht man einen flötenspielenden Knaben, einen Priester, der an seiner mit einer Spitze besetzten Kappe erkenntlich ist, einen Camillus – einen Opferdiener – und den Kriegsgott Mars, der sich in Helm und göttlicher Nacktheit zeigt und dem das Opfer dargebracht wird. Neben Mars steht abermals ein Mann, der mit einer Toga bekleidet ist. Wenn der andere Togatus, wie einige meinen, den Genius des Senats verkörpert, könnte dieser der Genius des römischen Volkes sein. An der rechten Reliefseite erkennt man die schon ziemlich zerstörte Figur der Göttin Roma, hinter der ein ebenfalls zerstörter Kopf erscheint, von dem noch der Strahlenkranz erhalten ist, so daß man weiß, daß es sich bei ihm um den Sonnengott handelt, dessen Kult dreißig Jahre zuvor von Aurelian im Römischen Reich eingeführt worden war. Es besteht noch die Frage, welcher Kaiser hier wohl beim Opfer dargestellt ist. Da die Inschrift auf das zehnjährige Regierungsjubiläum der Caesares Constantius Chlorus und Galerius hinweist, müßte es sich um einen dieser beiden Unterkaiser handeln.

Die Darstellung der Opferzeremonie wird an den beiden übrigen Seiten des Sockels fortgesetzt. Rechts bereiten Opferdiener die Suovetaurilia vor, indem sie einen Eber, einen Schafbock und einen Stier herbeiführen. Links erscheinen in einer Prozession Togati und Offiziere mit vier Standarten.

Die Reliefs der Decennalienbasis stellen eines der besten Beispiele für die Kunst der Tetrarchenzeit dar. Die Gesichter wirken, soweit man sie noch erkennen kann, verhältnismäßig grob gearbeitet, wobei es ihnen nicht an Ausdruckskraft mangelt. Die Figuren verlieren an körperlicher Rundung, ihre Gewänder werden nicht mehr fein mit dem Meißel ausgearbeitet, die Falten vielmehr hart und tief mit dem Steinbohrer eingegraben. Linie und Fläche bekommen eine neue Bedeutung in einer Zeit, in der man sein Interesse bevorzugt auf das Mosaik zu richten beginnt.

Heute weiß man, daß die Decennalienbasis kein Einzelstück war. Auf einem Relief des Konstantinsbogens ist die Rostra des Forums bei einem Staatsakt gezeigt, und man erkennt darauf im Hintergrund vier Säulen mit Kaiserfiguren auf den Kapitellen und eine fünfte Säule mit einer Iuppiter-Figur. Im übrigen hat man Kenntnis von Sockeln, die vor Jahrhunderten im Gebiet der Rostra gefunden wurden und dann wieder verlorengegangen sind. Auf dem einen standen die Worte AUGUSTORUM VICEN-NALIA FELICITER, auf dem anderen VICENNALIA IMPERATORUM. Man grub daraufhin im Jahre 1959 im Gebiet hinter der Rostra und fand tatsächlich fünf Fundamente von Säulen, wie man es erwartet hatte.

Aus alledem ergibt sich nun folgendes Bild: Im Jahre 303 n. Chr. hat man zum zehn-jährigen Regierungsjubiläum (Decennalia) der beiden Caesares Constantius Chlorus und Galerius und zum bevorstehenden zwanzigjährigen Jubiläum (Vicennalia) der Augusti Diocletianus und Maximianus hinter der Rostra vier Ehrensäulen für die Tetrarchen errichtet und dazu noch eine weitere Säule für Iuppiter, den Diokletian in der Spätzeit des Imperiums wieder zu hohen Ehren gebracht hatte und als dessen In-karnation er sich selbst verstand, wenn er sich als Iovius bezeichnete. Die sogenannte Decennalienbasis, die heute in einiger Entfernung von ihrem ursprünglichen Standort aufgestellt ist, gehört also zu den vier Ehrensäulen, die hinter der Rostra standen, und war einem der Caesares – man nimmt an: dem Constantius Chlorus – geweiht.

Ebenfalls vor dem Septimius-Bogen, an seiner Nordostseite, befindet sich der Rest eines weiteren Ehrenmonumentes: eine Basis aus Ziegelsteinen und darauf ein Marmor-sockel mit einer Inschrift. Dieser Sockel trug ehemals ein Reiterstandbild des Kaisers Constantius II., das man ihm 352–353 n. Chr. nach seinem Sieg über den Gegenkaiser, den Usurpator Magnentius, errichtet hatte.

Das letzte Ehrenmal des Forums aber steht zwischen Rostra und Lacus Curtius. Es wurde am 1. August 608 n. Chr. eingeweiht und sollte den byzantinischen Kaiser Phokas ehren, in einer Zeit, in der Italien Ostrom unterstand und von einem Exarchen, einem Statthalter, verwaltet wurde. Derzeitiger Exarch war Smaragdus; und von die-sem wurde die Säule errichtet. Den Unterbau bildet ein Postament aus Ziegeln, das inmitten einer nur noch teilweise erhaltenen Stufenpyramide steht. Auf einem Sockel erhebt sich die kannelierte Säule mit korinthischem Kapitell, auf dem einst eine ver-goldete Statue des Kaisers stand.

An der Westseite des Forums findet man noch Reste von zwei niedrigen Säulen, die nicht der Verherrlichung einer Person, sondern der Größe und Macht des Römischen Reiches dienen sollten. Unterhalb des Saturn-Tempels liegen Marmorstücke, von denen eines mit Blüten- und Blattmustern dekoriert ist (Abb. 17). Sie gehörten aller Wahr-scheinlichkeit nach zum Milliarium Aureum, einer mit Goldbronze überzogenen Mar-morsäule, auf der die Entfernungen zu den wichtigsten Städten Italiens und des römi-schen Imperiums in Meilen angegeben waren. Ihr Gußwerkfundament wurde 1959 zwischen Rostra und Saturn-Tempel ausgegraben. Augustus hatte den goldenen Meilen-stein 20 v. Chr. anfertigen und aufstellen lassen, um die Römer geographisch zu orien-tieren, auch um ihnen Ausdehnung und Macht des Reiches vor Augen zu führen.

Es ist fraglich, ob man das Milliarium Aureum richtiger als Säule oder als Marmorzylinder bezeichnet. Ganz gewiß aber muß man das zweite Monument dieser Art, den Umbilicus Romae, als Zylinder ansprechen. Genauer gesagt, handelt es sich um einen dreistufigen Zylinder, der aus Ziegeln aufgebaut ist. Vielleicht trug er, nach Travertinresten zu schließen, früher einmal eine runde Aedicula. Seinen Standort hat der Umbilicus direkt neben der Südseite des Septimius-Bogens. Dort hat man ihn, vermutlich am Anfang des 4. Jahrhunderts n. Chr., errichtet. *Umbilicus* heißt Nabel; und man wollte mit dem Umbilicus Romae anzeigen, wo der ideale Mittelpunkt der Stadt, des Römischen Reiches, ja, der Welt liegt. Sicherlich hat der griechische Omphalós als Vorbild gedient. Dieser war ein weißer Stein in der Form eines abgestumpften Kegels im Tempel zu Delphi, den die Griechen als Nabel der Welt ansahen.

Basilika und Sitzfigur Konstantins

Das interessanteste Bauwerk der Spätantike auf dem Forum Romanum ist die Konstantinsbasilika. Der Boden, auf dem sie errichtet wurde, war schon zuvor bebaut; und so soll zuerst von dem gesprochen werden, was im Ostteil des Forums – und zwar *beiderseits* der Via Sacra – in früherer Zeit gestanden hat.

In der vorneronischen Zeit befanden sich in diesem Gebiet Verkaufsstände und Lagerräume, die man teilweise ausgegraben hat. Nero faßte nun den Plan, sich eine Domus Aurea, ein goldenes Haus, zu bauen, und zwar als überdimensionale Villenanlage, die sich vom Palatin über Forum und Velia bis zum Esquilin erstrecken sollte. Auf dem Ostteil des Forums entstanden im Rahmen dieser Gesamtplanung zahlreiche Säulenhallen nördlich und südlich der Via Sacra, der die Lagerräume und Verkaufsstände zum Opfer fielen. Nach Neros Tod führte man einen großen Teil der Domus Aurea anderen Zwecken zu und veränderte sie dementsprechend. Domitian richtete nördlich der Via Sacra in dem neronischen Portikus die *horrea piperataria* ein, einen Bazar für Pfeffer, Gewürze und andere orientalische Waren. Nach diesem Vorbild wurden dann im 2. Jahrhundert n. Chr. südlich der Via Sacra im Portikus des Nero Querwände in die offenen Säulenhallen eingezogen und so Räume für Ladengeschäfte geschaffen. Man verkaufte Schmuck, Kosmetika, Parfüm, Kunstgegenstände und nannte dieses Viertel der Luxusboutiquen *porticus margaritaria*.

Als Maxentius, der Sohn des Tetrarchen Maximianus, die Herrschaft über Rom mit Hilfe der Prätorianer an sich gerissen hatte, überbaute er die Horrea Piperataria durch eine Basilika. Von diesem gewaltigen Monument ist nur noch der nördliche Trakt übriggeblieben. Dennoch reicht das Vorhandene aus, um von Struktur und Ausmaßen des Gesamtbaus eine Vorstellung zu vermitteln (Abb. 13).

Wenn es im Römischen Reich auch verschiedene Formen von Basiliken gegeben hat, so weicht die von Maxentius errichtete doch stark vom Grundtyp der flach gedeckten Säulenbasilika ab und erinnert mehr an die Frigidarien der großen Kaiserthermen.

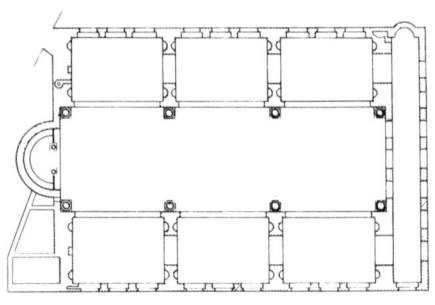 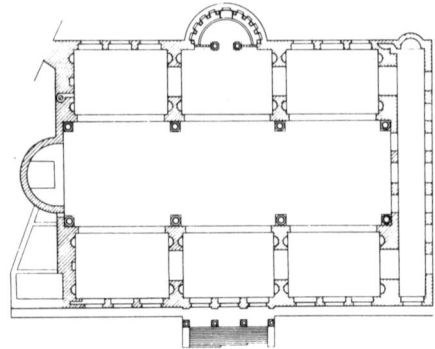

Grundriß der Basilika zur Zeit des Maxentius   *Grundriß der Basilika zur Zeit Konstantins*

Das Mittelschiff war mit drei Kreuzgewölben gedeckt, denen an jeder Seite, wie der noch erhaltene nördliche Teil beweist, drei niedrigere Tonnengewölbe entsprachen, die jeweils drei zum Hauptschiff quer gestellte Räume überdeckten und mit den Mauer-pfeilern, auf denen sie lasteten, Druck und vor allem Schub der Kreuzgewölbe des Mittelschiffs auffingen. Wie man an dem noch erhaltenen Trakt sehen kann, waren die tonnenüberwölbten Räume durch Bogenöffnungen miteinander verbunden, wodurch sie nach dem Vorbild der Säulenbasiliken die Funktion von Seitenschiffen erhielten.

Das alles trifft auf die Basilika zu, wie sie von Maxentius in der Zeit von 306 bis 312 n. Chr. angelegt worden ist. Man betrat sie im Osten durch einen Narthex, eine Vorhalle, und erlebte sie im Inneren als einen Längsbau, der in einer Apsis endete. Die Basilika war aber noch nicht vollendet, als Maxentius seine Herrschaft über Rom verlor; und es wandelte sich ihr Aussehen mit dem Machtwechsel.

Constantius Chlorus, einst Caesar in der Tetrarchie, war im Jahre 305 n. Chr. mit Galerius zusammen zum Augustus befördert worden, starb aber bereits ein Jahr später. Konstantin, des Constantius Sohn, wurde daraufhin in York zum Kaiser aus-gerufen. Da sich auch Maxentius, der Sohn des Maximianus, von den Prätorianern auf den Thron hatte erheben lassen und in Rom residierte, kam es zu erbitterten Kämpfen, die mit Konstantins Sieg an der Milvischen Brücke im Jahre 312 n. Chr. endeten.

Unter Konstantin wurde die Basilika nicht nur vollendet, sondern auch verändert. Man gliederte dem mittleren der tonnenüberwölbten Räume an der Nordseite eine Apsis an und errichtete an der gegenüberliegenden Seite, der Südfront, einen Portikus, eine vorspringende Halle mit vier Porphyrsäulen, als neuen und repräsentativen Ein-gang von der Via Sacra her. Dadurch wurden aus den sechs tonnenüberwölbten Räu-men der ehemaligen ›Seitenschiffe‹ drei nebeneinander angeordnete Längsschiffe, die das alte Hauptschiff als gewaltiges Querschiff durchschnitt. Mit der Richtung ver-änderte man auch die Wirkung. Der breit hingelagerte Raum bot sich machtvoller, imponierender, majestätischer als der längsgerichtete.

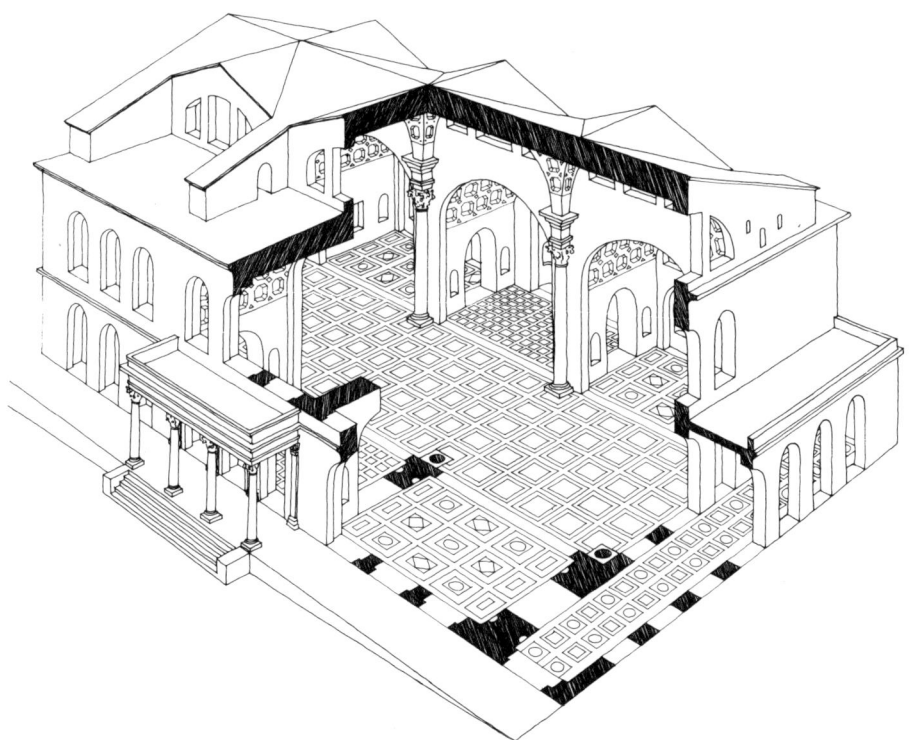

Rekonstruktion der Konstantinsbasilika. Nach Tognetti

Trotz der Umbauten beseitigte man den alten Narthex ebensowenig wie die alte Apsis. Die neu erbaute Apsis an der Nordseite wurde durch eine Schranke aus Säulen und Gittern vom Mittelschiff abgesondert, um so dem Richterkollegium als Tribunal dienen zu können. In die alte Apsis aber stellte man eine Sitzfigur Konstantins von ungefähr zehn Meter Höhe. Fragmente dieser Riesenfigur – Kopf, rechte Hand, linken Wadenmuskel, rechten Unterschenkel sowie Knie und Fuß – fand man in der Westapsis der Basilika im Jahre 1486 während des Pontifikates von Papst Innozenz VIII. und brachte sie auf das Kapitol, wo sie im Hof des Konservatorenpalastes heute noch zu besichtigen sind (Abb. 14).

Außerdem hat im Jahre 1951 der deutsche Archäologe Heinz Kähler in einem Haufen von Baugliedern und Fragmenten hinter der Westapsis die linke Brustseite und Schulter der Statue gefunden, die seither an Ort und Stelle geblieben sind.

Anhand dieser Reste kann man sich vergegenwärtigen, welchen Eindruck die zur Konstantinsbasilika gewandelte Maxentius-Basilika auf den Besucher gemacht hat, der das Gebäude von der Eingangshalle aus mit dem Blick auf die Nordapsis betrat. Im marmordekorierten und statuengeschmückten Innenraum wurde sein Blick dann fast wie von selbst auf jene unheimlich große Sitzfigur in der Westapsis gezogen, zumal diese eine geradezu magische Anziehungskraft ausübte.

Konstantin saß hoch aufgerichtet da, trug vermutlich einen Kriegermantel und hielt, wie sich aus den Resten erkennen läßt, in der ausgestreckten Rechten eine Lanze oder einen ähnlichen Gegenstand. Wenn Eusebios von Caesarea, der ›Vater der Kirchengeschichtsschreibung‹, davon spricht, das Standbild habe »das Zeichen heilbringenden Leidens«[25] in der Hand gehabt, so kann man annehmen, daß es sich um ein Christus- oder Kreuzessymbol gehandelt hat; denn Konstantin hing ja in der Zeit von 312 bis 315 n. Chr., als die Figur geschaffen wurde, schon dem Christentum an, und es gab bereits das Christus-Monogramm aus den griechischen Anfangsbuchstaben des Christusnamens Chi und Rho, sogar in einer Darstellung, in der das Chi zu einem Kreuzzeichen geworden war, wie wir es von Lactantius wissen.[26] Vielleicht handelt es sich aber auch um das Labarum, die Kaiserstandarte mit dem Christus-Monogramm, die seit 326 n. Chr. sicher bezeugt ist, aber vermutlich schon früher geschaffen worden war.

Der Kopf des Standbildes läßt erkennen, daß eine neue Zeit angebrochen ist (Abb. 14). Das Gesicht hat nichts von der Idealität griechisch-klassizistischer Schönheit, nichts von der Wirklichkeitstreue und Individualität römischer Porträts. Die großen, wenig durchformten Flächen der Stirn und der Wangen, die hervortretende, kühn gebogene Nase, das unter dem verhältnismäßig kleinen Mund vorspringende Kinn, der sich stark abzeichnende Bogen der Haare mit den fast ornamental angeordneten Locken, welche offensichtlich einmal ein Kranz oder Diadem schmückte – das alles zeigt, daß es der Künstler darauf angelegt hat, zu vereinfachen und zu abstrahieren.

Abstraktion findet sich schon in der römischen Kunst des 3. Jahrhunderts, aber nicht so ausgeprägt und stilisiert. Dazu kommt die Augensprache. Auch sie hat sich bereits im 3. Jahrhundert angekündigt. Jetzt aber beherrschen die unter geradezu architektonischen Brauenbögen weit geöffneten Augen das ganze Gesicht. Und sie beherrschen mit ihrem in die Ferne gerichteten Blick in magischer Weise die Welt. Das ist das Entscheidende an diesem Gesicht einer überdimensionalen Figur: es spiegelt Übermacht und Repräsentation des römischen Kaisers wider.

Der Status des Herrschers hat sich seit Diokletian entscheidend geändert. Augustus hatte den *Prinzipat* begründet, in dem der Princeps als ›Erster Bürger‹ galt. Dieser Prinzipat hatte Gültigkeit, bis Diokletian 284 n. Chr. die Regierung übernahm. Mit Diokletian wurde der *Dominat* geschaffen. Der Kaiser war jetzt ›Herr‹, das Staatsvolk bestand nicht mehr aus Bürgern, sondern aus Untertanen. Die neue Herrschaftsform kann man als absolute Monarchie bezeichnen, den neuen Staat als Zwangsstaat. Doch der Kaiser war nicht nur Dominus, sondern auch Deus. Durch seinen Titel *Iovius* wollte Diokletian ausdrücken, daß sich in ihm Iuppiter verkörpert. Damit war das hellenistische Gottkönigtum wieder zum Leben erweckt. Freilich, der Dominat kam nicht unvorbereitet. Es gab eine gewisse Entwicklung zu ihm hin und gelegentlich auch

Vorläufer. Schon Domitian (81–96 n. Chr.) hatte sich *dominus et deus* nennen lassen. Aurelian (270–275 n. Chr.) ließ diese Bezeichnung auf seine Münzen prägen. Er trug auch bereits statt der purpurnen Chlamys ein edelsteinverziertes, golddurchwirktes Gewand und dazu ein Diadem.

Diokletian zeigte sich nicht nur in goldenem Ornat, er führte auch ein neues Zeremoniell ein, zu dem die Proskynesis gehörte: das anbetende Niederknien vor dem Thron des Herrschers. Alles, was den Kaiser betraf, ja, was zu ihm in Beziehung stand, wurde *divinus*, göttlich, oder *sacer*, heilig.

Auch unter Konstantin änderte sich kaum etwas am Zeremoniell. Er führte den Dominat fort, aber er konnte sich als erster christlicher Kaiser nicht ›Deus‹ nennen und auch nicht ›divinus‹. Das Wort ›sacer‹ blieb allerdings weiter in Gebrauch. Neue Bezeichnungen kamen auf: ›gottgeliebter Kaiser‹, ›irdischer Stellvertreter Christi‹, ›Abglanz der Sonne des Heils‹ und ›Abbild Gottes auf Erden‹. Aus dem Gottkaisertum wuchs die Idee des Gottesgnadentums hervor, nach welcher der Herrscher seine Gewalt von Gott hat, als dessen Stellvertreter auf Erden er nur diesem verantwortlich ist. Aber damit kommen wir schon an die Grenze, die diesem Buch von seinem Thema her gesetzt ist. Mit der Konstantinsbasilika betreten wir die Schwelle, die vom Kaisertum der heidnischen in das Kaisertum der christlichen Antike führt.

2 Kaiserfora

Caesar-Forum und Tempel der Venus Genetrix

Zur Zeit Caesars war das Forum Romanum längst zu klein geworden, was dem Dictator ein willkommener Anlaß war, ein neues und eigenes Forum zu errichten. Caesar hatte die Absicht, sein Forum direkt an das große Forum Romanum anzubauen. Da das Gebiet aber dicht besiedelt war, mußte er Grundstücke und Häuser für einen sehr hohen Preis kaufen. Dann konnte er im Jahre 51 v. Chr. mit dem Bau beginnen. In der Schlacht von Pharsalos im Jahre 48 v. Chr., die den Krieg gegen Pompeius zu seinen Gunsten entschied, gelobte er, er wolle den auf dem Forum begonnenen Tempel der Venus Genetrix, also der Venus als Stammutter des julischen Hauses, weihen. Und so bekam das *forum Iulium* nachfolgend geschildertes Aussehen (Abb. 18 und 19; Plan in der vorderen Umschlagklappe).

Auf einem hohen Podium stand der Tempel der Venus Genetrix, und dieser beherrschte, wie es der römischen Baugesinnung entsprach, gleichsam als ›Haupt‹ einen großen länglich-rechteckigen Platz, der von einer doppelten Säulenhalle eingefaßt war. Hinter die Säulenhallen, die an der Seite des Kapitols lagen, baute man ein Haus mit Tabernen, mit Ladengeschäften. So vereinigte das Caesar-Forum einen Sakralbereich mit einem öffentlichen Treffpunkt und einem Einkaufszentrum.

In der Cella des Tempels stand ein Kultbild der Venus Genetrix, die vermutlich mit einem durchsichtigen Chiton bekleidet war und auf der Schulter einen kleinen Amor trug. Als Schöpfer der Skulptur gilt Arkesilaos, ein griechischer Künstler der neu-attischen Schule. Caesar stiftete für den Portikus des Tempels zwei mythologische Darstellungen des Malers Timomachos. Die eine zeigte den grimmigen Ajax vor seiner getöteten Herde, die andere die rachebrütende Medea mit ihren Kindern. Außerdem ließ Caesar eine Statue der ägyptischen Königin Kleopatra aufstellen, die seine Geliebte war und ihm einen Sohn geboren hatte. Kleopatra muß dieses Werk selbst gesehen haben, als sie sich zwischen 46 und 44 v. Chr. in Rom aufhielt.

Caesar scheute sich auch nicht, auf dem Forum vor dem Tempel sein eigenes Bild aufstellen zu lassen. Er saß hoch zu Roß. Das Pferd soll dem Reiterstandbild Alexanders des Großen von Lysippos nachgebildet gewesen sein. Allerdings ließ Caesar die Füße nach dem Vorbild seines eigenen Pferdes abwandeln, worüber Sueton folgendes erzählt: »Sein Leibroß war eine Merkwürdigkeit, denn es hatte Füße fast wie ein Mensch, und die Hufe waren zehenartig gespalten. Das Roß war in seinem Marstall geboren. Da die Wahrsager in ihm eine Vorbedeutung der Weltherrschaft gesehen hatten, zog er es mit großer Sorgfalt auf. Er war der erste, der es bestieg, da es sonst keinen Reiter dulden wollte. Später setzte er diesem Tier ein Denkmal vor dem Tempel der Venus Genetrix.«[27]

Vor dem Tempel befand sich auch ein Brunnen, der mit Figuren der Wassernymphen ›Appiades‹ geziert war, von denen Plinius der Ältere berichtet, daß sie von einem Bildhauer namens Stephanos geschaffen worden seien.[28] Man hat die Stelle der Fontäne bei den Ausgrabungen wiedergefunden. Auch Ovid erwähnt die Appiaden in seiner ›Liebeskunst‹, wenn er – leicht frivol – fabuliert:

Selbst auf dem Forum – unerhört – ist Amor wie zu Hause,
Und mancher fand die Flamme schon dort in des Markts Gebrause.
Wo, ein paar Schritte weit entfernt von Venus' Marmorsaale,
Die Appias die Lüfte peitscht mit ihres Springquells Strahle,
Ging oft der schlauste Advokat schon Amorn in die Schlingen,
Daß er, der andern Hilfe bringt, sich nicht konnt' Hilfe bringen;
Tät oft schon der Beredteste den Faden ganz verlieren:
In eignen Herzenssachen ist's was Eignes zum Plädieren.
Im nahen Tempel schüttelt sich Frau Venus drob vor Lachen:
Wie gerne würd' der Anwalt dort jetzt den Klienten machen![29]

Zum besseren Verständnis der Verse Ovids sei noch erwähnt, daß auf dem Caesar-Forum nicht weit von der Fontäne unter freiem Himmel Gericht gehalten wurde und der *praetor urbanus,* der oberste Richter für die Stadtbürger, hier Recht sprach.

Was die Archäologen vom Tempel der Venus Genetrix ausgegraben und wiederaufgestellt haben, stammt bis auf den Kern des Podiums nicht aus der Zeit Caesars. Dieser hat zwar das Forum im Sommer des Jahres 46 v. Chr. eingeweiht, aber es war noch nicht fertiggestellt. Vollendet wurde es erst von Augustus. Doch unter Domitian begann man schon wieder mit Restaurationen am Tempel, die mit einer Erneuerung durch Trajan und einer abermaligen Weihe im Jahre 113 n. Chr. endeten. Aus dieser Zeit stammen auch die drei wieder aufgerichteten Säulen von der Südostecke des Podiumtempels, dessen Cella – bis auf die Rückseite – von enggestellten Säulen umgeben war. Zum Trajansbau gehörten auch die kostbar dekorierten Gebälkstücke, die an Ort und Stelle geblieben sind, sowie ein Erotenfries von der Innendekoration des Tempels, der sich heute im Konservatorenpalast auf dem Kapitol befindet. Auf diesem Fries treiben quicklebendige, rundliche Putten – als Eroten zum Gefolge der Venus gehörend – ihr kindliches Spiel mit allerlei göttlichem Gerät.

Kaiser Trajan erneuerte nicht nur den Venus-Tempel, er erweiterte auch das Forum. Unter seiner Regierung wurde an dessen Nordwestende eine Basilika gebaut, die als Börse diente, weswegen man sie *basilica argentaria* nannte. Zu dieser Zeit – oder ein wenig später – wurden auch die Tabernen im Inneren umgebaut und mit neuen Gewölben versehen. Von ihnen aus konnte man über zwei Treppen den höhergelegenen *clivus argentarius* und auch die öffentlichen Forumslatrinen erreichen, die über einem doppelten Boden im Halbrund angelegt waren und heute noch ihre Anlage gut erkennen lassen. Solcherlei Einrichtungen waren im alten Rom verpachtet und konnten nur gegen Bezahlung an den Pächter benutzt werden.

Der Clivus Argentarius verband das Forum Romanum mit dem Marsfeld. An ihm lagen Häuser und Tabernen, die einst das Geschäftsviertel des Caesar-Forums ergänzten und heute noch als beachtliche Ruinen eine Vorstellung von der Anlage vermitteln. Am Clivus Argentarius stand auch das Grabmal des C. Poplicius Bibulus (an der Nordostecke des Viktor-Emanuel-Denkmals), dessen Südwestfassade noch erhalten ist. Sie besteht aus Travertin und hat in ihrer Mitte eine Fensteröffnung, in der vielleicht einmal eine Figur des Verstorbenen aufgestellt war, von dem wir kaum mehr wissen, als daß ihm im 1. Jahrhundert v. Chr. der Senat wegen seiner Verdienste ein Grabmal errichtet hat. Es befand sich an dieser seiner Stelle noch außerhalb des Pomeriums; denn innerhalb desselben war ja ein Begräbnis nicht gestattet.

Vor dem Hintergrund der Subura: das Augustus-Forum

Wie sein Adoptivvater Caesar legte auch Augustus ein neues Forum an, und zwar in unmittelbarer Nähe des Caesar-Forums (Abb. 20a und b). Was Augustus dazu veranlaßte, teilt uns Sueton recht ausführlich mit:

»Zur Erbauung des Forums bewog ihn die Beobachtung, daß bei der Menge der Menschen und der großen Anzahl von Gerichtsverhandlungen die zwei vorhandenen nicht ausreichten, so daß ein drittes unbedingt notwendig erschien. Es wurde daher etwas eilig noch vor Fertigstellung des Mars-Tempels dem öffentlichen Gebrauch übergeben, und zwar mit der Bestimmung, daß hier gesondert die Strafprozesse und die Auslosungen der Richter stattfinden sollten. Den Tempel des Mars hatte er im Krieg von Philippi gelobt, den er, um seinen Vater zu rächen, begonnen hatte. Daher verordnete er, daß hier der Senat über Krieg und Triumphe beratschlage, daß die Provinzialstatthalter von hier aus bei ihrer Abreise in die Provinzen das Ehrengeleit empfangen und die aus siegreichen Kriegen heimkehrenden Feldherren hier die Auszeichnungen ihrer Triumphe niederlegen sollten.«[30]

Dieses Forum entsprach ebenso wie das Caesar-Forum der strengen römischen Raumordnung. Es war axial-symmetrisch angelegt, wobei das, was rechts und links von der Mittelachse liegt, sich spiegelbildmäßig gleicht. Als ›Haupt‹ des Forums präsentierte sich der Mars-Tempel. Er stand auf einem Podium aus Tuffgestein, das mit Marmor verkleidet war. Inmitten der vielstufigen Freitreppe befand sich der Altar.

Der Tempel selbst beherrschte mit seiner achtsäuligen Fassade die gesamte Anlage. Säulen zierten auch die Längsseiten. Durch einen tiefen Pronaos gelangte man in die verhältnismäßig breite Cella, die – seitlich mit Säulen geschmückt – in einer Apsis endete, zu der Stufen führten und in der das Kultbild des Mars Ultor, des rächenden Mars, stand. Vermutlich war es nicht die einzige Kultfigur. Neben ihr soll Venus gestanden haben, die im Mythos als Geliebte des Mars in Erscheinung tritt und von Augustus als Stammutter des julischen Geschlechtes verehrt wurde. Es ist auch nicht ausgeschlossen, daß noch eine dritte Figur zu der Gruppe der Kultbilder gehörte: die Figur des Divus Iulius, des göttlichen Caesar, des Adoptivvaters von Augustus.[31]

Rechts und links vom Mars-Tempel verliefen zwei Straßen, die den Durchgang zur Subura und zum Esquilin ermöglichten. Dafür freilich waren Öffnungen in der Abschlußmauer, die das Forum auf seiner Rückseite begrenzte, nötig. Diese Mauer aus großen Blöcken war äußerst hoch und massiv. Sie sollte als Brandmauer dienen; denn sie grenzte direkt an ein von kleinen Leuten dicht besiedeltes Gebiet. Gern hätte Augustus für sein Forum mehr Raum beansprucht, aber er brachte es, wie Sueton mitteilt, nicht übers Herz, die Besitzer der umliegenden Häuser zu enteignen.[32] Im übrigen sollte die Mauer wohl auch eine Kulisse bilden, die das nicht sehr schöne Häuserviertel verdeckte und den Prachtbau gegen das Treiben in der Subura abschirmte.

Nicht als ob es in der Subura nur Arme-Leute-Wohnungen gegeben hätte. Man muß sich diesen Stadtteil vielleicht wie das heutige Trastevere vorstellen. Man fand hier auch herrschaftliche Wohnungen und Gotteshäuser. Selbst Caesar hat in der Subura gewohnt, ehe er Pontifex Maximus wurde und in seine Amtswohnung an der Via Sacra zog. Nach Sueton (46) war sein Haus sogar »bescheiden«, aber sicher nicht so bescheiden wie die Wohnungen der meisten Suburaner.

In diesem volkreichen Viertel wohnte man dicht gedrängt. Es gab viele kleine Gewerbetreibende, bei denen man billig einkaufen konnte. Sie handelten mit Geflügel, Gemüse, Fleisch, Stoffen, Leder und Schuhen. So mancher reiche Mann schickte seinen Sklaven zum Einkaufen in die Subura. Man konnte sich auch seine alten Sachen billig reparieren und für ein mäßiges Entgelt Haare und Bart schneiden lassen. In gewissen Straßen saßen in den Fenstern Dirnen und machten durch Winken auf sich aufmerksam. So läßt sich verstehen, wenn man vornehme Jünglinge, die noch nicht die Männertoga trugen, nicht gern in die Subura gehen ließ, zumal nie sicher war, ob sie nicht irgendwo in eine Rauferei gerieten.

Gegen dieses Gebiet also schirmte die große Mauer das Augustus-Forum ab. Sie paßte sich so sehr dem hinter ihr liegenden Gebiet an, daß sie nicht gerade, sondern in einem stumpfen Winkel verlief.

Die beiden seitlichen Flügel des Augustus-Forums bestanden in Säulenhallen, deren Dächer von Karyatiden getragen wurden. Sie waren jeweils einem Hemicyclium vorgelagert, einem großen apsisartigen Halbrund, in dessen Nischen Figuren von Repräsentanten aus römischer Sage und Geschichte aufgestellt und mit rühmenden Inschriften versehen waren. Die linke der Säulenhallen aber führte in einen quadratischen Raum, der heute noch seinen mit kostbaren Marmorplatten belegten Fußboden besitzt und der ursprünglich wohl für Gerichtssitzungen angelegt war. Später, vermutlich unter Claudius, hat man ein Postament für eine Kolossalfigur eingebaut, von der man annimmt, daß sie Augustus darstellte. Es ist allerdings nicht ausgeschlossen, daß es sich um die Statue eines Gottes gehandelt hat.

So stand das Augustus-Forum im Dienst des Profanen und des Sakralen. Für welche Zwecke es der Kaiser bestimmt hatte, wissen wir schon aus der zitierten Sueton-Stelle.

Die Sakralräume machte er über ihre sonstige Bestimmung hinaus zur Schatzkammer und zum Museum. Hier verwahrte man die Feldzeichen, die von Crassus 53 v. Chr. bei Carrhä an die Parther verloren und von diesen 20 v. Chr. zurückgegeben worden waren. Hier lag als besonders wertvolle Reliquie das Schwert Caesars, und hier wurde im Schutze des Mars die römische Kriegskasse aufbewahrt. Augustus hatte als Beute von seinen Feldzügen berühmte Gemälde mitgebracht und auch sie im Forum aufgestellt. Zwei wertvolle Bilder von Apelles zeigten Alexander den Großen auf seinem Triumphwagen, das eine Mal zusammen mit der Personifikation des Krieges, dem die Hände gefesselt waren, das andere Mal mit Castor und Pollux. Kostbare Bronzen fanden ihre Aufstellung, und noch vieles andere trug man zur Zierde des Forums herbei.

Auch nach dem Tode des Augustus baute man an seiner Anlage weiter. Über den beiden Straßen, die den Mars-Tempel flankierten, errichtete Tiberius je einen Ehrenbogen für Drusus und für Germanicus, um ihre Siege über die Germanen zu feiern. Dabei blieb das Forum im wesentlichen seiner Bestimmung erhalten. So tagte hier weiterhin das Gericht, und wir erfahren darüber aus der Zeit des Claudius eine ergötzliche Geschichte.

Den Saliern, Priestern, die ihren Namen deshalb trugen, weil sie zu bestimmten Zeiten sakrale Tänze in altertümlicher Kriegertracht aufführten, oblag die Aufsicht und Wacht im Mars-Tempel. Für sie wurden auch im Tempel Mahlzeiten bereitet. Als nun der Kaiser einmal im Augustus-Forum zu Gericht saß, stieg ihm der Duft eines für die Priester angerichteten Frühstücks so sehr in die Nase, daß er das Tribunal verließ und sich zu den Saliern an den Tisch setzte.[33]

Die Hemicyclien wurden mehr und mehr für gelehrte Vorträge benutzt, und der Kaiser Domitian baute an die Nordostseite des Augustus-Forums ein weiteres Gebäude an, auf das dann in der Renaissancezeit die Rhodos-Ritter ihre wundervolle Loggia aufstockten, die noch heute die Kaiserfora überragt.

Templum Pacis und Nerva-Forum

Als drittes der Kaiserfora gilt das des Vespasian, das man *forum Pacis,* Friedensforum, nennt. Ursprünglich war nicht von einem Forum die Rede, sondern nur von einem *templum Pacis;* und dieses hatte Vespasian im Jahre 71 n. Chr. angelegt, als der Jüdische Krieg siegreich zu Ende gegangen war. Flavius Josephus berichtet darüber:

»Als der Triumph vorüber und die Sicherheit des Reiches hergestellt war, beschloß Vespasian, zu Ehren der Friedensgöttin einen Tempel zu errichten. Der Bau war mit größter Schnelligkeit vollendet und geriet weit schöner, als menschliche Voraussicht es erwarten konnte. Er benutzte nämlich hierfür nicht nur die Möglichkeiten, die ihm sein eigener sagenhafter Reichtum bot, sondern er stattete den Tempel auch mit alten Prachtwerken der Malerei und Bildhauerkunst aus. In diesem Tempel war alles zusammengetragen, für dessen Besichtigung ehedem, solange sich jedes Stück anderswo

befand, eine Weltreise nötig gewesen wäre. Hier stellte er auch die goldenen Schau-
stücke aus dem Tempel der Juden aus, auf deren Erbeutung er besonders stolz war.«[34]
Leider ist von diesem Tempel nichts mehr erhalten. Über einen Teil seines Gebietes
verläuft sogar die Via dei Fori Imperiali. Aus einigen Resten läßt sich jedoch sein
Grundriß rekonstruieren. Der Tempel beherrschte von der Seite der Velia aus eine
blumengeschmückte Anlage, die von einer Mauer mit vier Nischen umgeben war. Erst
nach dem 4. Jahrhundert n. Chr. hat man diesem ganzen Bereich den Namen ›Forum
Pacis‹ gegeben. Das einzige, was auf dem Gebiet des »Templum Pacis«, auf dem zur
Zeit der Republik einmal das große Macellum lag, an Bauwerken erhalten blieb, ist
die Bibliothek, in der vielleicht das Katasterarchiv untergebracht war. Sie grenzt direkt
an das Forum Romanum. Im beginnenden 4. Jahrhundert hat man an sie den sogenannten Tempel des Romulus angebaut und im 6. Jahrhundert in ihre Mauern die
Kirche der Heiligen Cosmas und Damian eingefügt. So wurde wenigstens dieser Bau
der Nachwelt bewahrt. Seine Bedeutung liegt nicht zuletzt darin, daß an seiner nordöstlichen Außenwand die *Forma Urbis Romae* angebracht war, ein Marmorplan der
Stadt Rom aus der Zeit des Septimius Severus, dessen Bruchstücke heute im Museo di
Roma aufbewahrt werden und dessen Rekonstruktion sich im Konservatorenpalast auf
dem Kapitol befindet. Der Marmorplan hat der Wissenschaft viele wichtige Kenntnisse
über die Anlage des alten Rom vermittelt und Hinweise für mögliche Ausgrabungen
gegeben.

An der Nordwestseite des Forum Pacis ist noch ein Stück seiner Umfassungsmauer
erhalten geblieben, die späterhin zur Trennmauer gegen das Nerva-Forum wurde.
Dieses verdankt seinen Namen einem Kaiser, der es fertiggestellt hat; geschaffen wurde
es bereits von den Flaviern. Vespasian, der den Friedens-Tempel gestiftet hatte, wollte
den schmalen Raum zwischen der Nordwestseite seiner Umfassungsmauer und dem
Augustus-Forum durch ein weiteres Forum ausfüllen. Er mußte dabei der Tatsache
Rechnung tragen, daß durch den schmalen Streifen eine äußerst belebte Straße verlief,
welche das Forum Romanum mit der Subura verband: das Argiletum. Diese Verbin-
dungsstraße mußte erhalten bleiben und fortan über das neue Forum führen. So legte
der Kaiser ein Durchgangsforum an, ein *forum transitorium*, das diesen seinen zweiten
Namen mit mehr Recht trägt als seinen ersten.

Entsprechend den vorhandenen Möglichkeiten sah man von Säulenhallen, die den
Forumsplatz flankierten, ab. Man stellte vielmehr vor den Innenseiten der begrenzen-
den Längsmauern Säulen auf und verband diese mit der Wand und untereinander
durch gekröpfte Gesimse. An die Schmalseite zur Subura setzte man einen den Platz
beherrschenden Podiumtempel, an dessen rechter Seite die Durchgangsstraße unter
einem Bogen vorbeiführte.

Die architektonische Ausführung des von Vespasian gegründeten Forums fiel Domi-
tian zu. Er verehrte Minerva als seine Schutzpatronin. Deshalb weihte er den Forum-
Tempel auch dieser Göttin. Leider ist heute nur noch der Kern des Podiums erhalten.
Im beginnenden 17. Jahrhundert, in einer Zeit, in der man nicht daran dachte, ver-

fallene Bauwerke zu restaurieren oder konservieren, ließ Papst Paul V. die noch vorhandenen korinthischen Säulen und anderes Material abtransportieren, um damit seinen Brunnen, die Fontana Paola, auf dem Gianicolo zu bauen.

Vor einer Seitenmauer stehen aber noch zwei Säulen mit ihren Kapitellen (Farbabb. 10). Sie tragen ein Stück vom Gebälk und darüber den Rest einer Attika, auf der in einem Relief Minerva als Kriegsgöttin dargestellt ist. Auf dem Friesstreifen des Gebälks aber erscheint sie als Ergane, als Arbeitende, wie die Griechen u. a. Athene bezeichneten, mit der die Römer ja ihre Minerva identifizierten. Auf dem Fries sind Frauen beim Spinnen und Weben dargestellt, bei Tätigkeiten, die unter dem Schutz der Ergane stehen. Dann aber auch ist gezeigt, wie Minerva die Arachne bestraft und sie in eine Spinne verwandelte. Arachne hatte nämlich nicht nur die Göttin zum Wettkampf in der Kunst des Teppichwebens herausgefordert, sondern dazu noch auf dem Gewebe das Liebesleben der Götter dargestellt, was Athene sehr verstimmt hat.

So ist das Forum, das 97 n. Chr. von Nerva eingeweiht wurde und seinen Namen trägt, eine Schöpfung der Flavier Vespasian und Domitian.

Weltweite im Trajansforum

Das letzte und größte der Kaiserfora ist das Forum des Trajan, das der Kaiser 112 n. Chr. einweihte (Farbabb. 8). Obwohl sein Baumeister, Apollodoros von Damaskos, ein kleinasiatischer Grieche war, verstand er es, an echte römische Bautradition anzuknüpfen und sie weiterzuentwickeln. Man kann Apollodoros den Hofbaumeister Trajans nennen. Als sein bedeutendstes Werk gilt mit Recht das *forum Traiani,* das darüber hinaus ganz allgemein als eine der besten und typischsten Architekturen römischer Baukunst bezeichnet werden muß.

Sucht man das Trajansforum heute auf, so ist es trotz der vorhandenen Reste schwer, sich eine Vorstellung von der Gesamtanlage zu machen. Man muß schon zum besseren Verständnis einen Grundrißplan zur Hand nehmen und sich eine Rekonstruktion ansehen (Abb. 18). Dann kann man mit den Augen eines zeitgenössischen Römers über das Forum gehen.

Wenn man vor dem Eingang steht, hat man zu seiner Rechten das Forum des Augustus und zu seiner Linken das Forum Caesars. Durch einen monumentalen Bogen kommt man auf einen Platz, der in seiner Mitte durch ein bronzenes Reiterstandbild Trajans geschmückt und rechts und links von Säulenhallen flankiert ist. An diese Hallen schließt sich beiderseits ein Hemicyclium an, ein Halbrund, das man auch als Apsis oder Exedra bezeichnen könnte. Im Nordwesten wird der Platz durch eine Basilika begrenzt, die nach Trajans zweitem Namen ›Ulpius‹ *basilica Ulpia* heißt. Sie ist quergestellt, besteht aus fünf Schiffen und endet beiderseits in Apsiden. Durchschreitet man diesen prächtigen Bau, so steht man – wieder im Freien – vor einer Ehrensäule, die von zwei Bibliotheksbauten flankiert ist. Schließlich folgt noch ein von

Säulenhallen eingefaßter exedraförmiger Platz, der von einem Podiumtempel beherrscht wird. Dieser ist allerdings erst von Hadrian angelegt worden, und zwar für den vergöttlichten Trajan und seine Gemahlin Plotina. Vermutlich hatte schon Trajan einen solchen Tempel projektiert, allerdings aber für eine römische Gottheit.

Wenn man die Anlage des Trajansforums in ihrer Gesamtheit wahrnimmt, erkennt man, worin das Wesen römischer Architektur beschlossen liegt. Während der Grieche Körper – Baukörper – bildet und sie auf eine Fläche stellt, schafft der Römer Räume, gewaltige Innenräume oder architektonisch eingefaßte Freiräume. Und er bringt gern eine Vielzahl von Räumen in ein geordnetes System. Durchschreitet man das Trajansforum vom Triumphbogen bis zum Tempel, so erfährt man den Gesamtkomplex als eine rhythmische Raumfolge. Der Grundriß zeigt aber nicht nur den Rhythmus der Raumfolge, sondern auch die Wohlproportioniertheit der Gesamtanlage und dazu das axialsymmetrische Gesetz, nach dem sie geschaffen wurde. Die Längs- und Hauptachse verläuft von der Mitte des Eingangsbogens bis zur Apsismitte der Tempelcella und teilt den ganzen Baukomplex vollendet symmetrisch, so daß beide Seiten sich spiegelbildgleich entsprechen. Rechtwinklig gekreuzt wird die Längsachse von den Querachsen, die mit der Stellung der Basilica Ulpia und der Bibliotheksbauten gegeben sind und auch *ihre* Bauten wieder symmetrisch teilen.

Das Trajansforum spiegelt den römischen Sinn für Raumweite und Raumordnung wider. Es ist der gleiche Sinn, der es ermöglichte, ein Weltreich zu schaffen und ihm eine Ordnung zu geben. So mag es kein Zufall sein, daß dieses Forum zur Zeit Trajans entstand, unter dem das Römische Imperium seine größte Ausdehnung erreichte und der es als *optimus princeps* auch vorbildlich regierte.

Von den Kriegstaten des Trajan kündet die erwähnte Ehrensäule, die dem Kaiser 113 n. Chr. »von Senat und römischem Volk« errichtet wurde (Farbabb. 7; Abb. 21). Die Widmungsinschrift, die über der Eingangstür am Säulensockel eingemeißelt ist, zählt des Kaisers Titel und damit auch seine Ruhmestaten auf, um mit den Worten zu enden: *ad declarandum quantae altitudinis mons et locus tantis operibus sit egestus* (um deutlich zu machen, bis zu welcher Höhe Berg und Platz durch so bedeutende Unternehmungen abgetragen sind). Die Trajanssäule soll also durch die hundert Fuß, die sie mißt, anzeigen, bis zu welcher Höhe Erdreich vom Quirinalabhang abgetragen werden mußte, um das Forum bis an seine vorgesehene Grenze ausdehnen zu können, von der dann der Trajansmarkt terrassenförmig ansteigen sollte.

Die Inschriftplatte am Säulensockel wird gehalten von Viktorien, die ebenso wie die sie umgebenden Waffen und Trophäen aus den Dakerkriegen im Relief dargestellt sind. Den oberen Abschluß bildet eine von Adlern getragene Girlande. Durch eine Tür kann man das Innere des Sockels betreten, um *in* der Säule auf einer Wendeltreppe zum Kapitell aufzusteigen, das ehemals einen Aufsatz mit der Statue Trajans trug, die aber im Mittelalter verlorengegangen ist und in der Barockzeit durch eine Figur des Apostels Petrus ersetzt wurde. Im Inneren des Sockels befindet sich auch eine Kammer, in der noch Reste des Steintisches vorhanden sind, auf dem einst die goldene Urne mit der Asche Trajans aufgestellt war.

Die Säulenbasis über dem Sockel besteht in einem von Bändern umwundenen Lorbeerkranz. Dann folgt der Schaft, der den eigentlichen Wert der Säule ausmacht. An ihm schlingt sich ein Reliefband von 200 m Länge empor, auf dem die Taten des Kaisers und seiner Legionäre in den beiden Kriegen gegen die im heutigen Rumänien ansässigen Daker dargestellt sind.

Anhand des Reliefs, das mehr als 2500 Figuren auf seinem Band vereinigt, kann man nicht nur die Geschichte der beiden dakischen Kriege, sondern ganz allgemein römische Kriegsgeschichte studieren. Die Bilderzählung beginnt unten an der Säule. Der Flußgott Donau steigt aus den Wellen, das Heer überschreitet den Fluß auf einer Schiffsbrücke, der Kaiser hält Kriegsrat, er bringt ein Opfer dar und spricht zur Truppe. Ein befestigtes Lager wird gebaut, ein gefangener Daker vorgeführt; und so geht es weiter in der Darstellung des Kriegsgeschehens. Man sieht Schlachten, erlebt grausige Gefangenenschicksale und den Selbstmord dakischer Fürsten. So wird die Trajanssäule zu einer großangelegten historischen Bilddokumentation. Das aber ist typisch für das römische Wesen. Man sucht nicht das Allgemeine, sondern das Einmalige. Der Grieche stellt in seiner Kunst mit Vorliebe den überzeitlichen, allgemein gültigen Mythos dar, der Römer das einmalige Ereignis in der Geschichte. Was mit volkstümlichen Historienbildern in der republikanischen Zeit begann, wurde in den historischen Reliefs der Triumphbogen und der Trajanssäule fortgesetzt. Auch insofern besteht eine Beziehung zu den Historienbildern, als die Reliefs der Trajanssäule einmal bemalt waren. Das plastische Bild, wie es hier angelegt ist, bot eine gute Voraussetzung dafür. Die Reliefs sind verhältnismäßig flach, dennoch zum Hintergrund sehr nuanciert gestaffelt, wobei das, was am weitesten zurückliegt, nur noch wie eine Zeichnung in die Fläche eingeritzt ist.

In der Kunst der Trajanszeit lebt, wie es auch die Reliefs der Ehrensäule zeigen, der Klassizismus der augusteischen Ära wieder auf. Nicht daß man Griechisches direkt nachahmte. Man sucht vielmehr eine feste, klare, eindeutige Form und bemüht sich bisweilen um die Darstellung schöner Körperlichkeit. Die Reliefs zeigen aber auch das betont Römische: man gestaltet Szenen und Figuren realistisch, gibt Gesichtern eine individuelle Note und bringt das seelische Erleben zuweilen recht expressiv zur Darstellung.

Die Märkte des Trajan und ein Stück römischer Sozialpolitik

Wenn man in der Antike das Trajansforum in seiner Gesamtheit sehen wollte, so mußte man zum *mercatus Traiani*, zum Trajansmarkt, aufsteigen und von diesem hinabschauen. Der Markt war durch eine Mauer vom Forum getrennt, bildete aber eine bauliche Einheit mit ihm; denn die halbkreisförmige Marktanlage ist dem nordöstlichen Hemicyclium völlig angepaßt (Farbabb. 9; Abb. 22).

27 Ianus Quadrifrons. Forum Boarium

28 Wechslerbogen am Velabrum

29 Septimius Severus und Iulia Domna. Relief im Wechslerbogen am Velabrum

30 Tempel, vermutlich der Spes, am Forum Holitorium ▷

31 Marcellus-Theater. a Heutiger Zustand b Rekonstruktion

32 Tempel der Magna Mater auf einem Relief
der Villa Medici

33 Wandmalerei im ›Haus des Augustus‹. Pa- ▷
latin

34 Wand im ›Haus der Greifen‹. Palatin (Antiquarium)

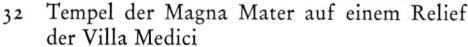

35 Maskenzimmer im ›Haus des Augustus‹. Palatin

36 Masken im ›Maskenzimmer‹ des Augustus-Hauses. Palatin

37 Sogenanntes Tablinum im ›Haus der Livia‹. Palatin

38 Mittelpavillon mit Hermes, Io und Argus im sogenannten Tablinum vom ›Haus der Livia‹. Palatin

39 Linke Seite der Langwand im sogenannten Tablinum vom ›Haus der Livia‹ auf dem Palatin.
Rekonstruktion

40, 41   Wandmalereien im Zimmer links und rechts (unten) vom sogenannten Tablinum
im ›Haus der Livia‹. Palatin

42 Wandmalerei im sogenannten Triclinium vom ›Haus der Livia‹. Palatin

43 Domus Augustiana. Bauten um das untere Peristyl. Palatin ▷

44 Ehemaliger Rest vom Septizodium auf einer Zeichnung von Jan Brueghel ▷

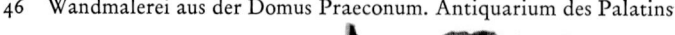

45 Spottkruzifix aus dem Paedagogium. Antiquarium des Palatins
46 Wandmalerei aus der Domus Praeconum. Antiquarium des Palatins

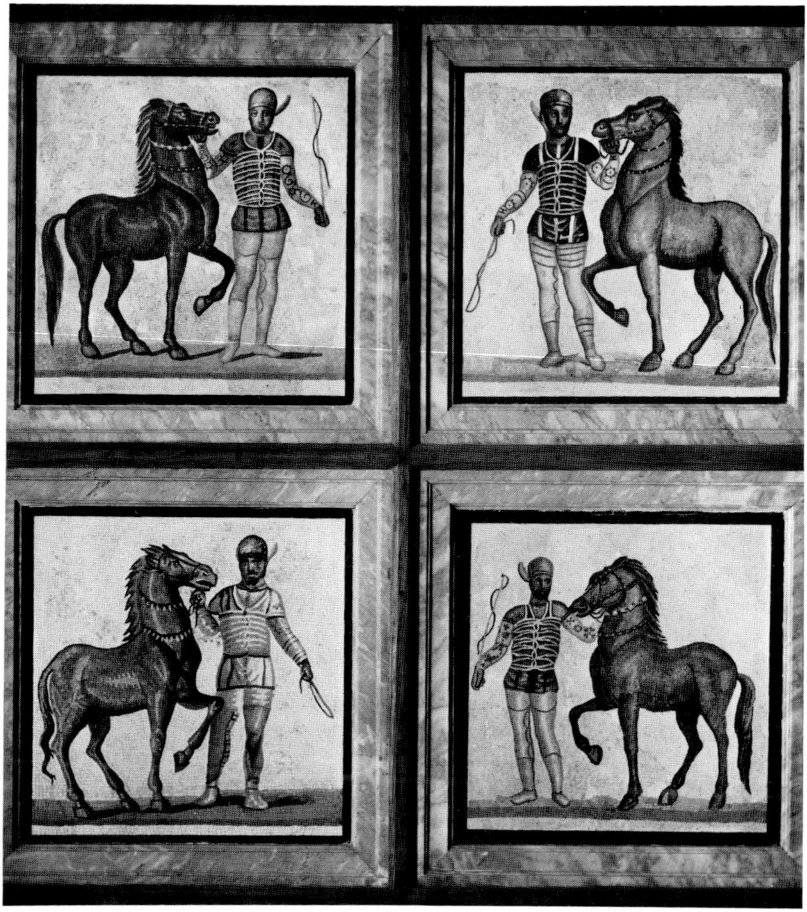

47
Wagenlenker
der vier Fac-
tiones. Mosaik
aus Baccano.
Thermen-
museum

48   Wagenrennen im Circus Maximus. Sarkophagrelief. Foligno. Museo Civico

49
Der Circus
Maximus im
Stadtbild des
alten Rom.
Rekonstruk-
tion. Museo
della Civiltà
Romana

50   Iuppiter-Tempel auf dem Kapitol in Rekonstruktion

51   Arkadenhalle des Tabulariums. Kapitol

In dem seit 1929 wieder ausgegrabenen Markt des Trajan aus dem ersten Jahrzehnt des 2. Jahrhunderts n. Chr. begegnet man einer Anlage, von der man gesagt hat, daß ihre »Räume so wohl erhalten sind, daß sie morgen ihrem alten Zweck zurückgegeben werden könnten«.[35] Bewunderungswürdig ist aber nicht nur der gute Erhaltungszustand des Bauwerks, sondern auch seine Ausdehnung. Es kann sich in dieser Hinsicht gut mit den Kaufhäusern unserer Weltstädte messen. Terrassenförmig angelegt, umfaßt das Marktgebäude sechs Stockwerke mit mehr als 150 Tabernen.

Indem man von Terrasse zu Terrasse aufsteigt, kommt man im dritten Stockwerk in eine Ladenstraße, die aus dem Halbrund in eine Gerade umbiegt und in die heutige Via IV. Novembre mündet. Der Name dieser Straße lautet Via Biberatica, eine mittelalterliche Abwandlung von Piperatica oder Piperataria, was darauf schließen läßt, daß hier Pfeffer und andere Gewürze verkauft wurden. Noch eine andere Straße mündet, ein Stockwerk höher, in die Via IV. Novembre. Sie trägt keinen eigenen Namen, aber man hat sie mit Bazarstraßen des Orients verglichen. Taberne reiht sich an Taberne, auf das erste stockt sich ein zweites Geschoß auf, und nach oben zu ist die Straße nicht geöffnet, sondern wie eine Halle mit sechs Kreuzgewölben überdeckt (Abb. 23).

Man hat sich gefragt, was denn nun alles auf diesem Riesenmarkt gehandelt wurde. Corrado Ricci, der verdienstvolle Ausgräber des Mercatus, meint, dort wo die Läden Nischenform haben und nur bis zu einem gewissen Grad gegen Regen geschützt sind, sei Grünzeug, Gemüse und Obst angeboten worden. Wertvollere Waren habe man in den Tabernen an geschlossenen Gängen verkauft. Wasserbecken deuteten auf Fischläden hin und eine bestimmte Abflußeinrichtung im Fußboden auf den Verkauf von Wein und Öl. Vom Gewürzhandel war schon die Rede.

Giuseppe Lugli dagegen ist der Meinung, daß es sich beim Mercatus Traiani nicht um einen Markt mit privaten Ladengeschäften gehandelt habe, sondern um ein Gebäude des kaiserlichen Fiskus, in dem Getreide, Wein und Öl zu ermäßigten Preisen an die finanzschwachen Bevölkerungsschichten abgegeben wurden. Er beruft sich dabei auf die Tatsache, daß auf dem Trajansforum die *arcarii Caesariani* ihre *stationes* hatten, die kaiserlichen Schatzmeister, die nicht nur Steuern eintrieben, sondern auch Lebensmittel in großer Menge für das Volk aufkauften.

Es ist anzunehmen, daß der Trajansmarkt nicht ausschließlich der staatlichen Lebensmittelverteilung diente. Die vielen kleinen Tabernen machen einen recht privaten Eindruck, und schließlich läßt der Fisch- und Gewürzhandel die Folgerung zu, daß hier freie Gewerbetreibende Ladenlokale gemietet hatten. Andererseits aber findet man in dem Riesenbau auch Räume, die darauf schließen lassen, daß hier Büros, Lagerräume und Verkaufs- oder Verteilungsstellen einer obrigkeitlich geregelten Lebensmittelversorgung untergebracht waren, so daß es angezeigt ist, einiges über die staatliche und kaiserliche Beihilfe für die Minderbemittelten zu sagen.

Durch die vielen Kriege, die Rom führte, waren die italischen Bauern am ärgsten betroffen. Wenn sie heimkehrten, waren ihre Äcker so verödet, daß es nur unter großen Opfern möglich war, sie wieder fruchtbar zu machen. Auch lohnte es sich oft kaum noch, zumal der Verkauf von Getreide in den Städten sehr erschwert war, weil die Großhändler wesentlich billigeres Korn aus den Provinzen auf den Markt brachten. Viele Kleinbauern waren dadurch gezwungen, ihr Besitztum an wohlhabende Gutsherren billig zu verkaufen, die dann mit zahlreichen Sklaven ihren sich immer mehr ausweitenden Großgrundbesitz nach neuen Methoden bewirtschafteten. So entstand bereits am Anfang des 2. Jahrhunderts v. Chr. ein groß angelegtes Latifundienwesen.

Scharen der besitzlos gewordenen Kleinbauern zogen jetzt nach Rom. Da ihr einziges Eigentum nur noch ihre Nachkommenschaft *(proles)* war, nannte man sie Proletarier. Das Proletariat bedeutete eine schwere Belastung für die Metropole; denn wenn man Massenelend und Asozialität vermeiden wollte, mußte man dafür sorgen, daß die wesentlichsten Lebensmittel, vor allem Getreide, für das besitzlose Volk bereitgestellt wurden. Darum machte man es zur Aufgabe der Ädilen, denen die polizeiliche Aufsicht über Tempel, Straßen und Marktverkehr oblag, auch für die Kornzufuhr und für die Belieferung des Volkes mit billigem Getreide zu sorgen. Nachdem man im Jahre 56 v. Chr. sogar zur unentgeltlichen Verteilung von Getreide an mittellose Bürger übergegangen war, setzte Caesar eigene *aediles plebis ceriales* ein, die für die Versorgung der Bevölkerung verantwortlich waren. Man erkennt daran, welche Bedeutung man der *cura annonae,* wie man sie nannte, beimaß. ›Annona‹ bedeutete ursprünglich u. a. Jahresertrag an Getreide. Im speziellen Sinne ist das Getreide gemeint, das auf Staatskosten in Magazinen gesammelt wurde, um bedürftigen Bürgern zu niedrigen Preisen oder ganz unentgeltlich überlassen zu werden.

Augustus nahm infolge akuter Notlagen die Cura annonae im Jahre 22 v. Chr. in eigene Regie und rühmte sich in seinen *res gestae,* seinem Leistungsbericht, u. a. dieser sozialpolitischen Tat. Im Jahre 6 n. Chr. schuf er das Amt eines eigenen *praefectus annonae,* der dem Ritterstand angehören mußte. Von den 60 Millionen Scheffeln Getreide, die jährlich aus den Provinzen nach Rom kamen, wurden in der Augustus-Zeit 12 Millionen an 200 000 minderbemittelte Bürger der Weltstadt verteilt, die etwa 1 Million Einwohner zählte. Die Kosten trug zum größten Teil der Kaiser; der Rest ging zu Lasten der Staatskasse.

Trajan richtete sein besonderes Augenmerk auf die Sozialpolitik. Er baute die von seinem Vorgänger Nerva begonnene Vorsorge für Kinder ärmerer Bürger *(alimenta)* weiter aus, wobei Mittel für Unterhalt und Erziehung durch eine eigene Darlehensstiftung zur Verfügung gestellt wurden.

Er ließ sich auch die Lebensmittelversorgung mittelloser Römer besonders angelegen sein. Zu diesem Zweck richtete er in dem von ihm angelegten Markt außer Tabernen für den freien Verkauf auch Räume ein, die der staatlich geregelten Lebensmittelversorgung der ärmeren Bevölkerungsschichten dienten.

3 Forum Boarium

Römische Kultstätten nach Griechenart

Einer der ältesten und bedeutendsten Marktplätze war das *Forum Boarium*, der Rindermarkt. Auf ihm trafen sich die Bauern und Händler zum Viehgeschäft. Sie brauchten dazu keine Räumlichkeiten, sondern tätigten ihren Handel im Freien. Es gab aber auf dem Gelände, das von Kapitol, Palatin, Aventin und Tiber begrenzt ist, eine große Anzahl sakraler und profaner Gebäude. Suchen wir zuerst jene Stätte auf, die mit der oben besprochenen Lebensmittelversorgung im Zusammenhang stand.

Wenn wir in die Kirche S. Maria in Cosmedin gehen, dann finden wir an der inneren Frontwand und im linken Seitenschiff kannelierte Säulen mit Kompositkapitellen, auf denen, sofern es die Frontwand betrifft, Bogen aufliegen. Es handelt sich um Reste einer antiken Säulenhalle, die in dieser Form im 4. Jahrhundert n. Chr. für die *statio annonae* gebaut wurde. Hier hatte nämlich der Praefectus annonae, der für die Getreideversorgung Roms zuständig war, seine Dienststelle.

Forum Holitorium und Forum Boarium
1 Tempel der Bellona   2 Tempel des Apollo   3 Marcellus-Theater   4 Tempel der Spes (?)
5 Tempel der Iuno (?)   6 Tempel des Ianus (?)   7 Porticus   8 Tempel der Fortuna und
Mater Matuta 9 Horrea 10 Tempel des Portunus (?) 11 Cloaca Maxima 12 Sog. Vesta-
Tempel 13 Statio Annonae 14 Tempel von Ceres, Liber und Libera 15 Tempel des Hercules Victor 16 Doliola 17 Ianus Quadrifrons 18 Wechslerbogen

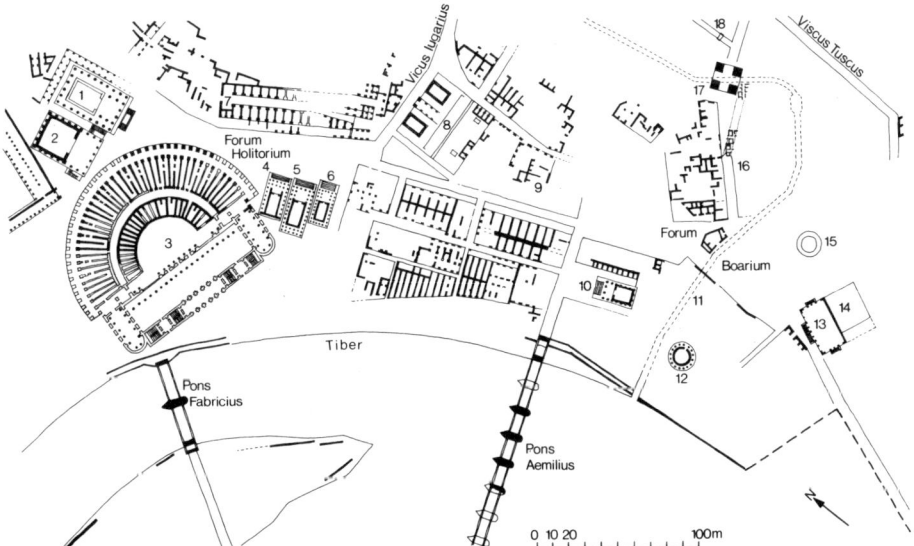

Schon diejenigen, welche die Cura annonae betreuten, ehe Augustus das Amt des Praefectus annonae schuf, die Aediles plebis, hatten hier ihren Amtssitz. Dieser war verbunden mit einem Tempel der Ceres, Liber und Libera, also derjenigen Gottheiten, die um Getreidesegen und Fruchtbarkeit angerufen wurden. Reste vom Podium des alten Tempels hat man ebenfalls unter S. Maria in Cosmedin gefunden.

Ceres galt als Schutzgöttin der Pflanzen und vor allem des Getreides. Liber wurde in Altitalien mit einem Phalluskult gefeiert, der die Fruchtbarkeit der Felder steigern und Unheil von ihnen abwenden sollte. Mit seiner Partnerin Libera zusammen förderte er, wie es hieß, menschliche Fruchtbarkeit. Ihnen beiden zu Ehren fand am 17. März jeden Jahres ein Fest statt: die Liberalia. Dabei verkauften alte, efeubekränzte Frauen auf den Straßen Honigkuchen (libum), der zum Teil im Namen des Käufers sogleich auf tragbaren Herden geopfert wurde.

Wie es heißt, hat Bacchus den Honig entdeckt; und Bacchus wurde mit Liber gleichgesetzt. Diese Identifizierung geht schon auf sehr frühe Zeit zurück. Man hat nach dem Vorbild der griechischen Dreiheit Demeter, Kore und Dionysos – und das ist ja der lateinische Bacchus – eine römische Dreiheit von Ceres, Libera und Liber geschaffen und dabei Ceres mit Demeter, Libera mit Kore und Liber mit Dionysos identifiziert.

Dieser Trias errichtete also im Jahre 493 v. Chr. der Dictator A. Postumius auf dem Forum Boarium einen Tempel. Er hatte ihn wegen einer großen Hungersnot drei Jahre zuvor der göttlichen Dreiheit gelobt. Es entspricht der Identifizierung der römischen mit den griechischen Göttern, wenn man für den Bau des Tempels griechische Bauleute kommen ließ. Auch holte man zum heiligen Dienst griechische Priesterinnen aus Unteritalien. So standen die italienischen Gottheiten Ceres, Libera und Liber und ihr Tempel ganz im Zeichen des Griechischen.

Ein Gott, der auf dem Forum Boarium verehrt wurde, kam direkt aus Griechenland: Herakles, den die Römer Hercules nannten. Mehrere Kultstätten waren für ihn auf dem Rindermarkt errichtet worden. Die bedeutendste unter ihnen war die *ara maxima,* ein Altar, von dessen Gründung die Sage folgendes erzählt:

In der Zeit des Euandros, der aus Arkadien gekommen war und noch vor Romulus den Palatin besiedelte, zog Hercules mit den Rindern des Geryoneus durch Italien. Cacus, ein feuerschnaubender Riese (nach dem die Cacus-Stiege am Palatin benannt ist), stahl ihm einige dieser Rinder, indem er sie an den Schwänzen in seine Höhle zog, woraufhin ihn der starke Hercules erschlug. Zum Dank für diese Tat wurde ihm von Euandros die Ara Maxima errichtet. So erzählen es – freilich mit Abweichungen in Einzelheiten – Livius, Vergil und Ovid.[36]

Offensichtlich entstand diese Sage nicht zuletzt, um den Ursprung der Ara Maxima zu erklären. Dieser Altar ist nämlich viel älter als die Legende. Er gehört zu den ältesten Heiligtümern Roms. Der Hercules-Kult war schon früh von den Griechen übernommen worden, und das Opfer an der Ara Maxima wurde nach griechischem Ritus gefeiert.

Anfangs handelte es sich wohl um den Privatkult zweier römischer Geschlechter. Erst im ausgehenden 4. Jahrhundert v. Chr. kam der Kult in die Obhut des Staates. Damit war aber das Opfer von Privatpersonen keineswegs ausgeschlossen. Hercules wurde nämlich gern von denen angerufen, die eine geschäftliche Unternehmung vorhatten. Sie gelobten dabei ›den Zehnten‹ und brachten, wenn der Gott ihre Bitte erfüllt hatte, den Betrag sehr bald in Form von Opfergaben zur Ara Maxima.

Zum römischen Opfer gehörte in vielen Fällen das Mahl. An dem, was der Mensch der Gottheit an Eßbarem anbot, beteiligte er sich auch selbst. Wenn nun ein reicher Mann den Zehnten eines guten Gewinnes als Opfergabe darbrachte, blieb begreiflicherweise viel übrig. Da es aber – auch wieder nach griechischem Ritus – nicht gestattet war, etwas vom Opfer mit nach Hause zu nehmen, fand am Forum Boarium so mancher Opferschmaus statt, an dem sich auch das Volk beteiligen durfte, so daß die Hercules-Opfer sich mehr und mehr zu einem Volksfest entwickelten.[37]

Wir wissen, daß die Ara Maxima von Nero restauriert wurde und im 4. Jahrhundert n. Chr. noch an ihrem Platz stand. Dennoch ist heute unklar, wo auf dem Forum der Altar zu finden war. Einige meinen, es könnte vielleicht beim Tempel des Hercules Victor gewesen sein, der nächst der ›Ara‹ als das bedeutendste Hercules-Heiligtum des Forum Boarium galt.

Vom Tempel des Hercules Victor kennen wir zwar den Standort, doch auch von ihm ist nichts mehr erhalten. Durch Zeichnungen und Mitteilungen aus der Renaissancezeit wissen wir, wie dieser Rundtempel in seiner letzten Form ausgesehen hat, seine Reste wurden aber unter dem Pontifikat von Sixtus IV. (1471–1484) abgetragen. Einen Vorteil hatte allerdings diese Zerstörung. Man fand dabei die goldbronzene Kolossalfigur, die einst im Tempel des Hercules Victor gestanden hat und die heute im Konservatorenpalast auf dem Kapitol besichtigt werden kann (Abb. 24).

Die Statue des Hercules zeigt einen selbstbewußten Gott, dessen nackter Körper mit kleinem Kopf und recht gewolltem Kontrapost an Lysipp erinnert, während die Fett- und Muskelpolster anzeigen, daß das Werk dem schon fortgeschrittenen Hellenismus zugehört. Die Figur dürfte unter Berücksichtigung älterer Vorbilder im beginnenden letzten Jahrhundert v. Chr. entstanden sein. Vermutlich ist sie im Krieg gegen Mithridates VI. von Pontos erbeutet und von Lucullus oder Pompeius nach Rom gebracht worden.

Fortuna und Mater Matuta, ihre vermeintlichen und echten Tempel

Auf dem Forum Boarium gibt es, wie wir gesehen haben, Heiligtümer, deren Namen und Geschichte wir kennen, ohne daß sie erhalten sind. Umgekehrt finden wir aber auch zwei Tempel, die verhältnismäßig gut erhalten sind, von denen wir aber nicht genau wissen, wie sie heißen und welches ihre Bestimmung war.

Der eine der beiden Tempel ist jener, der nach alter Gewohnheit mit dem Namen ›Fortuna Virilis‹ bezeichnet wird (Abb. 25). Er stellt den besterhaltenen Tempel dar, den Rom aufzuweisen hat. Seiner Form nach nennt man ihn einen Pseudoperipteros, weil an die Stelle eines Säulenumgangs um die Cella Halbsäulen getreten sind, die sich mit ihr verbunden haben. Doch damit ist wenig gesagt; denn ein griechischer Pseudoperipteros, wie z. B. der Zeus-Tempel in Agrigent, bietet ein völlig anderes Erscheinungsbild.

Der sogenannte Fortuna-Virilis-Tempel ist ein typisch römischer Tempel, der – wie schon bei den Forumtempeln erwähnt – Etruskisches und Griechisches in sich vereint. Von den Etruskern kommt die Grundidee: der Tempel auf einem Podium als Richtungsbau. Durch die Bauform wird dem Besucher oder Betrachter förmlich der Weg gewiesen von der Freitreppe, durch die den Platz beherrschende Fassade hindurch, in die Tiefe der Cella. An griechischen Vorbildern orientiert sich die Dekoration der Säulen, des Gebälks und des Daches. Der sogenannte Fortuna-Virilis-Tempel dürfte in der ersten Hälfte oder der Mitte des 1. vorchristlichen Jahrhunderts entstanden sein und zeigt eine geradezu klassisch römische Form. Zu dieser gehört auch, daß sich die Maßverhältnisse zugunsten des Griechischen verändert haben, sofern der bei den Etruskern sehr tiefe Pronaos flacher geworden ist. Folgender Vergleich mag das deutlich machen: Das Verhältnis von Pronaos und Cella betrug bei dem etruskischen Tempel des Iuppiter Capitolinus in Rom 1 zu 1, bei dem römisch-italischen Tempel des Iuppiter Anxur in Terracina aus dem beginnenden 1. Jahrhundert v. Chr. 4 zu 5, beim Fortuna-Virilis-Tempel aber 1 zu 2.[38]

Im einzelnen wäre zu erwähnen, daß der aus Tuff und Travertin erbaute Tempel ehemals eine Freitreppe hatte, die – im Gegensatz zu der heutigen, die nicht zum alten Bau gehört – weniger steil anstieg. In ihrer Mitte stand vermutlich der Altar. Sonst zeigt sich der Tempel im wesentlichen so, wie er einmal gewesen ist. Die Säulen stehen auf einer Plinthe und einer attischen Basis. Sie sind kanneliert und tragen jonische Kapitelle. Ursprünglich waren sie mit feinem Stuck überzogen. Wie Reste beweisen, war der Fries einst mit Stuckornament geziert, das aus Girlanden zwischen Stierschädeln und Kandelabern bestand. Die Sima schmücken Löwenköpfe als Wasserspeier. Der Tempel erweist sich nicht nur als wohlproportioniertes, sondern auch als elegantes Bauwerk (Farbabb. 12).

Wem das Heiligtum, das man im Mittelalter zur christlichen Kirche umgestaltet hat, geweiht war, ist ungewiß. Möglicherweise wurde in ihm Portunus verehrt. Dieser galt als Tor- und Hafengott, den man mit Schlüssel und Anker darstellte. Nach Inschriften zu schließen, stand der Tempel in der Nähe des Pons Aemilius. So wäre es nicht ausgeschlossen, daß der sogenannte Fortuna-Virilis-Tempel ein Heiligtum des Portunus gewesen ist, zu dem man hier als Gott des Tiberhafens gebetet hat.

Kaum fünfzig Meter vom sogenannten Fortuna-Virilis-Tempel entfernt, befindet sich ein Rundtempel, der heute unter dem Namen der Vesta bekannt ist (Farbabb. 11; Abb. 26). Doch wie jener nicht der Fortuna heilig war, diente dieser nicht dem Vesta-Kult. Einige haben gemeint, der sogenannte Vesta-Tempel – und nicht der Fortuna-Tempel – sei ein Heiligtum des Portunus gewesen; das aber ist unwahrscheinlich. Andere halten ihn für einen Tempel der Mater Matuta, einer altitalischen Göttin, die als Mutter des Portunus verehrt wurde. Doch auch das hat sich als falsch erwiesen; und die Frage, wessen Kult man in dem kleinen Tempel gefeiert hat, bleibt unbeantwortet.

Seiner Form nach besteht der sogenannte Vesta-Tempel aus einem Tuffsockel, einer runden Cella und schlanken, kannelierten Säulen mit korinthischen Kapitellen. Dabei wurde für Cella und Säulen Marmor verwandt, was im beginnenden 1. Jahrhundert v. Chr., als der Bau entstand, in Rom noch ganz ungebräuchlich war. Wahrscheinlich geht der Tempel auf den Entwurf griechischer Architekten zurück. An der Ausführung werden allerdings römische Bauleute stark beteiligt gewesen sein. Nur die Kapitelle dürften auf griechische Meister zurückgehen. So haben wir es also im wesentlichen nicht mit einer römischen, sondern einer griechischen Architektur zu tun, die allerdings schon im 1. Jahrhundert n. Chr. stark restauriert wurde.[39]

In die Cella hat man später Fenster eingeschnitten, um sie so für eine christliche Kirche, zu der sie im Mittelalter wurde, geeigneter zu machen. Leider fehlen heute das alte Gebälk und die Decke. Wie beides ausgesehen hat, können wir nur aus gefundenen Reststücken folgern. Die jetzige Bedachung, welche direkt den Säulen aufliegt, nimmt dem Tempel viel von seiner alten Schönheit.

Aus der antiken Literatur weiß man, daß es einen Tempel der Mater Matuta und einen der Fortuna auf dem Forum Boarium gegeben hat. Darum auch identifizierte man die beiden soeben besprochenen Heiligtümer mit ihnen. Archäologen fanden nun 1937 Reste von zwei Tempeln, die tatsächlich als die Überbleibsel der Tempel der Mater Matuta und der Fortuna angesehen werden dürfen. Sie liegen um einiges von den vermeintlichen Heiligtümern der beiden Gottheiten entfernt: dort, wo das Forum Boarium an das Forum Holitorium grenzt, am Vicus Iugarius, der heute in italienischer Abwandlung den gleichen Namen trägt wie in der Antike. Man hat den Fund im Bereich der Kirche S. Omobono gemacht, und zwar befinden sich die Reste des einen Tempels neben, die des anderen unter der Kirche. Zwischen beiden verlief ein Säulenportikus.

›Ianus Quadrifrons‹ und Wechslerbogen an der Grenze zum Velabrum

An seiner Ostseite findet das Forum Boarium seinen Abschluß mit dem Bogen des *Ianus Quadrifrons* (Abb. 27). Der Name wirkt irreführend; denn der Bogen war niemals dem Ianus geweiht. Wenn die Bezeichnung irgendeinen Sinn hat, dann den, daß ›Ianus‹ im Lateinischen auch ›Durchgang‹ bedeutet. Und ›Quadrifrons‹ ist insofern gerechtfertigt, als der Bogen nicht zwei, sondern vier Fronten hat, so daß man das Bauwerk als eine Kreuzung von zwei Bogen ansprechen kann.

Man geht sicher nicht fehl, wenn man den vierfrontigen Marmorbogen mit dem *arcus Constantini* identifiziert, der in der konstantinischen Regionsbeschreibung erwähnt wird. Damit läge seine Entstehungszeit im beginnenden 4. Jahrhundert n. Chr., selbst wenn schon Maxentius mit dem Bau begonnen haben sollte.

Der äußerst massive Bogen wird durch zweigeschossig angelegte muschelförmige Nischen aufgelockert. Vielleicht verfolgte der Baumeister mit ihnen auch keinen anderen Zweck als den der Auflockerung, denn nichts bestätigt die Annahme, daß Figuren in ihnen aufgestellt waren. Zwischen den Nischen standen kleine Säulen mit korinthischen Kapitellen, an den Ecken Pfeiler mit vorgelegten Halbsäulen. Die Schlußsteine im Scheitel der vier Archivolten sind mit Figuren geschmückt. Wen die Relieffiguren jeweils darstellen, ist umstritten. Nur daß auf der Ostseite Roma gemeint ist, dürfte sicher sein.

Im 13. Jahrhundert hatten die Frangipani das Bauwerk als Sockel für einen Turmaufbau aus Ziegelsteinen benutzt, dessen Reste 1830 abgetragen wurden, so daß der Bogen heute wieder sein antikes Aussehen hat. Allerdings steht er unfertig da. Wir wissen nicht, was ihn vor dem Umbau der Frangipani krönte. Vermutlich war der ›Ianus Quadrifrons‹ ein Ehren- oder Triumphbogen. Zweifrontige Bogen trugen – wie wir bereits mehrfach gesehen haben – eine Attika, auf die nicht selten eine Figurengruppe gestellt war. Hier aber handelt es sich um eine von *vier* Bogen getragene Dachfläche, so daß vielleicht diejenigen nicht unrecht haben, die meinen, ein Kegelstumpf oder eine Pyramide habe den Abschluß gebildet.

Direkt unter dem Straßenniveau des ›Ianus Quadrifrons‹ verläuft die Cloaca Maxima. An sie wieder grenzt ein Korridor mit Kammern, von dessen Fortsetzung 22 Meter westlich weitere Kammern gefunden wurden. Man kann mit Grund annehmen, daß es sich hierbei um die ›Doliola‹ handelt.

Als die Vestalinnen während des Galliereinbruchs im Jahre 390 v. Chr. von Rom nach Caere flohen, verbargen sie, ehe sie den Tiber überschritten, ihre heiligen, dem Opferdienst geweihten Geräte, die sie nicht mitnehmen konnten, an einem bereits vorhandenen unterirdischen, geweihten Ort auf dem Forum Boarium, und zwar in Vorratsgefäßen, die im Lateinischen in der Einzahl den Namen *doliolum* tragen, weswegen man den Ort *doliola* nannte.

Nur ein paar Meter vom ›Ianus Quadrifrons‹ entfernt, befindet sich ein anderer Ehrenbogen. Er wurde von den *argentarii et negotiantes boarii huius loci,* den Wechslern und Händlern des Boariums, im Jahre 204 n. Chr. dem Kaiser Septimius Severus geweiht und außerdem seiner Gemahlin Iulia Domna, seinen beiden Söhnen Caracalla und Geta sowie Caracallas Gattin Fulvia Plautilla, der Tochter des angesehenen Stadtkommandanten Fulvius Plautianus (Abb. 28).

Der Form nach handelt es sich nicht um einen Bogen im eigentlichen Sinne; denn der eintorige Durchgang besteht aus zwei Pylonen auf Sockeln und einem horizontal aufliegenden Gebälk. Ursprünglich war der Durchgang höher, weil die Sockel nicht so tief im Boden steckten. Der östliche Pylon ist heute teilweise unzugänglich, weil er im Mittelalter in die Kirche S. Giorgio in Velabro eingebaut wurde.

Besonders aufschlußreich am Wechslerbogen sind die Reliefs, die sich allerdings nur an den westlichen und südlichen Pylonenseiten sowie im Durchgang befinden, weil die Formen an der Nordseite des Bogens nur angelegt, aber nicht ausgeführt sind. Das Schema ist bei allen Reliefs das gleiche. Ein Mittelstück mit großen Figuren ist oben und unten von Friesstreifen gerahmt, die überwiegend Opferszenen zum Inhalt haben, während Pilaster, die mit Ranken oder militärischen Feldzeichen geziert sind, die Seiten begrenzen. Von den Großreliefs an den Außenseiten ist nur noch das an der Westseite klar erkennbar, das einen gefangenen Parther zwischen Römern zeigt, wodurch – ebenso wie durch die Darstellungen auf dem Septimius-Severus-Bogen des Forum Romanum – der kaiserliche Sieg über die Parther gefeiert werden sollte.

Die großfigurigen Reliefs im Durchgang sind ebenfalls nicht vollständig, nicht etwa, weil sie unfertig geblieben oder verwittert wären, sondern weil man sie kurz nach ihrer Entstehung gewaltsam zerstört hat. Auf dem einen waren Septimius Severus, seine Gemahlin Iulia Domna und ihr Sohn Geta beim Trankopfer dargestellt (Abb. 29), auf dem anderen Caracalla und seine Gattin Fulvia Plautilla. Heute fehlen die Gestalten von Plautilla und Geta, weil sie Caracalla selbst beseitigen ließ, nachdem er Plautilla und Geta in den Jahren 211 und 212 umgebracht hatte. So werden die Reliefs durch das Dargestellte, aber auch durch das Fehlende zum Zeitdokument. Sie erinnern an die Grausamkeit des brutalen und hinterhältigen Caracalla.

Dem entspricht auch, daß die am Gebälk angebrachte Widmungsinschrift dreimal geändert wurde: 205 nach dem Sturz des Stadtpräfekten Fulvius Plautianus, 211 nach der Ermordung Plautillas und 212 nach dem gewaltsamen Tode Getas.

›Ianus Quadrifrons‹ und Wechslerbogen stehen an der Grenze vom Forum Boarium und Velabrum. Schon in der Antike hat man sich Gedanken darüber gemacht, woher der Name kommen mag. Plutarch erklärt: »Der Ort heißt jetzt Velabrum, weil man sonst bei dem öfteren Austreten des Tibers in dieser Gegend auf Kähnen über den Markt fahren müßte, welche Überfahrt bei den Römern Velatura heißt. Nach einigen aber rührt diese Benennung daher, weil diejenigen, die dem Volke Spiele gaben, von hier an den ganzen Weg, der über den Markt nach der großen Rennbahn führt, mit Segeltüchern überspannten, welche die Römer Vela nennen.«[40]

Wenn überhaupt, dann hat die erste Erklärung mehr Wahrscheinlichkeit für sich, doch was die Tatsache selbst betrifft, so kann man schon glauben, daß jenes Gebiet, auf dem die Wasser von Kapitol und Palatin zusammenströmten, bei Hochwasser des Tibers einem See glich.

Das Velabrum war ein Geschäftsviertel. »Bäcker, Metzger, Opferschauer trefft ihr am Velabrum an«, sagt Plautus in seinem ›Curculio‹. Und von Horaz und Martial sowie aus Inschriften wissen wir, daß es hier u. a. Fischgeschäfte, Obst- und Gemüseläden, Drogerien, Wein- und Ölhandlungen sowie Wechselstuben gab. Doch zu dem großen Geschäfts- und Bankenviertel in Tibernähe gehört außer dem Forum Boarium und dem Velabrum noch das Forum Holitorium, der Gemüsemarkt.

4 Forum Holitorium

Säulenhallen und Tempel am Gemüsemarkt

Wenn auf dem Forum Holitorium auch von alters her zuerst einmal Gemüse gehandelt wurde, so gab es auch hier Tabernen mit verschiedenen Waren. Die Forumbegrenzung zur Seite des Kapitols hin bildeten Säulenhallen, von denen stattliche Reste erhalten sind. Auf der dem Tiber zugewandten Seite standen drei Tempel. Auch von ihnen sind noch Unterbauten und Säulen vorhanden, und zwar vor allem als Teile der Kirche S. Nicola in Carcere. Dabei bedeckt die Kirche das Gebiet des mittleren Tempels, ragt aber an den Seiten so über ihn hinaus, daß die mit Mauerwerk ausgefüllte rechte Säulenreihe des südlichen Tempels seine linke Seitenwand bildet, während die ebenso ausgefüllte linke Säulenreihe des nördlichen Tempels ihm als rechte Seitenwand dient (Abb. 30).

In der Antike standen also drei Podiumtempel nebeneinander. Sie stammen aus republikanischer Zeit. Während der südliche Tempel mit dorischen Säulen erbaut war, gehörten zum nördlichen jonische und zum mittleren korinthische. Auf der Suche nach den Gottheiten, die hier verehrt wurden, finden wir in der antiken Literatur die Mitteilung, daß *Spes,* die Göttin der Hoffnung, im Ersten Punischen Krieg ein Heiligtum auf dem Forum Holitorium geweiht bekam, während ein zweiter Tempel für *Iuno Sospita,* für Iuno als Erretterin, im Jahre 194 v. Chr. errichtet wurde. Welcher Tempel nun welcher Gottheit zugeeignet war, läßt sich nicht mit Sicherheit feststellen. Vermutlich wurden in den Tempeln jonischer und korinthischer Ordnung Spes und Iuno Sospita verehrt. Der Tempel mit dorischen Säulen war vielleicht ein Heiligtum des Ianus. Wir wissen, daß C. Duilius nach seinem Seesieg über die Karthager bei Mylae im Jahre 260 v. Chr. auf dem Forum Holitorium dem Ianus einen Tempel geweiht hat, der später von Kaiser Tiberius erneuert wurde. Bislang glaubte man, das Podium mit den Cellafundamenten im äußersten Westen des Forum Holitorium – neben den Überresten des Apollo-Tempels – habe zum Tempel des Ianus gehört. Nachdem aber Filippo Coarelli nach gründlichen Strudien[41] zu dem Schluß gekommen ist, daß dieses ein Teil jenes Tempels sei, den Appius Claudius Caecus im Jahre 296 v. Chr. nach einem Sieg über die Etrusker der wilden Kriegsgöttin Bellona gelobt hat, spricht manches für die Annahme, daß der dorische der drei nebeneinanderliegenden Tempel dem Ianus geweiht war.

Theatrum Marcelli: Dramen und Theaterarchitektur im alten Rom

Im nördlichen Teil des Forum Holitorium befindet sich das einzige Theater des antiken Rom, das – wenigstens in seinem Außenbau – noch einigermaßen erhalten ist. Schon

Caesar wollte ein Theater in dieser Gegend errichten und hatte bereits Grundstücke erworben. Doch erst Augustus war in der Lage, den Bau auszuführen. Im Jahre 13 oder 11 v. Chr. war dieser so weit fertig, daß er eingeweiht werden konnte. Es geschah zu Ehren des Marcellus, des Lieblingsneffen des Augustus, der 23 v. Chr. – kaum zwanzigjährig – gestorben war. Der Kaiser hatte Marcellus seine Tochter Iulia zur Frau gegeben und ihn als Nachfolger vorgesehen. Über seinen Tod war er untröstlich. Um ihn zu ehren, hatte er ihm selbst die Leichenrede gehalten und die Bestattung in seinem eigenen Mausoleum angeordnet. Nun errichtete er zu seinem Andenken noch ein Theater (Abb. 31).

Das Theaterwesen hatte in Rom keine lange Tradition. Sieht man einmal von den etruskischen Tanzspielen im 4. Jahrhundert v. Chr. ab, so beginnt das eigentliche Theater im Jahre 240 v. Chr. Von diesem Zeitpunkt an wurden bei fast allen bedeutenden öffentlichen Festen *ludi scaenici* – Theaterspiele – aufgeführt. Für das erste Fest schrieb Livius Andronicus ein Bühnenstück. Andronicus stammte aus dem theaterfreudigen Tarent im griechischen Unteritalien und war als Kriegsgefangener nach Rom gekommen. Dort betätigte er sich als Lehrer, er übersetzte griechische Dichtungen ins Lateinische und schrieb selbst Dramen, was allerdings wohl nicht viel mehr als eine lateinische Nachdichtung nach griechischen Mustern war.

Die Nachfolge von Livius Andronicus trat gegen 235 v. Chr. Naevius an. Dieser kam aus dem italischen Kampanien und schrieb vor allem Tragödien aus dem trojanischen Sagenkreis. Er bearbeitete aber auch Stoffe der römischen Geschichte und wurde damit zum Begründer des Nationalschauspiels. Naevius schrieb über die Tragödien römischen und griechischen Inhalts hinaus noch Komödien. Erwähnenswert ist aber vor allem, daß er engagiertes Theater schuf, indem er in seinen Stücken für Freiheit und Recht eintrat, nicht selten auf die Zeitgeschichte anspielte und prominente Politiker angriff, die ihn allerdings dafür ins Gefängnis brachten, aus dem ihn die Volkstribunen aber wieder befreiten.

Unter den nachfolgenden römischen Tragödiendichtern wären zu nennen: Ennius (239–169 v. Chr.), der Euripides als Vorbild bevorzugte, und sein Neffe Pacuvius, der sich mehr an Aischylos, Sophokles und griechische Nachklassiker anlehnte und von Cicero für den größten tragischen Dichter Roms gehalten wurde. Gegen Ende des 2. Jahrhunderts v. Chr. schrieb L. Accius seine Dramen, für die er sich vor allem die attischen Klassiker und die Tragiker nach Euripides zum Vorbild nahm.

Künstlerisch wertvoller als die Tragödie der Römer ist ihre Komödie. An erster Stelle steht Plautus, von dessen Daten nur 184 v. Chr. als Todesjahr bekannt ist. Viele seiner Werke sind heute noch gut lesbar, manche noch zur Aufführung geeignet. Sein ›Amphitruo‹ gehört zur Weltliteratur. Auch Plautus hielt sich an griechische Vorbilder, aber er ging mit ihnen recht großzügig um. Er mischte griechische Stoffe höchst individuell mit römischen Sujets, würzte dabei mit dem Witz aus italischen Volkspossen und schuf so allenthalben eigene Dichtungen, in die er oft *cantica* einstreute, so daß die Stücke zuweilen den Charakter von Singspielen bekamen, was dem römischen Publikum sehr gefiel.

Terenz, der seine Komödien zwischen 166 und 160 v. Chr. schrieb, hielt sich weit mehr als Plautus an seine griechischen Vorbilder, aber auch ihm fehlte es nicht an Eigenständigkeit. Er verstand es dazu, Charaktere zu entwickeln, Dialoge zu schreiben und Spannung zu erzeugen. Das Vulgäre war ihm fremd, dagegen bemühte er sich um echt römische Humanitas. In seinem ›Hautontimorumenos‹ (Der Selbstquäler) steht der bekannte Satz: »Ich bin ein Mensch. Ich glaube: nichts Menschliches ist mir fremd.«[42]

Im goldenen Zeitalter des Augustus, als die Dichtung durch Vergil, Horaz und Ovid einen Höhepunkt erlebte, gab es keinen großen Dramatiker. Ovid schrieb zwar eine ›Medea‹, die verlorenging, aber auch in ihrer Zeit offensichtlich kein Aufsehen erregte. Anklang bei den Zeitgenossen fand lediglich die Tragödie ›Thyestes‹ des Varius Rufus, die 29 v. Chr. bei den Feiern aus Anlaß des Sieges von Actium aufgeführt wurde. Im 1. Jahrhundert n. Chr. schrieben noch Pomponius Secundus und der Philosoph Seneca Tragödien. Aller Wahrscheinlichkeit nach wurden sie niemals aufgeführt, sondern nur in Hörsälen vorgelesen.

Gewiß, es gab noch ältere Dramen, die man hätte aufführen können. Doch das Interesse am Theater herkömmlichen Stils verlor sich. Tragödien wurden fortan zu musikalischen Vorführungen. Man kann diese neue Form nicht einfach als Oper bezeichnen; denn die Dialoge wurden auch weiterhin gesprochen, die Monologe indes gesungen und mit tänzerischer Gestik dargeboten. Bei dieser Umformung schrumpften die Tragödien zusammen und verloren dadurch an literarischem Wert. Manchmal trug auch ein Sänger die Texte vor, während ein Schauspieler die Rolle stumm und mit getanzten Gebärden spielte. In diesem Fall geriet das musikalische Schauspiel in die Nähe der Pantomime, die in der Zeit des Augustus zwar nicht erfunden, aber neu gestaltet wurde, um in der Kaiserzeit das römische Theaterleben weitaus zu beherrschen.

Bei einer Pantomime spielte ein einziger Schauspieler – nur selten waren es zwei – sämtliche Rollen, indem er jeweils Maske und Kostüm wechselte. Er entwickelte bei seiner stummen, tänzerischen, gebärdenreichen Gestik oft große Kunstfertigkeit. Begleitet wurde er von Chor und Orchester, dessen Instrumente Flöte, Syrinx, Zimbel, Kithara und Lyra waren. Den Rhythmus gab das an Schuhsohlen befestigte klappernde *scabellum* an. Die Texte hatten Heldensage und Mythos zum Thema. Die dazugehörigen Liebesgeschichten wurden dabei bis an die Grenze des Lasziven ausgespielt. Die Grundthematik war aber dem ernsthaften Drama oder der Tragödie entnommen, wobei manches sehr übersteigert dargeboten wurde. So entsprach es wenigstens der Tradition des Pylades, der die Pantomime in der augusteischen Zeit neu begründet hatte. Sein Zeitgenosse Bathyllus knüpfte dagegen an die Komödie an, konnte sich aber weniger durchsetzen und auch in die Zukunft nicht so weitreichend hineinwirken.

Die alte Komödie hielt sich genausowenig wie die klassische Tragödie. Sie wurde von der Atellana und dem Mimus verdrängt.

Bei der Atellana handelt es sich um die lateinische Volksposse, die von der Stadt Atella in Kampanien ausging. Ursprünglich ein altitalisches Stegreifspiel, wurde die Atellana – nach dem Vorbild des griechischen Satyrspiels – zum Nachspiel bei Tragödien, ehe sie sich wieder verselbständigte. Um 90 v. Chr. gingen Pomponius Bononiensis und Novius daran, Atellanen in jambischen Septenaren zu schreiben und ihnen literarisches Ansehen zu verschaffen. Ihre Haupttypen blieben unverändert: der Hanswurst Maccus, der Vielfraß Bucco, der komische Alte Pappus und der bucklige Scharlatan Dossenus.

Die Atellana wurde mehr und mehr verdrängt durch den Mimus. Ohne auf seine lange Vorgeschichte einzugehen, sei gesagt, daß auch er stereotype Personen wie den Parasiten, den Dummen, den Ehebrecher, den Geizhals kannte; aber im wesentlichen kam es ihm darauf an, Szenen aus dem Alltagsleben zu zeigen. Meist waren sie volkstümlich-komisch, manchmal moralisierend und nicht selten obszön. Beim Mimus fehlten die Masken. Die weiblichen Rollen wurden von Frauen gespielt, zu deren Repertoire in einigen Stücken auch der Striptease gehörte. Couplet- und Tanzeinlagen würzten die oft varietémäßigen Aufführungen, die bei der großen Menge sehr beliebt waren. Doch auch Männer wie Sulla und Caesar fanden Gefallen an ihnen.

Zur Zeit der klassischen Tragödie und Komödie gab es noch keine steinernen Theater. Die Akteure spielten auf einem provisorischen, hölzernen Podium mit einer Rückwand, hinter der sie sich umziehen konnten. Bereits 154 v. Chr. hatte man mit dem Bau eines steinernen Theaters begonnen, aber aus nicht ganz durchsichtigem Grund die Arbeiten wieder eingestellt und das Material verkauft. So war es dann schon eine Errungenschaft, als man 68 v. Chr. ein Holztheater mit halbkreisförmig angelegten Sitzreihen baute. Erst 55 v. Chr. konnte Pompeius das erste Theater in Stein auf dem Marsfeld errichten, das für alle weiteren Theaterbauten vorbildlich wurde. Ihm folgten etwa vierzig Jahre später fast gleichzeitig das Theater des Balbus und das Marcellus-Theater. Letzteres ist das einzige, von dem noch beachtliche Reste vorhanden sind. Doch auch sie reichen nicht aus, um eine Vorstellung von der Gesamtanlage zu vermitteln. Schon im 4. Jahrhundert n. Chr. wurde aus dem verfallenen Theater Baumaterial abtransportiert, um den Pons Cestius damit zu erneuern. Seit dem Mittelalter haben dann die römischen Geschlechter der Pierleoni, Savelli und Orsini die Ruine als Festung und Palast ausgebaut. Dabei ließen sie die beiden unteren Geschosse des Außenbaus in ihrem ursprünglichen Zustand, weswegen wir seit der Befreiung des Gebäudes von Anbauten und Schutt im Jahre 1926 das äußere Halbrund wieder vor Augen haben (Abb. 31a).

Das Innere läßt den ursprünglichen Zustand des Theaters zwar nicht mehr erkennen, aber mit Hilfe der noch vorhandenen Mauerreste und der Forma Urbis, des Marmorstadtplans des Kaisers Septimius Severus, war es möglich, den Gesamtbau zu rekonstruieren (Abb. 31b).

Wenn man auf diese Weise das Marcellus-Theater als Ganzes vor Augen hat, drängt sich sofort der Vergleich mit dem griechischen Theater auf. Ebenso wie sich die Römer die griechische Tragödie und Komödie zum Vorbild nahmen, bauten sie auch ihre Theater nach griechischem Muster.

Das griechische Theater ist an einen Abhang gebaut und besteht im wesentlichen aus Theatron, Orchestra und Skene. Als Theatron wird der Zuschauerraum bezeichnet, in dem die Sitzreihen in einem Halbkreis angeordnet sind. Genaugenommen handelt es sich um einen *erweiterten* Halbkreis, man könnte auch sagen: um eine Halbellipse oder einen Korbbogen. Der Zuschauerraum umschließt von der einen Seite die ursprüngliche runde Orchestra, in welcher der Chor auftrat. Die Begrenzung zur anderen Seite hin bildet die Skene, das Bühnenhaus. Dieser Aufbau entspricht ganz griechischem Form- und Lebensgefühl. Das Theatron und die Skene stellen zwei *Körper* dar, die getrennt voneinander aufgestellt sind. Der Römer übernimmt die beiden Körper, aber er verbindet sie miteinander und bringt sie auf die gleiche Höhe, so daß ein umschlossener *Raum* entsteht; und diesen sucht er ja bei allen seinen Bauvorhaben.

Beim Marcellus-Theater wird dieses römische Grundkonzept anschaulich. Es ist nicht an einen Abhang gesetzt, sondern steht auf der Ebene. Darum mußte es in die Höhe gebaut werden. So entstand eine Außenwand in drei Stockwerken, von denen die beiden unteren durch Bogen geöffnet sind, während das obere durch eine attikaartige Wand geschlossen ist. Den Mauerpfeilern bzw. der Wand sind Halbsäulen vorgelagert, die im ersten Geschoß der dorischen, im zweiten der jonischen und im dritten der korinthischen Ordnung entsprechen.

Im Innern war ein ausgeklügeltes System überwölbter Gänge notwendig, um den treppenförmig ansteigenden Zuschauerraum und seine Zugänge anlegen zu können. Der Zuschauerraum war im römischen Theater in der Form eines echten Halbkreises gehalten und wird als *cavea* bezeichnet. Um eine Verbindung von Bühnenhaus und Zuschauerraum möglich zu machen, wurden die Durchgänge, die im griechischen Theater zwischen Theatron und Skene bestanden, durch Bogengänge ersetzt, über denen man die *tribunalia* anlegte, Sitzreihen, die vor allem für die Ädilen bestimmt waren, die ja die Spiele finanzierten und beaufsichtigten. So entstand aus dem vereinigten Zuschauerraum und Bühnenhaus ein geschlossener Innenraum, auf den die Römer im Gegensatz zu den Griechen so großen Wert legten.

Die Bühnenwand wurde im römischen Theater zu einem hohen Fassadenbau, zur *scaenae frons,* die durch säulengeschmückte Nischen gegliedert war und aus der die Schauspieler auf das *proscaenium,* die Bühne, traten. Die jetzt immer halbrunde Orchestra verlor mehr und mehr ihren alten Sinn, da es üblich wurde, Sitze für die Magistrate in ihr aufzustellen, während der Chor, so er überhaupt noch benötigt würde, auf der Bühne stand.

Das Marcellus-Theater faßte zehn- bis vierzehntausend Zuschauer, und es ist kaum vorstellbar, daß die erstklassige Architektur zu einer Zeit entstand, in der man das Programm vor allem mit Werken des volkstümlich derben Mimus und mit groß aufgemachten Pantomimen bestritt. Dabei soll nicht übersehen werden, daß letztere zuweilen beachtliche schauspielerische Leistungen aufwiesen.

II Stadt der sieben Hügel

1 Palatin

Hütten, Zisternen und Tempel

Rom ist die Stadt der sieben Hügel. Von ihnen wurde zuerst der Palatin besiedelt, dessen zwei Erhebungen die Namen *Palatium* und *Germalus* tragen. Auf letzterem befanden sich die Hütten aus dem 8. Jahrhundert v. Chr., von denen bereits in der Einleitung die Rede war. Nordöstlich von ihren wieder freigelegten Fundamenten stößt man auf Tuffmauerwerk und zwei Zisternen aus archaischer Zeit, wahrscheinlich aus dem 6. Jahrhundert v. Chr. Die eine ist in Rundform angelegt, und zwar so, daß sich die Mauerschichten, ähnlich wie bei mykenischen Kuppelbauten, nach oben zu verengen. Die Hälfte der Öffnung wurde in späterer Zeit durch Tuffquadern geschlossen. Neben der Zisterne steht ein – von Archäologen wiederhergestellter – Brunnen zum Emporziehen des Wassers, das durch einen Filter aus Sand und porösem Material von dem großen Wasserreservoir in ihn hineinfloß. Die andere Zisterne verengt sich nicht nach oben zu, sondern besteht aus Blöcken, die senkrecht aufeinandergestockt sind. Zu ihrem Grund konnte man auf einer Treppe gelangen.

Westlich von den Zisternen wurde ein Fundament ausgegraben, in dem noch die Anlage von zwei Cellen zu erkennen ist. Nach einem Ziegelstempel, den man im Mauerwerk gefunden hat, stammt der Bau aus der Zeit Hadrians. Doch hat ihn der Kaiser nicht errichtet, sondern erneuert. Es besteht berechtigter Grund zu der Annahme, daß es sich hier um das Auguratorium handelt, das noch in der Spätantike auf dem Palatin zu finden war. Von ihm heißt es, daß es seinen Namen nach dem *augurium* trage, das schon Romulus an dieser Stelle zur Erkundung des Götterwillens angestellt habe.

Von den Heiligtümern des Palatins, die in der Zeit der römischen Republik entstanden sind, wäre ein Tempel zu nennen, den der Konsul L. Postumius Megellus im Jahre 294 v. Chr. der Göttin Victoria – vielleicht an der Stelle eines älteren Heiligtums – errichtet hat. Das Bauwerk wurde von Caligula erneuert, doch man weiß heute

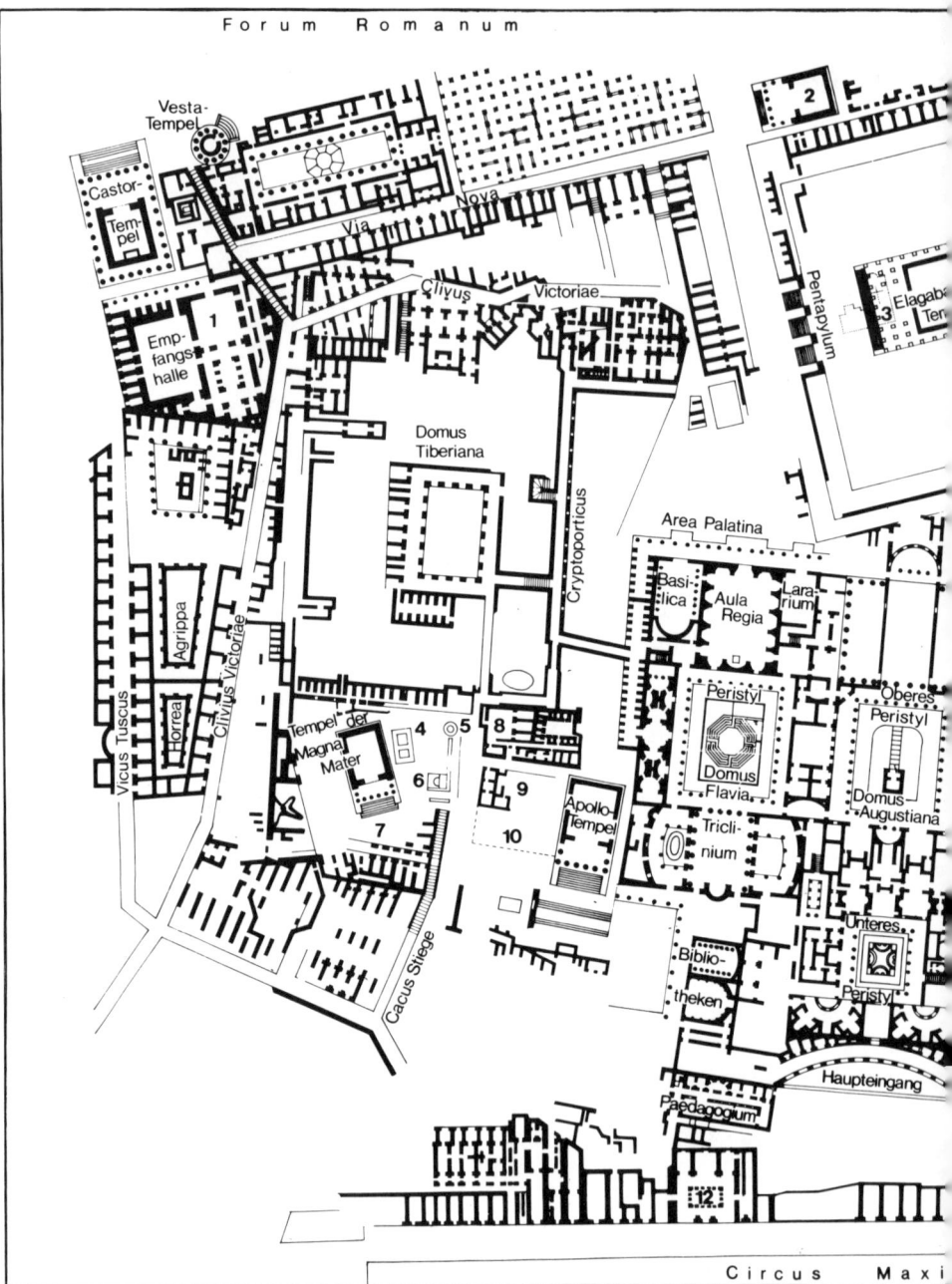

Palatin

1 Spätere Kirche S. Maria Antiqua   2 Tempel des Iuppiter Stator   3 Spätere Kirche Sancti Sebastiani Palladia   4 Auguratorium   5 Archaischer Brunnen   6 Archaischer Brunnen   7 Sog. Hütte des Romulus   8 Sog. Casa di Livia   9 Sog. Casa Repubblicana   10 Ausgrabungsgebiet des Augustushauses   11 Pulvinar   12 Domus Praeconum

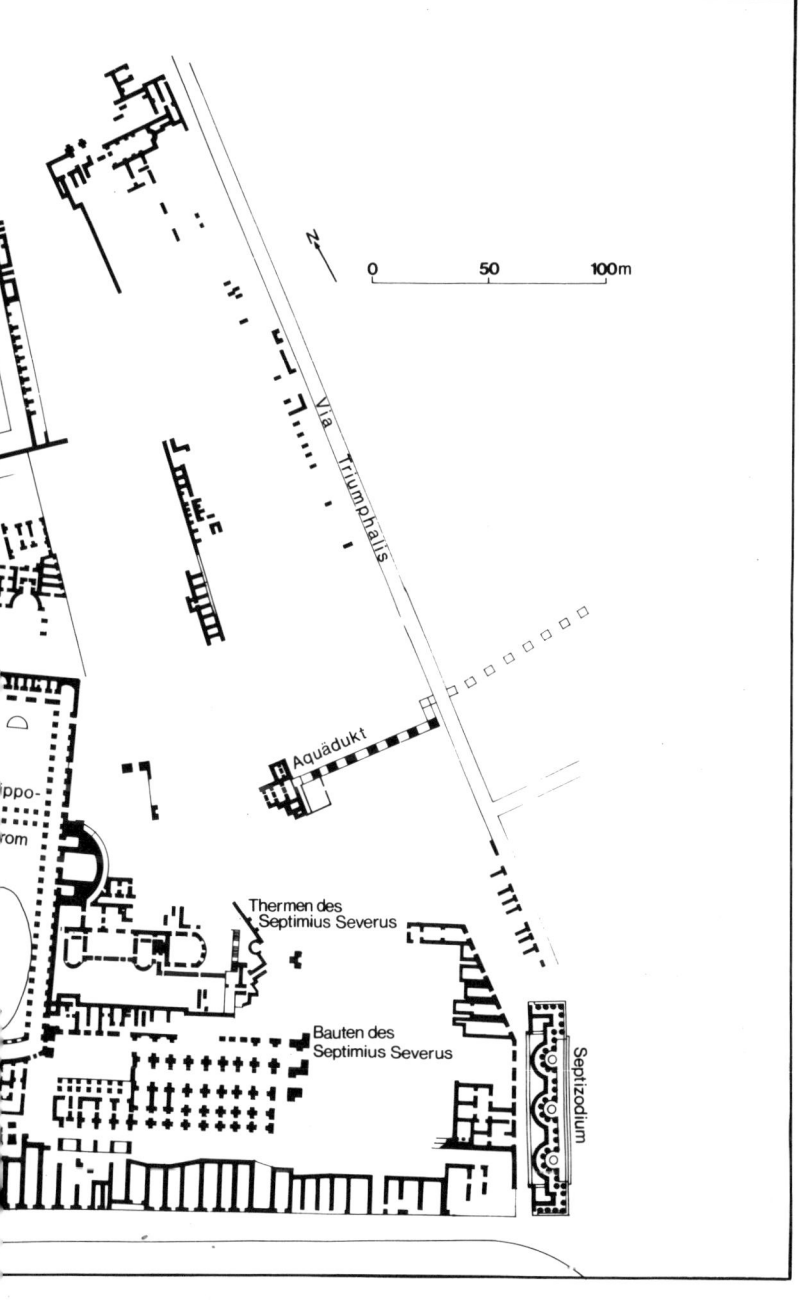

N

0   50   100 m

Via Triumphalis

Aquädukt

ppo-
rom

Thermen des
Septimius Severus

Bauten des
Septimius Severus

Septizodium

nicht mehr, wo es gestanden hat. Es könnte beim Clivus Victoriae gewesen sein, aber bisher sind keinerlei Reste von ihm entdeckt worden.

Von einem anderen Tempel aus dem gleichen Jahr hat man die Grundmauern gefunden und freigelegt. Er befindet sich im äußersten Norden des Palatins, direkt neben dem Titus-Bogen. Der Tempel geht auf den Konsul Marcus Atilius zurück, der ihn während des Samnitenkrieges gestiftet hat. Aber es handelte sich bei der Tempelgründung nicht um einen Erstbau, sondern um die Erneuerung einer älteren Anlage, die in die Zeit des Sabinerkrieges zurückgehen soll. Damals, so erzählt die Sage, habe Romulus dem Iuppiter Stator, welcher – wie der Name besagt – das zurückweichende Heer zum Stehen bringt, diesen Tempel gelobt, nachdem die Sabiner die Römer bis an die Porta Mugonia zurückgeworfen hatten.

Von besonderer Bedeutung ist aber ein Tempel, der in der Nähe der Romulus-Hütte auf dem Germalus nach 204 v. Chr. errichtet und 191 v. Chr. geweiht wurde. Von dem 111 v. Chr. und 3 n. Chr. erneuerten Bauwerk sind nur noch ein gewaltiges Podium, Reste eines Altars, eine Statue, Fragmente eines Löwen und Bruchstücke von Säulen und Gebälk übriggeblieben. Wir wissen aber, wie der Tempel nach seiner letzten Restauration ausgesehen hat, weil es von ihm eine Reliefdarstellung gibt, die sich heute in der Villa Medici befindet (Abb. 32). Man sieht hier die Fassade mit dem Pronaos. Auf einem Podium stehen schlanke, elegante Säulen korinthischer Ordnung, die ein schlicht geziertes Gebälk tragen. Das figurengeschmückte Giebelfeld zeigt eine kultische Szenerie, und durch die Säulen hindurch erkennt man die aus glatten Quadern aufgemauerte vordere Cellawand, in die ein hohes, klassizistisch wirkendes Portal hineingebaut ist. In dem Tempel wurde die Magna Mater verehrt, eine kleinasiatische Göttin, die man auch Kybele nennt. Es ist interessant zu sehen, wie es zur Einführung einer fremden Gottheit nach Rom gekommen ist.

Kult der Großen Mutter

Im Jahre 205 v. Chr. befanden sich die Römer im Zweiten Punischen Krieg. Nach den großen Niederlagen am Trasimenischen See und bei Cannae hatte sich zwar das Kriegsglück zu ihren Gunsten gewendet, aber Hannibal stand noch immer auf italischem Boden. Dazu regnete es in diesem Jahr häufig Steine vom Himmel, worin man ein Zeichen von schlechter Vorbedeutung sah. Die *decemviri*, denen das Amt oblag, in kritischen Zeiten in die Sibyllinischen Bücher, die auf die Sibylle von Cumae zurückgeführt wurden, einzusehen, fanden darin nach Livius[1] folgenden Spruch: »Wenn einmal ein Feind aus fremdem Stamm in das italische Land einfällt, kann dieser aus Italien vertrieben werden, wenn man die Idäische Göttermutter von Pessinus nach Rom bringt.«

Die Idäische Göttermutter war Kybele, die Magna Mater, die Große Mutter, die als Herrin der Natur alle Fruchtbarkeit spendet, aber auch Götter geboren hat. In Pessinus in Kleinasien befand sich ihr Bild, das nicht von Menschenhand geschaffen, sondern vom Himmel gefallen war. Es war nur ein Stein, doch die phantasiebegabten Menschen früher Kulturen vermochten in Steinen Gestalten und Gesichter, in diesem Fall das Bild der Großen Mutter zu erkennen. Von Rom fuhren nun Gesandte über Delphi zum König Attalos von Pergamon und baten ihn um den Stein, in dem sich die Magna Mater verkörperte. Der König erfüllte ihre Bitte, und wie es das Orakel von Delphi gefordert hatte, sandte man den besten Mann der Bürgerschaft nach Ostia, um das ›Bild‹ von den Gesandten in Empfang zu nehmen. Für den Besten hielt man Scipio Nasica. Es begleiteten ihn alle Matronen, die dann den Stein, einander ablösend, in feierlicher Prozession nach Rom in den Tempel der Victoria auf dem Palatin trugen.

In Rom brachte das Volk der Göttin Geschenke. Man veranstaltete für sie ein Lectisternium, ein Göttermahl, und baute ihr schließlich einen eigenen Tempel. Da man nicht mehr die Phantasiebegabung früher Völker hatte, begnügte man sich nicht mit dem Stein als Kultbild, sondern schuf ein figürliches, in dessen Mundpartie man den heiligen Stein einarbeitete. Ein Standbild der Göttin ist auch jener Torso, der heute in der Nähe des Tempelrestes – bei der Domus Tiberiana – seine Aufstellung gefunden hat.

Mit der Magna Mater hatten sich die Römer auch deren Kult ins Land geholt; und der war für zivilisierte Menschen entsetzlich. Die Diener der Göttin hießen Galli, und zwar nach einem Fluß in Kleinasien, dessen Wasser dem Menschen die Sinne verwirrt und ihn toll macht. Tatsächlich von Sinnen, entmannten sich die Galli bei barbarischer Musik in ekstatisch orgiastischen Tänzen. Der Staat verbot darum den römischen Bürgern, sich als Gallus zu betätigen. Erst seit der frühen Kaiserzeit – vermutlich seit Claudius – war es ihnen gestattet; allerdings durften sie sich nicht kastrieren.

Der furchtbare Ritus erinnert daran, daß der Kult der Magna Mater mit dem des Attis verbunden war. Die beiden Götter gehörten als Paar zusammen, aber Attis reizte durch Untreue seine Geliebte dazu, ihn in Raserei zu versetzen, in der er sich entmannte und den Tod gab. Darum geißelten sich die Galli alljährlich am 24. März, am ›Bluttag‹ des Gottes, und darum opferten sie ihre Männlichkeit.

Daß mit der Großen Mutter auch Attis verehrt wurde, beweisen die Votivfiguren, die man u. a. vor und in dem Tempel der Magna Mater auf dem Palatin gefunden hat und die im Antiquarium des Palatins zu besichtigen sind. Zweimal sehen wir dort die Göttin, einmal mit der Turmkrone und einmal mit dem Löwen, ihrem Reit- und Zugtier, auf dem Schoß. Von Attis gibt es indes viele Figürchen. Die früheren zeigen ihn verschiedenartig gekleidet und mit verschiedenen Gegenständen, die späteren mit phrygischer Mütze, Knotenstock und Ciste.

Attis ist aber nicht nur Gott des Todes, sondern auch der Auferstehung. Er bedeutet Verheißung für die Natur, die in jedem Jahr zu neuem Leben ersteht, aber auch für den Menschen, der eine Auferstehung oder ewiges Leben erhofft. Es gab nicht wenige Römer, die, mit ihrer eigenen Götterwelt unzufrieden, diese Hoffnung hegten. So erklärt es sich auch, daß manche sich dem grausigen orientalischen Ritus des *taurobolium* unterwarfen, der seit der Mitte des 2. Jahrhunderts n. Chr. mit dem Kult der Magna Mater verknüpft worden war. Es handelte sich um eine Bluttaufe, bei welcher der Gläubige in eine Grube stieg, die mit durchlöcherten Brettern zugedeckt war, auf denen ein Stier oder Widder geschlachtet wurde, dessen Blut dann über den Täufling floß. Dieser bemühte sich, ganz davon benetzt zu werden, sogar auf der Zunge, und er erwartete davon die Befreiung von seinen Sünden, Wiedergeburt *(in aeternum renatus)*, Gottebenbildlichkeit und ewiges Leben.

Das Taurobolium war – ebenso wie das heilige Mahl, das die Teilnehmer zu einer Tischgemeinschaft mit der Gottheit zusammenschloß – den Eingeweihten, den Mysten, vorbehalten. Doch die Verehrung des Wiedergeburt verheißenden Attis und seiner Geliebten, der Magna Mater, war das Anliegen weiter Kreise. Zur Großen Mutter hatten besonders die Frauen starke Zuneigung. Sie war die Göttin der Fruchtbarkeit und von alters her der mütterlichen Erde. Sie war auch die heilige Mutter, welche »die Toten in ihren Schoß aufnahm und sie an ihrer Göttlichkeit teilnehmen ließ«.[2]

Wie groß die Verehrung für die Magna Mater in breiten Volksschichten war, beweist die Tatsache, daß Kaiser Claudius für die Zeit vom 15. bis 27. März einen ganzen Festzyklus für die beiden kleinasiatischen Gottheiten einführte. Die Feiern begannen am 15. März mit einer Prozession von Schilfträgern, die vermutlich an die Auffindung des Kindes Attis durch die Magna Mater an den Ufern des phrygischen Flusses Sangarius erinnern sollte. Außerdem opferte der Archigallus einen Stier, um von den Gottheiten Fruchtbarkeit für die neubestellten Felder zu erwirken.

Darauf folgten sieben Fasttage; bei Frühlingsanfang begannen die eigentlichen Feiern. Eine Pinie wurde wie ein Leichnam in Binden gewickelt, mit Veilchen geschmückt und so zum Palatin getragen. Sie symbolisierte den toten Attis. Tags darauf, am 24. März, fand dann die Leichenfeier für den Gott statt, bei der die Galli in mystischen Mitleiden sich geißelten und die Neulinge unter ihnen sich in Raserei entmannten. Nach abermaligem Fasten und nächtlichen Totenklagen über den verstorbenen Gott verkündete ein Priester am 25. März schließlich die Auferstehung des Attis. Man feierte sie und mit ihr das Wiedererwachen der Natur aus dem Todesschlaf des Winters in einem rauschhaften Fest. Maskentreiben, üppige Mahlzeiten, Gelage, jeder Art Vergnügen gehörten dazu, so daß man am 26. März die *requietio*, die Erholung, brauchte, um am nächsten Tag an der großen Prozession teilnehmen zu können. Galli, Magistrate, Bewaffnete, Musikanten und viel Volk geleiteten das silberne Standbild der Magna Mater auf einem prunkvollen Wagen zum Bache Almo, einem kleinen Nebenfluß des Tibers, wo die *lavatio* stattfand, die Waschung und Reinigung der Göttin, von der man als Gegenleistung erwartete, daß sie das Wachstum der Felder durch Regen fördere.[3]

Umzug und Lavatio waren schon seit dem Beginn der Magna-Mater-Verehrung in Rom üblich. Auch veranstalteten die Römer zu Ehren der Göttin von allem Anfang an die *ludi Megalenses*, szenische Spiele, die nach der Magna Mater benannt waren; denn ›magna‹ heißt im Griechischen ›megále‹.

Wandmalerei in Wohnungen wohlhabender Römer

Der Palatin war in der Zeit der Republik ein begehrtes Wohnviertel. Viele Aristo-kraten hatten hier ihre Häuser: Konsuln, Volkstribunen, Redner und andere Promi-nente. Die Wohnräume waren gepflegt und geschmackvoll hergerichtet, vor allem aber hatten sie Wandmalereien im Stil der Zeit. Von diesen ist von den Archäologen man-ches entdeckt und freigelegt worden, so daß man den Palatin geradezu als Fundstätte von Malereien des sogenannten zweiten pompejanischen Stils bezeichnen kann.

Das älteste wiederentdeckte Haus befindet sich unter dem Lararium des Flavier-Palastes, der im ausgehenden 1. Jahrhundert n. Chr. über ihm errichtet worden ist. Man hat gemeint, es könne sich um das Haus des Catilina handeln, was sich aber als Irrtum erwiesen hat. Da man nicht weiß, wer der Besitzer war, spricht man vom ›Haus der Greifen‹, und zwar nach einer Darstellung im Bogenfeld der Hinterwand eines Zimmers, das zwei Greifen emblemartig in weißem Stuck auf rotem Grund zeigt.

Das Haus lag an einem Abhang und bestand aus zwei Stockwerken. In mehreren Räumen wurden beachtliche Wandmalereien entdeckt, von denen die besterhaltenen und interessantesten 1956 abgenommen und ins Antiquarium des Palatins gebracht worden sind, während die übrigen an Ort und Stelle verblieben. So findet man im Haus selbst außer Fußbodenmosaiken noch die Dekorationen im Zimmer mit den Greifen, im Antiquarium aber die Wandmalereien zweier weiterer repräsentativer Räume. Diese verdienen unsere besondere Beachtung.

Um des besseren Verständnisses willen ist es nötig, einiges Grundsätzliche über die italisch-römische Wandmalerei zu sagen. Ihren Ansatz fand sie beim hellenistischen Palast. Im 2. Jahrhundert wurde es üblich, in vornehmen Häusern die geglätteten Mauerflächen nach Griechenart mit reliefartig erhabenen Platten und Streifen in far-bigem Stuck oder mit nur aufgemalten Feldern zu verzieren. Man nennt diese aus Kampanien bekannte Dekorationsart den ersten pompejanischen Stil und spricht, da sich die weitere Entwicklung der Wandmalerei in Pompeii bis zum vierten Stil lücken-los und besonders anschaulich manifestiert hat, auch weiterhin von pompejanischen Stilen, obwohl noch andere Städte an ihm teilhaben. Man kann sogar sagen, daß sich seit dem zweiten Stil die ›pompejanischen‹ Stile in Rom entwickelt haben.

Im römischen ›Haus der Greifen‹, dessen Wandmalerei aus der Zeit nach 80 v. Chr. stammt, ist nun zu erkennen, wie der erste in den zweiten Stil übergegangen ist (Abb. 34). Betritt man im Antiquarium das erste und größere der beiden Zimmer, die man mit den alten Wänden aus dem Greifenhaus neu hergestellt hat, so fällt zuerst einmal auf, daß die Dekoration eine rein malerische ist. Die Wand bleibt aber wie beim ersten Stil in Felder aufgeteilt. Dabei sind die der untersten Zone mit plastisch wirkenden Würfeln bemalt. Die Mittelzone setzt sich aus rechteckigen Feldern zusam-men, die hochkant stehende Orthostatenplatten vortäuschen sollen; sie sind abwech-selnd einfarbig rot und marmoriert. Die oberste Zone zeigt horizontal angeordnete Streifen und ein Gesims.

Das alles aber ist noch nicht das Charakteristische des zweiten Stils. Entscheidender ist, daß die unterste Zone als Sockel ›gebaut‹ wurde, und zwar mit Verkröpfungen, auf denen Säulen ›vor‹ der Wand stehen, deren Kapitelle eine Kassettendecke tragen. Der architektonische Aufbau geschah aber nicht tatsächlich, sondern illusionistisch mittels der Malerei. Dazu bedurfte es der perspektivischen Darstellung. Auf diese verstanden sich die räumlich empfindenden Römer. Freilich vermochten sie noch nicht, die Perspektive mathematisch ›richtig‹ durchzukonstruieren, was erst der Renaissance mit ihrer Zentralperspektive gelang. Doch erreichten sie mit ihrer nach Gefühl gemalten perspektivischen Darstellung das, was sie wollten: die Illusion, das Zimmer sei von einer Säulenarchitektur umgeben und weite sich über diese und damit über seine tatsächlichen Grenzen hinaus aus.

Das zweite und kleinere der Zimmer, die aus dem Greifenhaus in das Antiquarium übertragen wurden, unterscheidet sich nur in Einzelheiten von dem ersten. Die Säulen stehen nicht auf Verkröpfungen, sondern dem Sockel selbst, die Wandfelder sind anders gemustert, die oberste Zone ist ausgedehnter und in anderer Weise gegliedert. Aber im Prinzip bedeutet das keinerlei Änderung. Auch hier haben wir es mit einer Wandmalerei zu tun, die typisch für den beginnenden zweiten pompejanischen Stil ist.

Man sieht, worauf es dem vornehmen Römer ankam. Er wollte seinen Wohnraum mit Hilfe der illusionistischen Malerei über seine wirklichen Grenzen hinaus optisch erweitern, weil er das Weiträumige suchte. Dazu aber sollte die Architekturmalerei den Wohnraum in einen kleinen Palast verwandeln und das Lebensgefühl der Bewohner sowie ihr Bewußtsein für Würde steigern.

Von den Häusern aus republikanischer Zeit wurde 1956 ein weiteres ausgegraben. Es liegt südwestlich vom sogenannten Haus der Livia. Da man über den Besitzer nichts weiß, spricht man ganz einfach von einer ›Casa repubblicana‹.

Unter der Leitung von Gianfilippo Carettoni haben Archäologen mehrere Räume freigelegt, die mit Wandmalereien des zweiten pompejanischen Stils ausgestattet sind. Von besonderem Reiz ist eine Wand aus einem kleinen Zimmer, die man aus vielen Stücken zusammengesetzt und im Antiquarium des Palatins aufgestellt hat.

Im Prinzip ähnlich wie im Greifenhaus erweckt der Maler – ausschließlich mit Mitteln einer illusionistischen Malerei – die Vorstellung, eine Architektur beginne über dem Boden mit einem Sockel, auf dem Pfeiler stehen, deren korinthische Kapitelle ein Gebälk tragen, das mit einer Zahnschnittleiste endet. Hinter den Pfeilern, etwas zurückgelegen – so scheint es infolge der illusionistischen Malweise – zeigt sich die Wand als malerische Nachahmung einer kunstvollen Inkrustation aus Orthostatenplatten, denen nach oben zu ein lesbisches Kymation, mehrere Streifen aus langgestreckten ›Quadern‹ sowie ein Streifen aus ›Würfeln‹ folgen. Dabei wurden viele Farben verwandt: Schwarz, Umber, Braun, Violett, Rot, Grün, Gelb, Weiß, die so zueinander in Beziehung gesetzt sind, daß sie bei aller Lebhaftigkeit ein Bild echter Harmonie ergeben.

Die Malereien in der ›Casa repubblicana‹ sind um die Mitte des 1. Jahrhunderts v. Chr. entstanden. Stilistisch bedeutet das keine wesentliche Änderung. Nur daß man mit der Perspektive, die man anfangs im Rahmen des damals Möglichen recht konsequent angelegt hatte, ein wenig zu spielen beginnt. So sieht man bei den Pfeilern vom linken die linke und vom rechten die rechte Seite, was beim perspektivischen Sehen naturgemäß unmöglich ist.

Durch die neuen Funde auf dem Palatin wird unsere Kenntnis von der Entwicklung des zweiten pompejanischen Stils, der ja in Rom entstanden ist, sehr bereichert. Von besonderer Bedeutung sind dabei die Wandmalereien im ›Haus des Augustus‹, wovon nachfolgend die Rede sein wird.

Häuser des Augustus

Nach Sueton[4] hatte Augustus seine Wohnung zuerst am Forum Romanum, erwarb dann aber das Haus des Redners Hortensius auf dem Palatin. Lange wußte man nicht, wo dieses zu finden sei. Wohl hatte man 1869 ein aristokratisches Haus, das in seiner Art schön, aber bescheiden war, ausgegraben, glaubte jedoch auf Grund der Beschriftung eines Bleirohrs, es handle sich um die Wohnung der Livia, bis dann Giuseppe Lugli die einleuchtende Ansicht vertrat, daß es das Haus des Augustus gewesen sei. Nun hat aber Gianfilippo Carettoni ein Haus mit einer größeren Anzahl von Räumen entdeckt, dessen Ausgrabungen noch im Gange sind. Es liegt neben der ›Casa repubblicana‹, also ganz in der Nähe vom sogenannten Haus der Livia. Man nennt es ›Haus des Augustus‹. So sind offensichtlich beide Häuser Besitztum des Kaisers gewesen, was auch ganz der Überlieferung entspricht, wonach sich Augustus nach dem Erwerb des Hortensius-Hauses Grundstücke und Häuser in der Nachbarschaft dazukaufte.

In dem ›Haus des Augustus‹, das um 40 bis 30 v. Chr. ausgemalt wurde, sind Fresken freigelegt worden, welche die Weiterentwicklung des zweiten pompejanischen Stils in Rom äußerst anschaulich vor Augen führen (Abb. 33). Da ist zuerst einmal ein in hellen Farben gehaltener Raum, der an das bisher übliche Schema illusionistischer Malerei anknüpft: ein Sockel, auf dem Pfeiler stehen, die ein Gebälk tragen und hinter denen eine Wand sichtbar wird. Diese ist mit Girlanden von Pinienzweigen geziert und erreicht nur etwa zwei Drittel der Pfeilerhöhe, wodurch der Blick frei wird, und zwar in den Außenraum hinein. Man sieht einen perspektivisch gemalten Hof mit dem oberen Stück einer Säulenhalle, über die hinaus und durch die hindurch man in den Freiraum des Himmels blickt. So erweitert man den Innenraum illusionistisch in den Außenraum hinein und schafft sich noch die Illusion, das Haus sei wie ein Palast von Höfen und Säulenhallen umgeben, was zur Steigerung des Lebensgefühls beiträgt.

In einem weiteren Raum des Augustus-Hauses zeigt sich eine andere Variante des zweiten Stils (Abb. 35). Hier finden sich an allen vier Wänden Malereien, von denen jede eine Bühnenwand perspektivisch darstellt. An den Langseiten sind die Wände so gemalt, daß sie einer Fassade mit einem Mittelrisalit und zwei Eckrisaliten gleichen. Vor letzteren sind mittels Säulen und gekröpften Gebälken Pavillons ›aufgebaut‹, in die hinein sich nach Bühnenart Türen öffnen, während die bei Bühnen übliche Mitteltür fehlt und durch einen Pavillon ersetzt ist, der einer Ädikula gleicht und in dem sich ein Bild mit einer Sakrallandschaft befindet. Auf den Dächern, die sich über das Gebälk und den Mittelpavillon hinziehen, ›stehen‹ nach Art von Akroterien Füllhörner, Vasen, Greifen und andere phantastische Wesen. Die Schmalwände zeigen gegenüber den Langwänden entsprechend ihren beschränkteren Ausmaßen Abwandlungen, sind aber im Prinzip als illusionistische Malereien von Bühnendekorationen den Langwänden ähnlich. Der Illusionismus ist im übrigen hier so weit geführt, daß auch die Schatten, die Säulen und Wände bei einem bestimmten Lichteinfall werfen, mit dargestellt sind.

An allen vier Wänden befinden sich gemalte Masken, weswegen Carettoni den Raum *ambiente delle maschere* genannt hat. Sie sind dem Typ nach sehr verschieden: alt und jung, tragisch und komisch, aber alle ausdrucksstark und lebendig. Sie erhöhen die theaterhafte Atmosphäre und beleben die gemalte Bühnenarchitektur (Abb. 36a–c).

Und doch sind hier späthellenistische Bühnenwände nicht einfach abgemalt. Wie bereits erwähnt, sind an die Stelle der Mitteltüren Bilder von Sakrallandschaften getreten. In ihrer Mitte steht entweder eine Säule oder ein spindelförmiges Gebilde, beide wahrscheinlich dazu bestimmt, eine Götterfigur zu symbolisieren. In dem sakralen Bezirk um sie herum findet man heilige Bäume, Bukranien, Blumenkörbe, Schalmeien, Hirtenstäbe, Kränze von Pinienzweigen, Bänder und Vögel. So bekommt der Raum seine Atmosphäre durch das Theater und den Kult. »Dem kühnen Individualismus des ersten Jahrhunderts entspricht die Neigung zum Theater, die wenig mit dem klassischen Spiel zu tun hat, sondern das Schaugepränge liebt und das ganze Leben, nach einem berühmten Wort des Kaisers Augustus, als Spiel auffassen kann. Mit dem Theatralischen verbindet sich das Repräsentative, das jedes Haus ins Monumentale steigert, und das Romantisch-Sentimentalische, der Bruch im Verhältnis zur Wirklichkeit ... Der rauhen Welt des äußeren Lebens, den Sorgen des staatlichen und bürgerlichen Daseins wird der Zauber einer Illusionswelt gegenübergestellt ...« (Schefold[5]). Und diese Welt wurzelt ebenso in der Zauberwelt der Bühne wie in der zur Sakralwelt umgestalteten Natur. Dabei ist die Sakrallandschaft so gemalt, daß sie nicht wie ein Bild den Mittelteil der Wand abschließt und ausfüllt, sondern daß sie einen Ausschnitt des Draußen imitiert, in den man vom Zimmer aus hineinsieht.

Noch sind die Ausgrabungs- und Wiederherstellungsarbeiten am ›Haus des Augustus‹ nicht beendet. Man hat weitere große und kleine Räume, dabei ein Bibliothekszimmer, freigelegt und wertvolle, aufschlußreiche Malereien gefunden, an deren Restauration gearbeitet wird. Das Vorhandene vermittelt aber schon einen ziemlich genauen Eindruck von der Wohnung des Augustus, der sich noch weiter vervollkommnet, wenn man sein anderes Haus, die sogenannte Casa di Livia, aufsucht, um deren ausgemalte Räume zu betrachten.

Das ›Haus der Livia‹ besteht aus zwei Trakten: einem westlichen mit einem Atrium, von dem Räume abgehen, die man – recht willkürlich – als Tablinum und Triclinum bezeichnet, und einem östlichen, in dem eine Anzahl von Zimmern um einen Hof gruppiert ist. Im übrigen besitzt das Haus ein Obergeschoß.

Was uns besonders interessiert, ist das sogenannte Tablinum, weil sich hier zeigt, wie der zweite Stil in der Hoch-Zeit seiner letzten Phase ausgesehen hat. Erhalten bzw. wiederhergestellt sind wesentliche Teile einer Lang- und einer Schmalwand (Abb. 37). Der Aufbau jeder dieser Wände und ihre Gliederung lassen auf den ersten Blick an eine Bühnendekoration aus drei Teilen mit stark betonter Wandmitte denken. Bei näherem Zusehen wird dann aber klar, daß der bühnenhafte Aufbau mehr den äußeren Rahmen schafft, um einerseits mythologische Szenen in ihm zu zeigen und andererseits Durchblicke in eine vorgestellte Welt jenseits der Wand zu ermöglichen.

Kaiser Augustus war darum bemüht, die althergebrachte Religion in seinem Reich wieder neu zu verankern, wodurch auch der griechisch-römische Mythos neues Leben bekam. Darum nimmt es nicht wunder, wenn man in der Malerei jetzt Mythendarstellungen bevorzugt und diesen den Platz in den Mittelpavillons der Wände einräumt. So ziert die Mitte der Schmalseite des ›Tablinums‹ eine – leider schon stark beschädigte – Darstellung von Polyphem, den ein kleiner Eros am Zügel hält, so daß er, tief im Wasser, der schönen Galatea sehnsüchtig nachstrebt, die ihn nur neckt und ihm auf ihrem Seepferd im Beisein anderer Nymphen immer wieder entflieht.

Im Mittelpavillon der Langwand sitzt Io, die schöne Geliebte des Zeus, unter einer Säule mit dem Standbild einer weiblichen Gottheit. Sie wird im Auftrag der Hera von dem ›hundertäugigen‹ Argus bewacht. Doch schon nähert sich der Götterbote Hermes, um Io für Zeus zu befreien (Abb. 38).

Der griechisch-römische Mythos ist oft so menschlich-allzumenschlich, daß seine Bilder einem Wohngemach nicht unbedingt religiöse Weihe geben. Daß man gerade die Geschichte von Io gewählt hat, könnte im übrigen mit der neuen Vorliebe für ägyptische Motive zusammenhängen; denn Io wurde von in Ägypten lebenden Griechen mit Isis gleichgesetzt. Der dritte pompejanische Stil, der etwa 15 v. Chr. begann, hat ägyptische Themen und Motive so sehr bevorzugt, daß man ihn zuweilen als einen ägyptisierenden Stil bezeichnete. Schon in der letzten Phase des zweiten Stils hat man Ägyptisches in die Malerei eingeflochten. Und das ist im höchsten Maße seltsam. Augustus war zwar anfangs dem Isis-Kult zugetan, lehnte ihn aber seit seinem Sieg über Antonius und Kleopatra bei Actium im Jahre 31 v. Chr. entschieden ab. Und eben in dieser Zeit – die Wandmalerei im ›Haus der Livia‹ entstand um 30 v. Chr. – begann sich eine Malart zu entwickeln, die Themen und Motive aus Ägypten und vom Isis-Kult übernahm. So finden sich auch auf den Gesimsen der architektonischen Wandmalerei des ›Tablinums‹ ägyptische Sphingen und geflügelte Figuren mit Isis-Attributen.

Mag das Io-Thema nun in Hinsicht auf Ägypten gewählt sein oder nicht, es entstammt dem Griechischen. Und auch die Darstellungsart ist griechisch beeinflußt. Das Vorbild kommt von dem Athener Maler Nikias, der im 4. Jahrhundert v. Chr. lebte. Bei der Übernahme wird man aber manches abgewandelt haben. Vor allem entspricht die Landschaft, in der sich das mythologische Geschehen abspielt, römischem Raumempfinden, sofern sie sich tief in den Hintergrund hinein weitet. Das Bild soll damit einen illusionistischen Blick in den Freiraum der Natur ermöglichen, weswegen es mit der Architekturmalerei, deren Mitte es bildet, untrennbar verbunden ist. Diese indes bietet ein mustergültiges Beispiel für den zweiten Stil in seiner letzten Phase.

Wie seit Beginn des zweiten Stils trägt die Sockelzone Säulen, die scheinbar *vor* der Wand stehen und damit den Raum weiten. Dazu kommt jetzt die bereits erwähnte Ausweitung in den Freiraum der Natur durch die besondere Art der Mythendarstellungen im Mittelpavillon, dem bei der Langwand Felder an den beiden Seiten entsprechen, die sich als große Öffnungen darstellen, welche den Blick in den Außenraum freigeben. *Ein* solches Feld ist noch erhalten (Abb. 39). Man sieht – scheinbar draußen, aber es handelt sich um eine illusionistische Malerei – ein mehrstöckiges Haus mit Bewohnern und darüber eine Säulenkonstruktion, welche die Szene über das Alltägliche erhebt.

Die Freude am Illusionistischen kennt keine Grenzen. Auf Gesimsen der durch die Architekturmalerei entstandenen Wand ›stehen‹ Bilder mit Szenen, die auf Opferhandlungen bezogen sind. Sie sind so gemalt, daß sie mit ihren geöffneten Klapptüren ebenso ›dastehen‹, wie früher einmal echte Klapptafelbilder auf echten Gesimsen gestanden haben.

Das sogenannte Tablinum im ›Haus der Livia‹ ist von zwei schmalen seitlichen Räumen flankiert, die man als Flügel bezeichnet. Der linke ist mit einer illusionistischen Architekturmalerei geschmückt, deren Reiz vor allem in einem Fries und in quadratischen Feldern im oberen Teil liegt, sofern hier jeweils Fabeltiere oder zarte Figürchen zu je zwei einander gegenübergestellt und durch stilisiertes Blatt- und Rankenwerk miteinander verbunden sind (Abb. 40).

Ähnliche Muster finden sich auch im oberen Teil der Wandmalerei des rechten Flügels. Doch das Charakteristische dieses Raumes liegt im Mittelteil der Wand, der mit hellen Orthostatenplatten geschlossen ist, vor denen Blatt- und Fruchtgirlanden schwingen, und zwar im Rhythmus der vor die Wand ›gestellten‹ Säulen, die – wie viele gemalte Säulen im ›Haus der Livia‹ – aus Blättern wie Blütenstengel hervorwachsen, was kennzeichnend für den ausgehenden zweiten und den dritten Stil ist (Abb. 41). Oberhalb der Orthostatenplatten zieht sich ein einfarbig gelber Fries um die ganze Wand, auf dem in leichter, geradezu impressionistischer Malart eine Landschaft dargestellt ist, in der es Hirten und Fischer, Menschen und Tiere, Götterstatuen und ihre frommen Verehrer, Hermen und heilige Bäume, Häuser und Tempel, Bukolisches und Sakrales und noch vielerlei mehr gibt.

Als damit verwandt und doch von ganz anderer Art erweisen sich Malereien im sogenannten Triclinium des Livia-Hauses, und zwar die Mittelbilder einer Lang- und einer Schmalwand. Sie sind eingefügt in eine Architekturmalerei und zeigen Sakrallandschaften, wie wir sie vom Maskenzimmer im ›Haus des Augustus‹ her kennen.

Im Bild der Schmalwand findet man ein Stück Landschaft mit einem Bach und einer Brücke, einem Schaf, einer Ziege und einem Papagei, einem Altar und einer Säule, die den Mittelpunkt des Ganzen bildet. Diese ist mit Bändern umwickelt, und der zur

Gabel verzweigte Stamm eines Baumes umgreift sie. Ein zusammengebundenes Klapp-tafelbild und ein Stierschädel sind an die Säule gelehnt, während auf ihrem Abakus, ihrer Deckplatte, ein Bronzegefäß steht, das an seinem Rand mit Greifenprotomen ge-schmückt ist, was auf seinen sakralen Charakter hindeutet.

Interessanter ist noch das Mittelbild der Langwand, das in seiner Zusammenstellung fast surrealistisch anmutet (Abb. 42). Auch hier gibt es eine Brücke und ein Gewässer, dazu Vögel, Bäume, Säulen und einen Altar. Inmitten der Landschaft ist eine steinerne Apsis aufgebaut, auf der drei Bronzestatuen stehen, die Ähnlichkeit mit der chthoni-schen Göttin Hekate haben. Vor zwei Säulen liegt eine überdimensional große, bebän-derte, goldene Krone. Das seltsamste aber ist ein hoher bronzener Gegenstand, der wie eine Säule dasteht, aber die Form eines riesigen Alabastrons hat und mit einer runden Platte oben abschließt. An ihm sind drei Köpfe angebracht: von einem Wildschwein, einer Antilope und einem Hirsch. Die Symbole, die sich in den verschiedenen Gegen-ständen der römischen Sakrallandschaften verbergen, sind oft schwer erkennbar. Doch bei der Säule mit den Tierköpfen wird der Bezug auf Artemis-Diana, die Göttin der Jagd, deutlich. Vermutlich steht sie sogar stellvertretend für die Göttin da und soll ihr Bildnis und damit ihre Gegenwart symbolisieren.

Es ist lohnend, sich noch weiter im ›Haus der Livia‹ umzusehen. Reste malerisch imitierter Inkrustationen finden sich noch im Atrium und in einem Cubiculum des Obergeschosses. Ein Besuch im ›Haus des Augustus‹ und im ›Haus der Livia‹ vermittelt also nicht nur eine Vorstellung von der Wohnung des Begründers des römischen Kaiser-reiches, sondern gibt auch Gelegenheit zum Studium von typischen Werken des soge-nannten zweiten pompejanischen Stils.

Apollo Palatinus

Sueton nennt bei der Aufzählung der bedeutendsten öffentlichen Bauwerke, die Augu-stus errichten ließ, den Apollo-Tempel auf dem Palatin. Der Kaiser habe ihn an jener Seite seines Hauses aufführen lassen, die – nach der Ausdeutung der Haruspices – von Apollo selbst durch den Einschlag eines Blitzes ausgesucht worden sei.[6]

Das entspricht genau den Ausgrabungsergebnissen; denn unmittelbar neben dem ›Haus des Augustus‹ und ein paar Schritte vom ›Haus der Livia‹ entfernt liegt das Podium eines Tempels, von dem heute feststeht, daß es der Apollo-Tempel ist. Über das Aussehen des Heiligtums wüßten wir allerdings kaum etwas, wenn es nicht in der Literatur so genau beschrieben wäre. So sagt Properz in einer seiner Elegien[7], die hier in Prosa wiedergegeben sei, zu seiner Freundin: »Du fragst, warum ich später zu dir komme. Die goldene Säulenhalle des Phoebus Apollo ist heute vom großen Kaiser er-öffnet worden. Schön ist die Reihe numidischer Säulen, zwischen denen man die Töch-ter des Danaos bewundert. Hier sah ich die Marmorgestalt des Gottes, die mir schöner schien als die Sonne, beim Gesang zur schweigenden Lyra. Und um den Altar stehen die Tiere Myrons, vier lebendig gestaltete Kühe. In der Mitte erhebt sich der Tempel aus hellem Marmor, der Phoebus teurer ist als seine Heimat Ortygia. Über dem Giebel steht der Sonnenwagen; und es schmücken ihn kunstvolle elfenbeinerne Türen ... Schließlich, zwischen seiner Mutter und Schwester, der pythische Gott selbst in einem langen Gewand beim Vortrag seiner Lieder.«

Der Tempel zeichnete sich also durch übergroße Pracht aus. Außer Properz rühmten ihn noch andere Schriftsteller, und zusammenfassend läßt sich sagen, daß Augustus, der eine besondere Verehrung für Apollo empfand, dem Gott während des Krieges gegen Sextus Pompeius im Jahre 36 v. Chr. den Tempel gelobt und ihn acht Jahre später eingeweiht hatte. Er bestand aus weißem Marmor, während die vorgelagerten Hallen mit gelben Säulen ausgestattet waren, zwischen denen Statuen der Danaer-Töchter und der Aigyptos-Söhne standen. Vor dem Tempel war eine Apollo-Figur aufgestellt, zu seinen Seiten befanden sich vier Bronzekühe von Myron. Das Dach schmückten ein goldbronzener Sonnenwagen und mehrere Figuren griechischer Künstler. Das Kultbild des Gottes in der Cella war ein im 4. Jahrhundert v. Chr. entstandenes Werk des Skopas, das man aus Griechenland geholt hatte. Neben Apollo standen Latona, seine Mutter, und Diana, seine Schwester – also die griechische Leto und Artemis –, deren Figuren einst von Kephisodotos, dem Sohn des Praxiteles, und von Timotheos geschaffen worden waren.[8] An den Eingang des heiligen Tempelbezirks hatte Augustus für seinen Vater Octavius einen Ehrenbogen setzen lassen.

Die goldenen Weihegeschenke im Tempel waren zur Hauptsache vom Kaiser aus dem Erlös von den etwa achtzig Silberstatuen beschafft worden, die sein Bild zeigten. Römer hatten sie ihm zu Ehren aufgestellt, er aber war klug genug, sie wieder einschmelzen zu lassen, um nicht wie sein Adoptivvater Caesar den Zorn der alten Republikaner zu erregen. Und er konnte es tun, ohne die Stifter zu beleidigen, da er den Erlös vor allem für goldene Dreifüße als Weihegaben für Apollo verwandte.[9] Im Tempel wurde auch eine Auswahl der Sibyllinischen Bücher aufbewahrt, die in zwei vergoldeten Kapseln unter der Basis der Apollo-Figur deponiert waren.[10]

Zum Tempelbereich gehörten auch zwei Bibliotheken, eine griechische und eine lateinische, die bei der großen Feuersbrunst zur Zeit Neros niederbrannten und von Domitian wiederaufgebaut wurden. Man hat die Reste der beiden großen Säle 1861 wiedergefunden und ausgegraben.

1950 fand man dann südlich von der Cacus-Stiege, also nicht weit vom Apollo-Tempel entfernt, mehrere Stücke eines Freskenfragments, die man zusammensetzte. Es kam auf diese Weise eine wunderschöne Darstellung des Gottes Apollo zum Vorschein, die jetzt im Antiquarium des Palatins ausgestellt ist (Farbabb. 13).

Apollo sitzt mit göttlich entblößtem Oberkörper auf einem Thronsessel und hat seine Kithara auf sein linkes Bein gestellt. In seiner beschaulichen Untätigkeit wirkt der Lorbeerbekränzte mit dem gut geschnittenen Profil strahlend. Neben sich hat er den Omphalos von Delphi, den Nabel der Welt, der mit einem netzartigen Geflecht überdeckt ist. Einmalig schön, in den Farben auf blauem Grund, haben wir es hier mit einer anmutigen Malerei der klassizistischen Kunst der augusteischen Zeit zu tun; und es entsteht die Frage, wo das Fresko wohl ursprünglich zu finden war. Es ist nicht ausgeschlossen, daß es die lateinische oder griechische Bibliothek zierte. Aus seinem Fundort läßt sich indes schließen, daß es in irgendeinem Zusammenhang mit dem Apollo-Tempel auf dem Palatin stand.

Die Aula Isiaca und der Kult von Isis und Osiris

In die Zeit des Kaisers Augustus gehört auch die *aula Isiaca,* die Isis-Aula. Sie befindet sich unter der Basilica des Flavier-Palastes, für dessen Errichtung alles zeitlich Frühere zugeschüttet und als Unterbau benutzt wurde. Doch schon während der Regierungszeit Neros war die Isis-Aula stark beschädigt worden, sofern die halbkreisförmige Mauer einer damals gebauten Zisterne die nördliche Langwand und ein beträchtliches Stück der westlichen Schmalwand einfach wegschnitt. Was von der Wand und ihren Malereien übriggeblieben war, konnte man noch vor einigen Jahren an Ort und Stelle besichtigen. Inzwischen hat man die Wand- und Gewölbemalereien abgenommen, sie auf neue Wände übertragen und zur Besichtigung in einem Saal der Domus Augustiana aufgestellt. Bedauerlicherweise sind die Malereien so beschädigt oder verblaßt, daß man vieles nur noch undeutlich erkennen kann. Erkennbar sind u. a. folgende Szenen und Motive: die Geburt der Helena und der Dioskuren – der Kinder von Zeus und Leda – aus dem Drillingsei, die Landung von Paris und Helena in Ägypten, Pygmäen und Flußpferde aus dem Nilbereich, eine Isis-Priesterin und Isis-Symbole, Blütenkandelaber und Lotosblüten, Rosengirlanden, Uräusschlangen, Situlen für geweihtes Wasser, die geflügelte Sonnenscheibe und Sakrallandschaften.

Die besonderen Gegenstände der Malerei veranlaßten die Archäologen, an ein Heiligtum der Isis zu denken. Auch schien eine Apsis auf den sakralen Zweck des Raumes hinzudeuten. Man datierte den Kultraum in die Zeit des Kaisers Caligula, und zwar mit folgender Überlegung: Augustus hatte aus Abneigung gegen alles Ägyptische nach seinem Sieg über Antonius und Kleopatra im Jahre 28 v. Chr. den Bau von Isis-Heiligtümern innerhalb des Pomeriums verboten. Agrippa untersagte sieben Jahre später den Bau von Isis-Kapellen auch in den Vorstädten Roms, und Tiberius stand dem Kult noch feindlicher gegenüber, besonders nachdem Isis-Priester es geduldet hatten, daß ein römischer Ritter eine Matrone in der Maske des Anubis in einem Tempel verführte. Erst Caligula gab dem Kult wieder Freiheit, da er selbst Isis und die ägyptischen Gottheiten verehrte.

So schien alles darauf hinzuweisen, daß die Isis-Aula in der Zeit des Caligula angelegt worden war. Dem widerspricht aber der Stil der Malerei. Die Gesamtanlage der Isis-Aula läßt noch eine illusionistische Architekturmalerei, die typisch für den zweiten Stil ist, erkennen. Doch werden die Säulen dünner, unwirklicher und gleichen immer mehr Kandelabern und Blütenstengeln. Bei den Wänden indes wird die Flächenordnung strenger, die Bilder bekommen einen festen, oft bandmäßigen Rahmen. Der Gesamteindruck scheint klassizistischer. Die Malerei entstand also im allerletzten Stadium des zweiten pompejanischen Stils, kurz bevor er in den dritten überging.

Das haben die Archäologen erkannt und deshalb für die Ausmalung der Isis-Aula die Zeit um 20 v. Chr. angesetzt; doch damit ergibt sich die Frage, wie sich dieses Datum mit dem Kultverbot des Kaisers Augustus und seines Schwiegersohnes Agrippa verträgt. Beschäftigen wir uns zur Beantwortung dieser Frage kurz mit der Stellung des Isis-Kultes im antiken Rom.

Viele und wechselnde Gesichter scheint Isis gehabt zu haben. So meint man wenigstens, wenn man die Geschichte ihrer Verehrung in ihrem Ursprungsland Ägypten und dann in weiteren Bereichen des Mittelmeeres, vor allem bei den Griechen, verfolgt. Nach den Hymnen, die zu ihren Ehren verfaßt wurden, ordnet sie den Kosmos. Sie herrscht über Himmel und Unterwelt, über Erde und Meer, lenkt das Schicksal und waltet segnend über Ackerbau, Schiffahrt und jede Art von Gesetz und Kultur, deren Urheberin sie auch ist.

Als Bruder und Gatte von Isis wird Osiris verehrt. Von alters her gilt er als Gott der Fruchtbarkeit und des Lebens. Über ihn gibt es nun folgenden mythischen Bericht: Seth, ein böser Gott, der dem sengenden Wüstenwind gebietet, legt Osiris, seinen Bruder – getötet oder noch lebend –, in eine Lade und wirft diese in den Nil. Nach langem Suchen findet Isis die Leiche, doch Seth zerreißt sie in vierzehn Stücke. Isis setzt die Stücke wieder zusammen, wodurch Osiris zu neuem Leben in der Unterwelt erweckt wird und künftig dort die Stellung eines Totenrichters einnimmt.

An diesen Mythos knüpfte der ägyptische König die Hoffnung auf seine Unsterblichkeit. Er glaubte, mit Osiris im Tode eins und damit unsterblich zu sein. Nach späterer ägyptischer Anschauung bestand die Möglichkeit, mit Osiris ewig zu leben, für jeden Menschen.

Es war wohl vor allem die Verheißung der Unsterblichkeit, die dem Isis-Osiris-Kult in Rom die Wege ebnete. Die eigene Religion eröffnete für das Jenseits nur düstere Aspekte. Der Orcus, die Unterwelt, galt als Schattenreich, und von den Manen, den Seelen der Toten, glaubte man, daß sie immer wieder zur Oberwelt strebten. Man öffnete ihnen deshalb den Mundus, aber nur an einigen Tagen im Jahr, da man sie fürchtete. In der Unterwelt des Osiris dagegen schien eine nächtliche Sonne, ja es verschmolz sein Bild mit dem des Sonnengottes, der während des Tages die Erde erhellte und nachts in die Unterwelt eintauchte. Wer nach den Gesetzen der Isis-Osiris-Religion gelebt hatte, der konnte hoffen, im unterirdischen Reich des Osiris mit dem Gott eins zu sein, ihn zu schauen und mit ihm in Seligkeit ewig zu leben.

In Rom waren es vor allem die niederen Schichten, die dem ägyptischen Kult zuneigten. War ihnen das Glück im Diesseits nicht hold, so konnten sie wenigstens auf die ewige Freude im Jenseits hoffen. Doch soll damit nicht gesagt sein, daß nicht auch viele andere ihr Heil von Isis und Osiris erwarteten. Zur Zeit Sullas drang der Isis-Kult in die Stadt Rom ein. Bald wurde sogar auf dem Kapitol ein Altar für Isis errichtet. Seit

59 v. Chr. befahl der Senat mehrfach seine Entfernung, aber, wie es scheint, ohne Erfolg.

Wenn sich die Obrigkeit gegen die fremden Kulte wandte, dann einmal, weil sie fürchtete, die römische Staatsreligion könne Schaden dadurch nehmen. Zum anderen waren die Behörden um die gute Sitte besorgt. Da Isis mit Venus identifiziert wurde, dienten ihre Heiligtümer nicht selten jungen Leuten als Liebeslauben. Auch erfreute sich die Göttin einer besonderen Verehrung von seiten der Prostituierten. Es ist ganz seltsam: einerseits brachte die Isis-Religion allerlei sittliche Freiheiten mit sich, andererseits verlangte man von denen, die sich zur Isis- und Osirisweihe vorbereiteten, Fasten, sexuelle Enthaltsamkeit und Kasteiungen. Später – besonders seit dem 2. Jahrhundert n. Chr. – setzte sich ganz allgemein eine ausgesprochen strenge Ethik durch, womit eine Ablehnung aller Sinnlichkeit verbunden war.

Der römische Staat jedenfalls stand in der Zeit der Republik der Isis-Religion mit Mißtrauen gegenüber. Er mußte aber dem Drängen großer Teile der Bevölkerung nachgeben, weswegen im Jahre 43 v. Chr. die Triumvirn Marcus Antonius, Octavianus und Lepidus den Bau eines Staatstempels für Isis beschlossen. Der Beschluß wurde allerdings nie ausgeführt, weil Antonius und Octavian sehr bald in Gegensatz zueinander gerieten und letzterer alles Ägyptische ablehnte, ja sogar im Jahre 28 v. Chr. die Errichtung jeglicher Isis-Heiligtümer innerhalb des Pomeriums verbot. Tiberius übertraf seinen Vorgänger Augustus noch in der Ablehnung des Kultes, bis dann 37 n. Chr. Caligula kam, der eine große Zuneigung zu den ägyptischen Gottheiten empfand. Er erbaute auf dem Marsfeld einen Tempel für Isis und übernahm das Fest der ›Auffindung des Osiris‹ in den Staatskult, so daß es fortan vom 26. Oktober bis 3. November gefeiert wurde.

Besaßen schon Ritual und Liturgie der ägyptischen Kulte für die Römer zauberhafte Schönheit und magische Anziehungskraft, so konnte sich der Wirkung des Herbstfestes kein Beteiligter entziehen. In dem dabei aufgeführten Mysterienspiel wurden die Leichenteile des Osiris, den sein Bruder Seth getötet und sein Sohn Horus gerächt hat, von der schmerzgebeugten Isis gesucht, während Priester und Volk um den Toten wehklagten. Waren dann die Teile des göttlichen Leibes gefunden und zusammengefügt, so daß Osiris zu neuem Leben erstanden war, brach ob der Auferstehung großer Jubel aus, und immer wieder erscholl der Ruf: »Wir haben ihn gefunden und sind voller Mitfreude!«

Kein Wunder, daß man nach dem Wiederaufleben der viele Jahre geächteten Kulte unter Caligula annahm, auch die Isis-Aula sei in seiner Regierungszeit entstanden. Doch der Stil der Malereien spricht eindeutig dagegen. Sie müssen um 20 v. Chr. geschaffen worden sein. Damit ergibt sich aber schon die Beantwortung der Frage, ob die Aula als Kultraum gedient hat.

Es läßt sich wirklich nicht annehmen, daß in einer Zeit, in der die Errichtung von Isis-Heiligtümern im Bereich des Pomeriums von Augustus verboten war, eine Kultstätte auf dem Palatin entstanden ist und dazu noch in unmittelbarer Nähe des kaiserlichen Hauses. So muß es sich also bei der sogenannten Isis-Aula um einen Raum profanen und privaten Charakters gehandelt haben. Daß er mit Motiven aus Ägypten und dem Isis-Kult geschmückt war, entsprach einer Modeströmung der Zeit. Es ist freilich seltsam, daß der ausgehende zweite und der dritte Stil eine solche Vorliebe für Ägyptisches dokumentieren, obwohl doch die Kaiser in dieser Zeit Ägypten und seinen Kulten feindlich gegenüberstanden. Man könnte fast zu dem Schluß kommen, eine heimliche Opposition verberge sich dahinter. Doch scheint es, als sei es wirklich um nicht mehr gegangen als um die Freude an Motiven, die man durch den Isis-Kult kennengelernt hatte, die gefielen und die man nun vielfältig verwandte, um seine Räume damit zu schmücken. Die Bewohner solcher Räumlichkeiten fühlten sich auf diese Weise über das Alltägliche hinausgehoben, ohne beim Anblick der Darstellungen irgendwelche religiösen Gedanken oder Empfindungen zu verspüren. Es war wohl so ähnlich wie heute, da bestimmte Kreise Heilige, Engel oder andere Werke religiöser Kunst für ihre Wohnungen aufkaufen, ohne zu den Gegenständen eine religiöse Beziehung zu haben.

Lagerhäuser am Fuß des Palatins

Wenn man die Bauten im Bereich des Palatins chronologisch verfolgt, so muß man sich jetzt den *horrea Agrippiana* zuwenden. Sie liegen nicht auf dem Hügel selbst, sondern an seinem westlichen Abhang, auf der Höhe des Forum Romanum und sind mit diesem durch den Vicus Tuscus verbunden.

Die Horrea sind große Magazine, Lagerhallen für Waren, die der Versorgung der Millionenstadt dienten, vor allem für Getreide. Sie wurden – wie der Name besagt – von Agrippa, dem Schwiegersohn des Augustus, angelegt oder ihm zu Ehren errichtet. Dem Grundriß nach, der uns durch die Forma Urbis bekannt ist, handelt es sich um drei ausgedehnte, zusammenhängende Höfe in Trapezform, von denen die beiden südlichen nicht mehr erhalten sind. Die Reste des nördlichen reichen aber aus, um die Gesamtanlage vorstellbar zu machen.

Der Hof war durch Umfassungsmauern aus Tuffblöcken begrenzt, denen an ihren Innenseiten im Norden und Osten Tabernen vorgelagert waren, die sich über zwei oder gar drei Geschosse verteilten und von denen im Erdgeschoß noch beachtliche Reste vorhanden sind. Die Hofmitte umgaben einst Arkaden, von deren Eckpilastern, Säulen und Halbsäulen noch Kapitellreste am Boden liegen. Später veränderte das Hofinnere durch eingebaute Räume, die im Mittelalter als Privatwohnungen verwandt wurden, sein Aussehen. Erhalten blieb ein Heiligtum mit einem Mosaikfußboden und einem Altar, aus dessen Inschrift hervorgeht, daß er dem Genius der Horrea Agrippiana geweiht ist. Zusammen mit den Magazinen, die man im Ostteil des Forum Romanum ausgegraben hat, vermitteln die Reste dieser Horrea eine gute Vorstellung von den Lagerräumen der antiken Stadt.

Domus Tiberiana und Domus Transitoria

Auf dem Germalus, ganz in der Nähe der Augustus-Häuser, liegt die *domus Tiberiana,* das Haus des Kaisers Tiberius. Von seinen Ruinen ist nicht mehr viel zu sehen, weil über ihnen in der Frühzeit des Barocks vom Kardinal Alexander Farnese, dem Neffen von Papst Paul III., die Farnesischen Gärten angelegt wurden. Trotz allem Interesse an der wiederausgegrabenen Antike möchte man auch diese Anlage nicht missen, weil sie inmitten der Ruinenwelt von Forum und Palatin eine Insel blühenden und grünenden Lebens darstellt. Im 18. wie im 19. Jahrhundert wurde in den Gärten gegraben, und wenn das Gefundene auch wieder zugeschüttet ist, so wissen wir doch, daß in der Mitte des Palastes ein von Pfeilern umbautes Atrium angelegt war. Zugänglich ist noch ein ausgemauertes, ovales Fischbecken an der Südostecke des Palastes.

Was noch sichtbar ist, befindet sich an den Rändern der Palastanlage, entstammt aber zumeist der Zeit, da das Tiberius-Haus bereits in den Besitz der Nachfolger des Kaisers übergegangen war. So wird der Palast an seiner Südseite von tonnenüberwölbten Kammern aus späterer Zeit begrenzt, die vermutlich für Wachtruppen oder Sklaven gebaut waren, worauf noch vorhandene Graffiti, Kritzelzeichnungen, hinweisen.

Nach Nordwesten zu hat Caligula den Palast bis zum Forum Romanum hinab erweitert. Mauerverkleidungen und ein Stockwerk mit einem Raum, den ein Kreuzgewölbe überdeckt, sind noch erhalten. Auch das große Wasserbecken in dem Vorraum der späteren Kirche S. Maria Antiqua gehörte zu einem Peristyl des von Caligula errichteten Anbaues. Bis zum Castor-Tempel auf dem Forum dehnte der Kaiser seinen Palast aus, ja er bezog ihn in sein palatinisches Besitztum ein und setzte sich bisweilen zwischen die Standbilder der Dioskuren, damit die Vorübergehenden auch ihn als einen Gott verehrten. Wie Caligula erzählte, hatte auch Iuppiter den Wunsch, mit ihm zusammenzuwohnen. Darum verband er seinen Palast und das Kapitol durch einen Viadukt. Es müssen hölzerne Brücken gewesen sein, die über die Gebäude, die zwischen Palatin und Kapitol lagen, hinwegführten.

Nach einem großen Brand im Jahre 80 n. Chr. wurde die von Caligula erweiterte Domus Tiberiana von Domitian wiederaufgebaut. Dabei nahm der flavische Kaiser auch Veränderungen und Erweiterungen vor. Er zierte die Fronten mit Balkons und Arkaden. Vor allem aber baute er zu Füßen des Palatins, auf dem Forum, eine Empfangshalle, die als Eingang zum Palast diente. Von dieser Vorhalle, die sich bis zum Vicus Tuscus erstreckte und von der heute noch gewaltige, durch Nischen ausgehöhlte und von Bogen durchbrochene Ziegelmauern vorhanden sind, nahm man lange Zeit fälschlicherweise an, daß sie ein Tempel des Divus Augustus gewesen sei. Mit ihr ist das Gebäude verbunden, in dem man später die Kirche S. Maria Antiqua untergebracht hat. Seiner Bauweise nach stammt es ebenfalls aus der Zeit Domitians, wenn es auch schon auf einer Anlage Caligulas basiert. Es diente vielleicht als Wache für jene Mannschaft, die den Nordeingang des Palastes zu kontrollieren hatte.

Auch Trajan und Hadrian erweiterten die Domus Tiberiana. Letzterer überbrückte den Clivus Victoriae mit imponierenden Bogenstellungen und dehnte den Palastbereich bis zum Haus der Vestalinnen auf dem Forum Romanum aus. Im übrigen schmückte er die Empfangshalle Domitians an ihrer Nordseite mit einem Portikus.

Die östliche Seite der Domus Tiberiana begrenzt ein Cryptoporticus, ein überwölbter Gang im Untergeschoß. Man hat zuweilen angenommen, hier sei der größenwahnsinnige und lasterhafte Caligula ermordet worden, aber der Cryptoporticus wurde erst unter Nero gebaut. Das Deckengewölbe war mit Stuckarbeiten geschmückt, von denen noch ein Rest erhalten geblieben ist. Er besteht aus einem Feld mit anmutig spielenden Eroten, dessen Rahmen Schwäne mit einem Rankenwerk vereint, während daran anschließende Kassetten abwechselnd aufschwebende Puttos und zu Voluten geformte Blütenstengel zeigen. Das Stuckrelief befindet sich seit einiger Zeit im Antiquarium des Palatins. Im Cryptoporticus ist an seiner Stelle ein Abguß angebracht.

Von den weiteren Bauten Neros auf dem Palatin ist oberirdisch nichts mehr sichtbar. In diesem Fall sind es aber keine Gärten aus der Barockzeit, welche die Ruinen zudecken, sondern Bauwerke aus der Ära Domitians, die über den neronischen Architekturen errichtet worden sind.

Neros Palast erstreckte sich von den Kaiserbauten auf dem Palatin bis zu den Gärten des Maecenas auf dem Esquilin. Den von ihm errichteten Verbindungsbau nannte Nero selbst *domus transitoria*, Durchgangshaus. Wenn man allein die Ausmaße der Anlage bedenkt, versteht man Suetons Bemerkung, daß des Kaisers »Bauwut die größten Summen verschlang«.[11] Als bei der Feuersbrunst vom Jahre 64 n. Chr. die Domus Transitoria großenteils zerstört wurde, baute Nero auf den Ruinen und darüber hinaus seine *domus aurea*, sein Goldenes Haus. Bei diesem handelt es sich, wie schon bei der ersten Anlage, nicht eigentlich um einen Palast, sondern um ein kaiserliches Luxusviertel, das sich vom Palatin über das Forum Romanum bis zum Mons Oppius und zum Caelius erstreckte.

Wenn man sich eine Vorstellung von Neros kapriziösen Anlagen machen will, muß man lesen, was Sueton darüber schreibt: »Das Vestibül war so gewaltig, daß darin eine hundertzwanzig Fuß (35,5 m) hohe Kolossalstatue Neros stehen konnte, die Ausdehnung des ganzen Baues so ungeheuer, daß seine aus drei Säulenreihen bestehende Halle eine römische Meile (1480 m) lang war. Es befand sich ferner ein Teich darin, der wie ein Meer mit Gebäuden umgeben war, welche Städte vorstellen sollten; dazu Ländereien, in denen Kornfelder mit Weinpflanzungen, Viehweiden mit Wäldern abwechselten und in denen eine Menge der verschiedenartigsten zahmen und wilden Tiere herumliefen. In dem Gebäude selbst war übrigens alles mit Gold, edlen Steinen und Perlmutter ausgelegt. Die Speisezimmer hatten getäfelte Decken von Elfenbeinplatten, die beweglich waren, um Blumen herabzustreuen, und Röhren enthielten, um wohlriechendes Wasser von oben über die Gäste zu sprengen. Der Hauptspeisesaal war rund; seine Decke drehte sich in einem fort Tag und Nacht wie das Weltall herum.

Die Bäder waren mit Meerwasser oder mit Wasser aus der Albulaquelle gespeist. Als er dies Prachtgebäude nach seiner Vollendung einweihte, sagte er, um seine Zufriedenheit auszudrücken, nur die Worte: ›Jetzt fange ich doch endlich an, wie ein Mensch zu wohnen.‹«[12]

Was ist nun von den Bauten Neros, soweit sie sich auf dem Palatin befanden, erhalten geblieben und ausgegraben worden? Es sind Teile der Domus Transitoria, von Stützmauern der Domus Aurea durchschnitten, die unter der Domus Flavia, dem Palast Domitians, liegen. Hauptsächlich unter dem Triclinium des Palastes sind die Reste der Domus Transitoria zu finden. Man erreicht sie heute über eine Treppe von der Domus Flavia aus. Im Hauptraum stehen sich Reste eines rechteckigen Pavillons und eines Nymphaeums gegenüber. Beide sind von der späteren Mauer der Domus Aurea durchschnitten. Der Pavillon hatte einen marmorbelegten Boden und wahrscheinlich Säulen von vielfarbigem Marmor. Auch das Nymphaeum trägt eine Marmorverkleidung. Bei Ausgrabungen im 18. Jahrhundert, die mehr eine Ausraubung waren, hatte man es schon gefunden und nannte es recht willkürlich ›Bäder der Livia‹.

Das Schönste befand sich in den angrenzenden Räumlichkeiten: Fußbodenmuster, aus kostbarsten, verschiedenartigen Platten hergestellt, dazu inkrustierte Wände sowie stuckierte, bemalte und gemmengeschmückte Gewölbe. Das Wertvollste davon ist im Antiquarium des Palatins ausgestellt.

Die Reste der Domus Transitoria unter der Domus Flavia. Nach Nash

Da sind zunächst die auf neue Untergründe übertragenen Gewölbedekorationen. Man weiß nicht, ob man die zarte Ornamentik oder das Figürliche mehr bewundern soll. Die gemalten Szenen bestehen vor allem aus Gruppen von Helden, in denen man Gestalten wie Agamemnon, Achill, Patroklos und Odysseus vermuten darf. In der Malweise entsprechen die Szenen in ihrer leichten, gefälligen, impressionistischen Art dem, was man vom sogenannten vierten pompejanischen Stil in seiner neronischen Phase her gewöhnt ist.

Weiter findet man im Antiquarium Reste des Wandschmucks aus der Domus Transitoria. Es handelt sich um kostbare Einlegearbeiten. Menschliche und tierische Gestalten sowie organische und stilisierte Pflanzen wurden aus Marmorplatten ausgeschnitten, mit Innenzeichnungen versehen und dann in andersfarbige Platten der Wand eingefügt. Auch wertvolle Steine und Stuckarbeiten mit goldenem Hintergrund finden sich unter den Resten, und man hat angesichts dieses Materials den Eindruck, daß Nero seine Häuser nicht nur teuer und luxuriös, sondern auch äußerst geschmackvoll auszustatten pflegte.

Zur Domus Transitoria gehörte auch eine Latrine, die nicht durch die Domus Aurea zugebaut, sondern in der Zeit Vespasians noch benutzt wurde. Erst die von Domitian errichtete Domus Flavia überdeckte sie. Für die Kenntnis römischer Zivilisation ist die Latrine nicht uninteressant. Sechzig Plätze waren in einem Raum nebeneinander angeordnete und durch einen Abflußkanal verbunden. Sie waren für die Dienerschaft des Hauses bestimmt.

Regierungs- und Repräsentationspalast Domitians: Domus Flavia

Als imposantestes Gebäude des Palatins, das dazu bis in die Spätantike sichtbarer Ausdruck der römischen Kaisermacht war, kann man den Palast Domitians bezeichnen. Er gliedert sich in zwei miteinander verbundene Teile: das Regierungs- und Repräsentationsgebäude, die *domus Flavia,* und das Wohngebäude, die *domus Augustiana.* Wie vorbildhaft diese Anlage für das spätere Abendland wurde, zeigt die Tatsache, daß die auf dem *Palatium* errichteten Kaiserbauten den italienischen Begriff des *Palazzo,* den französischen des *Palais,* den englischen des *Palace* und den deutschen des *Palastes* geschaffen haben.

Richten wir unsere Aufmerksamkeit zuerst auf die Domus Flavia. In ihr läßt sich noch das aus Pompeii bekannte Grundkonzept des italischen Hauses erkennen, dem in der hellenistischen Zeit das von Griechenland übernommene Peristyl als ein von Säulenhallen umgebener Hof angegliedert wurde. Die Italiker fädelten dabei alle Räume an einer Achse auf, und so verläuft auch hier die Mittelachse von der Aula Regia durch das Peristyl zum Triclinium.

Ehe wir uns den einzelnen Räumlichkeiten zuwenden, sei der Baumeister des Domitian-Palastes genannt. Es ist Rabirius, dessen Name uns der Dichter Martial überliefert hat, der zum Lobe des Architekten nach Fertigstellung des Baues im Jahre 92 n. Chr. folgendes Epigramm schrieb:

Frommen Sinnes erfaßt du, Rabirius, Himmel und Sterne,
da du mit seltener Kunst schaffst am parrhasischen[13] Bau.
Plant je Pisa[14] den Tempel, der Phidias' Jupiter würdig,
möcht es gewiß diese Hand unserem Donnrer entleihn.[15]

Die Domus Flavia erstreckte sich hauptsächlich über jenen Teil des Palatins, in dem einst die Talsenke zwischen Palatium und Germalus lag, die dann zugeschüttet wurde. Sie überdeckte ältere Bauwerke wie das Haus der Greifen, die Isis-Aula, die Domus Transitoria und die Domus Aurea.

An der Nordseite erhob sich der Palast über der *area Palatina*, einem großen Freiplatz. Seine Front bildete eine Säulenhalle, so daß sich der Kaiser in dieser dem auf der Area wartenden Volk zeigen konnte, aber es führte keine Treppe zu ihr hinauf. Der Zugang von der Area aus erfolgte über Stufen, die an den Seiten des Palastes angelegt waren. Von der Säulenhalle aus ermöglichten drei Türen den Zutritt zum Palast: die linke in das *lararium*, die mittlere in die *aula regia*, die rechte in die *basilica*.

Die Aula Regia, der große Thronsaal, in dem der Kaiser seine Empfänge gab, zeichnete sich durch eine geradezu barocke Pracht aus. Die Wände waren mit farbigem Marmor inkrustiert. In Nischen zwischen prächtigen Säulen standen Figuren, von denen

Rekonstruktion der Domus Flavia. Nach Tognetti

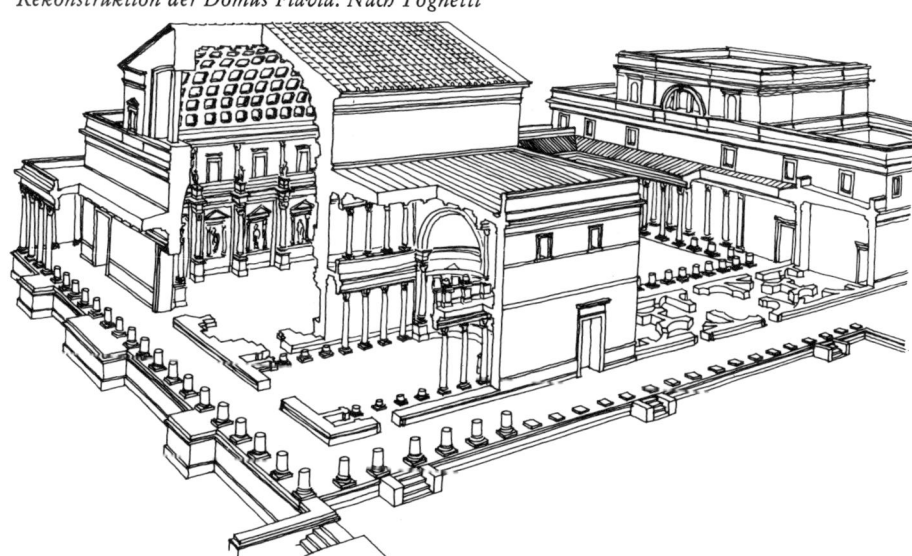

zwei noch erhalten sind, die allerdings im 18. Jahrhundert dem Herzog von Parma geschenkt wurden. Da es sich bei diesen um Hercules und Bacchus handelt, kann man annehmen, daß auch die übrigen Statuen Götter darstellten. So war also der Kaiser, der – gegenüber dem Eingang – in einer Apsis thronte, von Göttern umrahmt. Dadurch bekommt der Thronsaal etwas Tempelartiges. Der Kaiser, der in der Hauptnische sitzt, wird zum Gott, was ganz der Tatsache entspricht, daß sich Domitian in seinem engeren Amtsbereich als Dominus et Deus, als Herr und Gott, titulieren ließ. Auch das Hofzeremoniell bekam jetzt Züge einer fast göttlichen Verehrung des Kaisers, was sich in der Architektur der Aula Regia widerspiegelt.

Vieldiskutiert ist die Frage, wie die Decke des Thronsaales ausgesehen hat. Im Jahre 1900 gab ihr Tognetti in seiner Rekonstruktionszeichnung, an die wir uns in unserer Abbildung gehalten haben, die Form eines Tonnengewölbes. Dieser Auffassung wurde mehrfach widersprochen, weil man meinte, die Mauern seien nicht dick genug, um ein Tonnengewölbe von so großer Spannweite zu tragen. Von den Gegnern glauben die einen, die Aula habe die Form eines Hypäthralhofes gehabt, d. h., sie sei ohne Dach, also nach oben offen gewesen. Das entspräche in etwa dem Atrium des römischen Hauses. Gegen diese Auffassung spricht u. a., daß Spuren von Wasserrinnen an den Außenmauern darauf hinweisen, daß Regenwasser von einem Dach auf sie abgeleitet wurde. Andere sind der Ansicht, die Aula Regia sei flach gedeckt gewesen, wohingegen einzuwenden ist, daß bei dieser Spannweite ein flachgedeckter Saal im Innenraum hätte Stützpfeiler haben müssen, von denen aber jede Spur fehlt. Der Däne Helge Finsen denkt an ein von Gebälk gestütztes Walmdach. Neuerdings findet man auch wieder Gründe, die ein Tonnengewölbe wahrscheinlich machen sollen, zumal Rabirius auch die bereits erwähnte, von Domitian errichtete Vorhalle zur Domus Tiberiana trotz ihrer beachtlichen Spannweite mit einem Tonnengewölbe überdeckt hat. Die Frage nach Decke und Dach der Aula Regia konnte also noch nicht endgültig entschieden werden.

Die Aula Regia ist flankiert vom Lararium und der Basilica. Auch bei dieser diskutiert man über die Deckenkonstruktion. Wesentlicher ist aber, daß wir es hier im Bereich von Forum und Palatin zum erstenmal mit einer *Palast*basilika zu tun haben, die sich nicht unwesentlich von einer Marktbasilika unterscheidet. In einer Palastbasilika mag der Kaiser schon bisweilen zu Gericht gesessen oder einer Gerichtsverhandlung beigewohnt haben. Im wesentlichen aber diente sie Versammlungen unter kaiserlichem Vorsitz und Audienzen. In der flavischen Basilica haben trotz der danebenliegenden Aula Regia auch sicherlich Empfänge stattgefunden, jene nämlich, für welche die Aula zu groß und zu feierlich war.

Der Typ der alten Marktbasilika war für derlei Zwecke nicht geeignet. Was sollte man mit einem Innenraum anfangen, um dessen ausgesparte Mitte an allen vier Seiten Säulenhallen verliefen? Es mußte ja alles auf den Herrscher konzentriert sein. Darum schuf man eine Apsis, in welcher der Kaiser wie ein Kultbild thronte. Davor mußten Schranken sein, um den Kaiser und seinen Hofstaat von den Untertanen gebührend zu trennen. Diese aber versammelten sich in der Halle, in der richtungs- und blickmäßig alles auf den Thron hingeordnet war. Eine solche Palastbasilika war auch die flavische auf dem Palatin: eine dreischiffige Halle mit überbreitem Mittelschiff und einer Apsis mit Thron, die von der Halle durch ein niedriges Marmorgeländer getrennt war. Die noch vorhandenen Reste lassen die Anlage in ihren Grundzügen gut erkennen und machen darüber hinaus anschaulich, worin das Typische der Palastbasilika besteht, deren architektonische Grundidee eine andere als die der Marktbasilika ist und aus der sich im übrigen die spätere christliche Basilika entwickelt hat.

Das östlich an die Aula angebaute, verhältnismäßig schmale Lararium könnte man nach modernem Sprachgebrauch als Schloßkapelle bezeichnen. Hier wurden Laren verehrt, und zwar jene, die als Schutzgottheiten des kaiserlichen Hauses galten. Noch gibt es an der Rückwand Mauerreste von einem Aufbau, auf welchem wahrscheinlich einmal die Bilder der Hausgötter postiert waren.

Zu dem schon erwähnten Peristyl wäre noch zu bemerken, daß dieser von Säulenhallen umschlossene Hof in seiner Mitte ein labyrinthförmiges, achteckiges Gartenbeet enthielt, das vermutlich um einen Springbrunnen herum angelegt war und mit Hilfe antiker Reste rekonstruiert worden ist.

Es gefiel Domitian, im Peristyl zu seiner Erholung oft zu lustwandeln, und es scheint, als ob dessen Säulenhallen jene gewesen sind, von denen Sueton[16] berichtet, der Kaiser habe sie mit spiegelnden Steinen ausstatten lassen, um alles, was hinter seinem Rücken vorging, zu beobachten, da er beständig ein Attentat fürchtete.

Über die Räume, die das Peristyl flankierten, besteht hinsichtlich ihres Verwendungszweckes keine Klarheit. Vermutlich war im westlichen Trakt ein statuengeschmücktes Nymphäum angelegt und im östlichen ein Tablinum. Im Süden wurde das Peristyl von einem Triclinium begrenzt.

Wenn man bedenkt, daß ein Triclinium – wie der Name besagt – ursprünglich ein Speisesofa war, auf dem drei Personen beim Mahl um einen Tisch lagen, und daß die Bezeichnung schließlich auf einen bescheidenen Speisesaal in einem römischen Haus ausgedehnt wurde, kann man ermessen, wie unpassend eigentlich dieses Wort für den Bankettsaal Domitians ist. Passender scheint fast der andere gebräuchliche Name: *Coenatium Iovis*, Speisesaal Iuppiters.

Größere Ausmaße und vollendetere Pracht lassen sich kaum vorstellen. Noch heute sind beachtliche Teile des vielfarbigen Marmorfußbodens in Opus sectile, in zugeschnittenen Platten, erhalten. Man sieht ferner noch die Zentralheizungsanlage unter dem Fußboden, die den Bankettteilnehmern den Aufenthalt angenehm machte. Erhalten ist weiterhin die Apsis, die ebenso wie in der Aula Regia und in der Basilica nicht fehlen durfte, um den Dominus et Deus auch bei Tisch gebührend hervorzuheben. Weiterhin vorhanden, wenn auch in restauriertem Zustand, ist eine der beiden elliptischen Fontänen, die den Mittelpunkt von Nymphäen bildeten, welche das Triclinium flankierten und von ihm aus durch große Fensteröffnungen zu sehen waren.

Nach Süden zu folgen dem Triclinium die Bibliotheksräume, die von Augustus gebaut, bei dem neronischen Brand im Jahre 64 n. Chr. zerstört, von Domitian wiederhergestellt und seinem Palast angegliedert wurden. Mit trefflichen Worten kommentiert Sueton des Kaisers Verhältnis zu seinen Bibliotheken:

»Die Beschäftigung mit den Wissenschaften gab er gleich nach seiner Thronbesteigung auf. Trotzdem war er ohne Rücksicht auf die hohen Kosten ständig um den Wiederaufbau der durch Feuer zerstörten Bibliotheken besorgt, suchte von überallher Kopien der vernichteten Werke zu bekommen und schickte Leute nach Alexandria, um Abschriften zu machen und nach den dortigen Originalen Verbesserungen vorzunehmen. Trotz alledem gab er sich nicht die geringste Mühe, sich Kenntnisse von Werken aus der Geschichte und Dichtkunst zu erwerben oder sich auch nur die übliche stilistische Fertigkeit anzueignen. Außer den Denkwürdigkeiten und Aktenstücken des Kaisers Tiberius las er nichts. Seine Briefe wie seine Reden und Edikte ließ er von anderen abfassen. Und doch war seine Redeweise gewählt, und er machte manchmal recht witzige Bemerkungen.«[17]

Wohnpalast Domitians: Domus Augustiana

Direkt an den Regierungspalast Domitians, die Domus Flavia, schließt sich der Wohnpalast an: die Domus Augustiana. Um Mißverständnissen vorzubeugen, sei hinsichtlich des Namens bemerkt, daß man seltener ›Augustiana‹ und häufiger ›Augustana‹ liest, aber die Schreibung mit ›i‹ ist besser, weil das Wort in dieser Fassung ›kaiserlich‹ bedeutet, was ja auch gemeint ist. Dann wird die Bezeichnung ›Domus Augustiana‹ in zweierlei Sinn verwandt. Im weiteren umfaßt sie alles, was auf dem Palatium zu finden ist: den Regierungspalast Domitians und das, was in ihm an Untergeschossen aus früherer Zeit ausgegraben wurde, ferner den Wohnpalast, das Hippodrom und die Bauten des Septimius Severus. Im engeren Sinne gilt die Bezeichnung nur für den kaiserlichen Wohnpalast Domitians, und in diesem Sinne verwenden auch wir sie.

Die Domus Augustiana ist – der natürlichen Beschaffenheit des Palatinberges entsprechend – auf zwei Ebenen angelegt, die um etwa zwölf Meter differieren. Auf beiden Ebenen bildet den Kern der Baulichkeiten ein Peristyl. In den Resten des oberen erkennt man noch die Basis einer Ädikula, zu der man auf einer kleinen Brücke gelangte. Sie mag das Bild einer kaiserlichen Schutzgottheit enthalten haben, stammt aber erst aus der Zeit der Spätantike. Das untere Peristyl (Abb. 43) weist in seiner Mitte noch heute die alte geometrische Einteilung auf. In ein Quadrat sind Halbkreise eingeschrieben, wodurch das Schema zur Anlage von Beeten, Brunnen und Wasserspielen gegeben war. Stücke von Cipollinosäulen vermitteln noch eine Vorstellung von der Pracht der Säulenhallen.

Um die beiden Peristyle waren nun die Räumlichkeiten angelegt, von denen noch eine ganze Anzahl erhalten ist. Beim Durchschreiten erkennt man nicht nur die Größe der Gesamtanlage, in der die kaiserliche Familie mit ihrer Dienerschaft wohnte, sondern auch die Vielgestalt der Räume. Da gibt es rechteckige, achteckige, halbrunde, überwölbte und überkuppelte sowie Säle mit Nischen oder Exedren. Spuren von Malereien, Reste von Marmorfußböden und Fragmente von Friesen lassen erahnen, wie kostbar der Palast ausgestattet war. Es war auch für alle Bedürfnisse eines luxuriösen Lebens gesorgt. Unterirdische Räume spendeten im Sommer Kühlung, während Terrassen den Aufenthalt in Sonne und frischer Luft bei mittlerer Temperatur angenehm machten. Der Haupteingang zur Domus Augustiana öffnete sich auf der repräsentativen Seite zum Circus Maximus hin. Der mit einer Säulenhalle verbrämte Frontbau verlief nicht gradlinig, sondern zu einem Hemicyclium gekurvt und entsprach so den barocken Tendenzen der flavischen Kunst.

In enger Verbindung zum Wohnpalast stand auch der *hippodromus Palatii,* eine langgestreckte Fläche – im Norden geradlinig, im Süden exedraförmig abgeschlossen –, die von einem zweigeschossigen Portikus allseitig gerahmt war. Es handelte sich um einen Garten, den man wegen seiner Form als Hippodrom bezeichnet hat. In der Mitte der Ostseite erhebt sich über drei Räumen, die nach dem Umbau unter Septimius Severus ausgemalt wurden, eine große Exedra, deren Wände heute noch Nischen zieren und die ehemals mit kostbaren Säulen dekoriert war. Hier nahm der Kaiser mit seinem Gefolge Platz, wenn ihm zu Ehren und zur Freude Veranstaltungen im Hippodromgarten stattfanden. Im übrigen war die Gartenfläche ungeteilt. Erst in der späten Kaiserzeit wurde der Portikus gebaut, der sie durchschnitt und dem im 6. Jahrhundert n. Chr. eine ovale Konstruktion im Südteil der Anlage folgte.

Wenn man heute die weitausgedehnten Ruinen des Domitian-Palastes durchschreitet und sich dazu die Pracht der einzelnen Räume vorzustellen versucht, begreift man, daß sich nirgendwo uneingeschränkte römische Kaisermacht besser repräsentiert. Die Wohnung des Augustus glich noch der eines Großbürgers. Domitian baute sich einen überdimensionalen Herrscherpalast und gab damit seiner Machtbesessenheit, wie es Diktatoren bis heute tun, mittels gewaltiger Bauwerke sichtbaren Ausdruck.

Bauten des Septimius Severus

Seine Erweiterung erfuhr der Bereich der Domitianbauten durch Septimius Severus, den romanisierten Afrikaner, der das Kaisertum zur Militärmonarchie ausgestaltete. Schon Domitian hatte angefangen, seinem Palast ein Thermengebäude anzugliedern. Septimius griff den Plan etwa hundert Jahre später wieder auf. Ein tonnenüberwölbter Raum mit einer Kassettendecke, der sich direkt an die Exedra des Hippodroms anschließt, bildete den Ansatzpunkt für die Septimius-Thermen, deren Ruinen allein schon an durchlöcherten Ziegeln in den Wänden und an Resten der Zentralheizungsanlage als Badehaus zu erkennen sind.

Voraussetzung für den Bau war der Aquädukt, von dem heute noch einige Bogen an der Via di S. Gregorio – der alten Via Triumphalis – stehen. Hatte schon Nero von der Aqua Claudia eine Ableitung nach Westen hin gebaut, um den Caelius und darüber hinaus den Aventin und Palatin mit Wasser zu versorgen, so war dieses sein Werk von Domitian im palatinischen Bereich vollendet worden. Septimius Severus oblag nur noch die Restaurierung des Aquäduktes, um seine Thermen in Betrieb nehmen zu können.

Septimius dehnte auch den Palast zum Circus Maximus hin aus. Da aber der palatinische Hügel nicht weit hinter dem Hippodrom schon steil zur Ebene hin abfällt, mußte der Kaiser, wenn er die Hochfläche erweitern wollte, gewaltige Substruktionen errichten, die noch heute mit ihrer nüchternen, aber gewaltigen Arkadenfront dem Palatin an seiner Südseite ein monumentales Aussehen geben. Auf ihnen erhebt sich auch das Pulvinar, eine kaiserliche Loge, in welcher der Imperator von seinem Palast aus den Wagenrennen im Circus Maximus zusehen konnte. Wenn man heute an der Stelle der einstigen Loge steht, kann man sich vergegenwärtigen, welches Bild sich dem Kaiser bot: der Circus mit seinen Spielen vor dem Hintergrund des Aventins und über die Dächer Roms hinweg die Landschaft, rechts der Gianicolo und links in der Ferne die Albaner Berge mit dem Monte Cavo.

Das attraktivste Bauwerk des Septimius Severus war das Septizodium, auch Septizonium genannt: eine Wand, die einer *scaenae frons*, einer Bühnenwand, ähnelte und gleichzeitig einem Nymphäum. Das Septizodium stellte sich als gewaltige, an den Seiten leicht vorspringende Fassade dar, die sich in Säulen und Nischen gliederte und in deren Mitte eine Kolossalfigur des Kaisers aufgestellt war. Eine Inschrift über dem Architrav nannte den Namen des Erbauers Septimius in großen Lettern, verbunden mit der Zahl, die das Stiftungsjahr angibt, das nach unserer Zeitrechnung mit 203 n. Chr. zu bezeichnen ist. Die durch Wasserspiele belebte Schauwand war im äußersten Südosten des Palatinbereiches errichtet – dort, wo die Via Triumphalis auf den Circus Maximus zuläuft – und sollte der Gesamtanlage den letzten Effekt geben. Wer von der Via Appia aus in die Stadt kam und schon von Ferne her die gewaltigen Bauten des Palatins vor sich sah, stand nun, wenn er angelangt war, vor dieser theaterhaften Dekorationswand.

Leider ist von dieser vielgerühmten Architektur nichts mehr erhalten. Im 16. Jahrhundert waren noch beachtliche Reste von ihr vorhanden. Papst Sixtus V. ließ sie jedoch abtragen und verwandte das kostbare Material für seine Barockbauten. So vermitteln uns nur noch alte Stiche einen Eindruck davon, wie die Ruine im 16. Jahrhundert ausgesehen hat (Abb. 44).

Paedagogium und Domus Praeconum

Unterhalb des Domitian-Palastes liegt ein Gebäude, welches man als Paedagogium bezeichnet. Das, was man ausgegraben hat, besteht aus einer Reihe von Räumen, die alle verhältnismäßig klein sind bis auf einen mittleren, der in einer Apsis endet. Ein vorgelagerter Portikus wurde aus Ziegelsteinen restauriert – fast müßte man sagen: rekonstruiert – und mit einem in der Nähe aufgefundenen, kunstvollen Marmorgebälk gekrönt.

An den Wänden der Räume entdeckte man eine ganze Anzahl von Graffiti. In diesen Kritzeleien kehrte das Wort ›Paedagogium‹ immer wieder, weswegen man dem Gebäude diese Bezeichnung gab. Außerdem befanden sich an den Wänden Personennamen, die in Sklavenkreisen gebräuchlich waren, sowie Vokabeln, die sich auf Kleidungsstücke und den Wachdienst bezogen. Man kann aus alledem den Schluß ziehen, daß das Gebäude als Unterkunft für Bedienstete des kaiserlichen Hofes diente, die vielleicht vor allem für die Betreuung der Garderobe und den Wachdienst bestimmt waren, und zwar für junge, die noch ausgebildet wurden. Das Bauwerk stammt, nach den Ziegelstempeln zu urteilen, aus dem 1. bis 2. Jahrhundert n. Chr., die Graffiti allerdings scheinen erst in späterer Zeit entstanden zu sein.

Von den Kritzelzeichnungen befindet sich die interessanteste im Antiquarium des Palatins (Abb. 45). Auf dieser sieht man, von hinten, eine Gestalt mit einem Eselskopf, die ans Kreuz geschlagen ist, während links von ihr ein Mann mit erhobenem Arm steht. Dazu gehört der unter das Kreuz gekritzelte griechische Text: ALEXAMENOS SEBETE THEON, Alexamenos verehrt Gott. Man hat mancherlei Deutung für diese Darstellung gegeben. Die wahrscheinlichste ist die, daß sich ein Diener über einen anderen, der Alexamenos hieß und Christ war, lustig machen wollte, zumal – was auch Tertullian[18] bestätigt – das Gerücht umging, Juden und Christen beteten zu einem Gott mit einem Eselskopf.

In enger architektonischer Verbindung mit dem Paedagogium stand ein Gebäude, das sich zum Circus Maximus hin anschloß. Erhalten sind noch drei Räume, die ihrem Mauerwerk nach aus der Zeit des Septimius Severus stammen und die sich auf ein Atrium hin öffneten. Im östlichsten der Räume entdeckte man einen Mosaikfußboden, nach dem man dem Haus seinen Namen gegeben hat.

Dargestellt sind Herolde und Bannerträger, und da man es für möglich hielt, daß hier das Amtslokal von deren Kollegien seinen Ort hatte, nannte man nach dem Wort *praeco,* der Herold, das Haus *domus praeconum.* Das Mosaik wurde um 250 n. Chr. geschaffen. Es befinden sich aber in dem Raum auch Wandmalereien, die in die Zeit um 200 bis 220 n. Chr. zu datieren sind, und diese lassen u. a. darauf schließen, daß der Raum ursprünglich einen anderen Verwendungszweck hatte. Er muß ein Speisesaal, ein Triclinium, gewesen sein; denn die noch vorhandenen Malereien – die man abgenommen und im Antiquarium des Palatins ausgestellt hat – zeigen Diener, die sich zum Empfang und zur Bedienung von Gästen bereit halten (Abb. 46).

Die lebensgroßen Gestalten stehen in gemessenem Abstand voneinander an den Wänden vor einer perspektivisch gemalten Architektur, die in die römische Malerei immer wieder in neuer Weise zurückkehrt. Sie sind als Diener zwar unbeschuht, tragen aber festliche Gewänder: eine kurz geschürzte Tunica mit Purpurstreifen und weiten

Ärmeln. Einer hält einen Stab in der Hand. Vielleicht ist er der Tricliniarch, der den anderen vorgesetzt ist. Und diese stehen da, völlig in Bereitschaft, nur auf ihre Gäste bedacht: hier einer mit einer Kranzgirlande, um den Gast zu schmücken, dort einer mit einer Serviette und ein weiterer mit einem Kästchen. Dazu liegt noch vielerlei auf dem Boden, was zum Gebrauch und zur Behaglichkeit der Gäste vorgesehen war.

Daß es sich bei dem Saal um ein Triclinium handelt, bestätigt auch die architektonische Anlage; man hat nämlich eine kleine Hintertür auf einen Gang hin eingebaut, ohne die man nicht auskam, wenn die Dienerschaft die Speisen auf kürzestem Weg und nicht durch die Empfangstür hineintragen sollte. Ob das Triclinium, wie man vermutet, dem Kaiser und seinem Gefolge für die Veranstaltungspausen im nahegelegenen Circus Maximus als Restaurationsstätte gedient hat, mag dahingestellt bleiben. Jedenfalls läßt alles auf die Benutzung durch Hofgesellschaften schließen, die auf Bedienung nach feierlichem Zeremoniell Wert legten, so wie es sich in den Wandmalereien spiegelt.

Sonnenkult im Elagabal-Tempel

Der römische Hof stand zu Beginn des 3. Jahrhunderts n. Chr. stark unter orientalischem Einfluß. Septimius Severus stammte selbst aus Nordafrika, seine Frau, Iulia Domna, aber aus dem syrischen Emesa und war eine Tochter des dortigen Sonnenpriesters Bassianus. Iulia Domna hatte als Kaiserin großen Einfluß im politischen, religiösen und kulturellen Leben Roms. Eine hohe Stellung nahm auch ihre Schwester Iulia Maesa ein.

Diese verstand es, ihren Enkel Elagabal nach dem Tode Caracallas und der Überwindung des Usurpators Macrinus auf den Thron zu bringen. Elagabal hieß eigentlich Varius Avitus und als Kaiser M. Aurelius Antoninus, diente aber vor seiner Berufung auf den Kaiserthron, als er von Macrinus vertrieben war, in Emesa als Priester dem Elagabal, dem ›Gott des Berges‹, dem syrischen Sonnengott, und wurde schließlich von seinen Zeitgenossen und der Nachwelt selbst mit diesem Namen benannt.

Elagabal hatte die Absicht, den Sonnengott zum Reichsgott des Römischen Imperiums zu machen, und errichtete ihm auf dem Kaiserberg der Stadt Rom, dem Palatin, einen Tempel, und zwar dort, wo heute die Kirche des heiligen Sebastian steht.

Elagabal hatte den Tempel, von dem es noch einige Reste gibt, vor allem für den heiligen Stein des Sonnengottes errichtet, den er von Emesa nach Rom bringen ließ. Von diesem hieß es, er sei vom Himmel gefallen und in ihm verkörpere sich der Sonnengott selbst. Der Kaiser brachte dem Sol Invictus Opfer an Stieren und edelstem Wein dar, auch von Knabenopfern hörte man gerüchtweise. Er selbst fungierte als Priester, ließ sich in Seide kleiden, mit Halsketten schmücken und schminken, um so zum Gesang von syrischen Chören vor dem Gott zu tanzen. Die Senatoren und Ritter, die diesen Feiern beiwohnen mußten, werden oft wenig Sinn für den fremden und femininen Kult gehabt haben.

Auch verschiedene Sakralgegenstände ließ Elagabal in seinen Tempel bringen. Unter ihnen war der kostbarste das Palladion, das vom Himmel gefallene Kultbild der Athene, das bislang die Vestalinnen in ihrem Tempel gehütet hatten. Der Kaiser wollte es dem Kultbild des Sonnengottes vermählen, fand dann aber die kriegerische Athene, die bei den Römern Minerva hieß, für Sol wenig geeignet und traute ihm lieber die Himmelsgöttin von Karthago an.[19]

Die Zeit für den Sonnenkult war in Rom noch nicht gekommen – erst Aurelian konnte ihn durchsetzen –, weswegen Alexander Severus, ein Verwandter und Nachfolger Elagabals, den Tempel des Sol Invictus in einen solchen des Iuppiter Ultor umwandelte und ihn damit der römischen Religion zurückgab. Dennoch lebte das Gedächtnis an den Sonnentempel, der das Palladion barg, bis in die christliche Zeit weiter, in der die Kirche, die an dieser Stelle errichtet wurde, den Namen Sancta Maria in Pallara oder Sancti Sebastiani Palladia trug.

Wagenrennen im Circus Maximus

In der Senke zwischen Palatin und Aventin lag der Circus Maximus. In baulicher Hinsicht gehörte er noch zum Palatin; denn er schloß sich an diesen an und ermöglichte es den Kaisern, von einer an den Südabhang angebauten Loge aus an den Spielen teilzunehmen (Abb. 49).

In der Frühzeit befand sich in der Talsenke ein unterirdischer Altar von Consus, dem Schutzgott des in Gruben gespeicherten Getreides. An den Consualia, den Festtagen des Gottes am 21. August und 15. Dezember – also nach dem Ausdreschen des Getreides und nach der Winteraussaat –, wurde der Altar aufgedeckt, und zu Ehren von Consus fanden Wettrennen mit Ackergespannen statt. So entwickelten sich die Wagenrennen aus dem religiösen Kult, und man kann verstehen, daß die Legende die

Schema des Circus Maximus

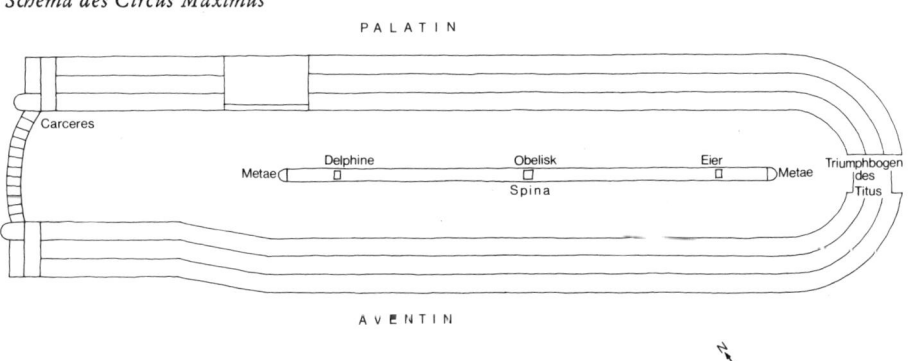

Circusgründung schon in die Königszeit datiert. Von einer geplanten Anlage kann man allerdings erst seit 329 v. Chr. sprechen.

Was ausgegraben und heute wieder sichtbar ist, stammt aus der Kaiserzeit. Es besteht nur aus wenigen Resten: Unterbauten von Sitzreihen, einem Stück Wandelgang, Treppenaufgängen, Mauerwerk von Tabernen und bescheidenen Überbleibseln eines Triumphbogens. Durch die Wiederherstellung der Gesamtfläche ergibt sich dennoch eine gute Vorstellung von der ehemaligen Anlage. Eine schematische Darstellung mag zeigen, was an dieser wesentlich war.

Der Circus hatte eine Länge von 600 m und eine Breite von 150 m, wobei allerdings zu bemerken ist, daß er an seiner Westseite schmaler wurde. Den westlichen Abschluß bildeten die *carceres,* Boxen für die Gespanne, die anfangs aus Holz, seit Caesar aus Tuffstein und seit Claudius aus Marmor bestanden. Nach Osten zu endete der Circus in einer Rundung, in deren Scheitelpunkt ein Tor eingebaut war, das in den Jahren 80–81 n. Chr. durch einen Triumphbogen zu Ehren des Titus ersetzt wurde, von dem schon die Rede war. Durch die Mitte der Arena verlief eine bankartige Aufschüttung, welche sie der Länge nach in zwei Bahnen teilte. Man nannte eine solche *spina,* weil sie förmlich das ›Rückgrat‹ des Circus bildete. Um die Spina herum mußten die Lenker ihre Rennwagen führen. Zur deutlichen Markierung standen an jedem ihrer Enden drei *metae,* Malzeichen von konischer Form aus vergoldeter Bronze, die auf die einfache, in der frühen Zeit verwendete *meta* aus Holz zurückgehen. Die Mitte der Spina war durch einen Obelisken aus der Zeit Ramses' II. (1290–1223 v. Chr.) markiert, den Augustus im Jahre 10 v. Chr. nach Rom hatte bringen lassen. Konstantin wollte diesen Obelisken durch einen anderen aus der Zeit Thutmoses' III. (1490–1436 v. Chr.) ersetzen. Als er starb, war dieser aber auf seiner Reise vom ägyptischen Theben erst bis Alexandria gelangt, so daß die Mitte der Spina vorerst frei blieb, da man den Ramses-Obelisken bereits nach Osten versetzt hatte. Erst unter Constantius II. konnte der Thutmoses-Obelisk auf der Spina errichtet werden. Noch heute sind beide Obelisken zu besichtigen. Der des Ramses ziert seit dem 16. Jahrhundert die Piazza del Popolo, der des Thutmoses die Piazza S. Giovanni in Laterano.

Auf der Spina standen auch Statuen und Altäre, ferner zwei Gestelle. Auf dem einen waren Eier, Symbole der Dioskuren, aufgebaut, auf dem anderen Delphine, die dem Neptun, der auch als Pferdegott verehrt wurde, heilig waren. Eier und Delphine dienten der Orientierung des Zuschauers bei den Wagenrennen. Damit das Publikum wußte, wie viele der sieben Runden bereits gefahren waren, wurden vor jeder Runde ein Ei und ein Delphin aufgesetzt. Die Gestelle waren rechts und links vom Obelisken postiert, damit man von allen Plätzen aus wenigstens eines der Zählwerke genau beobachten konnte.

Die Sitzreihen des Circus bestanden anfangs aus Holz, womit immer wieder die Gefahr des Einsturzes verbunden war. Claudius ließ Steinsitze für die Senatoren, Nero weitere für die Ritter bauen, aber der zweite Rang behielt anscheinend Holzsitze, während der dritte als hölzerne Galerie mit Stehplätzen errichtet war. Hinsichtlich der

Anzahl der Plätze werden geradezu astronomische Zahlen genannt. Ein Regionenverzeichnis des 4. Jahrhunderts n. Chr. gibt 385 000 Plätze an, aber über 200 000 werden es gewiß gewesen sein, woran man erkennen kann, wie beliebt die Circusspiele waren.

Den drei Rängen im Innern entsprachen drei mit Marmor inkrustierte Stockwerke des Außenbaues. Die Arkaden des Untergeschosses dienten teilweise als Eingänge, teilweise führten sie in Tabernen, in denen Speisen, Getränke, Backwerk und Obst verkauft wurden. Hier boten sich auch Wahrsager, Astrologen und vor allem leichte Mädchen an – meist Orientalinnen –, die mit temperamentvollen, sexbetonten Tänzen auf sich aufmerksam machten.

Die antiken Schriftsteller berichteten ausführlich, was alles im Circus stattfand. Da gab es Pferderennen, gewagteste und gekonnteste Artistik auf einem oder mehreren Pferden, Ringkämpfe, Kurzstrecken- und Langstreckenläufe sowie Tierhetzen und Gladiatorenspiele, vor allem solange das Colosseum, das Flavische Amphitheater, noch nicht erbaut war. Aus der Zeit der Republik hört man von ritterlichen Kampfspielen junger Römer, während in der frühen Kaiserzeit das Trojaspiel hier stattfand, bei dem eine große Zahl vornehmer Knaben ein Scheingefecht zu Pferde vorführte, das viel Übung und Geschicklichkeit voraussetzte.

Der Circus war von Anfang an vor allem für Wagenrennen bestimmt. In ihrer Organisation, ihrer Popularität und unter noch sehr vielen anderen Aspekten weisen sie große Ähnlichkeit mit unserem Fußballsport auf. Während anfangs die Rennen von wohlhabenden Bürgern durchgeführt wurden, schickten später auf der Geldaristokratie basierende Clubs ihre Wagen in die Kampfbahn. Es gab vier solcher Renngesellschaften. Sie nannten sich *factiones* und unterschieden sich nach den Farben grün (*factio prasina*), rot (*factio russata*), weiß (*factio albata*) und blau (*factio veneta*), in denen die Uniformen ihrer Rennfahrer gehalten waren (Abb. 47). Ebenso wie es heute für viele nichts Bedeutenderes gibt als die Frage, ob diese oder jene Fußballmannschaft siegt, nahmen auch viele Römer leidenschaftlich für eine bestimmte Rennpartei Stellung und bangten um ihren Sieg. Selbst die Kaiser hatten ihre Favoriten, was so weit ging, daß der brutale Caracalla Wagenlenker der grünen Faktion ganz einfach hinrichten ließ. Es war auch Sitte, Wetten über den Sieg abzuschließen, wobei die Ärmeren ihre Sparpfennige, die Begüterten aber oft märchenhafte Summen setzten.

Die Rennfahrer stammten meist aus kleinen Verhältnissen. Nicht selten kamen sie aus dem Sklavenstand und waren wegen ihrer sportlichen Fähigkeiten freigelassen worden. Hatten sie viele Siege aufzuweisen, so feierte man sie als Stars. Auch die Dichter spendeten den Erfolgreichen ihr Lob. So legte Martial dem Rennfahrer Flavius Scorpus, dem man 2048 Siege nachsagte, folgenden Ausruf in den Mund:

Ich bin Scorpus, der Ruhm des ringsum jubelnden Zirkus,
    Rom, deines Beifalls Held und so vergängliche Lust,
        den nach neunmal drei Jahren voll Neid die Lachesis raubte;
    weil sie die Siege gezählt, dacht sie, ich sei schon ein Greis.[20]

Lachesis ist eine Moira, die das Lebenslos zuteilt und den Lebensfaden erhält. Da sie Scorpus nach einer solchen Fülle von Siegen für einen Greis hielt, beendete sie sein Leben. So faßt es Martial dichterisch. Und noch einmal erhebt er seine Stimme für Scorpus:

> Welch ein Frevel! O Scorpus, der ersten Jugend beraubt schon,
> sinkst du dahin, und so schnell schirrst du das düstre Gespann!
> Flink stets fuhrst du, und kurz war der Lauf deines Wagens. Warum nur
> war auch des Lebens Ziel jetzt dir so nahe gesetzt?[21]

Um beim Beispiel des Scorpus zu bleiben: als Sieger gewann er in einer Stunde fünfzehn Beutel Gold. Siege brachten ganz allgemein große Preise, und dazu kamen noch ansehnliche Gehälter von der Faktion, welcher der Rennfahrer angehörte, damit er nicht von einer anderen Faktion abgeworben wurde. So waren erfolgreiche Wagenlenker Leute, die durch ihre Stargagen große Vermögen zusammenbrachten.

Die zweirädrigen Rennwagen wurden, wenn man von den Zweigespannen der Anfänger absieht, mit vier, sechs, sieben, acht oder gar zehn Pferden bespannt. Das Viergespann galt jedoch als die Regel. Die Pferde holte man nicht nur aus Italien, sondern auch aus den Provinzen und trieb mit ihnen oft den gleichen Kult wie mit ihren Lenkern. Der überspannte Kaiser Caligula soll sogar die Absicht gehabt haben, einen berühmten Hengst zum Konsul zu erheben.

Veranstalter der Spiele waren in der Regel nicht die Faktionen, sondern die Magistrate: ein Konsul, ein Prätor oder ein Ädil. Sie mußten trotz der hohen Summen, welche die Faktionen aufzubringen hatten, noch einen guten Teil der Kosten – z. B. die Siegespreise – tragen. Oft wären sie dazu nicht in der Lage gewesen, wenn sie die Kaiser nicht unterstützt hätten. Der Magistrat, der das Spiel veranstaltete und ihm vorstand, saß in einer Loge über den Carceres. Er eröffnete die Veranstaltung, indem er ein weißes Tuch in die Kampfbahn warf.

Eine treffliche Vorstellung von einem Wagenrennen im Circus Maximus vermittelt uns ein Sarkophagrelief, das in der Umgebung von Foligno gefunden wurde und jetzt im Museo Civico dieser Stadt aufgestellt ist (Abb. 48). Das Relief, das im ausgehenden 3. Jahrhundert n. Chr. entstanden sein dürfte, zeigt, wie acht Wagen von vier Parteien um den Sieg kämpften. Das Rennen ist in der siebenten und damit letzten Runde angelangt, wodurch die Spannung ihren Höhepunkt erreicht hat. Bei zwei Gespannen brechen Pferde zusammen. Ein Diener – in der rechten unteren Bildecke –, der vor einem Tempelchen der Venus Murcia steht, wendet sich voller Entsetzen dem einen dieser Gespanne zu. Der erste Wagen hat das Ziel in der letzten Geraden fast erreicht. Einige erheben schon jubelnd den Arm, und rechts vom Obelisken steht bereits ein Togatus mit der Siegespalme bereit.

Der Künstler hat auf seinem Relief mit der Darstellung der Details nicht gespart. Man sieht links die Carceres und darüber die Loge mit dem Magistrat, der das Spiel veranstaltet. In der Hand hält er ein Zepter und wird von zwei Beamten flankiert.

52   Reiterstandbild Marc Aurels. Kapitol

53   Insula am Kapitol. a Heutiger Zustand   b Rekonstruktion

54 Relief aus dem Tempel des Iuppiter Dolichenus auf dem Aventin. Kapitolinisches Museum
55 Zug der Eingeweihten. Fresko im Mithraeum unter S. Prisca. Aventin

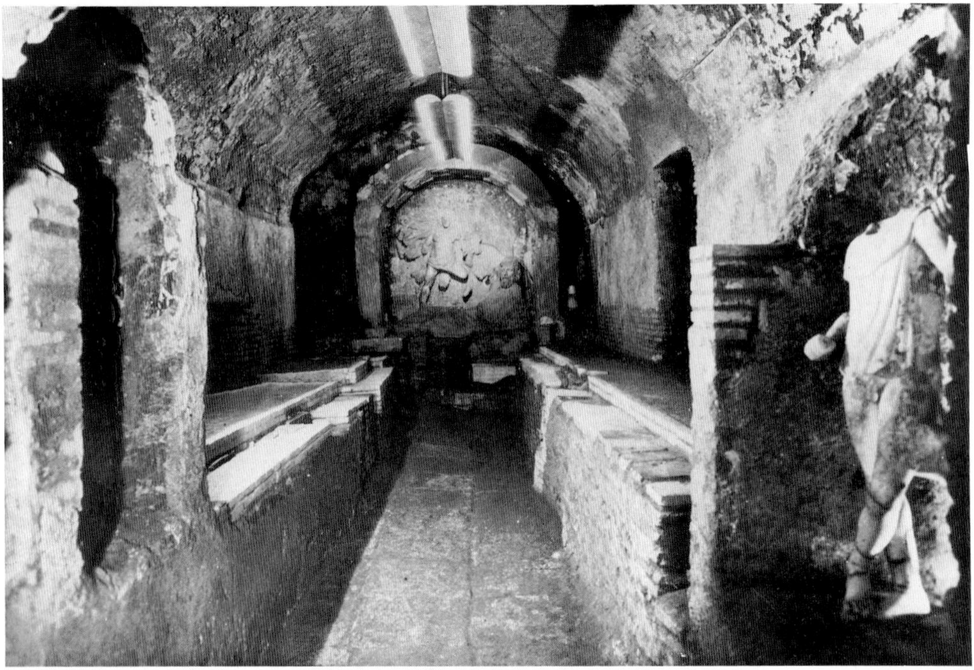

a

b

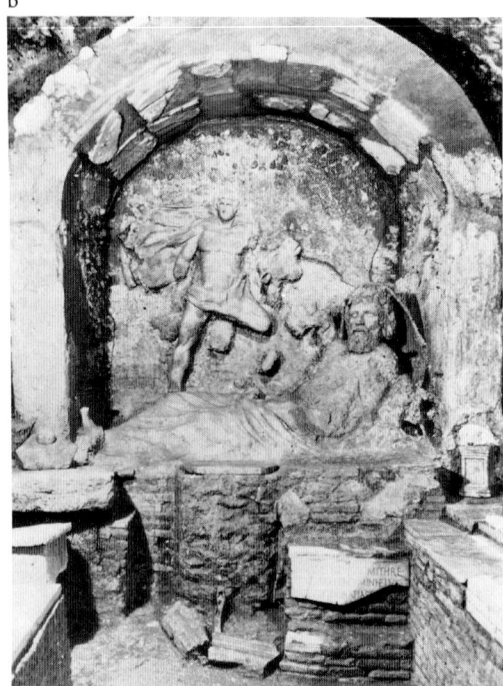

56 Mithraeum unter S. Prisca. Aventin
a Hauptraum
b Kultnische im Hauptraum

a

57 Thermen des Caracalla. a Luftaufnahme   b Rekonstruktion

b

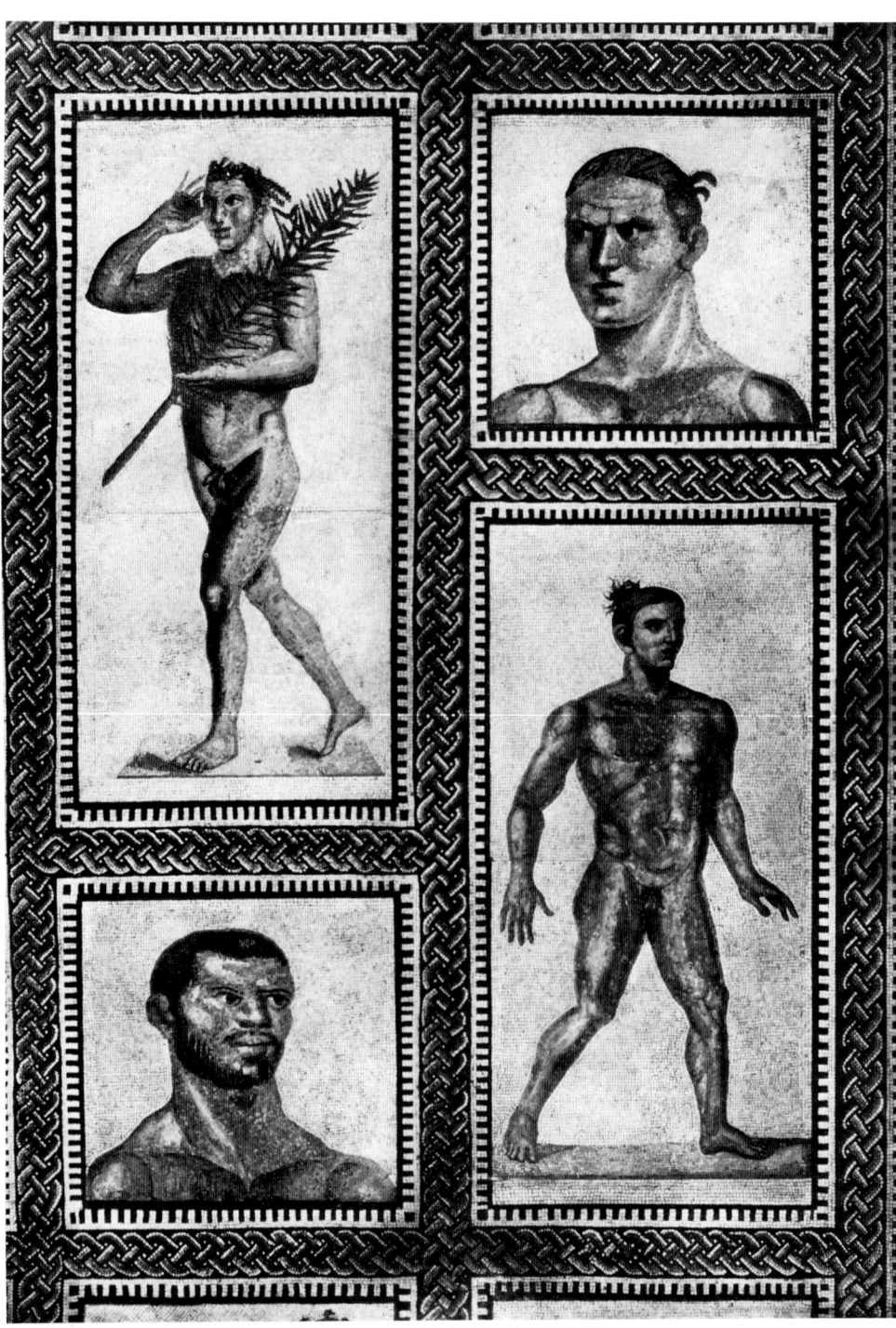

58 Fußbodenmosaik der Caracalla-Thermen. Detail. Vatikanische Museen

59 Tempel des Claudius auf dem Caelius. Rekonstruktion. Museo della Civiltà Romana

60 Der böse Blick. Mosaik in der Basilica Hilariana auf dem Caelius

61
Genien mit Vögeln
und Puttos. Fresko
im Haus von Gio-
vanni e Paolo auf
dem Caelius

62
Mythologische
Wasserlandschaft.
Fresko im Haus von
Giovanni e Paolo
auf dem Caelius

63 Mithraeum unter S. Clemente

64 Altar im Mithraeum unter S. Clemente
   a Linke Seite: Cautopates   b Mitte: Mithras-Opfer   c Rechte Seite: Cautes

65 Konstantinsbogen
66 Konstantin bei der Ansprache an das römische Volk. Die Medaillons darüber mit einer Jagd- und einer Opferszene sind einem Denkmal zu Ehren Hadrians entnommen. Reliefs vom Konstantinsbogen

67
Flavisches Amphi-
theater (Colosseum).
Rekonstruktion

68
Die Arena des Flavi-
schen Amphitheaters

a

b

c

d

69
Mosaike aus der
Tenuta di Torre-
nuova bei Tusculum.
Galleria Borghese.
a und b
Gladiatorenkämpfe
c und d Tierhetzen

70   Deckenmalerei in der Domus Aurea. Esquilin

71   Wandmalerei in der Domus Aurea. Esquilin

72   Szenen aus der Odyssee: die Lästrygonen rüsten sich zum Kampf. Fresken aus einem Haus auf dem ▷
Esquilin. Um 40 v. Chr. Vatikanische Museen

73 Achteckiger Kuppelsaal in der Domus Aurea. Esquilin

74 Monumentalbau in den Horti Liciniani, fälschlicherweise Tempio di Minerva Medica genannt.
a Blick in die Kuppel   b Rekonstruktion der Gesamtanlage. Museo della Civiltà Romana

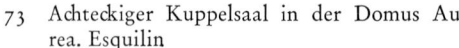

Rechts erkennt man den dreitorigen Titusbogen, in der Mitte die Spina. Auf ihr stehen der Obelisk, die Metae, die Gestelle mit den Delphinen und Eiern sowie Altäre und eine Skulptur der Magna Mater, die auf einem Löwen reitet.

Wenn auch die Circusspiele ihren ursprünglich religiösen Charakter immer mehr verloren, so blieben sie doch einbezogen in das religiöse Zeremoniell, das noch dazu peinlich genau beachtet werden mußte. Das zeigte sich besonders beim Beginn der Spiele, den der festliche Einzug in den Circus Maximus bildete.

Die Prozession ging vom Kapitol aus. An ihrer Spitze fuhr der Magistrat, der das Rennen veranstaltete. War es ein Konsul oder ein Prätor, so stand er wie bei einem Triumphzug auf einem Wagen. Er trug die goldbestickte purpurne Toga und hielt das Adlerzepter in der Hand, während ein Sklave ihm einen edelsteinbesetzten Kranz von goldenem Eichenlaub über den Kopf hielt. Sollte das, ähnlich wie beim Triumphzug, vielleicht symbolisieren, daß Iuppiter die Spiele eröffnete und ihnen vorstand, während der Magistrat nur sein Stellvertreter war?

Im Zug gingen Musikanten. Götterstatuen, auch Kaiserbilder wurden auf Wagen oder Traggestellen mitgeführt. Priester und Repräsentanten des Staates und der Gesellschaft nahmen teil, und so zog die Prozession, mit viel Beifall der Menge bedacht, in die Arena ein.

Das Volk saß bereits seit den frühen Morgenstunden im Circus. Viele Bürger waren schon vor Sonnenaufgang aus ihren Wohnungen fortgegangen, um ja einen Platz zu bekommen. Es gab genug Menschen, denen es an Zeit nicht mangelte. Im übervölkerten Rom war die Zahl der Arbeitslosen und Halbtagsarbeiter beachtlich hoch, und nicht zuletzt für sie fanden die Rennen statt. Die fast schon abgegriffene, von Juvenal (10, 81) geprägte Formel *panem et circenses* muß immer wieder angeführt werden. Tatsächlich ließ sich das Volk nur dadurch ruhighalten, daß man für genügend Brot und für Circusspiele sorgte.

Der Eintritt war billig oder kostete gar nichts. Dafür wurde viel geboten. Unter Augustus fanden zwölf Rennen an einem Tag statt, unter den flavischen Kaisern sollen es bis hundert gewesen sein. Man gab sich auch nicht immer mit eintägigen Spielen zufrieden, und schließlich dauerten manche Spiele eine oder gar zwei Wochen.

Wer im Circus saß, dachte nicht an Aufstand oder gar Revolution. Seine Nerven waren aufs höchste angespannt. Er konnte seine Kampfeslust durch innere Anteilnahme an den Wettkämpfen abreagieren; und die Frage, ob die Blauen oder Roten, die Grünen oder Weißen siegten, interessierte viele weit mehr als die Politik, was den Regierenden sehr gelegen kam.

Im übrigen gab es nicht nur in der Arena etwas zu sehen. Die ganze Prominenz war ja versammelt: Senatoren und Ritter, die den Verlauf des Rennens oft nicht weniger leidenschaftlich verfolgten als die einfachen Leute. Auch der Kaiser saß in seiner Loge und war mitten unter seinem Volk. Dazu konnte man sich an schönen Frauen ergötzen und manchen kleinen Flirt beobachten oder selbst anspinnen. Was rät doch Ovid in seiner ›Liebeskunst‹?

Wenn gar im Zirkus Renntag ist, sei jedesmal zur Stätte!
Denn, weil der Raum viel Menschen faßt, gibts hier gar manches Nette.
Geheime Fingerzeichen brauchst du hier nicht zu verschicken,
Die Antwort fällt hier klarer aus und ist kein bloßes Nicken,
Setz keck dich zu der Dame hin – dran hindert dich dort keiner –,
Daß ihre Seite möglichst eng sich fühle neben deiner.
Und wenn sie abrückt, rück ihr nach! Die Bank hat wohl ein Ende.
Dort fällt sie durch der Lage Zwang dir sicher in die Hände.
Zum Zwiegespräche such alsdann den Anlaß ohne Zaudern.
Wovon ein jeder heute spricht, das bringt auch euch ins Plaudern.
So kannst du sie, dir einen Tip zu geben, höflich bitten.
Dann setze, wer's auch immer sei, auf ihren Favoriten.
Hernach, wenn sich im Festzug reih'n die kämpfenden Epheben,
dann juble der Frau Venus zu und zeig dich ihr ergeben . . .[22]

Und so setzt Ovid seine guten Ratschläge fort, die nicht immer ganz gesellschafts-
fähig sind. »Geheime Fingerzeichen brauchst du hier nicht zu verschicken«, sagte er
im Gedicht. Das war nur im Theater nötig, wo die Frauen auf der Galerie saßen. Hier
hatten sie ihre Plätze zwischen den Männern, so daß direkte Kontakte möglich waren.

Im Circus ging es überhaupt ungezwungener zu als im Theater. Er war mehr noch als
dieses ein Ort des *ganzen* Volkes: der Senatoren und Ritter, der Bürger und Proletarier
sowie der Damen aus jeglicher Gesellschaftsschicht. Darum auch pflegten die Kaiser
mit besonderer Sorgfalt die Circusspiele und wandten dafür oft hohe Summen auf.
Die Spiele waren ein Politikum wie die Brotverteilung.

2 Kapitol

Iuppiter Optimus Maximus Capitolinus

Der Palatin ist heute ein Gelände, das – abgesehen von den Farnesischen Gärten und einigen neuzeitlichen Bauwerken, die kaum ins Auge fallen – nur Reste antiker Monumente trägt. Ein ganz anderes Bild bietet das Kapitol. Gewiß, zum Forum hin zeigt es mit der Fassade vom Tabularium sein antikes Gesicht; sonst aber stellt es sich als repräsentativer Hügel des mittelalterlichen und barocken Roms dar, mit Bauwerken, die als Kirche, Rathaus oder Museum im Leben der Gegenwart noch ihre Bedeutung haben und zwischen denen man die spärlichen Reste aus der Antike geradezu suchen muß.

Der Hügel des Kapitols, der ursprünglich vom Quirinal nur durch eine schmale und nicht sehr tiefe Einsenkung getrennt war, besteht selbst aus zwei Kuppen. Auf der nördlichen, die heute von der Kirche S. Maria in Aracoeli gekrönt ist, stand einst die *arx,* die Burg, in deren Bereich man im 4. Jahrhundert v. Chr. den Tempel der Iuno Moneta errichtet hat. Die südliche Kuppe wurde vom großen Iuppiter-Tempel beherrscht; und sie allein trug den Namen ›Capitolium‹, so daß das, was heute Kapitol heißt – der Gesamtberg also –, noch in der frühen Kaiserzeit *arx et Capitolium* genannt wurde.

In der archaischen Zeit aber, d. h. vor dem Bau des Iuppiter-Tempels, wurde der kapitolinische Hügel als *Tarpeius mons* bezeichnet. Es ist nicht ausgeschlossen, daß der Name auf eine altitalische Gottheit zurückgeht, wenn ihn die Sage auch mit jener Tarpeia in Verbindung bringt, welche als Tochter des Burgkommandanten die Sabiner einließ, dann aber unter ihren Schilden begraben wurde. Später hieß nur der Fels am Südostabhang des Kapitols – über der heutigen Piazza della Consolazione – *saxum Tarpeium* oder *rupes Tarpeia.* Er erlangte seine traurige Berühmtheit als Hinrichtungsstätte; hier wurden Verbrecher, vor allem Hoch- und Landesverräter, in die Tiefe gestürzt.

Nach Varro[23], der dabei auf Fabius Pictor fußt, hat der Tarpeius Mons seinen neuen Namen *Capitolium* nach einem *caput,* einem Menschenhaupt, bekommen, das beim Bau des Iuppiter-Tempels gefunden worden sei. Vermutlich aber soll ›Capitolium‹ soviel wie ›Hauptberg‹ bedeuten, weil hier das berühmteste Heiligtum der höchsten römischen Gottheit stand. Die Senke zwischen der Arx und dem Capitolium nannte man *asylum* oder *inter duos lucos,* was darauf hindeutet, daß man sie als Freistätte zwischen zwei heiligen Bezirken angesehen wissen wollte, die jedem Verfolgten das Asylrecht gewährte.

Der Iuppiter-Tempel geht bis auf die letzte Epoche der Königszeit zurück. Der Überlieferung nach hat ihn Tarquinius Priscus gelobt und Tarquinius Superbus fertigge-

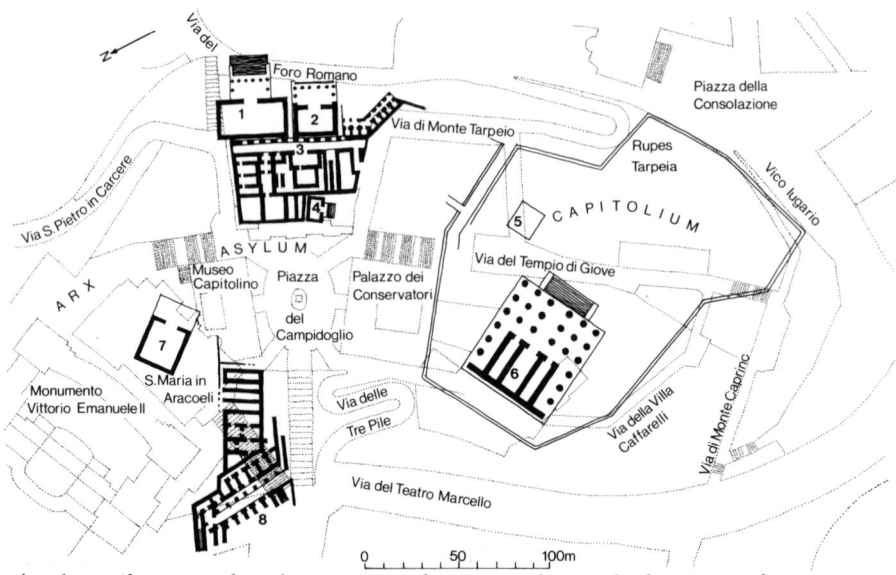

Plan des antiken Kapitols und seiner Bauwerke, eingezeichnet in das heutige Straßennetz

1 Concordia-Tempel   2 Vespasian-Tempel   3 Tabularium   4 Veiovis-Tempel   5 Tempel des Iuppiter Custos   6 Iuppiter-Tempel   7 Tempel der Iuno Moneta   8 Insula

stellt. Eingeweiht haben soll ihn aber erst der Praetor maximus M. Horatius Pulvillus, und zwar im Jahre 509 v. Chr., also am Anfang der Republik. Mehrfach wurde der Tempel zerstört, zuerst durch Brand im Jahre 83 v. Chr., worauf Sulla mit der Wiederherstellung begann, so daß der Konsul Q. Lutatius Catulus den Neubau 69 v. Chr. einweihen konnte. Der zweite Bau brannte in den Kämpfen zwischen Vitellius und Vespasian nieder. Als letzterer Kaiser geworden war, nahm er sich sofort um den Wiederaufbau an, aber bald, nachdem er ihn vollendet hatte, brach – zwar nicht mehr zu seinen Lebzeiten, sondern unter der Regierung seines Sohnes Titus – im Jahre 80 n. Chr. abermals ein Feuer aus. Nun mußten Titus und vor allem Domitian den Tempel erneuern, und – obwohl Blitzschlag und Brände auch späterhin Ausbesserungen nötig machten – überlebte dieser Bau dann doch das Ende des weströmischen Reiches.

Von dem Iuppiter-Tempel, den Domitian errichtet hatte und der alles, was vor ihm war, an Pracht übertraf, sind noch einige wenige Dekorationsreste vorhanden. Sonst konnte man nur Podiumsmauern aus schweren Quadersteinen vom ersten Tempel ausgraben, die allen Nachfolgebauten als Substruktionen dienten. Nachdem einiges von dem Ausgegrabenen wieder zugeschüttet wurde, findet man heute noch Mauerreste an der Via del Tempio di Giove, im Garten des kapitolinischen Museo Nuovo und in der ›Sala del Muro Romano‹ ebendieses Museums.

Trotz der bescheidenen Reste wissen wir nicht wenig über den Iuppiter-Tempel. Als Erbauer nennt die Tradition Meister aus dem etruskischen Veji, zu denen auch der berühmte Bildhauer Vulca gehörte. So ist der römische Haupttempel als etruskischer Bau entstanden. Vorher schon gab es im Bereich des Tempels eine Kultstätte; denn man hat Opferreste und Votivgaben gefunden. Damals – den Funden nach im 7. Jahrhundert v. Chr. – wurde noch Gottesdienst im Freien gehalten, und Iuppiter war nicht eine Person, sondern eine göttliche Macht, die sich in den Kräften des Himmels und des Wetters offenbarte. Diese Wettergottheit wurde unter etruskischem Einfluß personifiziert, in einem Kultbild aus Terrakotta dargestellt und bekam einen Tempel als Haus. Ihr offizieller Titel lautete: *Optimus Maximus* – Bester und Größter – in Anlehnung an die Bezeichnung für den griechischen Zeus seit den Zeiten Homers: Kýdistos und Mégistos (Ruhmvollster und Größter). Wenn auch die Personifizierung der Götter durch die Etrusker zu den Römern gelangt ist, so waren diese wiederum von den Griechen beeinflußt. Im übrigen sind der griechische Zeus, der etruskische Tinia und der lateinische Iuppiter miteinander verwandt. In allen hat die indogermanische Vorstellung vom Himmel, der mit Sonne und Mond, mit Gewitter und Regen so große Gewalt über den Menschen hat, ihren Ausdruck gefunden. Nachdem nun Iuppiter unter griechisch-etruskischem Einfluß personifiziert war, wurde er Hauptgott des römischen Staates, der nicht nur Blitz und Donner schickt, sondern auch über Recht und Sitte wacht und den kämpfenden Heeren den Sieg verleiht. Ihm opferte der Jüngling, wenn er die Männertoga anlegte, vor ihm versammelte sich der Senat, wenn er den Krieg erklärte, bei ihm legte der ausziehende Feldherr seine Gelübde ab, und vor seinem Bild endete der Triumphzug nach Besiegung der Feinde.

Doch nicht Iuppiter allein wurde in seinem Tempel verehrt, sondern mit ihm auch Iuno wie Minerva. Iuno war eine altitalische Gottheit. Einerseits galt sie als weiblicher Schutzgeist. So wie jeder Mann seinen Genius hatte, besaß jede Frau ihre Iuno. Andererseits war Iuno ganz allgemein die Göttin der Frauen, die Fruchtbarkeit schenkt und Geburten beschützt. In einigen etruskischen Städten wurde sie als Stadtgöttin verehrt. Als Schutzherrin saß sie auch in ihrem Kultbild auf dem Kapitol und wachte über Rom. Schutzgöttin der Stadt war aber ebenfalls Minerva. Es läßt sich bisher nicht klären, ob ihr Name aus dem Italischen oder Etruskischen kommt. Obwohl Minerva so wesentlich zum römischen Götterhimmel gehört, rankt sich um sie kaum ein Mythos. Das Volk verehrte sie als Göttin der Handwerker, und die Künstler stellten sie gern mit Helm, Lanze und Ägis dar. In dieser Gewandung verschmilzt ihr Bild mit dem der Dea Roma. Vor allem aber erinnert sie so an die griechische Athene, mit der man sie in Rom auch gleichsetzte, während man Iuno mit Hera identifizierte.

Im kapitolinischen Tempel saß Iuppiter zwischen Iuno und Minerva, aber jede Gottheit hatte ihre eigene Cella. Dennoch nahmen diese drei Cellae im Verhältnis zum Gesamtbau nur geringen Raum ein. Viel Platz ist den Säulenhallen am Eingang und an den Seiten vorbehalten. Zwischen den Säulen sind dabei beträchtliche Zwischenräume. Das entspricht ganz der etruskischen Bautradition. Mag sein, daß die weiten Abstände darauf zurückgehen, daß die Auguren aus den Tempelvorhallen den Vogelflug beobachteten; sie entsprechen aber auch dem Baudenken der Etrusker, die im Ge-

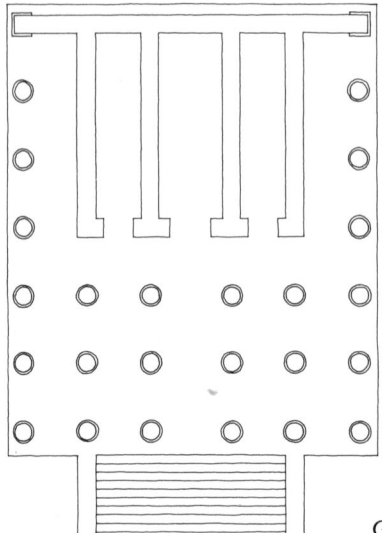

Grundriß des Iuppiter-Tempels auf dem Kapitol

gensatz zu den Griechen keine in sich geschlossenen Baukörper bevorzugen, sondern geöffnete Räume, in die der Außenraum eindringen kann.

Der Iuppiter-Tempel war nach Etruskerart auf einem Podium angelegt (Abb. 50). Eine Freitreppe führte in die Vorhalle. Ein tiefes Giebelfeld, ein ausladendes Dach, reiches, buntfarbiges Terrakottaornament an hölzernem Gebälk sowie eine tönerne Quadriga auf dem First gaben ihm eine malerische Wirkung. So stand er beherrschend und schützend über dem Forum und verkündete den Ruhm und die Größe Iuppiters. Nach den verschiedenen Bränden und Neubauten, bei denen sich die etruskische zur römischen Form wandelte, erstand er jedesmal kostbarer aus seiner Asche, da man immer wertvolleres Material verwandte. Die Substruktionen blieben dabei die alten, so wie die Riten und Bräuche die alten blieben, was sich am deutlichsten am Beispiel des Iuppiter-Priesters zeigt.

Der Sonderpriester Iuppiters hieß *flamen Dialis,* was man mit Flamen ›des Tages‹ übersetzen könnte; denn Iuppiter ist der *Diespiter,* der Vater des Tages, der Gott der Himmelshelle. Weil der Dialis dem Gott des Lichten dient, soll er sich von allem Dunklen fernhalten, so auch von den Unterirdischen. Darum darf er auch Hund und Bohnen weder berühren noch nennen; denn beide sind von den Unterirdischen geschätzt. Haare und Nägel, die ihm geschnitten werden, dürfen nur unter einem *arbor felix* eingegraben werden, unter einem Baum also, der nicht dem Bereich der Unterirdischen zugehört. Aus dem gleichen Grunde muß der Flamen Dialis alles Tote und die Gräber meiden.

Man macht sich keine Vorstellung, von welchen Tabus der Dialis umgeben war. Er durfte kein Pferd besteigen, das Heer nicht sehen, nicht arbeiten, an Festtagen Arbeitende nicht einmal anschauen, um der Selbstverfluchung willen, die mit dem Eid gegeben ist, nicht schwören, keinen Knoten an seiner Kleidung haben, keinen Gefesselten in sein Haus aufnehmen und noch vieles mehr. Es war ihm also alles das verboten, wovon man annahm, es könne seine geheimen Kräfte schwächen. Manches Gebot kam noch aus der Frühzeit. Wenn die Haare des Dialis nur mit einem Bronzemesser geschnitten werden durften, dann richtete sich das gegen die Verwendung des neu aufgekommenen Eisens. Auch die Vorschrift, daß der Iuppiter-Priester den *apex,* den mit einer Spitze besetzten Priesterhelm, den wir aus so vielen römischen Reliefs kennen, auch im Hause tragen mußte, erinnert an die Zeit vor dem Tempelbau, da der Priester sich ständig im heiligen Hain aufzuhalten hatte. Damals mußte er auch im Freien schlafen, woran noch die spätere Pflicht des Dialis gemahnt, die Füße seines Bettes mit Erde zu umkleiden.

Der Priester repräsentierte und vergegenwärtigte auch den Gott selbst. Darum stellte man an ihn in verschiedener Hinsicht hohe Ansprüche. So mußte der Flamen Dialis einem patrizischen Geschlecht entstammen und seine Ehe eine Confarreations-Ehe sein. Diese hatte ihren Namen nach dem *farreum libum,* dem Speltkuchen, der bei der Hochzeit teils den Göttern geopfert, teils vom Brautpaar gegessen wurde. Es war die älteste und feierlichste Form der Ehe, die römische Patrizier in Gegenwart des Flamen Dialis, des Pontifex Maximus und im Beisein von zehn Zeugen schlossen. Sie galt als die heiligste und festeste Bindung; und es versteht sich von selbst, daß ein Iuppiter-Priester sich nicht scheiden lassen durfte. Seine Frau, die *flaminica,* nahm an seiner Priesterwürde teil, was so weit ging, daß er sein Amt mit ihrem Tod aufgeben mußte. Das galt dann freilich als ehrenvolles Ausscheiden aus seinem Priesterberuf. Unehrenhaft dagegen war eine Absetzung des Flamen Dialis. Die aber konnte bei dem so Hochgestellten schon erfolgen, wenn er sich nur einen kleinen Ritualverstoß zuschulden kommen ließ.

Arx und Iuno Moneta

Auf der nördlichen Kuppe des kapitolinischen Hügels findet man noch weniger antike Reste als auf der südlichen. Hier stand die *arx,* die Burg. Teile der alten Mauer sieht man noch im Garten östlich der Kirche S. Maria in Aracoeli und gegenüber der Nordwand des Tabulariums. Sie dürften aus dem 6. Jahrhundert v. Chr. stammen.

In die Geschichte eingegangen ist die Arx vor allem durch den Einfall der Gallier. Als diese die Römer im Jahre 387 v. Chr. an der Allia besiegt hatten, blieb keine andere Möglichkeit, als die Stadt Rom, die keine Befestigung besaß, von der Bevölkerung zu räumen. Nur auf der Arx blieb eine Besatzung zurück, die den Galliereinfall überstand. Nach der Sage wurde sie durch die heiligen Gänse der Iuno gerettet. Als sich die Belagerer nachts der Burg näherten, wurde der schlafende Wachtposten nämlich durch das Geschnatter der Gänse geweckt. Der Verteidiger der Arx war M. Manlius, dem man den Beinamen Capitolinus gab. Die Gallier zogen nach dem mißglückten Angriff schließlich ab, verlangten aber ein beträchtliches Lösegeld. Der Überlieferung nach benutzten sie beim Abwiegen der Summe falsche Gewichte. Als die Römer das beanstandeten, warf der gallische Feldherr Brennus unter dem Ausruf ›Wehe den Besiegten‹ noch sein Schwert auf die Waage.

Zur Zeit der Bestürmung der Arx durch die Gallier gab es dort vielleicht schon ein kleines Heiligtum der Iuno, aber noch keinen Tempel. Dieser wurde erst im Jahre 345 v. Chr. gelobt, und zwar vom Diktator L. Furius Camillus im Krieg gegen die Aurunker. Ein Jahr später war er schon erbaut.

Der Tempel ist also *Iuno Moneta* – der Mahnerin – geweiht. Wir wissen aber nicht, in welchem besonderen Sinne ihre Mahnungen zu verstehen sind. Es ist auch nicht bekannt, wo genau der Iuno-Tempel gestanden hat. Nach der Meinung von Giuseppe Sacconi, dem Erbauer des Denkmals Vittorio Emanuele II., das an S. Maria in Aracoeli angrenzt, liegen seine Grundmauern unter dem Querschiff dieser Kirche.

Im Iuno-Tempel wurden die *libri lintei* aufbewahrt, die Magistratsverzeichnisse, die bis in die Mitte des 5. vorchristlichen Jahrhunderts zurückgingen. In einem Nebengebäude des Heiligtums der Iuno Moneta befand sich, vermutlich seit 269 v. Chr., die Münzstätte, wodurch sich die Bezeichnung *moneta* für Münze erklärt.

Im Bereich der Arx soll auch das *auguraculum* gewesen sein, ein Platz, von dem aus die Auguren die Himmelszeichen, vor allem den Vogelflug, beobachteten. Hier hielt ihr Kollegium auch allmonatlich seine Versammlungen ab, bei denen die Mitglieder sich nach der Reihenfolge des Alters zu Wort melden konnten.

Neues Baudenken: das Tabularium

Zwischen den beiden Hügelkuppen des kapitolinischen Berges – im Bereich des heutigen Kapitolplatzes, mehr zum Konservatorenpalast hin – lag das *asylum*. Daß es als Freistätte angelegt war, besagt schon der Name. Plutarch berichtet davon: »Romulus und Remus errichteten dem Gott Asylaeus eine heilige Freistätte und nahmen dort alle auf. Sie übergaben die Sklaven nicht ihren Herren, die Schuldner nicht ihren Gläubigern, die Mörder nicht ihren Richtern, sondern sicherten nach einem Orakelspruch Apollos allen, die ankamen, Unverletzlichkeit zu und füllten auf diese Weise ihre Stadt mit Einwohnern.«[24] Andere antike Autoren berichteten Gleiches und erklärten so die Tatsache, daß die Senke zwischen den beiden Kuppen zum ›Asylum‹ geworden war.

In der Senke liegt auch das *tabularium*, der einzige antike Bau auf dem kapitolinischen Hügel, der noch zum großen Teil erhalten ist und seit 1811 in mehreren Etappen wieder freigelegt wurde. Im Mittelalter diente das Gebäude als Salzdepot und Kerker. Im 12. Jahrhundert stockte man den Senatorenpalast darauf auf, der um 1600 zum Kapitolplatz hin eine barocke Fassade bekam.

Da es in Rom nur noch wenig Baudenkmäler aus der Zeit der römischen Republik gibt, ist das Tabularium als besterhaltenes und ausgedehntestes Gebäude der republikanischen Ära von besonderer Bedeutung. Mit seiner östlichen Fassade beherrscht es noch heute – oder heute erst ganz – das Forum Romanum (vgl. den Plan in der vorderen Umschlagklappe).

Durch zwei Inschriften, die man im Inneren des Gebäudes gefunden hat, ist das Bauwerk als Tabularium bestätigt. Es diente, wie schon der Name besagt, als Urkundensammlung, als Staatsarchiv. Der Konsul Q. Lutatius Catulus hat es im Jahre 78 v. Chr. errichtet. Auf einem Sockelgeschoß aus schweren Quadersteinen ruht ein oberes Stockwerk, dessen Arkadenhalle sich nach außen hin durch Bogen öffnet. So sieht man das Tabularium auch heute wieder, nachdem der Bauschutt der Jahrhunderte beseitigt worden ist. Gewiß, im Inneren ist beim Bau des Senatorenpalastes viel vernichtet worden. Es blieb aber auch Beachtliches erhalten: der mit einem Tonnengewölbe überdeckte Korridor mit den Fensterkammern im Untergeschoß, die Treppe, die zur Arkadenhalle im ersten Stockwerk führt und vor allen Dingen diese selbst. An ihr nämlich zeigt sich die Entwicklung der römischen Architektur (Abb. 51). Die Römer beherrschten den Bogenbau und verstanden es, aus diesem Weiteres abzuleiten. So entwickelten sie aus dem Bogen das Tonnengewölbe. Hier nun, in der Arkadenhalle, die zum Forum hin geöffnet ist, ließen sie die Haupttonne durch Quertonnen zu den Öffnungen hin durchschneiden, genauer gesagt: sie unterteilten das gesamte Gewölbe in Joche. Dabei besteht jeder Bauabschnitt aus Pfeilern, die durch Bogen untereinander und mit der Rückwand verbunden sind. Jedes dieser Bogenrechtecke trägt über einem Rahmen eine Wölbung von der Art eines Klostergewölbes. »Dieses Gewölbe«, schreibt Guido Kaschnitz von Weinberg, »erregt unsere besondere Aufmerksamkeit dadurch, daß wir es hier schon nicht mehr mit einem einfachen Element zu tun haben, sondern mit einem Schnitt zweier solcher Elemente, nämlich zweier Stichbogentonnen, die schon eine kreuzgewölbeartige Konstruktion ergeben. Diese Erfindung ist für die spätere Entwicklung von außerordentlicher Bedeutung gewesen, und tatsächlich kann man sagen, daß wir hier die ältesten kreuzgewölbeähnlichen Überdeckungen haben, die es überhaupt gibt.«[25]

Als neu erweist sich auch die Gestaltung der Fassade, auf die seit dem Zeitalter Sullas ganz besonders Wert gelegt wurde. Gewaltige Fassaden beherrschten nun Landschaft und Plätze. Roms erster großer Fassadenbau war das Tabularium, von dessen Frontseite zum Forum hin heute noch das Sockelgeschoß in *opus quadratum* mit eingeschnittenen, verhältnismäßig kleinen Fenstern vorhanden ist und ebenso das Stockwerk, dessen Bogenöffnungen zum Arkadengang führen (vgl. Abb. 4). Dabei muß bemerkt werden, daß die Bogenöffnungen lange Zeit zugemauert waren und auch heute nur drei von ihnen wieder offen sind. Die Bogen werden von Halbsäulen griechisch-dorischer Ordnung flankiert, während ein entsprechender Architrav nicht nur ihre Kapitelle verbindet, sondern die ganze Fassade durchläuft und somit das Geschoß nach oben hin sichtbar abschließt. Auch die Verbindung von römisch-etruskischem Bogen mit griechischen Säulen, die hier nicht tektonisch, sondern dekorativ verwandt wurden, stellt etwas

Neuartiges dar, das ebenfalls für die Folgezeit wie für die spätere abendländische Fassadengliederung von Bedeutung ist.

Weil vor dem Tabularium jetzt nur noch Säulenreste stehen, kommt die Fassade mehr zur Geltung als in der Antike. Als man sie errichtete, wurde sie von dem Porticus Deorum Consentium ein wenig und von dem Concordia-Tempel beträchtlich verdeckt. Nach dem Bau des Vespasian-Tempels in der Flavierzeit aber wurde der Blick auf sie fast völlig verstellt. Wenn die Vorbauten überhaupt überragt wurden, dann nur durch ein Obergeschoß, das in Form einer Halle aus Arkaden oder Säulen oder aber einer Attika möglicherweise dort aufgestockt war, wo sich heute die von vielen Fenstern durchbrochene Wand befindet. So hat das mit Bauten überfüllte Forum Romanum die neuen Baugedanken der Sulla-Zeit teilweise um ihre Wirkung gebracht.

Tempel des Veiovis und anderer Personifikationen Iuppiters

Das Tabularium ist nicht rechteckig gebaut, sondern trapezförmig. Die Seitenmauern laufen also schräg auf das Asylum zu, womit sich eine Verkürzung der Rückfront von selbst ergeben hätte. Diese fiel aber noch kürzer aus, als es durch die Trapezform bedingt war, und zwar infolge eines Tempels, der hier seit dem 2. Jahrhundert v. Chr. stand und auf den man beim Bau des Tabulariums Rücksicht nehmen mußte: den Tempel des Veiovis. Gewiß, in der Zeit von 78 v. Chr., als man das Tabularium errichtete, harrte dieser – vielleicht infolge eines Brandes – seiner Wiederherstellung. Man hätte auf einen Neuaufbau verzichten und das Gelände für das Tabularium mitverwenden können, doch das wäre antiken Menschen wegen der Heiligkeit einer solchen Stätte

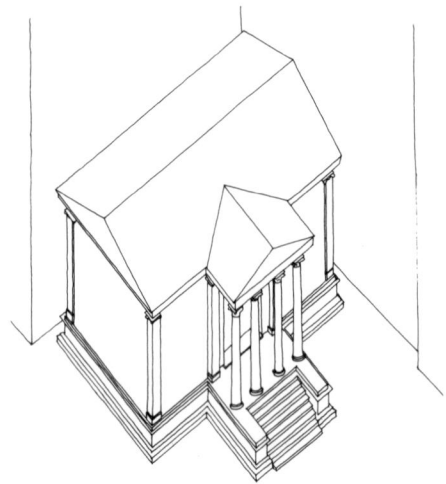

Rekonstruktion des Veiovis-Tempels. Nach Colini

nicht in den Sinn gekommen. So erneuerte man den Tempel gleichzeitig mit dem Bau des Tabulariums.

Im Jahre 1939 wurden unter der Südwestecke des Senatorenpalastes die Reste des Veiovis-Tempels entdeckt. Man hat genügend Teile von Podium, Pronaos und Cellamauer gefunden, um sich ein Bild von der Gesamtanlage machen zu können, die aus einer breiten Cella und einem wesentlich schmaleren, eleganten Pronaos bestand.

Wer aber ist Veiovis? Das ›iovis‹ weist unbedingt auf Iuppiter hin. Die Vorsilbe ›ve‹ bedeutet oft Schlechtes. Danach könnte Veiovis jener Iuppiter sein, der die Hoffnungen nicht erfüllt und schlechtes Wetter sendet und dem man einen Tempel gebaut hat, um ihm Opfer darzubringen und ihn so günstiger zu stimmen.

Nach Ovid ist Veiovis der jugendliche Iuppiter.[26] Man fragt sich, ob diese Deutung richtig sein kann. Doch warum sollte man nicht ganz einfach neben dem großen Himmelsgott Iuppiter den jungen Iuppiter oder das Iuppiterkind verehren? Im Christentum tat man ja später ähnliches. Man feierte hier Christus und dort das Christkind. Noch heute lebt – ein paar Meter vom alten Veiovis-Tempel entfernt – in der Kirche S. Maria in Aracoeli der Kult des Santo Bambino.

Der Iuppiter *puer*, der Knabe also, wurde auch anderswo verehrt, z. B. in Terracina. Die Etrusker stellten schon weit früher ihren Iuppiter, den sie Tinia nannten, bisweilen als jugendlichen Gott dar, wie wir es vor allem von Gravierungen auf Spiegeln wissen. Es war ja überhaupt üblich, den Gott nicht nur als den Einen, sondern vielfältig und entsprechend seinen verschiedenen Funktionen zu personifizieren und zu verehren. So gab es auf dem Kapitol neben dem Hauptheiligtum des Iuppiter Optimus Maximus noch einen Tempel des Iuppiter *Feretrius*, des Beutespenders, einen weiteren des Iuppiter *Tonans*, des Donnerers, und einen dritten des Iuppiter *Custos*, des Wächters, des Bewachers. Nur von letzterem hat man bisher Reste gefunden, die anderen kennen wir aus der Literatur oder von Münzen. Dazu kamen noch kleinere Heiligtümer für Iuppiter *Victor*, Iuppiter *Soter* und Iuppiter *Pistor*, d. h. für den Sieger, den Heiland, ja sogar den Bäcker, der bei der Belagerung des Kapitols durch die Gallier Brot vom Himmel hatte regnen lassen.

Man darf sich das Kapitol der Antike überhaupt nicht als einen Berg mit wenigen großen Heiligtümern vorstellen. Es gab dort neben diesen eine große Anzahl von kleinen Tempeln, Ädikulen, Kapellen, Statuen und Altären, die den verschiedensten Gottheiten geweiht waren: der Fides, der Ops, der Mens, der Venus Erucina, der Fortuna Primigenia, der Felicitas, der Bellona, dem Genius Populi Romani, dem Mars Ultor und noch manchen anderen.

Antikes, das in der Antike noch nicht auf dem Kapitol zu finden war

Wenn man vom Tabularium absieht, gibt es auf dem Kapitol nur wenige Reste von dem, was in der Antike auf dem Kapitolshügel gestanden hat. Dafür aber wurden hier im 16. Jahrhundert eine Reihe antiker Plastiken aufgestellt, die man herbeigeschafft hat, um den von Michelangelo projektierten Platz des neuen Kapitols damit zu zieren.

Da befindet sich zunächst in der Mitte vor dem Senatorenpalast in einer Nische der Treppenanlage eine Sitzfigur der Roma (Farbabb. 17). Aus der Antike stammen nur der gewandete Körper aus Porphyr und der Marmorkopf, der allerdings vermutlich zu einer anderen Figur gehörte. Arme und Füße aus weißem Marmor sowie einige kleinere Details wurden ergänzt. Im Grunde handelt es sich um eine Minerva, die in der spätflavischen Zeit nach einem hochhellenistischen Vorbild gearbeitet worden ist. Michelangelo hatte die Nische für einen Iuppiter vorgesehen, der ja von allem Anfang an auf dem Kapitol seinen Sitz hatte. Man hat sich dann aber für eine zur Roma gewandelte Minerva entschieden, um auf diese Weise, wenn auch nicht der heidnischen *Göttin* Roma, so doch der Allegorie der Ewigen Stadt einen Ehrenplatz vor dem Senatorenpalast zu geben. Flankiert wird die Figur von zwei gewaltigen Flußgöttern, liegenden bärtigen Männer mit bloßem Oberkörper, deren Beine mit Decken drapiert sind. Beide halten Füllhörner, indes sich der linke auf eine Sphinx und der rechte auf eine Wölfin stützt. Im 16. Jahrhundert, als die Kolossalstatuen vom Quirinal auf das Kapitol gebracht wurden, hat man die Wölfin für einen Tiger gehalten, weswegen man in den Flußgöttern Allegorien für Nil und Tigris sah. Um den Tigris in den Tiber zu verwandeln, hat man dem vermeintlichen Tiger die Zwillinge Romulus und Remus beigegeben. Es wäre aber nicht nötig gewesen; denn jenes Raubtier, das man für einen Tiger gehalten hatte, ist ohnehin eine Wölfin und damit der Flußgott eine Verkörperung des Tibers. Als solcher war er schon gedacht, als man in trajanischer Zeit die beiden Figuren nach hellenistischem Vorbild gearbeitet hat.

Auch die Balustrade, die den Kapitolplatz an seiner Eingangsseite begrenzt, ist mit antiken Figuren geschmückt. Rechts und links neben der Treppe stehen die Kolossalstatuen der Dioskuren mit ihren Pferden, die im Bereich des Circus Flaminius aufgefunden wurden. Auch sie hat man wie alle auf dem Kapitol aufgestellten Figuren ergänzt, weil man – abgesehen davon, daß früher ganz allgemein auf Vervollständigung Wert gelegt wurde – auf dem neuen Kapitol nur Werke unbeschädigter Schönheit sehen wollte (s. vordere Umschlagklappe).

Die Gruppen der Dioskuren Castor und Pollux waren schon in ihrer Konzeption aufeinander bezogen, wie aus der spiegelbildgleichen Komposition der Göttersöhne und ihrer Pferde eindeutig zu ersehen ist. Jetzt flankieren sie den Eingang jenes Platzes, an dessen Ende nach Michelangelos Willen eine Statue ihres Vaters Iuppiter hätte stehen sollen. Auch diese beiden Gruppen sind nach hellenistischen Vorbildern gearbeitet, und zwar wahrscheinlich in der Zeit Neros, wie Erika Simon[27] mit gutem Grund annimmt.

Rechts und links neben den Dioskuren fanden die ›Trofei di Mario‹ auf der Balustrade Aufstellung (s. Klappe vorn). Trophäen gab es schon bei den Griechen. Diese errichteten ein Tropaion an *der* Stelle, an der sich der Feind zur Flucht wenden mußte. Es bestand ursprünglich aus erbeuteten Waffen – oder auch Schiffsschnäbeln –, die man als Weihgabe für Zeus an einem Baum oder Pfahl aufhängte, und wurde zum Vorbild für bronzene oder steinerne Siegesmäler.

Auch die Römer kannten das *tropaeum*. Die Trophäen am Kapitol sind Siegesmäler aus Stein, die aus einem Stamm mit Schilden und zahlreichen Waffen bestehen. Während zum linken Tropaeum ein Umhang aus Fell gehört, zeigt das rechte eine Rüstung. Vor dieser ist eine Barbarin mit gebundenen Händen aufgestellt. So nimmt es nicht wunder, daß man die Trophäen mit Marius und seinen Siegen über die Kimbern und Teutonen in Verbindung brachte und es auch in der Sockelinschrift ausdrückte. Es handelt sich indes um die Siege, die der Kaiser Domitian über die Germanen errang. Allerdings befanden sich die Trophäen schon in der Spätantike nicht mehr an einem jener Ianus- und Triumphbogen, von denen Sueton berichtet, daß Domitian sie »mit Viergespannen und Triumphzeichen darauf in allen Bezirken der Stadt errichtete, und zwar so groß und zahlreich, daß einmal auf einem solchen in Griechisch zu lesen stand: ›Es genügt!‹«.[28] Diese Trophäen waren vielmehr in jenes Nymphaeum Aquae Iuliae hineingebaut, das Alexander Severus in seiner Regierungszeit (222–235 n. Chr.) errichtete und dessen Reste heute noch auf der Piazza Vittorio Emanuele II. zu finden sind. Von dort brachte man die sogenannten ›Trofei di Mario‹ um 1590 zum Kapitol.

Abermals als gegenseitige Entsprechungen stehen rechts und links neben den Trophäen auf der Balustrade zwei Panzerstatuen, die einst in den Konstantinsthermen auf dem Quirinal aufgestellt waren. Beide sind in der gleichen Art gewandet: mit Muskelpanzer, kurzärmeliger Tunica, Paludamentum und hohen Stiefeln, und beide tragen einen Eichenlaubkranz. Den Inschriften auf den Plinthen zufolge stellen die Figuren Constantinus Augustus und Constantinus Caesar dar, also den Kaiser Konstantin und seinen gleichnamigen Sohn. Die Hypothese von Helga von Heintze[29], die Dargestellten seien die beiden Konstantin-Söhne Constantius und Constantinus, hat vieles für sich, kann aber in diesem Zusammenhang nicht diskutiert werden.

Schließlich sei noch darauf hingewiesen, daß die Balustradendekoration mit den letztgenannten Statuen nicht aufhört, sondern noch fortgesetzt wird mit zwei Meilensteinen, die an beiden Seiten den Abschluß des Geländers bilden. Es handelt sich um den ersten und siebenten Meilenstein der Via Appia. Auf beiden wird in der Inschrift der Kaiser Vespasian und Nerva gedacht, weil sie die entsprechenden Abschnitte der berühmten Straße restauriert haben.

Das bedeutendste Standbild der Antike auf dem Kapitolplatz ist das in seiner Mitte: das Reiterstandbild des Kaisers Marc Aurel (Abb. 52). 1538 wurde es zum Kapitol vom Lateran gebracht, auf dessen Platz es seit dem 10. Jahrhundert nachzuweisen ist, was nicht ausschließt, daß es hier schon in der Antike stand. Vielleicht hat es den Sturm der Zeiten nur deshalb überlebt, weil man in dem kaiserlichen Reiter den christlichen Kaiser Konstantin gesehen hat.

Das zu Lebzeiten des Kaisers geschaffene Werk aus vergoldeter Bronze, das mehrfach restauriert, aber nur an wenigen Stellen ergänzt ist, zeigt Marc Aurel in Tunica und Paludamentum, wie er die Hand zum Gruß seiner Truppen erhebt, offenbar nach einem Sieg; denn ursprünglich befand sich unter dem rechten Vorderhuf des Pferdes der gefesselte König eines überwundenen Volkes. Man kann sich das kaum vorstellen, wenn man das Gesicht des Kaisers ansieht, das zwar herrscherlich wirkt, aber auch Weisheit, Gerechtigkeit, ja Güte erkennen läßt. Dieses Gesicht gehört ganz zu jenem Marc Aurel, der als stoischer Philosoph seine überzeitlich bedeutsamen ›Selbstbetrachtungen‹ geschrieben hat (Farbabb. 18).

Das eherne Roß hat die Beine zur Festigung seines Standes unnatürlich weit auseinandergestellt. Doch das nimmt ihm nichts von seiner Schönheit. Der kräftige Körper hat Spannung und ist maßvoll bewegt, während der edle Kopf etwas von der Würde eines Pferdes widerspiegelt, das einen kaiserlichen Reiter tragen darf. – So dienen Meisterwerke der Antike, die man von verschiedenen Stellen der Stadt zusammengetragen hat, als Schmuck des barocken Kapitolplatzes.

Eine Insula am Kapitol: so wohnten die Großstadtrömer

Am Fuß des Kapitols hat man links von der Treppe, die zu S. Maria in Aracoeli führt, 1928 bis 1929 ein Wohnhaus aus der ersten Hälfte des 2. Jahrhunderts n. Chr. ausgegraben, das mit seiner Front an der heutigen Via di Teatro Marcello liegt (Abb. 53a, b). In der Antike war diese Front einem Innenhof zugewandt. Der Bau gehörte zu einem einst sechsgeschossigen, großen Wohnblock, der sich über den Bereich der heutigen Aracoeli-Treppe bis in die Nähe des jetzigen Kapitolinischen Museums ausdehnte. Der Teil, der bei den Freilegungsarbeiten am Kapitol in den zwanziger Jahren zutage gefördert wurde, ist sehr beachtlich und vermittelt eine gute Vorstellung von einem antik-römischen Großstadthaus.

Im Gegensatz zur *domus,* zum ursprünglich einstöckigen italischen Atriumhaus, wie man es vor allem in Pompeii und Herculaneum antrifft, heißt ein solches großstädtisches Wohnhaus: *insula.* Die beim Kapitol gelegene beginnt unterhalb des heutigen Straßenniveaus mit einer Reihe von Tabernen, auf die sich ein Zwischengeschoß aufstockt, das man nach unserem Sprachgebrauch als ›Entresol‹ oder ›Mezzanin‹ bezeichnen würde. Nach oben zu immer stärker zerstört, folgen drei weitere Stockwerke mit vielen rechteckigen Fenstern, die sich in Biforien und Triforien gliedern. Oberhalb des Zwischengeschosses stützen Travertinkonsolen Bogen, die ehemals einen Balkon trugen. Vor den Tabernen verlief ein Portikus. Mit der Ruine ist ein Glockenturm und ein Kapellenrest verbunden, der ein Fresko aus dem 14. Jahrhundert enthält. Beides gehörte zur Kirche S. Biagio de mercato, die man im Mittelalter in die Insula eingebaut hatte.

Das ausgegrabene Haus ist für uns äußerst wertvoll, weil es uns zeigt, wie der Römer in der Kaiserzeit gewohnt hat. Schon in der republikanischen Ära war es klargeworden, daß man nur dann den Zustrom von Menschen nach Rom bewältigen konnte, wenn man in die Höhe baute. So entstanden jene mehrstöckigen Häuser, die denen unserer Innenstädte – vor allem, soweit sie aus dem 19. oder beginnenden 20. Jahrhundert stammen – so ähnlich sehen. Sie besaßen die Monotonie, die Mietshäuser in einer Straße nun einmal haben. Sie waren allerdings nicht häßlich; denn den Fassaden fehlte es nicht an Loggien und Balkonen, auch nicht an Verzierungen; vor allem aber waren die Ziegel so mustergültig angeordnet und verarbeitet, daß schon das allein einen Schmuck der Häuserfronten bedeutete. Auch sorgten auf den Balkonen Ranken und Blumenkästen oftmals für eine Belebung der Fassaden.

Es gab reine Privathäuser und solche mit Ladenlokalen. In ersteren wohnte im Erdgeschoß eine begüterte Familie, wohl meist die des Hausbesitzers. Sie hatte große, schöne und gepflegte Räume, die noch Erinnerungen an die alte Domus wachhielten. Das übrige Haus war in *cenacula* aufgeteilt, in Wohnungen, die vermietet wurden, anscheinend nicht sehr preiswert, wenn man Juvenal glauben darf, der zum Kauf eines Hauses in einer Kleinstadt rät, weil man dort schon ein stattliches Haus für dasselbe Geld bekommt, das man »in Rom für ein finsteres Loch jährlich an Miete zahlen« muß.[30] Dabei waren die Wohnungen klein und sehr einfach, hatten wenig Licht bis auf jene Räume, die zur Straße hinausgingen, bei denen man mit Fenstern nicht gespart hat. Nur das erste Stockwerk – das Piano Nobile – war komfortabler.

In den Häusern mit Ladenlokalen, zu denen auch das am Kapitol gehört, befanden sich im Erdgeschoß zahlreiche Tabernen, in denen Händler und Handwerker ihrem Gewerbe nachgingen. Zu jeder Taberne gehörte der darüberliegende Raum des Mezzanins. Meist waren der Laden und das Zimmer im Zwischengeschoß die einzigen Räume, die ihren Mietern privat und geschäftlich zur Verfügung standen. Hier mußten sie Waren lagern, wohnen, schlafen und essen.

Der Durchschnittsrömer lebte sehr einfach und bescheiden. Gewiß, es gab eine kleine Oberschicht, die in Häusern wohnte, wie wir sie von Pompeii kennen: mit Atrium, Tablinum, Triclinium, Peristyl und weiterem komfortablen Nebengelaß. Eine solche Domus hatte oft ein eigenes Bad, eine einigermaßen hygienische, bisweilen wasserbespülte Latrine und in manchen Räumen Zentralheizung. Die Herrschaftswohnungen in den Erdgeschossen der Insulae standen den Häusern des Domustyps an Komfort nicht wesentlich nach. Die Masse der Wohnungen aber sah freilich anders aus.

Hatte in der Domus jeder Raum seinen eigenen vorbestimmten Zweck – wie das Tablinum, Triclinium usw. –, so war in der Insula jedes Zimmer allseitig zu verwenden. Da viele Römer sehr beengt wohnten, mußten sie ihre Zimmer – oder ihr einziges Zimmer – zu mehrerlei Zwecken benutzen: zum Wohnen, Schlafen, Essen, Kochen und manchmal auch zum Arbeiten. Das Wasser holte man sich am Brunnen auf der Straße, was für die Mieter der oberen Stockwerke recht beschwerlich war. Direkte Zuleitungen gab es nur zu Luxuswohnungen im Erdgeschoß.

Aborte fand man unter Treppenaufgängen und -absätzen. Obwohl Rom mit einem mustergültig geplanten Kloakennetz ausgestattet war, hatte man die Abortgruben großenteils nicht mit ihm verbunden, so daß es noch lange Zeit Ausräumer gab, deren Geschäft im Dunghandel bestand.

Schwierig gestaltete sich in einem Cenaculum, einer Mietswohnung, auch das Heizen und Kochen. Viel mehr als ein transportables Holzkohlenbecken und ein kleiner Wärmeofen stand dafür nicht zur Verfügung. Dabei kann es im Winter in Rom recht kalt werden, und die antiken Wohnungen hatten ihre Fenster nur in den seltensten Fällen mit Glas verschlossen. Meist blieb es bei Vorhängen oder Holzläden.

Die ungesicherten Feuerstellen verursachten natürlich viele Brände, zumal die Holzbohlen der Decken den Flammen reiche Nahrung boten und es an Wasser zum Löschen fehlte. Brannte aber ein Haus ab, dann konnten die Bewohner der Cenacula – so sie nicht selbst zu Schaden gekommen waren – sehen, wie sie eine neue Wohnung zu erschwinglichem Mietpreis fanden. Nicht selten kaufte ein reicher Unternehmer einem durch Brand mittellos gewordenen Hausbesitzer sein Grundstück zu billigem Preis ab, baute schöner und besser wieder auf und verlangte dafür einen so hohen Mietzins, daß ihn ein Abgebrannter nicht bezahlen konnte.

Den Bewohnern einer Insula drohte aber noch eine andere Gefahr. Die Häuser waren für die Höhe, die sie hatten, oft zu leicht gebaut und zu schwer für ihren Untergrund, so daß Einstürze nicht selten vorkamen. So schreibt Juvenal: »Wir wohnen in einer Stadt, die großenteils durch Stützen getragen wird, welche die Zerbrechlichkeit von Rohren haben. Wenn aber ein Haus einzustürzen droht, dann ist die einzige Maßnahme des Verwalters die, die Sprünge, die sich gebildet haben, zu übertünchen. Dann sagt er: ›Nun kannst du beruhigt schlafen‹.«[31]

Die Kaiser bemühten sich, Einstürze und Brände durch verschiedene Maßnahmen einzudämmen. Augustus ordnete an, daß ein Haus nicht höher als 70 römische Fuß, d. h. 20,6 m, sein dürfe. Nero erlaubte wieder 100 Fuß – das sind 29,5 m –, weil ja nach dem großen Brand die vielen Obdachlosen möglichst schnell eine neue Unterkunft finden mußten. Allerdings verlangte der Kaiser mancherlei Sicherheitsmaßnahmen bei Neubauten. So mußten vor allen Insulae Säulengänge angelegt werden, damit deren Flachdächer im Brandfall als Terrain zur Bekämpfung der Flammen benutzt werden konnten. Aber anscheinend war es zur Verhütung von Einstürzen und zur Bekämpfung von Bränden doch nötig, die Höhe der Wohnhäuser erheblich zu beschränken, weil Trajan auf die Maximalhöhe von 60 Fuß, d. h. auf 17,6 m, herabging. Wieviel es genützt hat, bleibt fraglich; denn Juvenal, der das Wohnungswesen so heftig kritisierte, war ja ein Zeitgenosse Trajans, der den Kaiser um mehr als zwanzig Jahre überlebt hat. Der Römer wohnte also in seinem Cenaculum einfach, teuer, gefährlich und – worüber so mancher Schriftsteller stöhnte – laut.

3 Aventin

Verschwundenes und Wiederaufgefundenes

Wenn man heute über den Aventin geht, so findet man auf diesem Hügel ein gepflegtes Wohnviertel sowie frühchristliche und mittelalterliche Kirchen. Von den Bauten des heidnischen Roms ist oberirdisch nichts mehr sichtbar bis auf ein beachtliches Stück der sogenannten ›Servianischen Mauer‹, die aber bekanntermaßen nicht aus der Zeit des Servius Tullius stammt, sondern aus der Epoche nach dem Galliereinfall des Jahres 386 v. Chr. Sie besteht aus großen Quadersteinen und weist einige Meter über dem Erdboden eine Öffnung durch einen Bogen auf, der für die Aufstellung von Wurfmaschinen bestimmt und in dieser Form vermutlich erst bei der Restaurierung der Mauer im Jahre 87 v. Chr. gebaut worden war.

Aus der Frühzeit wissen wir nicht viel Verläßliches über den Aventin. Es beginnt schon beim Namen. Was antike und neuzeitliche Autoren über seine Ableitung geäußert haben, ist unfundierte Kombination. Daß Remus seine Stadt auf dem Aventin habe gründen wollen, gehört in den Bereich von Sage und Dichtung. Anscheinend war der Aventin lange bewaldet, und schon früh muß dort ein Heiligtum der Diana entstanden sein.

Der Aventin spielte auch eine Rolle in der Geschichte der Ständekämpfe. Aus Reaktion auf die ihnen verweigerten Rechte waren die Plebejer 494 v. Chr. aus der Stadt ausgewandert. Die *secessio plebis* – wie man sie nennt – führte zum heiligen Berg, jenseits des Anio dreitausend Schritte von der Stadt entfernt. Nach Livius (2, 32), der sich auf Piso beruft, zogen die Auswanderer aber zum Aventin. Der von den Patriziern entsandte Menenius Agrippa soll die Plebejer zur Rückkehr überredet haben, indem er ein Gleichnis vom menschlichen Körper erzählte, dessen Glieder – Hände, Mund und Zähne – sich geweigert hätten, für den faulen Magen zu arbeiten und ihm Nahrung zuzuführen. Nun aber sei nicht nur der Magen, sondern der ganze Körper mit allen seinen Gliedern schwach geworden, was der Sprecher im Hinblick auf den Volkskörper verstanden wissen wollte, in dem jeder auf jeden angewiesen ist.

Vermutlich handelt es sich um eine Fabel. Auch die Secessio Plebis wird nicht von allen Historikern anerkannt, ebenfalls nicht eine zweite, die im Jahre 449 v. Chr. zum Aventin erfolgt sein soll. Beweisen läßt sich aber in beiden Fällen eine *seditio plebis*, ein Aufstand, der 494 v. Chr. die Konstituierung der plebejischen Ständeversammlung unter Leitung von zwei Volkstribunen und 449 v. Chr. weitere Konzessionen zur Folge hatte. Und sicher ist, daß der Aventin im Leben der Plebejer eine besondere Rolle spielte. So wurde ihnen dieser römische Hügel 456 v. Chr. zur Ansiedlung freigegeben.

Der Aventin war in die Servianische Stadtmauer einbezogen, lag aber bis zur Ära des Claudius nicht innerhalb des Pomeriums. In der Kaiserzeit wurde er bevorzugtes Gebiet der Aristokratie, und auf der Prachtstraße, die zum Diana-Tempel führte, trafen sich die feinen Leute. Es entstanden auf dem Aventin Paläste wie jener des Licinius Sura, der mit Trajan befreundet war und gleich diesem aus Spanien stammte. Zu dem Palast gehörten Badeanlagen: die Thermae Suranae, die entweder noch zu Suras Lebzeiten oder kurz nach seinem Tode gebaut wurden. Man hat 1943 einen Rest dieser Thermen entdeckt. Nachdem man ihn archäologisch untersucht und fotografiert hatte, mußte er wie so vieles aus städtebaulichen Gründen zerstört werden. Von den um 250 n. Chr. erbauten Thermen des Kaisers Decius wurde bisher nichts wiederaufgefunden.

Auf dem Aventin gab es außer dem Diana-Tempel eine Anzahl von Heiligtümern, die wir nur aus der Literatur kennen. Sie waren der Minerva, der Iuno Regina, der Flora, dem Sol, der Luna, dem Mercur, der Iuventas und noch weiteren Gottheiten geweiht. Im Jahre 1935 wurde unter der Via di S. Domenico ein Heiligtum mit einer Apsis und einem langgestreckten, rechteckigen Raum ausgegraben, das man nach seiner Erforschung ebenfalls wieder zugeschüttet hat. Geborgen wurden aber Figuren und Reliefs, die heute in einem Saal des Kapitolinischen Museums aufgestellt sind. Sie geben Aufschluß über den Kult in diesem Tempel. Verehrt wurde hier der *Iuppiter Optimus Maximus Dolichenus.*

Es geschah nicht selten, daß römische Soldaten den Kult von Gottheiten, die sie in den Ländern ihrer Stationierung kennen und schätzen gelernt hatten, in die Hauptstadt mitbrachten. So kam auch der Baal, den man in Doliche, einer Stadt in Kommagene, verehrte, nach Rom. Dort wurde er mit Iuppiter gleichgesetzt, jedoch mit fremden Riten gefeiert. Man erbaute ihm seinen Tempel unter der Regierung von Antoninus Pius und erneuerte diesen ein Jahrhundert später.

Unter den Reliefs, die man im Heiligtum des Gottes gefunden hat, interessiert vor allem jene Darstellung aus dem 2. Jahrhundert n. Chr., auf der sich in der Mitte ein Altar befindet, über dessen Opferfeuer sich ein Adler mit Blitzen in den Krallen erhebt (Abb. 54). Links davon steht Iuppiter Dolichenus in Kriegerrüstung auf einem Stier, mit Doppelaxt und Blitzbündel in den Händen, rechts auf einer Hirschkuh eine weibliche Gottheit, die ein Zepter und einen Spiegel hält. Bei der Göttin handelt es sich um die heimische Partnerin des Dolichenus, die in Rom selbstverständlich zur Iuno, in diesem Fall zur Iuno Regina, geworden ist. Wie synkretistisch die römische Religion zur Kaiserzeit war, beweisen weiterhin die beiden Brustbilder, die zwischen Iuppiter und Iuno über dem Opferaltar und dem Adler schweben. Sie stellen das ägyptische Götterpaar Serapis und Isis dar und bedeuten in gewisser Hinsicht abermals eine Verkörperung von Iuppiter und Iuno. Daß in den oberen beiden Ecken noch die Iuppitersöhne Castor und Pollux im Brustbild erscheinen, die den Zeussöhnen Kastor und Polydeukes entsprechen, macht den Synkretismus komplett.

Das Mithraeum unter S. Prisca und der Mithras-Kult

Zu den meistverehrten fremden Gottheiten gehörte der persische Mithras. In Rom soll er in der Kaiserzeit über hundert Kultstätten gehabt haben, und zwar in den verschiedensten Stadtteilen. Heute sind einige wenige dieser Mithräen wieder zugänglich. Allein drei von ihnen befinden sich im Bereich des Aventins. Da ist zuerst einmal jenes Mithraeum zwischen Palatin und Aventin, das weniger als fünf Meter von den Carceres des Circus Maximus entfernt lag. Man findet dort noch den Hauptraum mit marmorverkleideten Bänken und Fußboden sowie die Nische für das Kultbild, aber die Figuren und Reliefs, die erst Aufschluß über den Kult geben könnten, fehlen. Ein zweites Mithraeum liegt beim sogenannten kleinen Aventin, und zwar unter den Caracalla-Thermen. Es ist das größte der wiederentdeckten römischen Mithräen und war mit einem Kreuzgewölbe gedeckt, das man teilweise wiederhergestellt hat. Das dritte Mithraeum befindet sich unter der Kirche S. Prisca. Hinsichtlich der Aufschlüsse, die es über den Mithras-Kult gibt, gilt es als das bedeutendste Heiligtum der Stadt Rom und als eines der interessantesten im ganzen ehemaligen Römischen Reich.

Die Augustiner von S. Prisca entdeckten 1934 unter ihrer Kirche eben dieses Mithraeum und begannen mit Ausgrabungen, die sie im zweiten Weltkrieg einstellen mußten, die aber von 1953 bis 1958 vom Holländischen Historischen Institut in Rom fortgeführt wurden. Dabei legte man Teile von zwei römischen Häusern frei, die möglicherweise zu einem Palast Trajans gehört hatten und in die im ausgehenden 2. Jahrhundert n. Chr. ein Mithras-Heiligtum eingebaut worden war.

Um zu einem besseren Verständnis der Kulträume zu kommen, ist zuerst eine kurze Beschäftigung mit Mithras vonnöten. Dieser indo-iranische Gott gilt als der getreue Helfer von Ahura-Mazdah, dem Allweisen, dem höchsten Gott, der über das Lichtreich gebietet und als Gott des Guten herrscht, während Ahriman als Gott der Finsternis und des Bösen dessen Gegenspieler darstellt. Mithras ist Lichtgott, eine Emanation des Ahura-Mazdah, von dem der Allweise zu Zarathustra gsprochen hat: »Als ich Mithras erschuf, schuf ich ihn ebenso würdig zum Empfang der Opfer und Gebete wie mich selbst, Ahura-Mazdah.« Geboren wurde Mithras am 25. Dezember, und zwar aus Felsgestein. Die Helfer bei seiner Geburt waren Hirten. Mithras wurde verehrt als Heiland und als Sohn Gottes. Sein Verhältnis zum Sonnengott läßt sich nicht ganz durchschauen. Die Mithras-Religion hatte keine fixierten Dogmen. Einmal wird Helios-Sol, der Sonnengott, als Mittler zwischen Ahura-Mazdah und Mithras dargestellt. Dann aber ist von einem Kampf zwischen Sol und Mithras die Rede; und wenn man auch die beiden wieder beim gemeinsamen Mahl sieht, so erscheint doch Sol ganz allgemein als der Untergeordnete. Oft aber ist Mithras selbst der Sol Invictus, der unbesiegbare Sonnengott.

Von der für den Schöpfungsmythos so bedeutenden Stiertötung wird noch gesprochen werden. Nach einem Liebesmahl, bei dem das Fleisch des Stieres genossen wurde, fuhr Mithras in den Himmel auf. Von dort aus bestärkt er seine Anhänger in ihrem beständigen Kampf gegen das Böse, der von den Mithras-Jüngern verlangt wird. Den

Seelen der Guten verhilft er nach ihrer Trennung vom Körper im Tode mittels seines Richterspruches zum Aufstieg durch die sieben Planetensphären in das reine Licht der Seligkeit. Auch die Seelenwanderungslehre ist der Mithras-Religion nicht fremd. Am Ende der Zeiten soll schließlich Mithras auf der Erde wiedererscheinen und die Toten erwecken, wobei dann den Guten Unsterblichkeit verliehen wird und die Bösen zusammen mit Ahriman vernichtet werden.

Die Mithras-Religion war eine Religion der Männer und besonders beliebt bei den Soldaten. Diese und dazu Händler haben den persischen Gott aus dem Orient in alle Gegenden des Römischen Reiches gebracht. Nach Plutarch[32] erfolgte die erste Berührung mit Mithras zur Zeit des Pompeius im Krieg gegen die Seeräuber aus Kilikien, welche die Mysterien des Gottes feierten. Wirklich eingeführt wurde der Kult zur Zeit der Flavier. Seit dem Ende des 1. Jahrhunderts n. Chr. verbreitete sich der Mithras-Glaube ständig, und sogar Kaiser – wie Commodus und Diokletian – ließen sich in die Mysterien einführen. Dabei war der Kult keine Volksreligion auf breiter Grundlage, sondern ein Glaube von Mysten, der also nur Eingeweihten zugänglich war. In welcher Weise der Kult ausgeübt wurde, erfährt man am besten, wenn man ein Mithraeum wie das von S. Prisca aufsucht.

Man betritt das Heiligtum durch ein Vestibül, in dem es eine Ecke für Tieropfer gibt. Hier findet man auch den Rest einer Figur, der man oft in Mithräen begegnet. Es handelt sich um den Gott Zervan, der mit Menschenleib und Löwenkopf dargestellt ist und die unendliche Zeit symbolisiert. Zu ihm gehören die Schlange, die sich um seinen Leib windet und den Sonnenlauf versinnbildet, bisweilen das geöffnete Maul, das die Zeit verschlingt, und vier Flügel, welche die Jahreszeiten bedeuten sollen.

Dann folgt der langgestreckte Hauptraum (Abb. 56a). Hier standen gleich am Anfang rechts und links in Nischen Cautes und Cautopates, der eine mit erhobener, der andere mit gesenkter Fackel. Mit diesen Figuren sollen die aufgehende Morgensonne und die untergehende Abendsonne symbolisiert werden. Mit Mithras, in dem das volle Licht der Mittagsonne seinen Ausdruck findet, bilden sie eine Trinität. Heute steht Cautes, dem Kopf und Fackel fehlen, noch im Mithraeum, während Cautopates, der weit stärker beschädigt ist, im nahe liegenden Antiquarium aufgestellt wurde.

Ursprünglich versammelten sich die Mithras-Mysten in einer Grotte, weil diese das Himmelsgewölbe versinnbildet. Darum ist der Hauptraum in unserem wie in vielen anderen Mithräen gewölbt. An den beiden Seiten des langgestreckten Saales befinden sich steinerne Liegebänke, die mit Kissen belegt waren und auf denen die Mysten während der heiligen Handlungen und beim Kultmahl lagen. Den Abschluß des Saales bildet die Kultnische (Abb. 56b).

Hier nun ist in einer farbigen Stuckplastik Mithras beim Stieropfer dargestellt. Der Mythos, der diesem Zentralmotiv zugrunde liegt, ist folgender: Mithras hatte vom Sonnengott den Auftrag erhalten, den Urstier zu fangen und zu töten. In einer Höhle stach er ihm daraufhin einen Dolch in den Hals. Aus dem herabfließenden Blut und aus dem Schwanz des Tieres sprossen Ähren. Ein Hund und eine Schlange – in diesem

Fall vielleicht nicht als unheilbringend, sondern als Symbol der Erde begriffen[33] – leckten am Blut, das aus der Wunde kam, um der Lebenskraft des Stieres teilhaftig zu werden. Ein Skorpion aber als Prinzip der Vernichtung griff in dessen Geschlechtsorgane, um den Samen zu verderben; doch dieser wurde, wie es heißt, in die Mondsphäre erhoben, dort gereinigt, so daß er vielfältige Tierarten hervorbringen konnte. So erwies sich Mithras als Schöpfergott, und wenn man bedenkt, daß sich die Darstellung des Stieropfers vor allem in den apsisartigen Kultnischen der heiligen Stätten befand, fragt man sich, ob der Gott damit nicht als lebensspendendes Prinzip im weitesten Sinne gefeiert wurde.

In dem Mithraeum von S. Prisca ist zwar noch die Gestalt des Mithras großenteils erhalten, die Figur des Stieres ist aber bis auf Kopf und Schwanz zerstört. In verhältnismäßig gutem Zustand befindet sich dagegen eine bärtige Männergestalt von überdimensionaler Größe, die zu Füßen von Mithras ruht. Ihr Unterkörper ist bedeckt, und auf ihrem Haupt liegt lose ein Tuch. Es handelt sich um Oceanus-Saturnus, den Ozean, über dem die Sonne aufgeht, und – mit ihm in einer Person verbunden – um Saturn, der wie Mithras als *frugifer,* als fruchtbringend, gilt.

Das Mithraeum von S. Prisca gehört zu den wenigen, in denen man Wandmalereien gefunden hat. Schon der zu Ende des 2. Jahrhunderts eingerichtete Kultraum war mit Fresken dekoriert. Als die Anlage um 220 n. Chr. ausgebaut und erneuert wurde, hat man die Fresken übertüncht und neue, künstlerisch wertvollere Malereien angebracht, die im Motiv aber von den alten nicht wesentlich abweichen.

Um die Wandmalereien verständlich zu machen, sei zuvor einiges über die Mithras-Mysten gesagt. Es gab bei ihnen verschiedene Grade der Einweihung. Um zur jeweils höheren Stufe aufzusteigen, bedurfte es nicht nur theologischer und astrologischer Kenntnisse. Der Einzuweihende mußte sich auch durch Askese, durch rituelle Reinigung und durch Fasten vorbereiten und hatte vielerlei Prüfungen zu bestehen, in denen der Körper oft schweren Qualen ausgesetzt war. Die Eingeweihten waren nach sieben Graden unterschieden und trugen – von der untersten ersten bis zur siebten höchsten Stufe – folgende Bezeichnungen: *Corax* = Rabe, *Nymphus* = Verlobter, *Miles* = Soldat, *Leo* = Löwe, *Perses* = Perser, *Heliodromus* = Sonnenläufer und *Pater* = Vater.

Eine Darstellung von sieben Eingeweihten befindet sich nun auf der rechten Wand des Hauptraumes im Mithraeum von S. Prisca (Abb. 55). Während der Pater Patrum – gleich Mithras mit der roten, phrygischen Mütze – auf einem Sessel sitzt, schreitet unter Führung des Heliodromus, der ähnlich wie der Sonnengott gewandet ist, ein Zug von fünf weiteren Eingeweihten auf ihn zu. Von diesen führt jeder etwas anderes mit sich: der erste einen Stier, der zweite einen Hahn, der dritte einen Widder, der vierte ein großes Gefäß, der fünfte einen Eber; und es ist recht interessant zu sehen, daß die Suovetaurilia der römischen Staatsopfer – Stier, Widder und Eber – mit dabei sind.

Ist das Fresko auf der rechten Seite des Hauptraumes schon stark beschädigt, so ist der Verfall der Wandmalereien auf der linken Seite noch stärker fortgeschritten. Auch hier ist eine Prozession dargestellt, und zwar zu Mithras und Sol. Man erkennt den

Führer, der in der einen Hand eine brennende Kerze, in der anderen ein Kerzenbündel hält. Zwei Eingeweihte tragen ein Brot und eine Weinamphore; beides war sicher zum Kultmahl bestimmt.

Auf der unteren Freskenschicht, die um 220 n. Chr. übertüncht und neu bemalt wurde, befanden sich außer bildlichen Darstellungen Verse. Da die Christen, denen die Anlagen später gehörten, mit Beilen auf die Bilder einschlugen, um sie zu zerstören, kamen an den Stellen der Beileinschläge Buchstaben zum Vorschein. Durch diese aufmerksam geworden, forschten die Ausgräber nach den entsprechenden Worten und Sätzen, so daß eine stattliche Anzahl von Versen bekannt wurde. So heißt es beispielsweise: »Nimm sie an, heiliger Vater, nimm an die Weihrauch verbrennenden Löwen! . . . Durch die wir den Weihrauch opfern, durch die wir selber verzehrt werden!« oder »Auch uns hast du gerettet, indem du das Blut vergossen hast, das uns unsterblich macht!«[34] Das Mithraeum unter S. Prisca liefert auch mit diesen Anrufungen einen bedeutsamen Beitrag zur Mithras-Forschung.

Links an den Hauptraum schließen sich drei Nebenräume an. In dem ersten stehen Gefäße, die vielleicht für Libationen gebraucht wurden. Da dieser Raum der Kultnische des Hauptraumes am nächsten liegt, diente er wohl als Sakristei.

Der zweite und damit mittlere Raum besitzt eine eigene Nische, die ausgemalt war. Im Kranz der Tierkreiszeichen befand sich vermutlich der aus Stuck gearbeitete Kopf des Sonnengottes, der seinen Platz jetzt im Museum hat. Außer mit niedrigen Bänken ist der Saal noch mit einem Wasserbecken vor der Nische ausgestattet, so daß man annehmen kann, daß hier eine Art Taufe gespendet wurde.

Den dritten Raum hat man leer vorgefunden. Es läßt sich darum nichts über ihn sagen. Doch kann man annehmen, daß er wie die übrigen Nebenräume den Einweihungen der Mysten diente. Einer der im Mithraeum von S. Prisca Initiierten hat sich übrigens in einem Graffito, das er in eine Seitenwand der großen Kultnische eingekratzt hat, verewigt. In Übersetzung lautet der Text: »Geboren im ersten Licht, als die Augusti Severus und Antoninus Konsuln waren, am 12. Tag vor dem 1. Dezember, an einem Samstag im 18. Mond.« Gemeint ist selbstverständlich nicht die natürliche Geburt, sondern die Geburt für Mithras, das heißt: die Einweihung in seinen Kult.

Zum Schluß sei noch auf die Dedikationsinschrift hingewiesen, die an einem Sitz vor der Kultnische mit dem Stieropfer angebracht ist und darauf hinweist, daß Mithras kein anderer als der Deus Sol Invictus ist.

Zwischen Aventin und Caelius: Thermen des Caracalla

In der Senke zwischen Aventin und Caelius, rechts von der Via Appia, die im Gegensatz zu heute schon an der Porta Capena begann, liegen die *Thermae Antoninianae*, die zumeist ›Thermen des Caracalla‹ genannt werden (Abb. 57a, b). Caracalla hat die gewaltige Badeanstalt nach der Gründung durch seinen Vater Septimius Severus zwischen 212 und 216 n. Chr. errichtet. Der Umfassungsbau wurde dann von Elagabal und Alexander Severus hinzugefügt.

Wir haben es bei den Caracalla-Thermen wieder mit einem Musterbeispiel römischer Architektur zu tun. Man hielt sich bei ihrer Errichtung an das Vorbild der Thermen Trajans am Esquilin, verbesserte aber manches und baute in größeren Dimensionen; denn die Caracalla-Thermen sollten 1600 Besucher gleichzeitig fassen können und an Monumentalität unübertroffen sein.

Eine Architektur ist nur dann vollkommen, wenn sie dem speziellen Zweck, dem ein Bauwerk dienen soll, voll und ganz entspricht. Wie schon der Name ›Thermen‹ erkennen läßt, geht es bei diesen zuerst einmal um die Möglichkeit des *Warm*bades. Von den Römern der Frühzeit wird berichtet, daß sie sich täglich Arme und Beine wuschen, aber nur alle neun Tage ein Vollbad nahmen, womit nicht einmal gesagt ist, daß dieses immer warm war. Wohlhabende Römer waren mehr und mehr an warmen und komfortablen Privatbädern interessiert, doch schon um 150 v. Chr. entstand in Pompeii die erste öffentliche Badeanstalt. Wie Plinius der Ältere[35] berichtet, erfand L. Sergius Orata um 100 v. Chr. die Zentralheizung, welche die alte, durch große Feuerbecken betriebene Wassererwärmung ablöste. So waren die Voraussetzungen für ausgedehnte Thermen geschaffen, die in großer Zahl – zuerst von Privatleuten, später von den Kaisern – für die Allgemeinheit errichtet wurden. Da es entscheidend auf die Beheizung

Thermen des Caracalla.
Grundriß des Badehauses

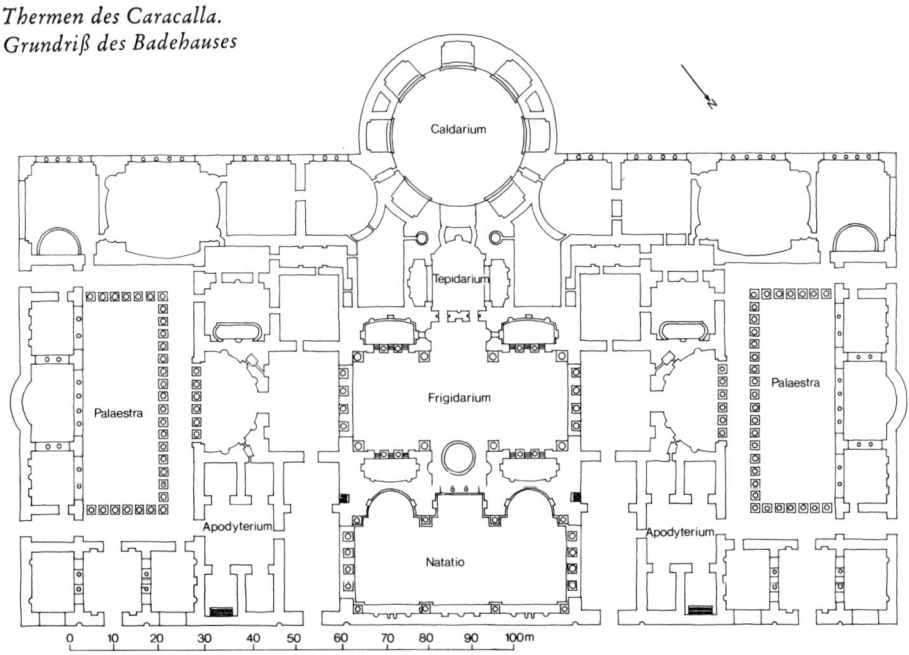

ankam, mußte alle architektonische Planung vom *caldarium,* dem Saal für die Warmbäder, ausgehen.

In den Caracalla-Thermen stellt das Caldarium einen imponierenden Rundbau dar, der um der Wärme willen nach Süden hin orientiert ist, damit die unter ihm angelegte Heizung zur vollen Wirkung kommen konnte.

Die römische Zentralheizung bestand aus einer *hypocausis,* einem mit Holz oder Holzkohle geheizten Ofen, dessen heiße Dämpfe mittels einer großen Röhre unter die Fußböden der zu erwärmenden Räume gelenkt wurden, die deshalb auf Steinsockeln ›aufgehängt‹ *(suspensurae)* sein mußten. Außerdem stiegen die Dämpfe in den Wänden hoch, die zu diesem Zwecke mit *tubuli,* mit Hohlziegeln, errichtet waren. Das System einer solchen Strahlungsheizung, bei der das Wasser indirekt erwärmt wurde[36], machte es nötig, die Räume in ihrer Entfernung vom Heizofen so anzulegen, daß sie ihrem Zweck entsprechend warm, lauwarm oder kalt temperiert waren.

Am nächsten zum Heizofen lagen also in den Caracalla-Thermen wie in allen Badeanstalten das Caldarium und die Schwitzräume, in weiterer Entfernung das *tepidarium* mit der lauwarmen Temperatur, in noch weiterer das *frigidarium*[37] mit vier Kaltwasserbecken, für das man keine Heizung mehr benötigte, und schließlich die *natatio,* das Schwimmbad.

In diese von der Heizung bestimmte Gesamtanlage fügten sich die privaten Bäder ein, zu denen auch medizinische und parfümierte gehörten. Dazu kamen die Palästren, die bei den Römern ihre Eigenständigkeit, welche sie bei den Griechen einst besaßen, allmählich verloren hatten und Teile der Thermen geworden waren. In ihnen konnte man Sport treiben, wenn man es nicht vorzog, auf den zu Terrassen umgewandelten Dächern ihrer Säulenhallen Sonnenbäder zu nehmen. Die Palästren begrenzten die Badeanlagen von den Seiten her und waren nicht nur von den Bädern aus, sondern auch von den Apodyterien, den mit Kleidernischen ausgestatteten Auskleidesälen, zu betreten.

Die Doppelung der Seitenräume zeigt, wie streng man sich auch bei den Thermen an das römische System der Axialität hielt. Durch die Mitte von Natatio, Frigidarium, Tepidarium und Caldarium verläuft die Hauptachse, an der die genannten Räume förmlich aufgefädelt sind. Die Axialsymmetrie wurde so streng durchgeführt, daß es keinen Bauteil gibt, der nicht seine spiegelbildliche Entsprechung jenseits der Hauptachse findet. Haupt- und Querachse ermöglichen darüber hinaus den Durchblick durch ganze Raumfluchten.

Die Axialsymmetrie erstreckt sich auch auf den Umfassungsbau. Das überdimensionale Platzgeviert mißt 337 mal 328 Meter und ist damit nahezu quadratisch. Die Hauptachse verläuft vom Eingangstor zu der Mitte der Rückfront, die in einem Zisternenbau mit vorgelegten, an den Enden gerundeten Stufen besteht. Dabei deckt sie sich mit der Hauptachse des Badehauses. Auch beim Umfassungsbau gibt es spiegelbildliche Entsprechungen, und zwar bei den beiden Bibliotheksbauten an der Rückfront und den beiden Exedren an den Seitenfronten.

Wenn man heute die gewaltigen Räume der Caracalla-Thermen durchschreitet, bekommt man zwar eine Vorstellung von der Komposition und den Ausmaßen der Anlage, nicht aber von ihrer Pracht. Nur mit Hilfe wiedergefundener Dekorationsteile läßt sich das ehemalige Bild rekonstruieren. Besonders prunkvoll muß das Frigidarium gewesen sein. Sein Hauptraum war mit Kreuzgewölben gedeckt, die in den Tonnengewölben der Nebenräume ihre Widerlager fanden. Säulen mit wertvollen Kapitellen, eine kostbare Kassettendecke, mit Marmor inkrustierte Wände und vielerlei mehr zeugten von dem Geld, das der allmächtige Kaiser aufgewandt hatte, um seinen Untertanen, ja sogar den Sklaven, das Baden in fürstlichen Räumen zu ermöglichen und sich dadurch die Gunst des Volkes einzuhandeln.

An verschiedenen Stellen der Caracalla-Thermen findet man noch Stücke der Fußbodenmosaike. Besonders interessant sind aber jene, die einst die Exedren bei den Palästren bedeckten und deren stattliche Reste man in jenem Bau der Vatikanischen Museen besichtigen kann, der zur Aufnahme der Werke des ehemaligen Lateranmuseums errichtet und 1970 eröffnet wurde. In flechtbandumrahmten Feldern sind bekleidete Kampfrichter sowie nackte Athleten mit ihren Kampfpreisen dargestellt, die mit ihren unintelligenten, groben Gesichtern und mit ihren von Muskeln strotzenden Körpern Idealvorstellungen weiter Kreise der römischen Spätzeit entsprachen (Abb. 58).

Römisches Badewesen

Der Sinn der Thermenarchitektur wird erst ganz deutlich, wenn man etwas vom Leben und Treiben in den Badeanstalten weiß; denn in diese ging der Römer ja nicht nur zum Baden, sondern auch um den Nachmittag angenehm zu verbringen.

Anfangs wurden die Thermen schon um die Mittagszeit geöffnet, seit Hadrian aber erst um 14 Uhr. Von da an standen sie den Besuchern bis zum Eintritt der Dunkelheit mit allen ihren Einrichtungen offen. Man konnte warm, lau und kalt baden. Es gab Schwitzbäder nach Art einer Sauna. Wer ein Wannenbad bevorzugte, konnte auch dieses bekommen. Öl, Soda als Reinigungsmittel, Haarwasser und Handtücher brachte man mit. So man es sich leisten konnte, kam man mit eigenen Dienern. Sie mußten die Garderobe bewachen, ihren Herrn massieren, bei der Körperpflege helfen, lästige Haare entfernen und dergleichen mehr. Weniger Bemittelte konnten an Ort und Stelle einen Bader oder Masseur finden. Es gab genug solcher Leute, die sich marktschreierisch anboten. Wer das Sonnenbad liebte, ging auf eine der Terrassen.

Oft verabredete man sich mit Freunden und Bekannten. So verging der Nachmittag noch angeregter und kurzweiliger; denn mit Freunden bereiteten das Schwimmen in der Natatio und der Sport in der Palästra erst die richtige Freude. Ringen, Fechten und Laufen waren ebenso geschätzt wie die verschiedensten Formen des Ballspiels. Wer sich nicht selbst betätigen mochte, konnte von der Exedra aus zusehen.

Mancher wollte auch gern spazierengehen. Er hatte zwischen dem Badehaus und dem Umfassungsbau der Thermen dazu Gelegenheit. Es gab hier schön angelegte Promenaden zwischen Blumen und Bäumen. Auch die Tabernen im Umfassungsbau übten auf Käufer wie Schaulustige ihren Reiz aus. Wer Hunger oder Durst verspürte, ging in eine der Gaststätten oder ließ sich von fliegenden Händlern etwas verabreichen.

Selbst den geistigen Bedürfnissen der Badenden trug man in den Thermen durch Bibliotheken Rechnung. Auch dem Bedürfnis nach künstlerischer Schönheit kam man entgegen. So stammen aus den Caracalla-Thermen nicht nur die überdimensionalen Wannen aus ägyptischem Granit, die heute auf der Piazza Farnese als Brunnen zu finden sind, sondern auch der sogenannte Farnesische Stier, der Farnesische Herkules und die Farnesische Flora.

Nicht immer wird klar, inwieweit die Thermen den Frauen offenstanden. Die Stabianer Thermen von Pompeii waren als Männer- und Frauenbäder mit getrennten Eingängen gebaut, aber dieser Fall war selten. In Rom mußten die Frauen in die *balneae*, kleinere Badeanstalten, gehen. Wenn ihnen das nicht genügte, konnten sie, vermutlich seit der Zeit Trajans, auch die großen Thermen aufsuchen, was allerdings ihrem Ruf nicht gerade zuträglich war. Es gab auch manchen handfesten Skandal, so daß Kaiser Hadrian schließlich das gemeinsame Baden verbot. Es wurde mehr und mehr Sitte, die großen öffentlichen Badeanstalten beiden Geschlechtern zu verschiedenen, genau festgesetzten Badezeiten zur Verfügung zu stellen. Wie es scheint, standen dabei die Räume, die dem Sport und der Unterhaltung dienten, Männern und Frauen gleichzeitig offen.

Die Thermen waren so geschätzt, daß viele Römer jede freie Stunde dort verbrachten. Mancher, der es sich leisten konnte, war täglicher Gast in einer Badeanstalt. Die Kaiser verstanden es, diese römische Leidenschaft für ihre Zwecke zu nutzen. Zur Zeit der Republik waren die öffentlichen Badeanstalten von wohlhabenden Privatleuten erbaut worden, von den einen, um der Allgemeinheit einen Dienst zu erweisen, von den anderen, um die Anlagen zu verpachten oder direkt durch das Erheben von Eintrittsgeldern Nutzen aus ihnen zu ziehen.

Als 33 v. Chr. Agrippa Ädil war und es zu seinen Obliegenheiten gehörte, die öffentlichen Bäder zu kontrollieren, kam er auf den Gedanken, für alle 170 Badeanstalten, die es damals gab, die Eintrittsgelder auf seine Kosten zu nehmen, so daß jeder Besucher kostenfrei Einlaß fand. Als Agrippa dann eigene Thermen baute, verzichtete er auch in diesen, wie es heißt, auf eine Benutzungsgebühr.

Kaiser Augustus mögen die Maßnahmen seines Schwiegersohnes Agrippa gefallen haben; denn er war ständig um die Wohlfahrt seines Volkes bemüht. Die Kaiser erkannten in zunehmendem Maße, daß man die Volksgunst nicht nur durch Brot und Spiele gewinnen konnte, sondern auch durch die Anlage von Badeanstalten. So entstanden die Thermen des Nero, des Titus, des Trajan, des Caracalla, des Decius, des Diokletian, des Konstantin; und fast alle Herrscher waren bemüht, die Bauten ihrer Vorgänger an Größe und Schönheit zu übertreffen.

4 Caelius

Fragmente von Architekturen und Malereien

Nordöstlich vom Aventin liegt der Caelius. Die alten Schriftsteller führten den Namen dieses Hügels auf den etruskischen Feldherrn Caeles Vibenna zurück, der mit seinem Heer dem römischen König zu Hilfe gekommen sei und dafür den Berg als Wohnsitz erhalten habe. Welcher König es gewesen ist, darüber sind sich die Schriftsteller ebensowenig einig wie über den Krieg, in dem der Etrusker Hilfe geleistet haben soll. Caeles Vibenna scheint eher eine Gestalt der Sage als der Geschichte zu sein.

Von den Bauwerken, die aus der Antike auf dem Caelius übriggeblieben sind, stammt das älteste aus dem Jahre 10 n. Chr. Es ist ein aus Travertinquadern gebauter Bogen, den die Konsuln P. Cornelius Dolabella und C. Iunius Silanus errichten ließen. Er liegt an der heutigen Piazza della Navicella. Anfangs hatte der Bogen nur die Funktion eines Tores in der hier verlaufenden Servianischen Mauer. Später mußte er die Wasserleitung mittragen, die Nero nach Westen hin von der Aqua Claudia abgezweigt hatte, um Caelius, Palatin und Aventin mit Wasser zu versorgen.

Zwischen dem Dolabella-Bogen und dem Colosseum liegt jenes Bauwerk, das in der Kaiserzeit den Caelius beherrschte: der Tempel des vergöttlichten Claudius (Abb. 59). Heute sieht man noch die Stützmauern der Tempelterrasse, wenn man durch die Via Claudia geht. Erhalten sind auch massige Travertinpfeiler und Arkaden vom Terrassenbau. Sie befinden sich unter dem Passionistenkloster von SS. Giovanni e Paolo, wo man sie besichtigen kann. Vom eigentlichen Tempel ist aber nichts mehr vorhanden. Er stand ursprünglich inmitten der von Säulenhallen gerahmten großen Terrasse und war in dieser Form von Vespasian errichtet worden. Schon die jüngere Agrippina hatte für ihren kaiserlichen Gemahl nach dessen Tod mit dem Tempelbau begonnen. Von Nero wurde aber die noch unfertige Anlage beinahe völlig zerstört, und es blieb Vespasian vorbehalten, den Tempel zu Ehren des vergöttlichten Claudius neu aufzuführen.

Während sich unter dem Passionistenkloster Reste des Claudius-Tempels verbergen, befinden sich unter der dazugehörigen Kirche SS. Giovanni e Paolo Trakte römischer Wohnhäuser. Steigt man von der Via S. Gregorio den alten Clivus Scauri hinauf, so entdeckt man linker Hand, daß die Seitenschiffwand der Kirche zum Teil aus der Fassade eines altrömischen Wohnhauses besteht. Der Überlieferung nach gehörte das Haus den kaiserlichen Hofbeamten Johannes und Paulus, die zur Zeit des Iulianus Apostata wegen ihres christlichen Glaubens darin hingerichtet wurden. Um 410 n. Chr. erbauten der christliche Senator Byzantius und sein Sohn Pammachius an der Stätte des Martyriums eine Basilika, die im Laufe ihrer Geschichte durch den Wechsel von Zerstörung und Wiederaufbau vielerlei Veränderungen erfuhr.

Gegen Ende des vorigen Jahrhunderts begann man mit Ausgrabungen der längst verfallenen und vergessenen Untergeschosse der Kirche und entdeckte Reste von drei römischen Häusern, von denen zwei – und zwar die jüngeren, die aus dem 2. und 3. Jahrhundert n. Chr. stammen – vereinigt worden waren. Bei den langwierigen Grabungsarbeiten legte man Räume frei, die nicht nur über die Innenstruktur römischer Wohnhäuser Aufschluß geben, sondern durch ihre Wandbemalungen auch die Geschichte der römischen Malerei bereichern.

Die Fresken mit christlichem Thema sollen uns in diesem Zusammenhang nicht interessieren, sondern nur die aus paganem Bereich. Da ist zuerst einmal in einem Raum, den man ziemlich willkürlich als ›Triclinium‹ bezeichnet hat, der ansehnliche Rest einer Wand- und Deckenmalerei, die recht anmutig eine Reihe geflügelter Genien zeigt. Es sind schlanke, junge Männer – nackt und doch mit einem um die Schultern gelegten Mantel spielend –, die durch Girlanden miteinander verbunden sind. Zwischen ihnen stehen große Vögel, vor allem Pfauen, und über ihnen – durch einen Streifen getrennt, schon an der beginnenden Wölbung – tut sich eine höchst lebendige Welt von Pflanzen, Ranken, Vögeln und weinlesenden Puttos auf. Dabei ist die Anordnung nicht gedrängt, sondern leicht und luftig, so daß Wand und gewölbte Decke beinahe schwerelos wirken (Abb. 61).

In einem Nymphäum im Eingangshof des Hauses finden wir ein Wandgemälde, das nur als Rest einer großangelegten Gesamtausmalung übriggeblieben ist, aber für einen solchen noch beträchtliche Ausmaße hat. In einer mythologischen Wasserlandschaft bildet eine felsige Insel mit drei Gestalten den Mittelpunkt, um den sich badende und kahnfahrende Puttos, springende Delphine sowie ein liegender Wassergott gruppieren (Abb. 62). Auf die Frage, wer die drei Personen auf der Insel sind, gibt es mehrere, voneinander abweichende Antworten. Auch das Datum des Freskos – 2. oder 3. Jahrhundert n. Chr. – ist umstritten. Erwägenswert ist eine Deutung von Bernard Andreae. Sie sei darum im Wortlaut wiedergegeben: »In einer von Eroten bevölkerten Meereslandschaft sieht man auf einer Insel im Vordergrund drei große Figuren, die ein Trankopfer darbringen. Der Art ihrer Darstellung nach können es Bacchus, Venus und Ceres sein. Sie sind hier jedoch nicht als die Götter selbst zu deuten, sondern als Selige, die in deren Gestalt in einem als Insel der Seligen vorgestellten Elysium vergöttlicht sind. Die freie, durch keine illusionistische Architektur auf den Realraum bezogene Malfläche sowie der neue, Monumentalität anstrebende Malstil des 3. Jahrhunderts ermöglichten es, die Erlösungshoffnungen jener Zeit auszudrücken.«[38]

Kultstätten der Isis, der Kybele und des Attis

Die Erlösungshoffnungen der Römer dokumentieren sich auf dem Caelius auch noch durch Heiligtümer fremder Kulte. Auf der Piazza della Navicella steht inmitten eines Brunnenbeckens ein Denkmal, das dem Platz seinen Namen gegeben hat. Diese Navicella ist ein Schiffchen, das in der Renaissancezeit aufgestellt wurde, allerdings als Kopie des antiken Originals, das hier auf dem Caelius ehemals seinen Platz hatte. Aller

Wahrscheinlichkeit nach war das Schiffchen eine Weihegabe, die von römischen Soldaten für Isis, die Schutzherrin der Seefahrer, gestiftet wurde. Auf dem Caelius befand sich nämlich eine Kaserne, deren Reste man zwischen der Via di S. Stefano und der Via della Navicella wiedergefunden hat. Ihr Name *castra peregrina* deutet darauf hin, daß römische Soldaten nichtitalischer Herkunft in der Kaserne ihr Quartier hatten. Es waren aber auch *frumentarii* hier stationiert. Ursprünglich militärische Einheiten zur Versorgung der Truppe, oblag ihnen späte außerdem der Kurierdienst für den Kaiser und die Nachrichtenübermittlung. Da die Frumentarii großenteils aus den Provinzen stammten, bezogen sie unter Septimius Severus die Castra Peregrina auf dem Caelius.

Unter den Gottheiten, die in der Kaserne verehrt wurden, befand sich auch Isis; und so mag die Navicella eine Votivgabe für sie gewesen sein. Hatte die ägyptische Göttin schon in der römischen Bevölkerung viele Anhänger, so erst recht unter den Soldaten aus den Provinzen, die an der Verbreitung der fremden Kulte besonders beteiligt waren.

Auf dem Caelius gab es auch ein Heiligtum des kleinasiatischen Götterpaares – der als Magna Mater verehrten Kybele und des Attis –, das in der Zeit um 150 n. Chr. angelegt worden war. Man entdeckte es im Gelände des Militärhospitals, das zwischen der Piazza Celimontana und der Via di S. Stefano Rotondo liegt. Der Begrüßungsinschrift nach trug das Heiligtum den Namen *basilica Hilariana*. Es war nämlich von dem Perlenhändler M. Poblicius Hilarus, einem Anhänger des Magna-Mater-Kultes, errichtet worden.

Der rechteckige Kultraum, in dessen Mitte sich ein Wasserbecken befindet, konnte nur teilweise ausgegraben werden. Freigelegt wurde aber außer einer zwölfstufigen Treppe der Vorraum, in dem man ein Fußbodenmosaik vorfand, das in der Form sehr gefällig und dem Inhalt nach äußerst interessant ist (Abb. 60). Die Mitte des Mosaiks bildet nämlich ein Auge, auf dem eine Eule sitzt und das von einem Speer durchbohrt wird. Um das Auge herum sind neun Tiere gruppiert, die sich angreifend dem großen Auge zuwenden. Dieser Angriff gilt dem ›bösen Blick‹, und es ist ohne Zweifel, daß das Mosaik im Vorraum vor der eigentlichen Basilika seine apotropäische Wirkung zum Schutze des Heiligtums und des eintretenden Gläubigen ausüben sollte.

Im Bereich des Caelius hatte auch Mithras seine Kultstätte, und zwar in dem Tal am nördlichen Abhang des Hügels, wo heute die Kirche S. Clemente steht. Im vergangenen Jahrhundert wurden unter der aus dem Mittelalter stammenden Kirche Ausgrabungen durchgeführt, und es kam nicht nur die darunterliegende Basilika aus dem 4. Jahrhundert zum Vorschein, sondern auch – abermals darunter – ein Häuserkomplex aus der Zeit des alten Rom, der sich damals allerdings nicht unterirdisch, sondern zu ebener Erde befand.

Bei den Ausgrabungen stellte man fest, daß es sich um zwei Häuser aus dem 1. Jahrhundert n. Chr. handelte. In das westliche wurde im beginnenden 3. Jahrhundert

n. Chr. ein Mithraeum eingebaut, das aus einem Vestibül, einem Kult- und einem Nebenraum bestand.

Der Kultraum mit seinen Liegebänken hat die gleiche Form und diente denselben Zwecken wie jener von S. Prisca (Abb. 63). Unser Interesse richtet sich darum vor allem auf den Altar, weil bei dem auf ihm im Relief dargestellten Stieropfer noch jene Partien erhalten sind, die wir bei der Gruppe mit gleichem Thema in der Kultnische des Mithraeums von S. Prisca zerstört fanden. Man sieht, wie Mithras den Dolch in den Stier sticht, wie Hund und Schlange sich nach dem herabfließenden Blut recken und wie der Skorpion in die Geschlechtsorgane des Stiers greift. Den Kopf wendet Mithras dabei dem Raben zu, der ihm den Befehl zum Stieropfer vom Sonnengott gebracht hat. Und auch dieser fehlt nicht auf dem Relief; in der linken oberen Ecke erscheint der Kopf Helios-Sols und als Gegenstück dazu in der rechten Ecke der Selene-Lunas (Abb. 64b).

Fast unbeschädigt sind auch die Reliefs auf den Seiten des Altars, welche Cautes und Cautopates zeigen, die mit ihrer erhobenen bzw. gesenkten Fackel die aufgehende Morgensonne und die untergehende Abendsonne symbolisieren (Abb. 64a und c). Gut erhalten ist auch noch die Darstellung der großen Schlange auf der Rückseite. Von den vier Köpfen, die auf die Ecken der Altarplatte aufgesetzt waren und die Jahreszeiten allegorisieren sollten, sind nur noch zwei vorhanden.

Gestiftet wurde der Altar von einem Pater, also einem Mysten, der den höchsten Einweihungsgrad erreicht hatte und als Vater der Gemeinde fungierte; denn es befindet sich auf der Seite mit dem Stieropfer die Dedikationsinschrift: CN ARRIUS CLAUDIANUS PATER POSUIT.

Bei den Ausgrabungen hat man auch eine kleine interessante Plastik gefunden, die heute in der Kultnische des Hauptraumes steht. Sie zeigt die Geburt des Mithras aus einem Felsen, die nach dem Mythos an einem 25. Dezember erfolgt sein soll. So wird die im Mithraeum von S. Prisca gewonnene Kenntnis vom Mithras-Kult in dem von S. Clemente noch um einige sehr wertvolle Details bereichert.

Zwischen Caelius und Palatin: der Konstantinsbogen

Als Konstantin im Jahre 312 n. Chr. seinen Gegenspieler Maxentius bei Saxa Rubra besiegt und das fliehende Heer vor den Toren Roms an der Milvischen Brücke geschlagen hatte, zog er als Sieger in die Stadt ein. Er fuhr aber nicht wie seine Vorgänger als Triumphator auf einem Viergespann zum Tempel des Iuppiter Capitolinus, um ihm ein Opfer darzubringen; er war nämlich des Glaubens, er verdanke seinen Sieg dem Christengott.

Zur Erinnerung an Konstantins Triumph errichtete der Senat einen Ehrenbogen, der 315 n. Chr. fertig wurde (Farbabb. 19; Abb. 65). Die Abfassung der Widmungsinschrift war nicht einfach; man wußte in Rom, daß Konstantin den alten Göttern nicht mehr anhing, war sich aber über sein neues christliches Bekenntnis wohl noch nicht im klaren. So schrieb der Senat in der Inschrift, der Kaiser habe *instinctu divinitatis* gehandelt. Dabei ist ›Divinitas‹ vermutlich im Sinne der Neuplatoniker zu verstehen, die das Wort für ›göttliche Wesenheit‹, ›göttlichen Geist‹ verwandten. Demnach hat Konstantin seinen Sieg außer durch die Größe seines eigenen Geistes – was auch in der Inschrift gesagt ist – ›auf Eingebung des göttlichen Wesens‹ errungen.

Wenn man nun sieht, daß auf einem Relief der östlichen Schmalseite des Bogens der Sonnengott dargestellt ist, wie er mit seinem Viergespann über den am Boden liegenden Oceanus hinweg zum Himmel aufsteigt, und daß auf anderen Reliefs die Figur des Sol Invictus von Soldaten als Feldzeichen mitgeführt wird, möchte man meinen, der Senat habe den Kaiser für einen Verehrer des Sonnengottes gehalten. Tatsächlich war Konstantin ja auch Anhänger des Sonnenkultes, ehe er das Christentum annahm – und vielleicht noch einige Zeit danach. Doch das schließt die neuplatonische Deutung der Widmungsinschrift nicht aus; denn Neuplatoniker waren nicht selten Verehrer Sols.

Der Bogen, den Senat und römisches Volk dem *Imperator Caesar Flavius Constantinus Maximus* errichtet haben, zeichnet sich durch Formenreichtum und Wohlproportioniertheit aus. Dennoch stellt er ein Kuriosum dar. Die meisten seiner zahlreichen Reliefs stammen von Denkmälern Trajans, Hadrians und Marc Aurels, die einst zum Ruhme der Genannten geschaffen worden waren. Man hat bei ihrer Wiederverwendung die Kaiserköpfe zumeist durch den Kopf Konstantins – gelegentlich auch den seines Mitregenten Licinius – ersetzt, um so das längst Historische für die Zeitgeschichte zu okkupieren.

Im einzelnen gliedert sich der Reliefschmuck in folgender Weise: Die Attika zeigt beiderseitig in der Mitte die Widmungsinschrift. Rechts und links von ihr befinden sich auf der Süd- und Nordseite Reliefs aus der Zeit Marc Aurels. Man sieht den Kaiser bei der Ansprache an seine Truppe, mit sarmatischen Gefangenen, beim Opfer nach seinem Sieg, bei seiner Ankunft in Rom, bei der Verteilung von Brot und Geld an das Volk sowie beim Empfang eines vornehmen Germanen. Die je vier gefangenen Daker, die auf gekröpften Gesimsen vor der Attika stehen, stammen aus der Zeit Trajans. In die gleiche Zeit gehört auch ein riesenhaftes Relief mit Szenen aus den Dakerkriegen. Man hat es kurzerhand in vier Stücke zerschnitten, zwei davon an der Ost- und Westseite – also den Schmalseiten – der Attika angebracht und die beiden restlichen Teile als Dekoration der Seitenwände im Hauptdurchgang.

Die runden Medaillons an der Süd- und Nordseite – beiderseits je vier – gehörten zu einem Denkmal Hadrians. Sie zeigen den Kaiser auf der Jagd und beim Opfer.

Eigens für den Konstantinsbogen gearbeitet waren folgende Darstellungen: Sonne und Mond an der Ost- und Westseite, der Figurenschmuck an den Schlußsteinen der Torbögen, die Viktorien und Flußgötter in den Bogenzwickeln, die Säulensockel mit Soldaten, Gefangenen und Viktorien – die Säulen selbst sind Spolien, vermutlich aus der Zeit Domitians – und schließlich die sechs Friesreliefs über den Seitendurchgängen und an den Schmalseiten.

Die interessantesten Darstellungen aus konstantinischer Zeit sind zweifellos die Friesreliefs. Wie ein immer wieder unterbrochenes Band, das dem Thema nach an der westlichen Schmalseite beginnt und an der Westseite der Nordfront endet, legen sie sich um den ganzen Bogenbau. Dabei wird gezeigt, wie Konstantin mit dem Heer in Mailand auszieht, wie er Verona belagert, wie er am Pons Milvius siegt, wie er seinen Triumph feiert, wie er auf dem Forum zum Volk spricht und schließlich wie er an die Menge Geldspenden verteilt.

Im Zusammenhang mit dem Thema dieses Buches interessiert uns vor allem das Relief über dem linken Seitendurchgang der Nordfront, das Konstantin bei der Ansprache an das römische Volk zeigt (Abb. 66). Leider ist von der Gestalt des Kaisers der Kopf zerstört, aber sonst ist die Szene noch gut erhalten. Konstantin spricht – umgeben von Senatoren und der Garde – von der Rostra aus, an deren Enden Sitzfiguren von Marc Aurel und Hadrian aufgestellt sind, während das rechts und links gruppierte Volk ihm aufmerksam zuhört. Und das eben macht diese Szene für uns wichtig: man sieht den Westteil des Forum Romanum und dabei auch Denkmäler, die heute nicht mehr erhalten sind. So bekommt man ein Bild von der durch Schranken abgeschlossenen Rostra und im Hintergrund von der Basilika Iulia, vom Tiberius-Bogen, von den fünf Säulen mit den Statuen Iuppiters und der Tetrarchen sowie vom Bogen des Septimius Severus.

Wenn man die Friesreliefs unter stilistischem Gesichtspunkt betrachtet, wird man verstehen, daß für den Konstantinsbogen so viele plastische Werke aus Denkmälern vergangener Zeiten übernommen worden sind. Das beginnende 4. Jahrhundert bot offensichtlich der Bildhauerkunst keinen günstigen Boden. Die Figuren der Friesreliefs sind ungewöhnlich grob. Man fragt nicht nach der Proportion. Für die Körper sind die Köpfe und Hände oft viel zu groß. Auch fehlt es an feiner Modellierung. Die Bewegungen sind ungelenk und widersprechen anatomischen Gesetzen. Vollends unvirtuos sind aber die Gewänder gearbeitet, deren Falten aus primitiven Bohrgängen bestehen.

Man darf es aber bei diesen negativen Feststellungen nicht bewenden lassen. Bisweilen scheint es, als ob die wenigen Künstler, die noch als Bildhauer tätig waren, – ähnlich wie die Künstler im beginnenden 20. Jahrhundert – auf schöne Form keinen Wert mehr gelegt hätten. Sie suchten eher das Wesentliche der Dinge und Gestalten, das sie gern grob expressiv erfaßten. Besonders an den Friesreliefs der Nordfront wird das deutlich. Hier findet man auch das Bemühen um Typisierung der Personen, um Frontalität der Figuren, um feierliche Repräsentation, um Stilisierung der Gestalten und Flächigkeit des Reliefbildes.[39] So erweisen sich die Arbeiten – allerdings nicht ohne Vorbereitung im 3. Jahrhundert n. Chr. – als Ansätze auf dem Weg zu dem, was später byzantinischer Kunst heißen wird. Der Konstantinsbogen steht also in mancher Hinsicht an der Schwelle zu einer neuen Zeit.

Zwischen Caelius und Esquilin: Colosseum und Ludus Magnus

In unmittelbarer Nähe des Konstantinsbogens liegt das Colosseum. Diese erst im Mittelalter geprägte Bezeichnung gilt dem *Amphitheatrum Flavium,* dem Flavischen Amphitheater. Obwohl in Renaissance- und Barockzeit große Mengen von Steinen als Material für Paläste und andere Bauvorhaben abtransportiert wurden, steht heute noch so viel, daß man das Colosseum als Roms gewaltigste Ruine ansprechen kann (Farbabb. 20).

Um die Architektur des Amphitheatrum Flavium verständlich zu machen, müssen wir zuerst von dem Verwendungszweck und der Geschichte des Amphitheaters sprechen. Es beginnt mit dem Totenkult.

Bei den Etruskern war es üblich, beim Tode von Prominenten Leichenspiele zu veranstalten, bei denen Blut floß. Man war nämlich davon überzeugt, daß das Blut, das in den Boden sickert, den Toten Kraft und neues Leben schenkt. Zum Totenkult gehörte also das Menschenopfer. *Eine* Form – und wohl die gebräuchlichste – war es, Bewaffnete antreten und auf Leben und Tod gegeneinander kämpfen zu lassen. Dieser Brauch fand im Jahre 264 v. Chr. in Rom Eingang. Damals veranstalteten Marcus und Decimus Pera aus Anlaß des Todes ihres Vaters Decimus Kämpfe zwischen bewaffneten Gladiatoren; andere vornehme Familien folgten ihrem Beispiel.

Die Gladiatorenkämpfe gefielen den Römern so sehr, daß der Senat im Jahre 105 v. Chr. den Konsuln gestattete, sie auch unabhängig von Leichenfeiern zu veranstalten. Anfangs fanden die *ludi* oder *munera,* wie man sie nannte, im Circus oder mehr noch auf dem Forum statt, wo man für die Vorstellungen Brettergerüste errichtete, die man danach wieder beseitigte. In Pompeii baute man bereits zwischen 80 und 70 v. Chr. ein steinernes Theater, und zwar eine ovale Arena, die man tief in die Erde einließ, um den Sitzreihen, die sie umringten, Halt zu geben. Man hatte damit eine ganz neue Form der Theaterarchitektur geschaffen, die nicht auf griechische Vorbilder zurückgeht, sondern als spezifisch römisch anzusprechen ist. Der Name freilich, den man einem Theater dieser Art gab – *amphitheatrum* –, basiert auf dem griechischen *amphi,* das soviel wie ›zu beiden Seiten herum‹ bedeutet. Er kam allerdings erst in augusteischer Zeit auf.

Rom folgte dem Beispiel Pompeiis um Jahrzehnte später. Im Jahre 53 oder 52 v. Chr. entstand zuerst einmal eine höchst seltsame Konstruktion, die man als Vorform eines Amphitheaters bezeichnen kann. Curio, der Jüngere, ein Vertrauter Caesars, errichtete zwei halbrunde, hölzerne Theater, die dem szenischen Spiel dienten. Er baute sie Rücken an Rücken und versah sie mit einer Mechanik, durch die man die Theater so drehen konnte, daß die beiden Orchestren einander gegenüberlagen und dadurch eine Arena für Gladiatorenspiele bildeten.

Das erste feste Amphitheater errichtete erst T. Statilius Taurus im Jahre 29 v. Chr. im Auftrag des Kaisers Augustus auf dem Marsfeld. Es hatte noch hölzerne Zuschauertribühnen, so daß es bei dem Brand im Jahre 64 n. Chr. leicht ein Raub der Flammen werden konnte.

Eine grandiose Lösung fand man zur Zeit Kaiser Vespasians. Man begann mit einem Amphitheater, das allen Anforderungen gerecht wurde. Ebenso beliebt beim Volk wie die Gladiatorenspiele waren die *venationes*, die Tierhetzen, die seit 186 v. Chr. gepflegt wurden. Das neue Theater sollte nun so beschaffen sein, daß es über alles verfügte, was nötig war, um auf einer riesigen Arena Kämpfe mit einer großen Zahl von Gladiatoren wie mit Scharen wilder Tiere zu inszenieren. Trotz gewaltiger Ausmaße sollte das Flavische Amphitheater nicht mehr wie das von Pompeii mit seiner Arena in die Erde eingelassen sein, sondern so wie die inzwischen entstandenen Theater für szenische Spiele, beispielsweise das Marcellus-Theater, sich in mehreren Stockwerken über der Erde erheben.

Vespasian also begann den Bau, dessen Architekt uns nicht bekannt ist, und führte ihn bis zum dritten Geschoß. Ein viertes fügte sein Sohn Titus hinzu. Dieser konnte das Gebäude 80 n. Chr. einweihen, auch wenn noch manches an der Innenausstattung zu verbessern war, was dann Domitian zufiel.

Das Gelände ,auf dem das Flavische Amphitheater erbaut wurde, gehörte ursprünglich zum Bereich der Domus Aurea. Nero hatte hier einen See angelegt, der zugeschüttet werden mußte, damit jenes Bauwerk errichtet werden konnte, über das sich im einzelnen folgendes sagen läßt:

Die Außenfront gliedert sich in vier Geschosse, von denen die drei unteren aus je achtzig Bogen bestehen, während sich das obere als geschlossene Attika darstellt, die nur von wenigen und verhältnismäßig kleinen Fenstern durchbrochen wird. Den Bogenpfeilern sind Halbsäulen vorgesetzt, und zwar im ersten Geschoß solche dorischer[40], im zweiten jonischer und im dritten korinthischer Ordnung. Ob die Annahme stimmt, daß in den Bogenöffnungen des zweiten und dritten Stockwerks Figuren gestanden haben, scheint fraglich, da man von solchen weder Reste noch Einlaßspuren für ihre Basen gefunden hat. Den Halbsäulen vor den Bogenpfeilern entsprechend ist die Attika durch Pilaster mit korinthischen Kapitellen gegliedert. Ursprünglich war sie in jenen Partien, die keine Fensterdurchbrüche aufweisen, mit goldbronzenen Schildern geziert. Im übrigen sind in ihre Wand zahlreiche Konsolen eingefügt. Diese hatten einst die Masten zu tragen, an denen die Sonnensegel befestigt waren, welche von Matrosen zum Schutz gegen die Hitze über den Zuschauern aufgespannt wurden (Abb. 67).

Das Innere des Flavischen Amphitheaters ist wesensgemäß durch die ovale Arena bestimmt. In ihr fanden die Gladiatorenkämpfe und die Tierhetzen statt. Es bestand auch die Möglichkeit, die Arena unter Wasser zu setzen und Seegefechte durchzuführen. Eine Schwierigkeit lag allerdings darin, daß unter der Arena alle möglichen Materialien und Requisiten aufbewahrt wurden und sich hier auch die Käfige der wilden Tiere befanden, was sich mit dem Einlassen von Wasser oft schlecht vertrug. Domitian, dem das Amphitheater aus verschiedenen Gründen für Seegefechte nicht geeignet schien, ließ sich, wie Sueton berichtet, »in der Nähe des Tibers, ein Bassin ausheben und Sitzreihen rundherum anlegen«. In dieser *naumachia,* wie man ein solches Seetheater

nennt, führte er Wasserschlachten durch, »an denen beinahe reguläre Flotten teil-
.nahmen«[41]. So wurde das Flavische Amphitheater für Seegefechte überflüssig. Man
konnte sich also ganz auf Gladiatorenkämpfe und Tierhetzen einstellen, und es geschah wohl in dieser Zeit, daß man die Räume unter der Arena ausbaute und mit
technisch gut durchkonstruierten Anlagen versah. Man entwickelte ein System von
geneigten Ebenen, Aufzügen und Falltüren, das es möglich machte, die wilden Tiere
schnell und gefahrlos in die Arena zu lassen und sie ebenso leicht wieder in ihre Käfige
zurückzubringen (Abb. 68).

Um die Arena herum war die *cavea*, der Zuschauerraum, angeordnet. Der Aufbau
begann mit einem fast vier Meter hohen *podium*. Hier saß die Prominenz. Dabei
waren dort, wo die Querachse verläuft, die Hauptlogen angelegt: auf der einen Seite
für den Kaiser, seine Familie, die Vestalinnen und Konsuln, auf der anderen Seite für
den Stadtpräfekten, die Magistrate und Priester. Durch eine *praecinctio*, eine Art
Gürtel, war das Podium vom ersten und dieser wieder vom zweiten Rang getrennt.
Dann folgte eine Mauer mit Türen und Fenstern. An sie schloß sich nach oben hin der
dritte Rang an, der wahrscheinlich für die Frauen bestimmt war. Den Abschluß bildete
schließlich eine Halle von Säulen mit korinthischen und Kompositkapitellen, in der es
vermutlich nur Stehplätze gab, die Leuten ohne Bürgerrecht und Sklaven zur Verfügung standen. Sicheres läßt sich über Anordnung und Bestimmung der Plätze im oberen
Teil der Cavea nicht aussagen, weil das aufgefundene Material dafür zu dürftig ist.

Wenn man bedenkt, daß das Colosseum eine Gesamthöhe von beinahe 50 m hat
und ungefähr 50 000 Menschen zu fassen vermochte, kann man ermessen, welche Bedeutung dem Trakt zwischen der Außenwand und dem Zuschauerraum zukam. Nicht
nur daß Korridore, Treppen und Zugänge in ihm so angelegt sein mußten, daß Ein-
und Auszug der Theaterbesucher schnell und reibungslos erfolgen konnten; dieser
Trakt hatte auch die ganze Last der besetzten Ränge zu tragen.

Es ist erstaunlich, zu sehen, wie der Architekt des Colosseums dieser Aufgabe gerecht geworden ist. Gänge, überdeckt mit Tonnen- oder Kreuzgewölben aus Gußwerk,
also römischem Beton, umlaufen in drei Geschossen den ganzen Bau. Sie werden in
den beiden unteren Geschossen von Gängen, die keilförmig auf den Zuschauerraum zu-
laufen und ihnen als Widerlager für den Schub nach innen dienen, gekreuzt. Die Verbindung zwischen den Stockwerken schaffen Treppen, die von steil ansteigenden Tonnengewölben aus Beton überdeckt werden.

Tragendes Element des Gesamtbauwerks sind 560 Travertinpfeiler, deren Quadern
durch Metalldübel verbunden waren, an die heute nur noch große Löcher erinnern,
weil sie der Ausräuberung des Colosseums in Mittelalter und Neuzeit zum Opfer fielen.
Im Grunde handelt es sich also um eine genau vorausberechnete Skelettkonstruktion,
die Methoden moderner Bautechnik vorwegnimmt. Durch sie war es auch möglich, die
Arbeiten in verhältnismäßig kurzer Zeit durchzuführen, weil an verschiedenen Stellen
begonnen und nach Fertigstellung des steinernen Gerüstes in mehreren Stockwerken
gleichzeitig gearbeitet werden konnte.

*Umgänge im ersten
Stock des Flavischen
Amphitheaters.
Außenring: Tonnen-
gewölbe, Innenring:
Kreuzgewölbe*

Im Zusammenhang mit dem Flavischen Amphitheater müssen auch die vier Kasernen erwähnt werden, die Domitian in seinem Umkreis für die Gladiatoren hatte errichten bzw. ausbauen lassen. Eine von ihnen – sie war schon von der Forma Urbis, dem Severischen Marmorplan, her bekannt – hat man etwa 60 m östlich vom Colosseum 1937 wiederentdeckt und in den sechziger Jahren ausgegraben. Die Forma Urbis nennt auch ihren Namen: *ludus magnus,* wobei ›ludus‹ soviel wie ›Schule‹ bedeutet. In der Tat war die Kaserne so angelegt, daß man noch an den Resten deutlich erkennt, daß sie als Gladiatorenschule diente.

Inmitten eines rechteckigen Kasernenkomplexes lag ein Hof und in diesem wieder eine kleine Arena, die von Sitzreihen umgeben war. Hier also übten sich die Gladiatoren für ihr gefährliches Spiel, von dem nun die Rede sein soll.

Gladiatorenkämpfe und Tierhetzen

In den Gladiatorenspielen offenbart sich ein erschreckend grausamer Zug des römischen Volkes. Die Zahl derer, die im Laufe der Jahrhunderte in den Arenen ihr Leben lassen mußten, geht in die Millionen. Immer und überall hat das Volk Vorliebe für Veranstaltungen, in denen es das prickelnde Gefühl verspürt, Leben bei außergewöhnlichen Leistungen in Gefahr zu sehen. Die Römer aber ergötzen sich am qualvollen Sterben Besiegter. Gewiß, es gab eine nicht zu unterschätzende Zahl derer, die das blutrünstige Spiel verabscheuten und dem Amphitheater fernblieben, so sie sich nicht aus gesellschaftlichen oder anderen Gründen gezwungen sahen hinzugehen. Es waren aber viele, denen der brutale Kampf in der Arena höchsten Genuß bereitete. Sie kamen aus den verschiedensten Ständen. Die Herrscher aber, freilich nicht alle, waren darauf bedacht, Nutzen aus der staatlich geförderten Grausamkeit zu ziehen. Sie wußten, daß auf Sensationen abgelenkte Menschen, deren unterschwellige Triebe befriedigt werden, willige Untertanen sind. Andererseits mag aber auch mancher grausam ermordete Kaiser ein Opfer von Emotionen gewesen sein, die er selbst genährt und für seine Zwecke genutzt hat.

Die *ludi gladiatorii* spielten sich in folgender Weise ab: Am Vorabend bekamen die Gladiatoren ein üppiges Festmahl vorgesetzt. Je nach Temperament schwelgten sie in allen Genüssen, die sich boten, oder sie waren maßvoll, um am nächsten Tag fit zu sein, oder aber sie brachten angesichts des Todes kaum einen Bissen hinunter.

Tags darauf begann das Spiel in der Arena mit einer Parade, die ein malerisches Bild bot. Die Gladiatoren zogen in Umhängen aus Purpur und Gold ein, während Diener ihre Waffen trugen. Vor der Hauptloge grüßten sie den Kaiser mit den berühmt gewordenen Worten: »*Ave, Caesar, morituri te salutant* – Heil dir Caesar (oder Imperator, wie es Sueton überliefert[42]), die Todgeweihten grüßen dich.« Dann wurden die Waffen geprüft, ob sie auch scharf genug waren, und das Spiel begann mit Scheingefechten. Der echte Kampf, zu dem die Gladiatoren einzeln oder in Scharen antraten, wurde durch eine schrille Musik von Trompeten, Hörnern und Flöten angekündigt. Die Kämpfer waren nicht in gleicher Weise bewaffnet. Die Retiarier beispielsweise erschienen halbnackt mit einem Netz, einem Dreizack und einem Dolch. Sie kämpften gegen Secutoren in Rüstung mit Visierhelm, Schild und Schwert. Wenn es ihnen gelang, diesen das Netz über den Kopf zu werfen, konnten sie sie abstechen, sonst wurden sie das Opfer von deren Schwertern. Es gab vielerlei Kombinationen; denn nach Vorbildern fremder Heere hatte man verschiedene Kämpfertypen entwickelt. Die bekanntesten waren die Samniten mit großen, viereckigen Schilden und kurzen Schwertern, die Thraker mit kleinen Rundschilden und gebogenen Schwertern und die Murmillonen, die auf der Helmspitze einen Fisch trugen und mit gallischen Waffen kämpften.

Eine gute Vorstellung von Ausrüstung und Kampfesweise der Gladiatoren vermitteln Mosaiken aus dem 4. Jahrhundert n. Chr., die man in der Nähe von Tusculum gefunden und in der Villa Borghese in Rom neu verlegt hat. Wenn sie auch nicht nur restauriert, sondern in einigen Partien abgewandelt wurden, ist ihr kulturhistorischer Wert doch erhalten geblieben (Abb. 69a und b).

In verschiedenen Kombinationen traten die Gladiatoren also an, um auf Leben und Tod miteinander zu kämpfen. Gebrauchten sie ihre Waffen zu zaghaft, so feuerte sie ein Instrukteur durch Zurufe an. Wenn es nichts half, ließ er seine Auspeitscher wild auf sie einschlagen. Auch die Menge begleitete den Kampf mit Zurufen, die zu wildem Geschrei ausarteten, wenn ein Gladiator seinen Gegner getötet hatte. Während der Sieger dann mit Goldstücken in Silberschalen belohnt wurde, kam ein Maskierter und schaffte den Leichnam des Besiegten fort. Die Maske war entweder die des Gottes Mercur, der hier als Hermes Psychopompos, als Seelengeleiter, auftrat, oder die des etruskischen Totengottes Charun, was auf die Herkunft der Spiele aus dem Etruskerland hindeutet.

Lag ein Besiegter verwundet am Boden, so konnte er mit erhobener linker Hand um Gnade flehen. Der Sieger wandte sich an den Kaiser und dieser zumeist wiederum an die Menge. Tücherschwenken bedeutete Begnadigung, das Wenden des Daumen nach unten Tod.

Da es Spiele gab, bei denen Tausende ihr Leben lassen mußten, war der Bedarf an Gladiatoren überaus groß. Verbrecher, Kriegsgefangene und Sklaven stellten die Heere der Todgeweihten. Es gab aber auch Männer, die freiwillig kamen, Abenteurer, die Geld und Ruhm in der Arena suchten; denn berühmte Gladiatoren genossen das Ansehen unserer Fußballhelden und wurden von Frauen und Mädchen angeschwärmt. Selbst Kaiser gingen in die Arena, mit besonderer Begeisterung Commodus. Er mußte selbstverständlich immer siegen und erntete damit viel Beifall und Geld. Makaber war es aber, daß man manchmal auch Zwerge oder Frauen kämpfen ließ. Letzteres wurde 200 n. Chr. schließlich verboten. Wer es durch viele Siege und manche Begnadigungen nach einer Niederlage erreicht hatte, daß er überlebte, der konnte eines Tages die *rudis* überreicht bekommen, ein Rapier als Freistab, der ihm anzeigte, daß er fortan ohne Gladiatorendienst in Freiheit leben dürfe.

Eine ebenso große Bedeutung wie die Gladiatorenspiele hatten die *venationes,* die Tierhetzen. Sie begannen im Jahre 186 v. Chr., als M. Fulvius Nobilior nach seinem Sieg über die Ätoler dem Volk eine Jagd auf Panther und Löwen vorführte. Je mehr Gebiete der Welt die Römer eroberten, um so mehr Tierarten lernten sie kennen, von denen sie viele Exemplare in die Heimat bringen ließen, um sie selbst und die Jagd auf sie in einer großangelegten Schau zu präsentieren. Diese fand anfangs im Circus statt, später gehörte sie zum festen Programm des Amphitheaters.

Bei einer Tierschau ging es zuerst einmal darum, zu zeigen, wie reich die einheimische und vor allem die exotische Fauna war. Was man vorführte, waren Elefanten, Löwen, Panther, Tiger, Bären, Stiere, Hirsche, Eber, Affen, Krokodile, Nilpferde, Giraffen, Strauße, Kraniche und noch manche anderen seltenen Exemplare der Tierwelt. Dabei liebte man es, wenn die Tiere geschmückt waren. Man hängte ihnen bunte Schärpen um oder goldene Platten, wenn man nicht sogar ihre Hörner und Mähnen vergoldete und große Vögel völlig mit einer auffälligen Farbe überzog.

Dann kam es darauf an, die Tiere für Kunststücke abzurichten. Römische Dompteure leisteten dabei Erstaunliches. Panther zogen Wagen, Affen ritten auf Hunden, Knaben tanzten auf dem Rücken von Stieren, Löwen fingen Hasen und ließen sie wieder laufen. Geradezu Märchenhaftes wird von der Dressur der Elefanten berichtet. Wie es heißt, grüßten sie durch Kniefall den Kaiser, sie tanzten, während einer von ihnen die Zimbeln schlug, sie verstanden sich auf den Seiltanz, trugen zu mehreren einen der ihren in der Sänfte und schrieben mit dem Rüssel Worte in den Sand.

Das alles befriedigte die Römer aber nicht. Sie wollten im Amphitheater Kämpfe sehen, weswegen man ihnen Tierschau und Dressuren zumeist nur als Einlagen bot. Das Wesentliche waren die Venationen. Bei diesen kämpften Bestien gegen Tiere oder gegen Menschen, wovon die schon erwähnten Mosaikdarstellungen in der Villa Borghese ebenfalls eine Vorstellung vermitteln (Abb. 69c und d). Es war ein grausiges Spiel, wenn Tiere verschiedenster Art unter Heulen und Brüllen aufeinander losgingen, bluteten und sich zerfleischten. Da war der Kampf zwischen Mensch und Tier noch erträglicher. Die Jäger – oft waren es Gladiatoren – taten dasselbe wie auf der Jagd, wenn sie mit Lanzen und Dolchen auf die Bestien losgingen. Mit Sand, Bäumen, Springbrunnen und allen möglichen Requisiten versuchte man, eine Zauberwelt der Natur in der Arena zu schaffen, in der sich der Kampf noch malerischer ausnahm. Oft ließ man die Tiere mit eigens abgerichteten Hunden jagen, deren beste man aus Britannien geholt hatte. Wollten sich die Jäger besonders hervortun, gingen sie mit Fäusten gegen die Bestien vor. Sie reizten sie auch, die Stiere beispielsweise mit roten Tüchern, wie wir es von den spanischen Stierkämpfen her kennen, die ja ein Überbleibsel der römischen Venationen sind. Ein unfairer Kampf war es allerdings, wenn Jäger von einem gesicherten Platz aus auf Tiere in der Arena mit Pfeilen schossen, bis sie brüllend und blutend verendeten, was auch Kaiser Commodus gern von seiner Loge aus tat.

Es gab indes nichts Furchtbareres als die Verurteilung von Verbrechern *ad bestias*. Wen dieses Urteil traf, der mußte – ob Mann, ob Frau – in die Arena eines Circus oder eines Amphitheaters. Dort wurde er entweder an einen Pfahl gefesselt oder er blieb ungebunden – oft noch mit einer Waffe, die ihm nichts nützte, in der Hand – und sah, wie man ausgehungerte Bestien auf ihn losließ. Es ist unvorstellbar, daß Menschen sich daran ergötzten, wie andere vor ihren Augen in Stücke gerissen wurden. Die als Bauwerke so imponierenden Amphitheater sind in Erinnerung an das, was in ihnen geschah, kein Denkmal römischer Größe.

5 Esquilin

Unter den Trajansthermen: Neros Domus Aurea

Unmittelbar hinter dem Colosseum nach Norden zu beginnt der Esquilin. Nur selten sprach man in der Antike vom *Esquilinus mons*, der gebräuchliche Name war *Esquiliae*. Das war einer der sieben Berge Roms, der eigentlich aus zwei Hügeln bestand: dem *Oppius* und dem *Cispius*, wobei man von ersterem den gegen die Subura geneigten Teil *Fagutal* und den zur Velia gerichteten *Carinae* nannte. Außerdem rechnete man das Gebiet zwischen der Servianischen und Aurelianischen Mauer zum Esquilin.

Das attraktivste Bauwerk des Oppius ist noch immer Neros *domus aurea*. Der Palast, der heute diesen Namen trägt, ist nur ein Teil, und zwar der Hauptbau, jener gewaltigen Palastanlage, die Nero als ›Goldenes Haus‹ bezeichnet hat. Wie bereits bei der Beschreibung des Palatins ausgeführt wurde, verband Nero die Kaiserbauten auf dem Palatin mit den ›Gärten des Maecenas‹ auf dem Esquilin zu einer einzigen Palastanlage, und zwar mittels eines ›Durchgangshauses‹, der *domus transitoria*. Zu dieser gehörten u. a. jene Räume, deren Reste unter dem Peristyl und dem Triclinium der Domus Flavia wiederausgegraben wurden, sowie ein Kuppelsaal unter dem Tempel der Venus und Roma. Als die Domus Transitoria durch die Feuersbrunst des Jahres 64 n. Chr. großenteils zerstört wurde, baute Nero von 64 bis 68 n. Chr. an ihrer Statt die Domus Aurea, die sich vom Palatin über Forum und Velia bis zum Oppius und Caelius ausdehnte. Es handelte sich um eine Riesenvilla, die aus einer Anzahl von Gebäuden bestand, zwischen denen Rasenflächen, Parks, Weinpflanzungen, Ländereien sowie Gehege mit zahmen und wilden Tieren angelegt waren. Auch ein See gehörte dazu, der später zugeschüttet und an dessen Stelle das Colosseum errichtet wurde. Nachdem bereits im Zusammenhang mit den palatinischen Bauten zitiert wurde, was Sueton über Neros pompöse Villenanlage schrieb, soll nachfolgend Tacitus angeführt werden.

»Nero benutzte die Zerstörung seiner Vaterstadt und erbaute sich ein Haus, in welchem nicht nur Edelsteine und Gold zu bewundern sein sollten – was ja längst etwas Gewöhnliches und durch Verschwendung schon gemein geworden war –, sondern auch Auen und Teiche und wie in einsamen Gegenden Wälder, Freigelände und Ausblicke. Er tat es unter der Leitung und nach Angaben von Severus und Celer, die Einfallsreichtum und Kühnheit besaßen, selbst das, was die Natur verweigert hatte, durch Kunst zu versuchen . . .«[43]

Von dieser Villenanlage ist im gegenwärtigen Rom selbstverständlich nichts mehr zu finden. Erhalten blieb aber der Hauptbau, der heute den Namen ›Domus Aurea‹ trägt. Doch auch er ist nur noch teilweise vorhanden. Das Vestibül, das auf der Velia lag, wurde zugeschüttet, als Hadrian den Tempel der Venus und Roma darüber errichtete. Die in ihm aufgestellte, 35 m hohe, goldbronzene Kolossalfigur Neros wurde auf den

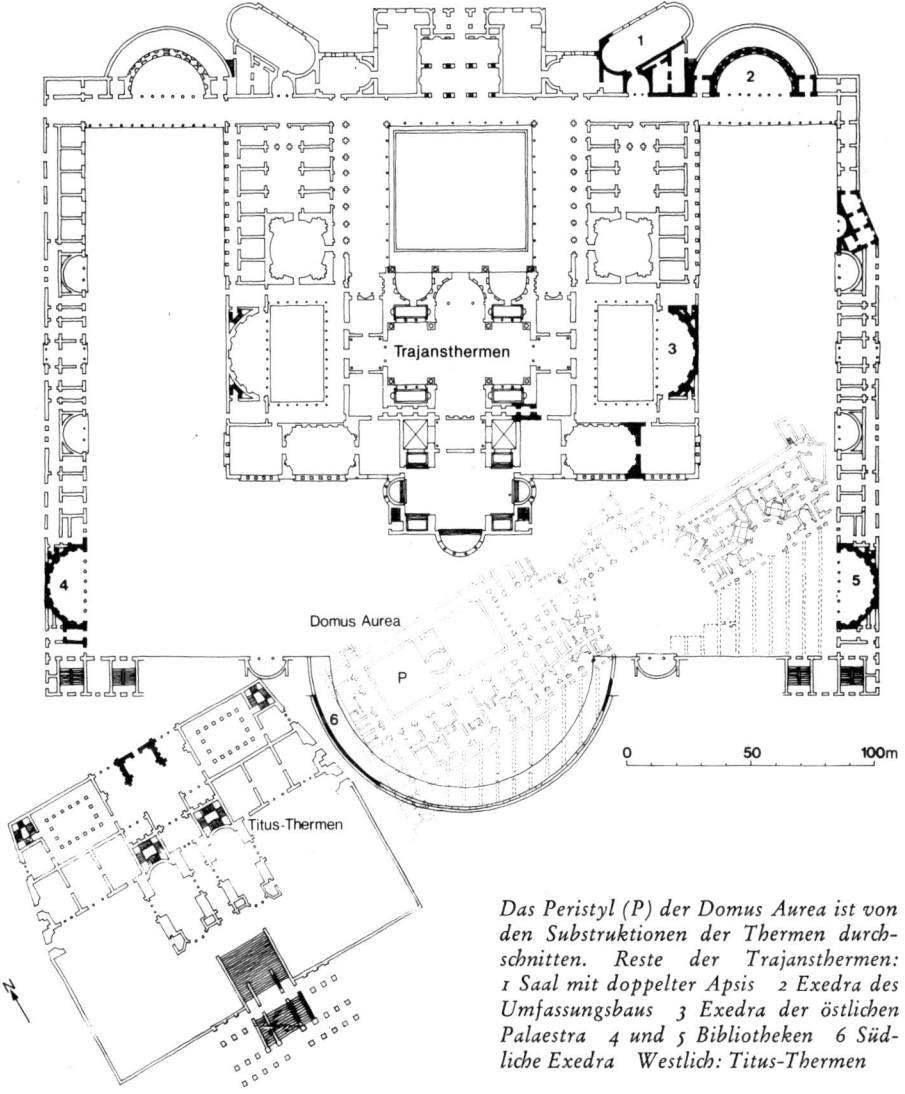

Trajansthermen

Domus Aurea

P

6

Titus-Thermen

0   50   100m

Das Peristyl (P) der Domus Aurea ist von den Substruktionen der Thermen durchschnitten. Reste der Trajansthermen: 1 Saal mit doppelter Apsis 2 Exedra des Umfassungsbaus 3 Exedra der östlichen Palaestra 4 und 5 Bibliotheken 6 Südliche Exedra Westlich: Titus-Thermen

Die Domus Aurea unter den Trajansthermen

Platz vor dem Flavischen Amphitheater am Ende der heutigen Via dei Fori Imperiali gebracht, wo noch bis 1936 das übriggebliebene Fundament an sie erinnerte. Doch schon vor Hadrian begann es mit den Zerstörungen. Vespasian stellte die Arbeiten an der bei Neros Tod noch nicht vollendeten Domus Aurea ein und beseitigte Teile der Villenanlage, um eigene Bauten wie das Colosseum an ihre Stelle zu setzen. Die schönsten Kunstwerke ließ er in andere Gebäude, vor allem in den Friedenstempel seines neugebauten Forums bringen. Als nun noch 104 n. Chr. ein Feuer an der Domus Aurea viel Schaden verursachte, hatte Trajan keine Bedenken mehr, auf dem Hauptbau seine Thermen zu errichten.

Erst in der Renaissance entdeckte man die mit Schutt angefüllten Säle des Hauptbaus wieder. Man nannte sie ganz einfach ›Grotten‹; denn in den vielen dunklen, feuchtkalten Räumen, die teilweise von den Substruktionen der Trajansthermen durchschnitten sind, hat man tatsächlich – auch heute noch – den Eindruck, durch Grotten zu gehen. Erst wenn man sich Suetons Bericht[44] ins Gedächtnis ruft, kann man sich vorstellen, daß hier einst ein Palast mit Dekorationen in Gold, Edelsteinen und Perlmutter stand, daß die Speisesäle elfenbeingetäfelte, bewegliche Plafonds besaßen, durch die man Blumen und Parfüm herabregnen lassen konnte, ja daß der Hauptspeisesaal unter einer Decke lag, die sich wie das Weltall drehte. Wenn man dazu noch bedenkt, daß die jetzt großenteils dunklen, kellerhaft wirkenden Räume vor ihrer Überbauung durch die Trajansthermen trotz weniger Fenster in hellerem Licht lagen, vermag man auch die noch erhaltenen Gemächer sich so vorzustellen, wie sie einst wirkten. Da gibt es u. a. noch ein Peristyl, ein Nymphäum, zwei Cryptoportiken, einen achteckigen Kuppelsaal (Abb. 73), Sanktuarien sowie viele Räume – einige mit Apsiden oder Alkoven –, die mit schönen und interessanten Wandmalereien ausgestattet sind. Diese hatten es schon den Künstlern der Renaissancezeit angetan, so daß sie sich die Fresken der ›Grotten‹ zum Vorbild nahmen und Bilder solcher Art als ›Grotesken‹ bezeichneten.

Die Malereien der Domus Transitoria und der Domus Aurea haben an der Begründung des vierten pompejanischen Stils einen ganz wesentlichen Anteil (Abb. 71). Es scheint, als gehe auch dieser nach Pompeii benannte Stil auf Rom zurück. Während beim zweiten Stil, von dem im Zusammenhang mit dem Palatin die Rede war, der Raum mittels der perspektivischen Architekturmalerei und der gemalten Ausblicke nach draußen illusionistisch erweitert wurde, malte man im dritten Stil, der in der Zeit des Augustus begann, wieder geschlossene Wände. Dabei wurde die Mitte dieser Wände mit Bildern bemalt, die aber nicht wie in der Endphase des zweiten Stils dazu bestimmt waren, den Raum in seinen Hintergrund hinein zu durchbrechen. Sie sollten eher wie an der Wand aufgehängte, gerahmte Bilder wirken. Ähnliches kennt auch der vierte Stil noch, so daß sich auf vielen Wänden der Domus Aurea fest geschlossene Felder finden, deren Mitte mit Bildern – zumeist Landschaftsbildern in impressionistischer Manier – bemalt ist.

Daneben gibt es aber auch Felder, auf denen sich die Wand wieder scheinbar öffnet, so daß durch perspektivisch gemalte Architekturen hindurch der Himmel sichtbar wird. Man könnte also denken, es handle sich um einen Rückgriff auf den zweiten Stil. Während bei diesem jedoch die Illusion erweckt werden sollte, das Zimmer sei durch eine Architektur erweitert, durch die hindurch oder über die hinweg man ins Freie blickt, beläßt man im vierten Stil die Wand als Wand und öffnet nur eine Anzahl von

Feldern durch eine Illusionsmalerei, und zwar so, wie es einem gefällt und in den Sinn kommt. Man will nicht konsequent Architektur vortäuschen, sondern mit malerischen Möglichkeiten sein Spiel treiben und der Phantasie freien Lauf lassen.

Das Spielerische und Phantastische gehört überhaupt zum vierten Stil (Abb. 70). Wände und Gewölbe der Domus Aurea zeigen vielerlei verspieltes und phantastisches Ornament: Schalen, Kandelaber, Masken, Widder, Vögel, Delphine, Hippokampen, Meerdämonen, Blütenstengel und dergleichen mehr. All dieses ist mit leichter Hand gemalt und von hauchdünnen Linien und zarten Ranken umrahmt. Zierlich, locker, schwerelos und unirdisch erscheint diese Malerei, auf daß sie den Betrachter bezaubert und aus der Wirklichkeit in das Reich der Phantasie entführt.

So bergen die dunklen Räume der Domus Aurea äußerst reizvolle Wandmalereien, die dem Betrachter den Zugang zum sogenannten vierten pompejanischen Stil eröffnen. Es soll dabei nicht vergessen werden, des Künstlers zu gedenken, von dem überliefert ist, daß »von ihm sonst nicht viele Stücke zu finden« seien, weil das Goldene Haus zum »Kerker seiner Kunst« geworden sei.[45] Der Name dieses Mannes, der vor lauter Würde stets in der Toga gemalt habe, wird als Famulus, Amulius oder Fabullus – letzteres dürfte zutreffen – überliefert.

Über der Domus Aurea errichtete, wie bereits erwähnt, Trajan seine Thermen. Schon Titus hatte auf dem Gelände von Neros Goldenem Haus eine Badeanstalt gebaut, die er gleichzeitig mit dem Flavischen Amphitheater im Jahre 80 n. Chr. einweihte. Von ihr ist kaum noch etwas erhalten.

Die Thermen Trajans haben weit größere Ausmaße als die des Titus. Auch von ihnen ist nicht sonderlich viel übriggeblieben. Doch das, was noch dasteht, zeugt von einer imponierenden Anlage, die Apollodoros von Damaskos geschaffen hat. Es sind Reste von Exedren, Sälen und Bibliotheken und dazu – östlich in einigem Abstand – ein Wasserreservoir mit neun kommunizierenden Kammern, das heute den Namen ›Sette Sale‹ trägt.

Fresken, Gärten und Nymphäen

Der Bereich des Cispius, des zweiten Esquilin-Hügels, erstreckte sich ungefähr von der Gabelung der heutigen Via Cavour und der Via Giovanni Lanza bis zum Vorplatz des Bahnhofs Termini. Unter den modernen Wohnhäusern fand man nur spärliche Reste der antiken; doch wo man etwas fand, war es kunstgeschichtlich oft von großer Bedeutung.

So entdeckte man an der Via Cavour zwischen der Via Sforza und der Via Quattro Cantoni ein Gebäude aus der Zeit der späten Republik mit Fresken, die in der Geschichte der Wandmalerei einen bevorzugten Platz einnehmen. Mit ihnen beginnt die abendländische Landschaftsmalerei (Farbabb. 14; Abb. 72).

Die Fresken haben die Irrfahrten des Odysseus zum Gegenstand, und zwar Szenen, die sich in Landschaften abspielen. Dabei sind diese perspektivisch erfaßt und weisen eine erstaunliche räumliche Tiefe auf. Ganz impressionistisch gemalt, tragen die um 40 v. Chr. entstandenen Landschaftsdarstellungen, die auf hellenistische Vorbilder zurückgehen, Züge des sogenannten zweiten pompejanischen Stils. Die Esquilinfresken befinden sich in den Vatikanischen Museen, und zwar im ›Saal der Aldobrandinischen Hochzeit‹. Bei dieser, die nach dem Kardinal Aldobrandini benannt ist, in dessen Besitz sie lange war, handelt es sich um ein Fresko aus augusteischer Zeit, das ein Brautgemach und die Vorbereitung einer Braut auf die Hochzeit zeigt (Farbabb. 15).

Das Gebiet zwischen der Servianischen und der Aurelianischen Mauer gehört ebenfalls zum Esquilin. Hier befanden sich vor allem monumentale Gärten, also Luxusvillen, der Aristokratie. Es beginnt mit den ›Gärten des Maecenas‹, die beiderseits der alten Servianischen Mauer angelegt waren. Ursprünglich diente der ganze Bereich als Begräbnisstätte, was Horaz in seinen Satiren (1, 8, 14–16) in die Worte faßt: »Nun kann man hier auf dem Esquilin gesund wohnen und auf dem Wall in der Sonne spazierengehen, wo unlängst noch ein häßlicher Acker mit bleichen Knochen einen tristen Anblick bot.« Von den Gärten des Maecenas, der ein Freund des Augustus war und sich als Förderer der Dichter verdient gemacht hat (daher unser Name ›Mäzen‹), ist nicht mehr übriggeblieben als ein Gebäude aus der Zeit um 40 bis 35 v. Chr., das man an der Via Merulana in der Höhe der Via Leopardi findet (Abb. 75). Das Bauwerk besteht in einem lang gestreckten Saal, der in eine Apsis ausläuft, in die sieben konzentrische Stufen eingefügt sind. Wegen dieser Form, die an einen Vortragssaal denken läßt, hat man den Raum ›Auditorium des Maecenas‹ genannt. Es handelt sich aber um ein Nymphäum, das zum erholsamen Aufenthalt bestimmt war. Über die Stufen floß Wasser, und die vielen Nischen in den Wänden eröffneten gleichsam den Blick in den Garten durch eine illusionistische Gartenmalerei in der Art des sogenannten zweiten pompejanischen Stils, von der noch Reste vorhanden sind.

Nach dem Testament des Maecenas kamen seine Gärten in den Besitz des Augustus und wurden damit kaiserliche Domäne. Es gab aber auf dem Esquilin noch eine ganze Anzahl monumentaler Gärten. Auch sie gehörten den Kaisern, nachdem sie zuvor zumeist Eigentum wohlhabender Familien waren, woran noch ihre Namen erinnern. Sie waren nicht selten dadurch zu kaiserlichen Domänen geworden, daß die Herrscher die Besitzer, so sie in Ungnade gefallen waren, umbringen und enteignen ließen.

Von den antiken Anlagen findet man im Häusermeer des heutigen Esquilin nur noch wenig. Ausgegrabene Plastiken wurden in die Museen gebracht, von Architekturruinen sind vor allem zwei interessant. Bei der einen handelt es sich um das *nymphaeum aquae Iuliae*, das auf der heutigen Piazza Vittorio Emanuele II steht. Es wurde als gewaltiger Brunnen, der die Wasser der Aqua Iulia aufnahm, gebaut, und zwar zur Zeit des Alexander Severus, also zwischen 222 und 235 n. Chr. Über dem Wasserbecken erhebt sich ein Aufbau mit einer Mittelapsis und zwei seitlichen Bogenöffnungen, von denen nur noch ein Rest geblieben ist. In ihnen standen ursprünglich Trophäen von einem Siegesdenkmal Domitians, die, wie bereits erwähnt, in der Barockzeit auf das Kapitol gebracht wurden. Da man früher glaubte, diese Trophäen hätten einem Monument zu Ehren des Kimbernsiegers Marius zugehört, heißt das ehemalige Nymphäum in Rom noch heute ›Trofei di Mario‹.

Die zweite Ruine befindet sich an der Via Giovanni Giolitti, nicht weit von der Porta Maggiore. Der Bau stand einst inmitten der *horti Liciniani,* die zu den Palastbauten des von 253 bis 268 n. Chr. regierenden Kaisers Gallienus gehörten, dessen voller Name lautete: P. *Licinius* Egnatius Gallienus. Das Gebäude, das vor drei Jahrhunderten fälschlicherweise als Tempel der Minerva bezeichnet wurde und noch heute als Tempio di Minerva Medica in allen Stadtplänen geführt wird, gehört zu Roms interessantesten Zentralbauten (Abb. 74a und b). Ein zehneckiger Bau, der in seinem unteren Teil durch neun Nischen ausgehöhlt und im oberen mittels eines Fenstergadens durchbrochen ist, trägt eine Kuppel, die aus zehn radialen Ziegelnervaturen besteht, welche durch leichtes Gußwerk miteinander verbunden sind. Dabei schaffen verschliffene Zwickel die Verbindung von Zehnecken und Gewölbeansatz.

Man fragt sich, wann und zu welchem Zweck der vermeintliche Tempel errichtet wurde. Während man es früher für wahrscheinlich hielt, daß er in der Zeit des Gallienus entstand, meint man nach neueren Forschungen, er sei erst um 320 n. Chr. in den Licinischen Gärten erbaut worden. Was den Verwendungszweck angeht, so denkt man an ein Nymphäum. Ernest Nash vermutet aber sicher richtig, daß dieser Monumentalbau »eher eine Halle für zeremonielle Empfänge«[46] war. Allerdings scheinen Nymphäen angebaut worden zu sein, was Friedrich Rakob folgendermaßen erklärt: »Obwohl massive Mauervorlagen zwischen den Fenstern den Obergaden verstreben, mußte der Kuppelraum wohl bald nach seiner Vollendung mit Strebepfeilern und Anbauten konsolidiert werden. An der Nordfront wurde dem Eingang ein biapsidales Vestibül vorgelegt und der Raum in der Querachse, hinter den westlichen und östlichen mit Bogenfenstern geöffneten Nischenpaaren, durch Nymphäen erweitert.«[47]

Mit dem Namen des Gallienus sind nicht nur die Licinischen Gärten verbunden, sondern auch ein Bogen, der heute die beiden Seiten der Via di S. Vito miteinander verbindet. Allerdings ist nur noch der Mitteldurchgang des ehemals dreitorigen Bogens übriggeblieben. Schön in seiner klassischen Einfachheit, stammt er aus dem 1. Jahrhundert n. Chr. und weist Ähnlichkeit mit dem Augustus-Bogen auf dem Forum Romanum auf. Ursprünglich stand an seiner Stelle die alte Porta Esquilina, die zur Servianischen Stadtmauer gehörte. Wenn der Torbau heute als Gallienus-Bogen gilt, dann deshalb, weil er im 3. Jahrhundert n. Chr. von einem gewissen M. Aurelius Victor durch Änderung der Widmungsinschrift in einen Ehrenbogen des Kaisers Gallienus und seiner Gemahlin Salonina umgewandelt wurde.

Bauwerke des Elagabal und der Helena

Im östlichen Teil des Esquilins befinden sich jene Gärten, die als *horti Spei Veteris* oder als *horti Variani* bezeichnet wurden. Beide Namen haben ihre Berechtigung. Es gab nämlich in diesem Bereich ehemals einen Tempel der *Spes Vetus*, der 477 v. Chr. nach einem Sieg der Römer über die Etrusker erbaut worden war. Und ›Variani‹ weist auf Kaiser Elagabal hin, den wir unter dem Namen des von ihm verehrten Gottes kennen, der aber *Varius* Avitus hieß und als Kaiser, also von 218 bis 222 n. Chr., M. Aurelius Antoninus genannt wurde. Der Familie der Varii, aus der Elagabal stammte, und damit ihm gehörten die Horti, von denen es heißt, daß sie die Ausmaße der Domus Aurea oder der Hadriansvilla bei Tivoli gehabt hätten.

Reste einiger Bauwerke aus diesen Gärten sind noch vorhanden, und zwar solche eines kleinen Amphitheaters, eines Circus, eines Palastes und eines Badehauses. Das Amphitheater aus der Zeit Elagabals wurde etwa ein halbes Jahrhundert später in die Stadtmauern Aurelians eingefügt, zu welchem Zweck die offenen Bogen des Außenbaus zugemauert werden mußten, wie man es heute noch sehen kann. Das Theater ist uns unter dem Namen *amphitheatrum castrense* (Abb. 76) bekannt. Der Circus Varianus, in dem Elagabal Wagenrennen veranstaltete, wurde von der Aurelianischen Mauer sogar durchschnitten. Wiederausgegraben hat man Teile der Langseiten diesseits der Aurelianischen Mauer und Sitzreihenfundamente jenseits von ihr.

Vom Palast indes – der als *Sessorium* oder *palatium Sessorianum* bezeichnet wird – ist ein beachtlicher Teil in der Kirche S. Croce in Gerusalemme erhalten. Als die Kaiserin Helena zu Beginn des 4. Jahrhunderts Herrin des Palastes war, ließ sie für die aus Jerusalem überführten vermeintlichen Reliquien des heiligen Kreuzes durch ihren Sohn Konstantin das von Elagabal erbaute Atrium seines Palastes in eine Kirche verwandeln. Darum auch ist deren ursprünglicher Name: Basilica Sessoriana. Nordöstlich von der Kirche findet man noch die imponierende Rückwand und Apsis eines Gebäudes, das man früher für einen Tempel von Venus und Cupido gehalten hat. Doch auch dieses gehörte zum Palast, allerdings erst zu den Sessoriumbauten der Helenazeit.

Nach Helena sind auch die Thermen benannt, die heute unter den Häusern an der Via Sommeiller begraben liegen und von denen nur noch das Wasserreservoir, das aus der Wasserleitung des Alexander Severus gespeist wurde, sichtbar ist. Sie hatten ihren Platz schon in den Gärten der Elagabal, waren aber von Helena nach einem Brand wiederhergestellt worden. So steht der östliche Teil des Esquilin ganz im Zeichen der Spätantike.

6 Viminal

Aus der Antike blieben zwei Thermen

Nach Nordwesten zu schließt sich an den Esquilin der Viminal an. Er erstreckt sich vom Argiletum bis zu den Diokletiansthermen. *Vimen* heißt im Lateinischen ›Weidengebüsch‹, und so könnte der Name *Viminal* von Weidenbüschen herrühren, die in früher Zeit hier gestanden haben. Damit hängt auch zusammen, daß der auf diesem Hügel verehrte höchste Gott Iuppiter Viminus genannt wurde.

Aus der Antike ist auf diesem Hügel nicht viel übriggeblieben. Im Grunde sind es nur zwei Thermen, die eine aus dem 2., die andere aus dem beginnenden 4. Jahrhundert n. Chr. Die ältere der beiden Thermen verbirgt sich mit ihren Resten in der Kirche S. Pudenziana an der Via Urbana. Hier hatte nach christlicher Überlieferung der Senator Pudens sein Haus, in dem der Apostel Petrus verkehrt haben soll. Novatus und Timotheus, die Söhne des Senators, bauten auf diesem Gelände Thermen. Die Archäologen haben in dem Bereich mehrfach gegraben. Was sie fanden, waren Reste von Mauern und Mosaiken aus spätrepublikanischer Zeit, dazu Räume aus der Ära Hadrians und Überreste von Thermen aus der Mitte des 2. Jahrhunderts. In einen der Thermensäle wurde im 4. Jahrhundert n. Chr. die Kirche S. Pudenziana hineingebaut. Ausgrabungen brachten Reste von Bädern und Nymphäen unter dem Kirchenfußboden zum Vorschein. Der nordwestliche Teil des Thermensaales ist noch von der Via Balbo aus zu besichtigen. Doch was man von diesen *thermae Novatianae sive Timotheanae*, wie sie heißen, gefunden hat, ist reichlich fragmentarisch.

Anders verhält es sich mit jenen Thermenanlagen, die im beginnenden 4. Jahrhundert n. Chr. in Betrieb genommen sind: den Diokletiansthermen. Obwohl sie jahrhundertelang als Steinbruch benutzt wurden, ist noch erstaunlich viel von ihnen erhalten, nicht zuletzt dadurch, daß im 16. Jahrhundert ein Karthäuserkloster in die Ruine hineingebaut und das noch gut erhaltene Frigidarium von Michelangelo in die Kirche S. Maria degli Angeli verwandelt wurde. Nach Freilegungs- und Restaurationsarbeiten im ausgehenden 19. Jahrhundert hat man das Museo Nazionale Romano im Karthäuserkloster und in den wiedergewonnenen Teilen der antiken Badeanstalt eingerichtet, weswegen es auch den Namen ›Thermenmuseum‹ trägt.

Um die Wende zum 4. Jahrhundert war eine große Badeanstalt im Nordosten Roms zu einer Notwendigkeit geworden. Wie wir durch Funde und anschließende Ausgrabungen anläßlich der Umgestaltung des römischen Hauptbahnhofs vor 1950 wissen, gab es in diesem Gebiet private, aber für die allgemeine Benutzung eingerichtete Thermen aus dem 2. Jahrhundert n. Chr., die viel zu klein waren, um den Anforderungen der ständig anwachsenden Bevölkerung in diesem Stadtteil zu genügen. So begann Maximianus, der Mitaugustus von Diokletian, 298 n. Chr. mit dem Bau von Thermen im nordöstlichen Teil des Viminal und weihte sie zwischen 305 und 306 ein, indem er

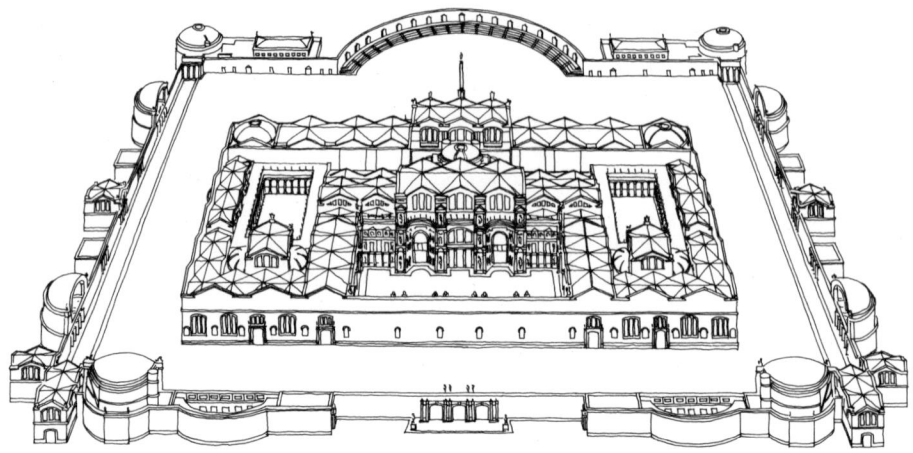

Rekonstruktion der Diokletiansthermen. Nach Paulin

Grundriß der Diokletiansthermen, eingezeichnet in den heutigen Stadtplan
A Tepidarium   B Palaestra   c Planetarium   d S. Bernardo   e S. Maria degli Angeli

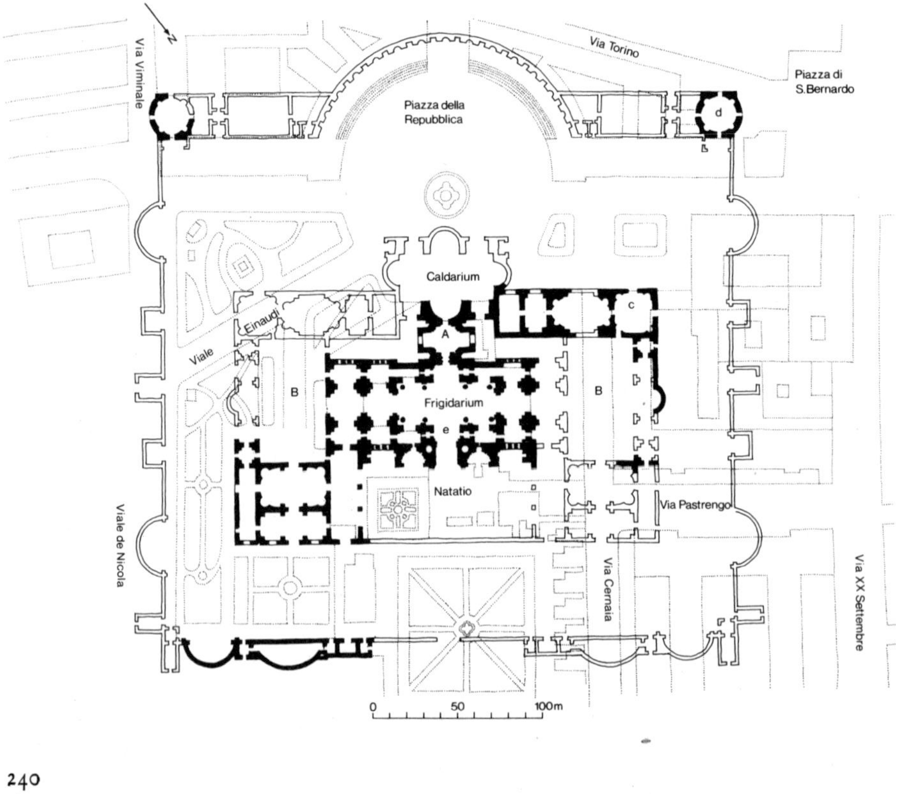

75 Sogenanntes Auditorium des Maecenas. Esquilin
76 Amphitheatrum Castrense, Sessorium und Thermen der Helena. Rekonstruktion. Museo della Civiltà Romana

77 Diokletiansthermen und Piazza dell'Esedra (heute: della Repubblica)

78 Wandmalerei mit Mithras-Szenen. Mithraeum beim Palazzo Barberini. Quirinal

79 Das Marsfeld in Rekonstruktion. Museo della Civiltà Romana

80 Straßenzüge im heutigen Rom, die den Verlauf des Pompeius-Theaters erkennen lassen

81 a Der Apollo-Tempel am Marcellus-Theater
    b Triumphzug. Marmorfries aus dem Innern des Apollo-Tempels. Konservatorenpalast

82
Ara Pacis Augustae
a Nachbildung des
neuzusammen-
gesetzten Altars
b Erdgöttin Tellus
c Priester, Opfer-
diener und Jüng-
linge mit Opfer-
tieren im Festzug

a

b

c

82   d Detail aus dem Prozessionszug der Ara Pacis Augustae

83   Mausoleum des Augustus
84   Stadium Domitians. a Wie es in der Piazza Navona fortlebt   b Wie es in der Antike ausgesehen
     hat (Rekonstruktion)

85 Pantheon

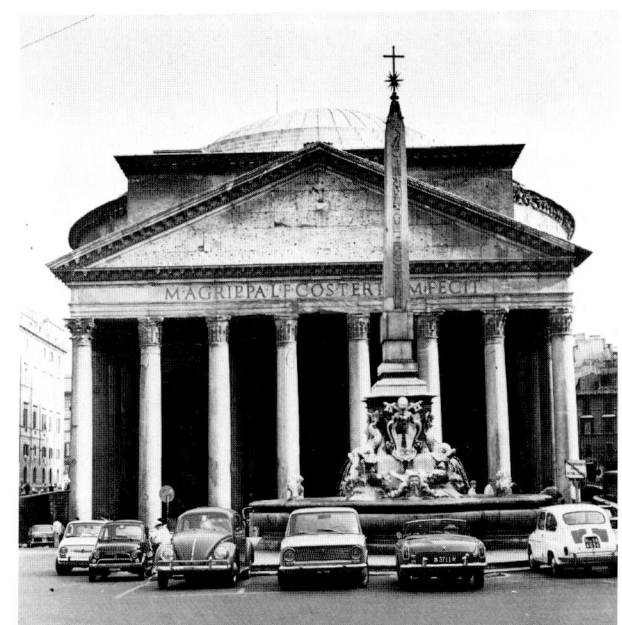

86 Pantheon. Innenraum in Form der späteren christlichen Kirche. Stich von Domenico Amici

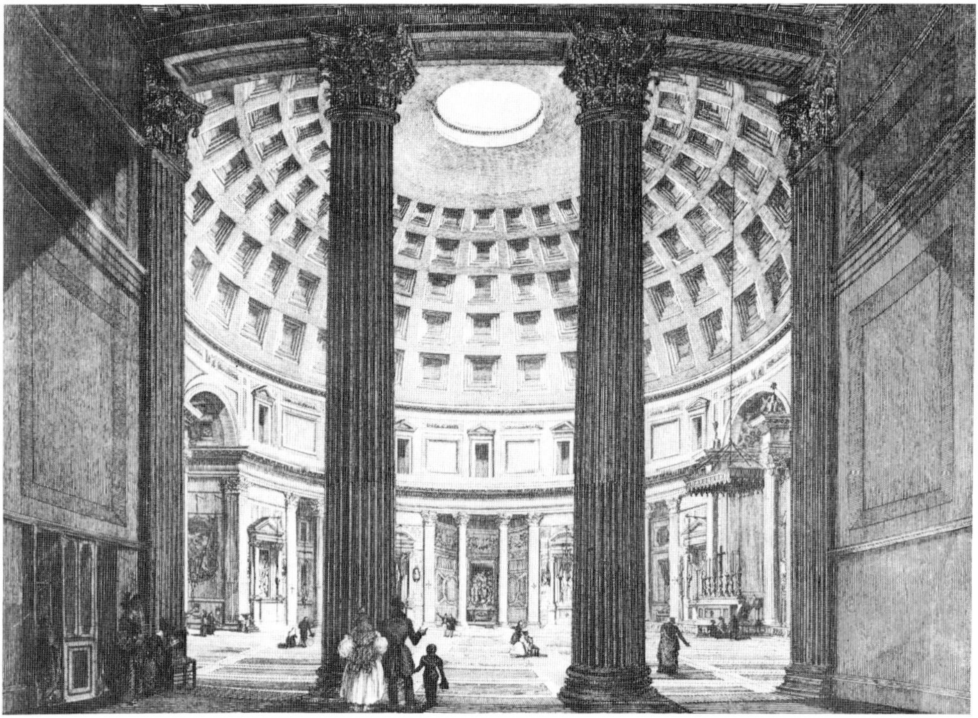

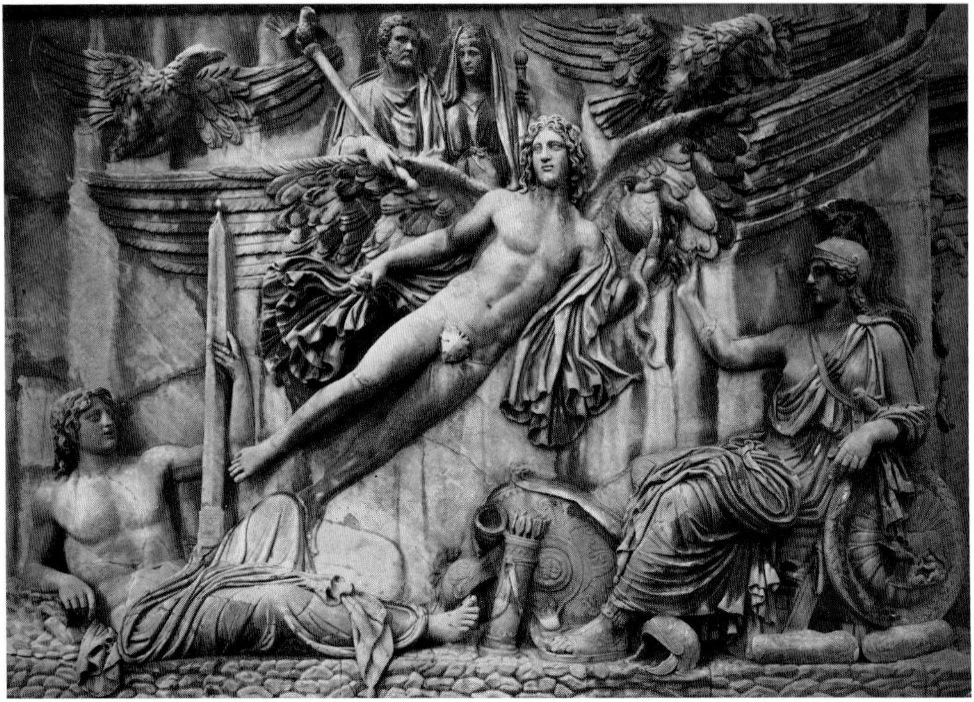

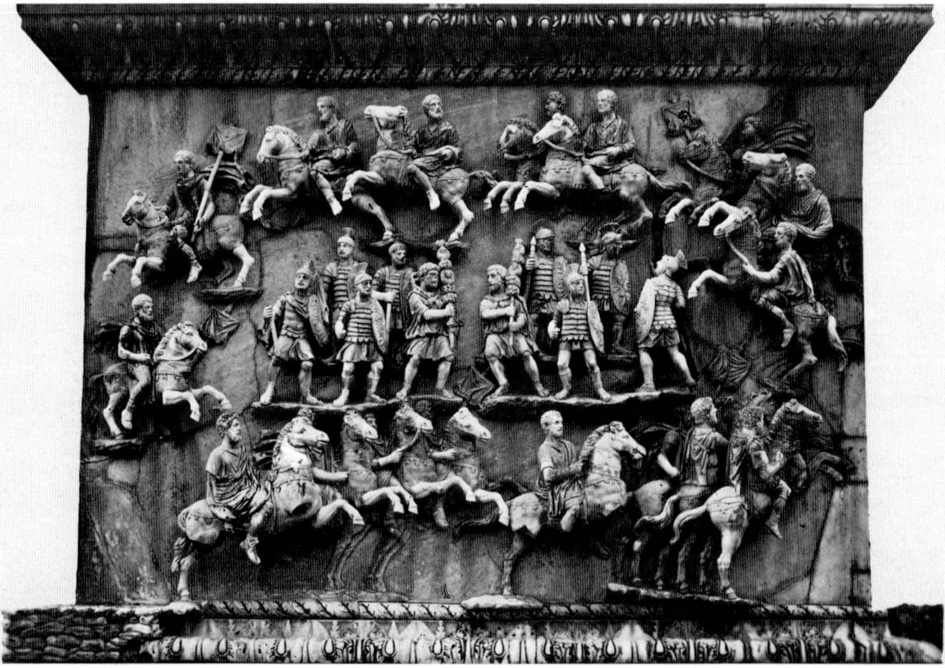

88 Konsekration der Sabina. Relief vom
›Arco di Portogallo‹. Konservatorenpalast

◁ 87 Reliefs vom Sockel der Säule des Antoninus Pius. Vatikan. a Konsekration
des Antoninus Pius und der Faustina
b Totenparade

89 Hinrichtungsszene. Relief von der Säule
des Marc Aurel

90 Säule des Marc Aurel

91 Porta Latina ▷

92 Porta Praenestina (heute ▷
    Porta Maggiore)

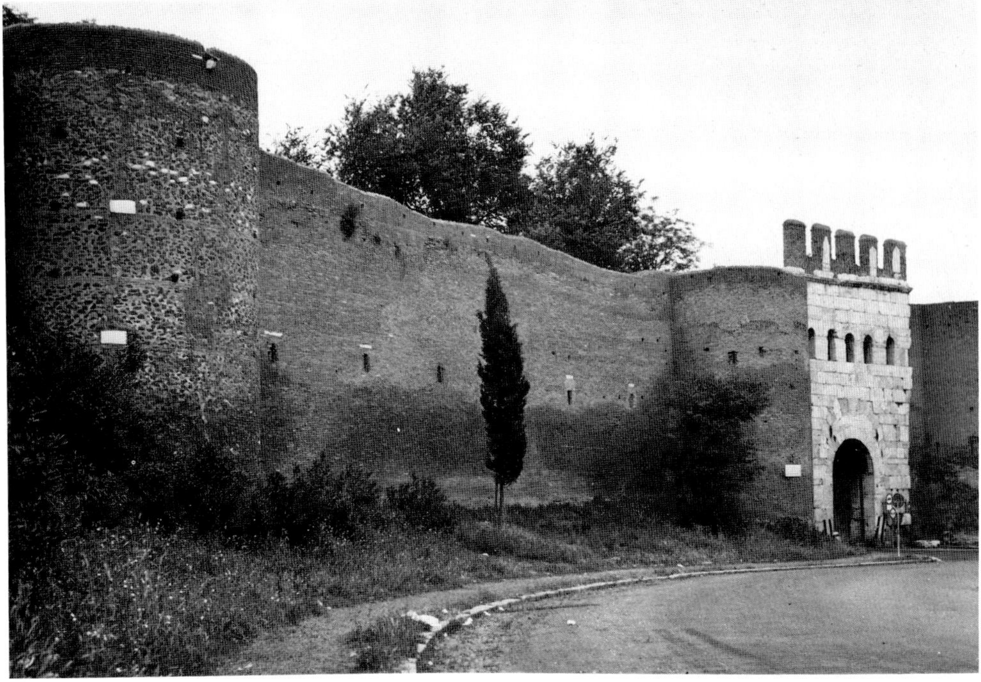

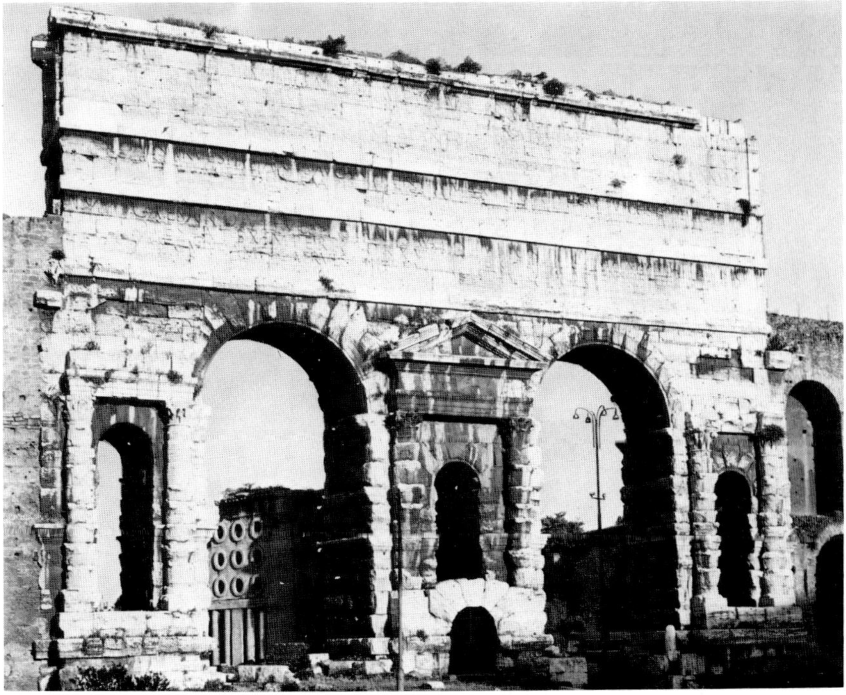

94 Sarkophag des L. Cornelius Scipio Barbatus aus der Grabstätte der Scipionen. Vatikanische Museen

◁ 93 Neupythagoreische Basilika vor der Porta Praenestina

95 Columbarium neben der Grabstätte der Scipionen. Via di Porta S. Sebastiano, die in der Antike zur Via Appia gehörte

96 Idol aus dem Tempel des Iuppiter Heliopolitanus. Thermenmuseum

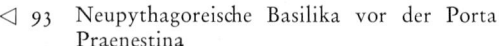

97 Columbarium des Pomponius Hylas. Zwischen Via di Porta S. Sebastiano und Via di Porta Latina

98 Grabmal des Eurysaces bei der
Porta Praenestina

99 Cestius-Pyramide an der
Porta Ostiensis

ihnen, wie es in der Widmungsinschrift heißt, »den Namen seines Bruders Diocletianus Augustus gab«. Die Inschrift rühmt Größe, Großartigkeit und Ausstattung des gewaltigen Gebäudes; und tatsächlich gab es in der ganzen antiken Welt keinerlei Thermen von solchen Ausmaßen und solcher Vollendung. Nicht, daß hier ein neuer Baugedanke verwirklicht worden wäre, das Schema ist das gleiche, das in den Thermen Trajans grundgelegt und in denen Caracallas zu wahrer Monumentalität entwickelt wurde. Es handelt sich vielmehr um eine noch größere Prachtentfaltung bei der Ausstattung und um eine weitere Steigerung der Ausmaße. In den Diokletiansthermen konnten 3000 Personen gleichzeitig baden.

Wie der Grundriß zeigt, lag der Eingang im Nordosten. Die Mittelachse teilte – so wie bei den Thermen des Trajan und des Caracalla – die Gesamtanlage in zwei spiegelbildgleiche Seiten. Auch die Anordnung der Räume erfolgte nach gewohntem Schema. An die Natatio, die Schwimmanlage unter freiem Himmel, die unvorstellbar prächtig gewesen sein muß, schloß sich das Frigidarium an, die Halle mit Kaltwasserbassins. Wir haben noch heute eine gute Vorstellung vom Frigidarium, weil Michelangelo bei dessen Umwandlung in die Kirche S. Maria degli Angeli die bauliche Substanz belassen hat. Auch das zu einem Rund geformte Achteck des verhältnismäßig kleinen Tepidariums ist noch in jenem Kuppelsaal erhalten, der für S. Maria degli Angeli den Vorraum bildet. Der zu einer Apsis geformte Eingang der Kirche indes gehörte zum Caldarium. Von diesem Raum der heißen Bäder ist allerdings sonst nichts mehr erhalten geblieben. Das Caldarium der Diokletiansthermen war nicht wie das der Caracalla-Thermen rund, sondern viereckig und an jeder Seite mit einer Apsis ausgestattet.

Vom Umfassungsbau sind nur einige beachtliche Reste erhalten. Doch auch dort, wo nichts stehenblieb, läßt die heutige Bebauung die alte Anlage noch deutlich erkennen. Bestes Beispiel ist die in Piazza della Repubblica umbenannte Piazza dell' Esedra, deren gewaltiges Halbrund der Exedra des Umfassungsbaus genau entspricht, von der aus die Badegäste dem Spiel der Sportfreudigen zusehen konnten (Abb. 77).

Leider läßt sich bei vielen Räumen nicht mehr feststellen, welchem Verwendungszweck sie einst dienten. Wir wissen aber ganz allgemein, daß sich in den Diokletiansthermen Sportstätten, Bibliotheken, Musiksäle und Nymphäen befanden. Auch jener zum Badehaus gehörige Zentralbau, dessen antike Kuppel noch erhalten blieb und den man in unserem Jahrhundert in ein Planetarium umgewandelt hat, dürfte ein Nymphäum gewesen sein. In einen Sakralbau, nämlich in die Kirche S. Bernardo alle Terme, verwandelt hat man die Rotunde, welche die Südwestecke des Umfassungsbaus bildet.

Mit der Erwähnung, daß das Wasser für die Bäder von der Aqua Marcia abgeleitet wurde, können wir die Ausführungen über die Diokletiansthermen schließen; denn vom römischen Badewesen war bereits im Zusammenhang mit den Caracalla-Thermen die Rede.

7 Quirinal

Quirinus und andere römische Gottheiten

Der Quirinal war vom Viminal durch den *vicus longus* geschieden. Nach Nordwesten zu bildete das Tal mit den Gärten des Sallust die Grenze, während im Süden der Quirinalshügel mit dem Kapitol durch eine Einsattelung verbunden war, die allerdings beseitigt wurde, als Kaiser Trajan im beginnenden 2. Jahrhundert n. Chr. sein Forum und seine Märkte anlegte.

Der Name ›Quirinal‹ kommt von Quirinus, dem Gott, der hier verehrt wurde. Ohne Zweifel besteht ein Zusammenhang mit dem Wort ›Quiriten‹, mit dem die Römer in der Volksversammlung angeredet wurden, wo es hieß: *populus Romanus Quiritium.* Die Ableitung des Wortes von *covirites*, was ›Mitglieder einer Wehrgemeinschaft‹ bedeutet, wird richtig sein. Gott der Quiriten war also Quirinus und darum Kriegsgott. Er hatte auch einen eigenen Flamen, einen Sonderpriester, der – an dritter Stelle in der Rangordnung – dem des Iuppiter und dem des Mars folgte.

Wenn auch Quirinus schon von alters her auf dem Quirinal verehrt wurde, so stammt sein berühmter Tempel erst aus dem Jahre 293 v. Chr., also aus einer Zeit, in der aller Wahrscheinlichkeit nach bereits der Gott mit dem Stadtgründer Romulus identifiziert wurde. Wie wir von Vitruv wissen (3, 3, 7), hatte der Tempel die Form eines Dipteros, mit einer Cella, die von doppelten Säulenreihen umgeben war.

Auf dem Quirinal wurde auch die Trias von Iuppiter, Iuno und Minerva verehrt. Aus der Tatsache, daß ihr Heiligtum *Capitolium vetus* genannt wurde, hat man gefolgert, daß dieses älter ist als das auf dem Kapitol. Einer solchen Auffassung hält Kurt Latte überzeugend entgegen: »Das sogen. Capitolium vetus auf dem Quirinal . . . muß jünger sein als der kapitolinische Tempel. Capitolium ist kein Appellativum, sondern ein Hügelname, der erst auf ein anderes Heiligtum der drei Götter übertragen werden konnte, seit der Name Kapitol im Bewußtsein mit dem dortigen Heiligtum unlöslich verwachsen war. Seit der Renovierung des kapitolinischen Heiligtums im 2. Jahrhundert und vollends seit dem Brande von 83 konnte das sacellum auf dem Quirinal allerdings das ›alte‹ Capitolium heißen, was Varros Ausdruck erklärt.«[48]

In der Antike gab es auf dem Quirinal viele Tempel römischer Gottheiten, von denen wir oft nur aus der Literatur Kenntnis haben und von denen es kaum noch Spuren gibt. Die in den Heiligtümern Verehrten waren Hercules, Fortuna, Flora, Pudicitia – die Göttin der Keuschheit –, sowie Salus, in der sich die personifizierte Erhaltung des römischen Staates darstellte. Ein höchst seltsamer Gott ist *Semo Sancus Dius Fidius.* In ihm sind zwei verschiedene Götter zu *einer* Person zusammengefaßt. In Dius Fidius repräsentierte sich Iuppiter als Schwurgott. Da er sonst vor allem als Himmelsgott verehrt wurde, mußte man sich beim Schwur unter das Compluvium stellen, also auf jenen Platz im Atrium des römischen Hauses, wo das Dach geöffnet und der Himmel sichtbar war. Ein anderer Gott, bei dem die Römer schworen, war Semo Sancus; diese beiden Gottheiten wurden zu *einer* Person vereinigt und in *einem* Tempel verehrt, der auf die Tarquinier zurückgehen soll.

Auch das Kaiserhaus hatte auf dem Quirinal seine Kultstätten. Sueton berichtet: »Domitian wurde am 24. Oktober des Jahres, in dem sein Vater das Konsulat übernahm, geboren, und zwar in der sechsten Region in einem Haus der Granatapfelstraße, das er später in einen Tempel der Gens Flavia umwandelte.«[49] Martial drückt es poetischer aus, wenn er sagt:

> »Der jetzt allen geöffnet, gedeckt mit Marmor und Golde,
> der Fleck Erde sah einst unseren Herren als Kind.«[50]

Doch ob prosaisch oder poetisch überliefert, die Mitteilungen besagen, daß in der Nähe der *alta semita,* der Hauptstraße des Quirinals, dort wo heute die Kirche S. Carlino liegt, sich ein *templum gentis Flaviae,* ein Tempel des Flavischen Geschlechts, befand. Domitian hat ihn seinem Vater Vespasian und seinem Bruder Titus geweiht; auch sollen hier die Flavischen Kaiser beigesetzt worden sein.

Ganz in der Nähe – neben der Kirche S. Andrea al Quirinale – findet sich unter dem Ministero della Presidenza eine weitere sakrale Anlage Domitians, von der wir nicht durch die Literatur, sondern durch Funde Kenntnis haben. Sie besteht aus einem Travertinpflaster, das durch eine Reihe von Cippi begrenzt ist und auf dem ein Altar, ebenfalls aus Travertin, steht, der mit Marmorplatten verkleidet war. Einer Inschrift zufolge hatte Domitian diese *ara incendii Neronis* in Erfüllung eines Gelübdes im Andenken an den neronischen Brand und zur Abwendung ähnlicher Katastrophen errichtet. Auf dem Altar wurden Vulkan an seinem Festtag Opfer dargebracht.

Kultstätten des Serapis und des Mithras

Während von den Tempeln römischer Gottheiten auf dem Quirinal oft nichts mehr übriggeblieben ist, existieren noch beachtliche Reste von zwei Heiligtümern, in denen Götter afrikanischer und asiatischer Herkunft verehrt wurden. Im ersten Fall handelt es sich um einen Tempel des Serapis, der im Bereich des Palazzo Colonna, der päpstlichen Universität Gregoriana und der Piazza del Quirinale lag. Was erhalten blieb, sind Überreste eines gewaltigen Treppenhauses, dessen Doppeltreppe einst auf das Marsfeld führte. Wie alte Zeichnungen beweisen, war bis zum 17. Jahrhundert die Rückwand der Cella erhalten, von deren Gebälk und Fries noch Stücke im Garten des Palazzo Colonna liegen.

Der in dem großangelegten Tempel verehrte Gott war Serapis, eine der seltsamsten Schöpfungen ägyptisch-griechischer Religionsphantasie. In Memphis und andernorts verehrte man einen lebenden Stier als Gott Apis. Wenn er starb, wurde er wie alle

Toten zum Osiris. Aus der Verwandlung sämtlicher toten Apis-Stiere in Osiris entstand der Gott Osorapis, der durch König Ptolemaios I. im Einvernehmen mit einem ägyptischen und einem griechischen Priester in Serapis umgestaltet wurde und fortan als gemeinsamer Gott der Ägypter und Griechen das Dasein eines Universalgottes führte. In seiner Gestalt wurden Eigenschaften von Zeus, Dionysos, Helios und Osiris vereinigt. Sein Kultbild indes erhielt Züge des griechischen Zeus.

In Italien hören wir vom Serapis-Kult seit dem 2. vorchristlichen Jahrhundert, und zwar aus der Stadt Puteoli. In Rom hatte Serapis nur zusammen mit Isis einen Tempel, bis dann Caracalla jenes Heiligtum auf dem Quirinal errichtete, das ausschließlich Serapis geweiht war, der im 3. Jahrhundert n. Chr. auch im Sinne eines solaren Pantheismus verehrt wurde.

Bei dem zweiten Heiligtum eines Gottes fremder Herkunft handelt es sich um ein Mithraeum hinter dem Palazzo Barberini. Dort hat man Reste eines römischen Hauses aus dem 1. Jahrhundert n. Chr. gefunden. In einen seiner Räume war, vermutlich in der Zeit des Septimius Severus, ein Mithras-Heiligtum eingebaut worden.

Der Kultraum mit Liegebänken und Altar gleicht im Prinzip den bereits behandelten Mithräen von S. Prisca und S. Clemente. Eine Abweichung stellt dagegen die Kultnische dar, die – was nur selten vorkommt – ausgemalt ist (Abb. 78). Im Mittelbild wird Mithras beim Stieropfer mit Hund, Schlange und Skorpion gezeigt. Cautes und Cautopates assistieren dem Opfer. Über ihnen und dem Gott wölbt sich ein Band mit den Tierkreiszeichen, während in den oberen Eckzwickeln Sonne und Mond erscheinen. Das Mittelbild ist an beiden Seiten von je fünf kleinen Bildern eingefaßt, auf denen aufschlußreiche Szenen aus der Mithraslegende dargestellt sind. Durch diese Ausgrabung aus dem Jahre 1936 wurden die Mithras-Forschung und die Geschichte der römischen Malerei gleicherweise bereichert.

Konstantinsthermen

Gegenüber dem Serapis-Tempel befanden sich seit der Ära Konstantins Thermen. Obwohl Rom zu dieser Zeit mehr als 800, vielleicht sogar mehr als 900 Badeanstalten besaß, fügte der Kaiser den vorhandenen noch eine weitere hinzu. Vielleicht vermißten die badefreudigen Römer gerade in dieser Region noch größere Thermen, vielleicht wollte auch Konstantin nicht auf ein Bauwerk verzichten, durch das die römischen Herrscher ihren Sinn für Volkswohlfahrt zu dokumentieren pflegten.

Der Raum auf dem ausgewählten Bauplatz war zu eng, um Thermen nach dem üblichen Schema zu errichten. Man blieb zwar – wie wir durch einen von Andrea Palladio aufgezeichneten Grundriß wissen – bei der Folge von Natatio, Frigidarium, Tepidarium und Caldarium, man hielt sich auch streng an die Axialsymmetrie, aber man verringerte ganz erheblich die Breite des Gesamtbaus.

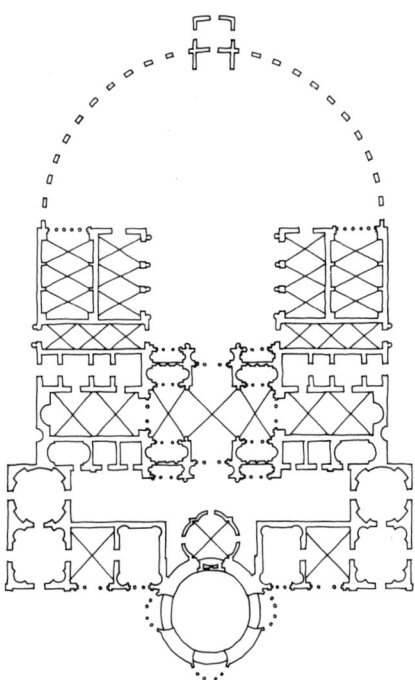

Grundrißskizze der Konstantinsthermen
nach dem Plan Palladios

Obwohl im 16. Jahrhundert noch beachtliche Reste von den Konstantinsthermen auf dem Quirinal standen, findet man heute nichts mehr, da in der Barockzeit die Ruinen anderen Gebäuden weichen mußten, in die allerdings noch Thermensubstruktionen als Grundmauern einbezogen wurden.

Von den Kunstwerken, die sich in den Thermen befanden, stehen die Figuren der Dioskuren mit ihren Pferden heute auf der Piazza del Quirinale. Die beiden dynamisch bewegten Gruppen, bei denen es sich um Kopien der römischen Kaiserzeit nach griechischen Vorbildern handelt, sind auf hohe Sockel gestellt und flankieren recht malerisch den Obelisken, den man vom Mausoleum des Augustus auf den Quirinalsplatz gebracht hat. Der andere der beiden Obelisken vom Augustus-Mausoleum steht übrigens auf dem Esquilin hinter der Kirche S. Maria Maggiore.

In den Konstantinsthermen fand man auch Monumentalplastiken von zwei Flußgöttern sowie Statuen von Konstantin und seinem gleichnamigen Sohn. Sie wurden in der Barockzeit auf dem Kapitolsplatz aufgestellt und in unserem Buch im Zusammenhang mit diesem behandelt. Eine weitere Konstantin-Figur aus den Thermen hat man zum Lateran gebracht, wo sie in der Vorhalle der Kirche S. Giovanni steht.

Gärten des Sallust

Auf dem Quirinal gab es auch eine ganze Anzahl von Patrizierpalästen. Und dort, wo der Hügel endete, in dem Tal zwischen Quirinal und Pincio, lagen die *horti Sallustiani*. Diese dehnten sich beachtlich weit aus: vom Quirinalsabhang bis zur späteren Aurelianischen Mauer und von der Via Piave, der ehemaligen *via Salaria*, bis in die Gegend der Via Vittorio Veneto.

Erbauer der luxuriösen Villa war Sallust, der von 86 bis ungefähr 35 v. Chr. lebte und zu den größten römischen Historikern zählt. Berühmt wurde er durch seine Schriften über Catilina und Jugurtha sowie durch seine in den ›Historiae‹ behandelte Zeitgeschichte der Jahre 78–67 v. Chr. Auch politisch betätigte sich Sallust. Volkstribun, Quaestor, Senator, Statthalter in Africa: das waren seine Ämter. Als Parteigänger Caesars bewunderte er nicht nur den Dictator, von dem er erwartete, daß er wieder geordnete politische Zustände herstelle; er gab ihm auch Ratschläge. Nach Caesars Tod zog er sich ins Privatleben zurück, um als Historiker Geschichte gewordenes politisches Geschehen kritisch zu untersuchen. Ort dieser Tätigkeit wurde seine als ›Gärten‹ bezeichnete Villa. Wenn auch Sallust beständig gegen den Kapitalismus wetterte, so verstand er es doch, als Praetor mit prokonsularischen Vollmachten so viel Geld aus seiner Provinz Africa herauszuholen, daß er sich diese Prachtvilla bauen konnte.

Nach Sallusts Tod erbte die Horti ein Großneffe von ihm; da dieser aber keinen Erben hinterließ, kamen sie unter Tiberius in kaiserlichen Besitz. Vespasian und Nerva weilten hier oft lieber als auf dem Palatin. Auch Gericht gehalten haben römische Kaiser in der Villa, was aus den Märtyrerakten der frühchristlichen Zeit ersichtlich ist.

Wenn man von der Piazza Sallustio hinabsteigt zu den Resten der Horti, so stellt man staunend fest, wie imponierend heute noch die Ruinen der Villa sind. Man kommt in einen Palast mit drei Stockwerken, in dem die Fußböden mit Mosaiken belegt und die Wände mit Marmorplatten inkrustiert waren. Auch ein monumentaler Kuppelsaal ist noch erhalten. Nicht weit davon entfernt – an der Via Lucullo – findet man Mauerwerk aus den ›Gärten des Sallust‹, und von der Via Friuli aus kommt man zu Überresten eines Cryptoporticus mit bemalten Wänden, der im 2. Jahrhundert n. Chr. angelegt wurde und heute unter der Garage der amerikanischen Botschaft liegt.

Schließlich existiert auch ein Obelisk aus den Horti, der oberhalb der Spanischen Treppe vor der Kirche SS. Trinità dei Monti aufgestellt wurde. Es handelt sich bei ihm um eine antike Kopie nach dem Obelisken, den Augustus im Circus Maximus errichten ließ. Man war bis in die Gegenwart hinein der Auffassung, der Obelisk habe inmitten eines Circus oder eines Hippodroms gestanden, dessen Anlage im Tal zwischen Quirinal und Pincio in der Nähe der Piazza Sallustio zu suchen sei. Ernest Nash hat aber nachgewiesen, daß es weder Circus noch Hippodrom gab und daß der Obelisk auf der Höhe des Pincio stand, zwischen der heutigen Via Sicilia und Via Sardegna auf dem Gelände des Deutschen Archäologischen Instituts.[51]

Innerhalb der Gärten des Sallust stand auch ein Tempel der *Venus Erucina*, und zwar vermutlich nahe der Kreuzung Via Sicilia – Via Lucania. Das Heiligtum ist schon 181 v. Chr. gegründet worden, und zwar für jene Venus, die vom Eryx in Sizilien stammte, wo aus einer sikanischen Fruchtbarkeitsgöttin Aphrodite, Astarte und Venus geworden war. Der römische Tempel ging auf ein Gelöbnis während des Krieges gegen die Ligurer zurück. Seltsamerweise wurde sein Stiftungsfest zum Festtag der Dirnen.

III Marsfeld

1 Frühzeit und Republik

Versammlungsplatz bewaffneter Bürger

Das Marsfeld umfaßt jenes weite Gebiet, das sich zwischen dem Kapitol und der Porta Flaminia erstreckt und vom großen Tiberbogen gleichsam zusammengeschlossen wird. Ursprünglich war es ein vom Tiber überschwemmtes, sumpfiges Gebiet, das erst austrocknete, als der Fluß in feste Ufer gezwungen wurde (Abb. 79).

Der *campus Martius*, wie das Marsfeld bei den Römern hieß, lag außerhalb des Pomeriums, der geheiligten Stadtgrenze. Es trug seinen Namen zu Recht; denn hier exerzierten die Soldaten. Auch die Jugend, die auf dem Marsfeld ihren Sport trieb, tat es im Sinne einer vormilitärischen Ausbildung. Sie übte sich im Laufen mit und ohne Waffen, im Springen, Reiten und Schwimmen, im Werfen von Spießen, im Brechen von Lanzen und im Fahren von Kampfwagen.

Auf dem Marsfeld fanden auch Komitien statt. Während auf dem Forum, wie bereits ausgeführt, die Geschlechtergemeinschaften seit der Königszeit in den *comitia curiata* zusammentraten, versammelten sich seit dem 5. Jahrhundert v. Chr. Patrizier und Plebejer auf dem Marsfeld in den *comitia centuriata*. Der Name rührt von den Centurien her, den Hundertschaften, nach denen die Männer antraten. Die Komitien auf dem Marsfeld waren nämlich gleicherweise Heeres- und Volksversammlungen. Dabei gab es keine demokratische Gleichheit in unserem Sinne. Das Volk war in Vermögensklassen eingeteilt, nach denen die Pflichten und Rechte abgestuft waren. Je nach Vermögen wurde man zu den Reitern, die den Ritterstand bildeten, oder zu den verschiedenen Klassen der Fußtruppen eingezogen. Bei den Abstimmungen aber wurden zuerst die Ritter aufgerufen, dann die Centurien der ersten Klasse, und wenn diese sich nicht einigen konnten, die Centurien der zweiten Klasse. »So stieg die Stimmensammlung kaum einmal so tief herunter, daß man bis zu den untersten Schichten vorgedrungen wäre.«[1]

Der *census*, die Vermögensschätzung der Bürger durch die beiden Censoren, wurde alle fünf Jahr vorgenommen.[2] Als Abschluß fand dann auf dem Marsfeld ein Reini-

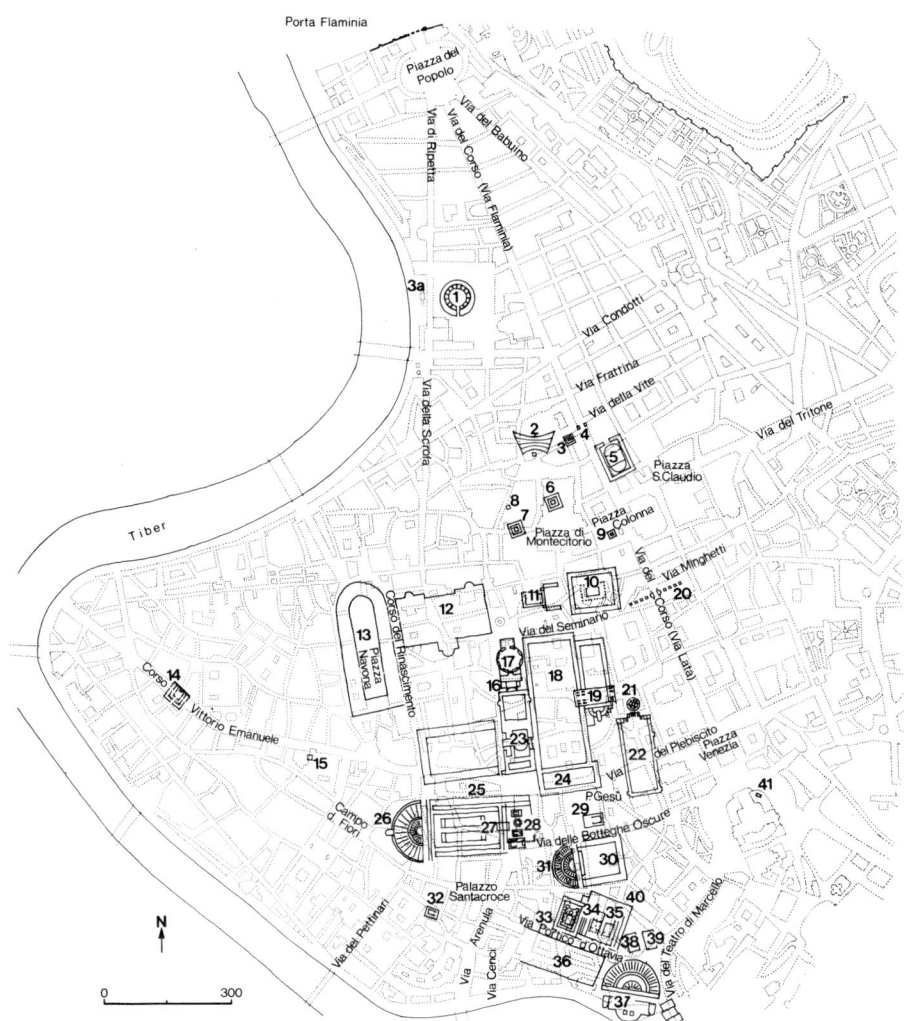

Plan des Marsfeldes, eingezeichnet in das heutige Straßennetz

1 Mausoleum des Augustus 2 Sonnenuhr 3 Ara Pacis 3a Heutiger Standort der Ara Pacis 4 Arco di Portogallo (Hadrian-Reliefs) 5 Tempel des Sol Invictus (?) 6 Ustrinum des Marc Aurel (?) 7 Ustrinum des Antoninus Pius 8 Säule des Antoninus Pius 9 Säule des Marc Aurel 10 Hadrianeum 11 Tempel der Matidia 12 Thermen des Nero 13 Stadium Domitians 14 Ara Ditis 15 Grabmal des A. Hirtius 16 Basilica Neptuni 17 Pantheon 18 Saepta Iulia 19 Serapeum 20 Bogen des Claudius und Aqua Virgo 21 Tempel der Minerva Chalcidica 22 Porticus Divorum 23 Thermen des Agrippa 24 Diribitorium 25 Hecatostylum 26 Theater des Pompeius 27 Kurie des Pompeius 28 Area Sacra del Largo Argentina (Republikanische Tempel) 29 Tempel (fälschlicherweise der Bellona zugeschrieben) 30 Crypta Balbi 31 Theatrum Balbi 32 Tempel des Neptun 33 Tempel des Hercules Musarum 34 Tempel der Iuno Regina 35 Tempel des Iuppiter Stator 36 Circus Flaminius 37 Marcellus-Theater 38 Tempel des Apollo 39 Tempel der Bellona 40 Porticus der Octavia 41 Grabmal des C. Poplicius Bibulus gungs- und Sühneopfer statt, das *lustrum,* eine Bezeichnung, die auf diese Weise auch die Bedeutung ›Zeitraum von fünf Jahren‹ bekam.

Es bliebe noch zu erwähnen, daß in den Comitia centuriata über Krieg oder Frieden sowie über Verträge abgestimmt wurde und daß hier die Wahl der höchsten Beamten stattfand.

Tempel der republikanischen Zeit

Auf dem Campus Martius gab es viele Tempel, die großenteils im Laufe der Jahrhunderte zerstört worden sind. Wenn wir uns auf die Suche nach Resten machen, müssen wir wachen Auges durch die volkreichen Viertel des ehemaligen Marsfeldes gehen. Dabei entdecken wir in Haus Nr. 9–10 der Via di S. Angelo in Pescheria eine Säule, die zum Tempel der Iuno Regina gehörte, der in seiner ersten Form schon 179 v. Chr. nach einem Gelöbnis im Krieg gegen die Ligurer errichtet worden war.

Zwischen Häusern in der Via delle Botteghe Oscure finden wir zwei Säulen auf einem Podium, deren Stücke 1938 hier ausgegraben und wieder zusammengefügt wurden. Anfangs glaubte man, sie gehörten zum Tempel der Kriegsgöttin Bellona, von dem es bei Ovid heißt: »Klein ist der Platz, der vom Tempel aus blickt nach dem Rande des Zirkus.«[3] Nachdem aber festgestellt wurde, daß der Circus Flaminius nicht hier, sondern südlich vom Portikus der Octavia zu suchen ist und daß der Tempel der Bellona wahrscheinlich neben dem Apollo-Tempel beim Marcellus-Theater gestanden hat, muß die Frage, welcher Gottheit dieses Heiligtum geweiht war, offenbleiben.

Manchen Tempel kennen wir nur aus der Forma Urbis, dem marmornen Stadtplan des Septimius Severus, so den des Hercules Musarum, der neben dem Tempel der Iuno Regina stand. Die Grundmauern anderer Heiligtümer haben eifrige Archäologen unter neuzeitlichen Häusern aufgespürt. Hierzu gehören die Fundamente eines Tempels an der Via degli Specchi, den man für jenen Neptun-Tempel hält, den Gn. Domitius Ahenobarbus vor 42 v. Chr. dem Meeresgott wiedererrichtet hat. Man folgert das nicht zuletzt aus der Tatsache, daß lange Zeit Reliefs im Besitz des nahegelegenen Palazzo Santacroce waren, welche die Hochzeit Neptuns und den Census auf dem Marsfeld zeigen. Diese Reliefs befinden sich heute zum Teil in der Münchener Glyptothek und zum Teil im Pariser Louvre.

Es gibt auch Tempel auf dem Marsfeld, von denen noch beachtliche Reste vorhanden sind. Das ist der Fall bei dem Apollo-Tempel, der am südlichsten Punkt des Campus Martius, direkt an der Grenze zum Forum Holitorium, gebaut wurde (Abb. 81a). Ihm gegenüber errichtete Augustus später das Marcellus-Theater.

Heute findet man noch das alte Tempelpodium vor und drei äußerst elegante Säulen mit korinthischen Kapitellen, die man 1940 mit dem dazugehörigen Gebälk wiederaufgestellt hat. Was geblieben ist, stammt von einem Neubau des C. Sosius, der entweder zwischen 34 und 32 oder um 17 v. Chr. errichtet wurde. Der ursprüngliche Bau entstand schon im ersten Jahrhundert der Republik, in den Jahren 433–431 v. Chr., und zwar in der Erfüllung eines Gelübdes zur Abwendung der Pest.

Das Gebälk des Tempels ziert noch heute ein Friesstück, auf dem große Lorbeerzweige Kandelaber mit Bukranien, mit Stierschädeln, verbinden. Fünf Fragmente eines Marmorfrieses aus dem Inneren befinden sich dagegen im Konservatorenpalast. Auf den Friesteilen ist einmal ein Reiterkampf dargestellt und zum anderen ein Triumphzug, der uns im Zusammenhang mit dem Marsfeld ganz besonders interessiert (Abb. 81b). Man sieht im Hauptstück junge Männer, die gerade eine Triumphbahre abgestellt haben. Auf dieser steht eine Trophäe mit Fellmütze, kurzer Tunika und zwei Schilden, zu deren Füßen ein alter und ein junger Gefangener hocken. Es folgen ein Trompetenbläser, Opferdiener mit drei festlich geschmückten Stieren und ein Togatus.

Diese Darstellung kommt nicht von ungefähr in den Apollo-Tempel auf dem Marsfeld. Auf dem Campus Martius nämlich nahmen die Triumphzüge, von denen bereits im Kapitel über Triumphbogen die Rede war, ihre Aufstellung. Hier auch wurde mit Opfern die Entsühnung des Heeres vorgenommen. Im Apollo-Tempel aber fanden die Verhandlungen zwischen dem siegreichen Feldherrn und dem Senat über den Triumphus statt. Er lag ja noch außerhalb des Pomeriums. Hatte der Feldherr die geheiligte Grenze erst einmal überschritten, so hatte er auch den Anspruch auf den Triumphzug aufgegeben. Diese spezielle Bedeutung des Apollo-Tempels erklärt das Thema seiner wesentlichsten Friesreliefs, die in die Zeit nach 20 v. Chr. zu datieren sind.

Ansehnliche Tempelreste finden sich auch noch am Largo di Torre Argentina, der am Corso Vittorio Emanuele liegt. Dort hatte man von 1926 bis 1929 einen heiligen Bezirk von vier Tempeln ausgegraben, den man *Area Sacra del Largo Argentina* zu nennen pflegt, während der Volksmund wegen der ständigen Ansammlung von Katzen vom Katzenforum spricht.

Da man nicht mehr ergründen konnte, welchen Gottheiten die einzelnen Tempel geweiht waren, hat man sie zu ihrer Unterscheidung mit Buchstaben bezeichnet. Es beginnt im Norden mit dem Tempel A, einem Podiumtempel, dessen rechteckige Cella von Säulen umstellt war, von denen noch fünfzehn ganz oder teilweise erhalten sind (Farbabb. 21). Das Heiligtum wurde im 3. Jahrh. v. Chr. gebaut, wahrscheinlich als Antentempel mit dorischen Säulen. Schon ein Jahrhundert später erfuhr es eine Verwandlung, und zwar in einen Tetrastylos, einen Tempel mit vier Säulen – in diesem Fall jonischen – an der Frontseite. In der Zeit Sullas erweiterte man den Bau und umschloß die Cella mit einer Halle von korinthischen Säulen. Nach einer Beschädigung durch Brand oder Erdbeben wurde es nötig, in der Flavierzeit die Cellamauer zu erneuern, was man mit Ziegelsteinen tat. Auch spätere Jahrhunderte forderten Restaurationen, bis im Mittelalter die Kirche S. Nicola de' Cesarini in den heidnischen Tempel eingebaut wurde, von der noch zwei Apsiden mit Freskenresten übriggeblieben sind.

Tempel B gehört zum seltenen Typ des Rundtempels. Vielleicht schon im 3. bis 2. Jahrhundert v. Chr. gegründet, war die runde Cella anfangs von einer Säulenhalle umgeben. Später erweiterte man sie, indem man ihre Mauern beseitigte und dafür die Säulen des Umganges durch Mauerwerk miteinander verband.

Zwischen Tempel B und C hat man Reste eines weiblichen Kultbildes – Kopf, rechten Arm und Füße – gefunden, und man kann annehmen, daß die Figur im Tempel B aufgestellt war. Es handelt sich um einen Akrolithen, also um ein Bildwerk, dessen nackte Teile aus Marmor bestehen, während die übrigen aus anderem Stein oder aus metallumkleidetem Holz gebildet sind. Von den Marmorteilen des aufgefundenen Werkes ist bis auf den linken Arm alles erhalten und im Konservatorenpalast aufbewahrt. Anscheinend war die Figur sitzend dargestellt und hatte eine Höhe von etwa sechs Metern. Der Kopf des vermutlich aus sullanischer Zeit stammenden Werkes zeigt volle Formen, sinnlich aufgeworfene Lippen und trotz seiner Monumentalität eine gewisse Ausdrucksstärke. Es läßt sich aber nicht entscheiden, welche Göttin die jugendliche Frau darstellen soll.

Der älteste der vier Tempel ist der mit dem Buchstaben C bezeichnete. Er wurde mit größter Wahrscheinlichkeit schon im 4. bis 3. Jahrhundert v. Chr. erbaut. Etruskischitalisch war die Form, aus Quadern bestand das Mauerwerk. In der Kaiserzeit hat man den Tempel erweitert, dabei Ziegelsteine verwandt, Tuffsäulen durch solche aus Travertin ersetzt und den Cellafußboden mit Mosaiken geziert.

Tempel D dagegen ist im 2. Jahrhundert v. Chr. erbaut und damit der jüngste im heiligen Bezirk. Von ihm wird heute nur ein Teil sichtbar, da die Via Florida über ihn hingwegläuft. Es gibt im Tempelbereich indes noch manches andere, das erwähnenswert ist: Altarreste an der Ostseite, Überbleibsel eines Portikus im Norden, eine Latrine im Westen und neben dieser ein Tuffpodium, das wahrscheinlich schon zur Kurie des Pompeius gehörte.

Circus Flaminius und Pompeius-Theater

Auf dem Marsfeld gab es auch einen berühmten Circus, der 221 v. Chr. von C. Flaminius Nepos gegründet wurde. Obwohl er noch im 4. Jahrhundert n. Chr. vorhanden war, sind seine Spuren heute so weit getilgt, daß man ihn lange Zeit an der Südseite der Via delle Botteghe Oscure vermutete. Nachdem man nun die Bruchstücke der Forma Urbis, des Marmorplanes von Septimius Severus, neu zusammengesetzt hatte, konnte man feststellen, daß der Circus Flaminius am Tiber lag, dort wo sich heute das Gebiet der Synagoge und des Palazzo Cenci befindet.

Im Circus Flaminius fanden seit 220 v. Chr. die *ludi plebeii* statt. Sie wurden zu Ehren Iuppiters gefeiert und von den plebejischen Ädilen veranstaltet. Diese Ludi, die durch eine Prozession eingeleitet wurden, waren im eigentlichen Sinne Circusspiele, und es gehörte die Pferdeprüfung dazu. Allerdings sollen im Rahmen der Plebejerspiele auch *ludi scaenici* stattgefunden haben, also Theateraufführungen, bei denen man anscheinend die Komödien von Plautus bevorzugte.

Dazu kamen im Circus Flaminius die *ludi taurei* (oder *taurii*). Auch bei ihnen standen Pferderennen im Mittelpunkt. Veranstaltet wurden sie jedoch zu Ehren der Unterweltsgottheiten. Man hat sie auf Tarquinius Superbus zurückgeführt, der sie – anknüpfend an etruskische Tradition – zur Zeit einer Seuche, welche die schwangeren Frauen ergriff, gestiftet haben soll. Wenn man dieser Art Spiele dem Circus Flaminius zuwies, dann nicht zuletzt deshalb, weil man sie wegen ihrer Weihung an die Unterirdischen nicht innerhalb des Pomeriums stattfinden lassen wollte.

Auf dem Marsfeld wurde auch das erste steinerne Theater der Stadt Rom erbaut, und zwar von Pompeius in den Jahren 55–52 v. Chr. Bis zu dieser Zeit gab es nur Konstruktionen aus Holz; denn das republikanische Rom hielt szenische Darstellungen für zu leichtgewichtig, um für sie Bauwerke aus unvergänglichem Stein zu genehmigen. Pompeius errichtete nicht zuletzt darum auch in der Mitte des obersten Stockwerks des halbrunden Zuschauerraumes einen Tempel der *Venus Victrix*, weil er so seinem Theater sakrale Würde geben konnte.

Wenn man heute durch die Straßen im Bereich des ehemaligen Marsfeldes geht, entdeckt man fast nichts mehr vom alten Pompeius-Theater. Nur eine Luftaufnahme zeigt, daß die Anlage der Straßenzüge von der Form des ehemaligen Theaters bestimmt ist (Abb. 80). Unterirdisch findet man – unter Palästen und Häusern, vor allem im Restaurant ›Da Pancrazio‹ – noch Mauern und Gewölbe des alten Gebäudes.

Das Theater war als Halbrund mit einer prächtigen *scaenae frons* und einem *proscaenium* erbaut und somit für szenische Darbietungen bestimmt. Man liest darum etwas verwundert die Mitteilung von Plutarch, daß Pompeius bei der Einweihung im Jahre 52 v. Chr. »sportliche und musikalische Wettspiele veranstaltete und Tierkämpfe, bei denen fünfhundert Löwen erlegt wurden, abschließend aber einen Elefantenkampf, der die Römer am meisten erstaunen ließ«.[4]

An das halbrunde Theater des Pompeius schloß sich ein Hof mit prächtigen Säulenhallen an, die auch Vitruv in seinem Standardwerk über Architektur u. a. erwähnt. Vitruv äußert sich dabei über den Zweck solcher Portiken, wenn er schreibt: »Hinter den Bühnenhäusern müssen Säulenhallen errichtet werden, damit die Bevölkerung, wenn plötzliche Regenfälle die Spiele unterbrechen, (einen geschützten Ort) hat, wohin sie sich aus dem Theater zurückziehen kann, und damit genügend Platz vorhanden ist, um den Bühnenapparat vorzubereiten.«[5]

In den Komplex der Säulenhallen hineingebaut war eine Kurie, die dem Senat für Sitzungen zur Verfügung stand. Vermutlich befand sie sich an der Ostseite der Anlage und könnte dann auf jenem Podium gestanden haben, dessen Rest man heute noch auf der Area Sacra del Largo Argentina hinter dem Tempel B sieht. Die *curia Pompei* hat dadurch eine traurige Berühmtheit erlangt, daß C. Iulius Caesar in ihr ermordet wurde. Nach Sueton ist der durch das Attentat entweihte Raum »auf einen Beschluß hin vermauert worden«.[6]

Erwähnenswert ist noch, daß nördlich vom Pompeius-Theater eine Wandelhalle mit hundert Säulen verlief, die darum den Namen *hecatostylum* führte.

2 Zeit des Augustus

Die Ara Ditis und die Säkularfeiern

Im Bereich des alten Marsfeldes haben die Archäologen verhältnismäßig viele Denkmäler aus dem Zeitalter des Augustus ausgegraben. Da wäre zuerst die *ara Ditis Patris et Proserpinae* zu nennen. *Ditis* ist der Genitiv von *Dis*. Der Name – noch mit dem Beiwort ›Pater‹ versehen – bezeichnet eine männliche Gottheit, die dem griechischen Pluton, dem Gott des Reichtums und der Unterwelt, entspricht, während Proserpina mit der griechischen Unterweltsgöttin Persephone identisch ist. Auf dem *Tarentum* hat man dem Dis Pater und der Proserpina einen Altar geweiht.

Das Tarentum liegt in der Nähe des Tibers. Man weiß nicht, woher der Name kommt. Es ist nicht ausgeschlossen, daß er zur Stadt Tarent in Beziehung steht, weil in Unteritalien der Kult der Persephone gepflegt wurde. Jedenfalls fanden im Jahre 249 v. Chr. auf dem Tarentum an einem unterirdischen Altar in drei Nächten Opfer von Stier und Kuh für Dis Pater und Proserpina statt, an die sich Pferderennen anschlossen. Diese Feiern waren in einer kritischen Phase des Ersten Punischen Krieges vom Senat auf Anraten der Decemvirn, welche die Sibyllinischen Bücher befragt hatten, angeordnet worden, und zwar als Sühneleistung. Die *ludi Tarentini*, wie man sie nannte, sollten hundert Jahre später wiederholt werden – also Säkularspiele sein.

Was das Wort *saeculum* bedeutet, läßt sich nicht ganz durchschauen. Die Etrusker verstanden darunter einen in sich geschlossenen Zeitabschnitt, dessen Ende durch bestimmte Zeichen erkennbar war. Im allgemeinen begriff man ein Saeculum wohl als die längste Spanne menschlicher Lebensmöglichkeit. Wie es auch sei, 103 Jahre später – also 146 v. Chr. – wurden die Säkularspiele wiederholt. Die nächstfälligen gingen im Bürgerkrieg zwischen Caesar und Pompeius unter. Erst Augustus veranstaltete wieder *ludi saeculares*, und zwar vom 31. Mai bis zum 3. Juni des Jahres 17 v. Chr. Diesmal waren es Quindecimvirn – die Zahl der Hüter der Sibyllinischen Bücher hatte sich inzwischen von zehn auf fünfzehn erhöht –, welche die Festvorschriften aus ihren Orakeln herauslasen. Dabei änderte sich der Charakter des Festes grundlegend. Ganz im Sinne von Augustus traten die Sühneopfer für Vergangenes in den Hintergrund. Im Vordergrund standen Feiern zu Beginn eines neuen Saeculums und eines goldenen Zeitalters, von dem nicht nur die Dichter träumten.

Dennoch erneuerte Augustus den Altar der Unterirdischen: die Ara Ditis. Man hat ihre Reste unter dem Corso Vittorio Emanuele, neben der Piazza Sforza, wiedergefunden. Zu ihnen gehörte auch ein *pulvinus*, den man heute im Hof des Konservatorenpalastes besichtigen kann. Es handelt sich dabei um eines der beiden steinernen Seitenpolster des gewaltigen Altars, das wie eine liegende Säule aussieht, deren Schaft mit Blättern und einem Mäanderband geziert ist, während sie ihren vorderen Abschluß in einer Rosette findet.

Wenn man in den Altarresten Fragmente der Ara Ditis zu erkennen meint, dann nicht zuletzt deshalb, weil in ihrer Nähe neun Bruchstücke einer Inschriftentafel aus Marmor gefunden wurden, auf der ein Bericht über die Säkularspiele des Augustus verzeichnet ist. Die zusammengesetzten Teile befinden sich heute im Chiostro des Thermenmuseums. Aus ihnen erfahren wir neben vielem anderen folgendes:

Schon vor dem Fest wurden von den Quindecimvirn *purgamenta* und *suffimenta*, Reinigungsmittel und Räucherwerk, an die Römer verteilt, damit sie entsühnt zu den Ludi kämen. Diese eröffnete Augustus in der Nacht vom 31. Mai zum 1. Juni auf dem Tarentum. Seltsamerweise opferte der Kaiser aber nicht dem Dis Pater und der Proserpina, sondern den drei Moiren und betete für Volk, Imperium und das kaiserliche Haus. Dann fanden Theaterspiele auf einem Bühnengerüst statt, und hundertzehn Matronen bereiteten für Iuno und Diana auf dem Kapitol ein *sellisternium*. Bei diesem handelt es sich um ein Göttermahl, bei dem aber die Götter nicht wie beim Lectisternium liegen, sondern auf einer *sella* sitzen.

Auch am 1. Juni wurden Bühnenspiele und Sellisternia veranstaltet, aber im Mittelpunkt der Feierlichkeiten stand das Opfer für Iuppiter auf dem Kapitol. Am Abend feierte man wieder auf dem Tarentum und opferte den Ilithyien, den Geburtsgöttinnen, Kuchen. Und so ging es weiter mit Tag- und Nachtfesten. Am 2. Juni wurden der Iuno Regina auf dem Kapitol zwei Kühe geopfert – die Opfernden waren immer Augustus und Agrippa –, während man am Abend der Terra Mater, der Erdgöttin, auf dem Tarentum das Opfer einer trächtigen Sau darbrachte. Am 3. Juni stand der Palatin im Mittelpunkt des Geschehens. Dort wurden Apollo und Diana je neun Stücke von drei verschiedenen Kuchen geopfert; und es trat ein Chor von dreimal neun Knaben und dreimal neun Mädchen auf, um das von Horaz eigens hierfür gedichtete *Carmen saeculare* zu singen, was dann auf dem Kapitol wiederholt wurde. Dieses Loblied preist Phoebus Apollo und Diana, die von Augustus besonders verehrten Gottheiten, und mit ihnen alle Götter, welche die sieben Hügel beschirmen. Der Säkulargesang sendet auch Bitten an die Himmlischen für das ewige Rom und sein Volk, er rühmt des Kaisers Werke und knüpft daran seine Hoffnungen in den Worten:

Phoebus läßt, wenn zum Palatin er huldvoll
Niederschaut, Roms Macht und das Glück Italiens
Auf ein neu Jahrhundert von Jahr zu Jahr stets
Schöner erblühen.[7]

Nachdem die eigentlichen Festtage mit Circusspielen auf dem Marsfeld am 3. Juni ihr Ende gefunden hatten, gingen die Veranstaltungen aber, wie wir aus der Marmorinschrift wissen, nach einem Ruhetag mit Theater und Musik bis zum 12. Juni weiter, an dem dann Tierhetzen, Wagenrennen und ein festlicher Umzug den endgültigen Abschluß bildeten.

Säkularfeiern fanden auch unter Domitian und Septimius Severus statt. Über die severischen gibt es ebenso wie über die augusteischen einen Bericht auf Marmorplatten.

Auch von diesem hat man Fragmente auf dem Tarentum gefunden, die – wieder zusammengesetzt – ebenfalls im Thermenmuseum zu besichtigen sind.

Altar der Pax Augusta

Augustus wollte nicht nur ein neues goldenes Zeitalter einleiten, sondern auch dessen Friedenskaiser sein. So war es ganz in seinem Sinne, wenn der Senat – gleichsam ihm zu Ehren – eine *ara Pacis Augustae,* einen Altar der erhabenen Friedensgöttin, stiftete. Der Kaiser schrieb darüber in seinen *res gestae,* seinem Rechenschaftsbericht: »Als ich aus Spanien und Gallien unter dem Konsulat des Tiberius Nero und des Publius Quintilius erfolgreich nach Rom zurückkam, beschloß der Senat, für meine Rückkehr einen Altar der Pax Augusta auf dem Marsfeld zu weihen, und gebot, daß auf ihm die Magistrate, Priester und Vestalinnen alljährlich ein Opfer darbringen sollten.« Die Grundsteinlegung erfolgte im Jahre 13 v. Chr., die Einweihung im Jahre 9 v. Chr.

Diese Ara Pacis war jahrhundertelang verschollen. Als dann im 16. Jahrhundert an der Kreuzung der alten Via Flaminia mit der Via Lucina der Palazzo Peretti – heute heißt er: Fiano – gebaut werden sollte, fand man neun Blöcke von der Umfassungswand des Altars, die in den Besitz der Familie Medici kamen. Man wußte aber noch nicht, daß es Bruchstücke der Ara Pacis sind. Bei Fundamentverstärkungen des Palastes im Jahr 1859 wurden weitere Teile entdeckt und ausgegraben. Nachdem man 1879 festgestellt hatte, daß es sich bei den aufgefundenen Fragmenten um Bestandteile der Ara Pacis handelt, begann man 1903 mit systematischen Grabungen, die aber nur zu Teilerfolgen führten, weil keine Möglichkeit bestand, das Neuentdeckte aus den Fundamenten des Palastes herauszulösen. Erst 1937 wurde die Ausgrabung möglich, und zwar durch den genialen Einfall, das Grundwasser zu vereisen und unterhöhlte Palastmauern mit Eisenbeton abzustützen.

Nun wurde die Ara Pacis wieder neu errichtet, zwar nicht dort, wo sie einmal gestanden hat, weil hier ja alles bebaut war, sondern zwischen dem Mausoleum des Augustus und dem Tiber (Abb. 82a). Die Architektur des Altars mußte dabei weitaus rekonstruiert werden. Die Reliefs wurden zusammengefügt und an den entsprechenden Stellen eingesetzt. Soweit Originalteile nicht im Besitz des italienischen Staates waren, mußte man sich mit Gipsabgüssen begnügen; und noch heute, nachdem der Vatikan eine ihm gehörende Platte dem Staat geschenkt hat, sind nicht alle Fragmente vereinigt, da sich noch Originalstücke in der Villa Medici in Rom und im Pariser Louvre befinden.

Die Ara Pacis bestand aus einem Altar und einem Umfassungsbau. Sie war so angelegt, daß sie mit ihrer Front zum Marsfeld hin stand, während die Rückseite zur höher gelegenen Via Flaminia gewandt war. Vorder- und Rückseite des Umfassungsbaus waren durch große Mitteltüren verschlossen. Wegen des unterschiedlichen Niveaus mußte an

der Frontseite eine Freitreppe zur Vordertür angelegt werden, über die man hinweg-
schritt, wenn man das Heiligtum betreten wollte. Auch der Altar ruhte auf einem Unterbau von Stufen, die dann zur Höhe des Altars hin fortgeführt wurden, so daß der
Opfernde innerhalb des Umfassungsbaus acht Stufen hinaufsteigen mußte, ehe er am
Altartisch stand.

Der Altar ist rechts und links von Wangen eingefaßt, deren oberen Abschluß jeweils
ein Aufsatz bildet, der aus einem inneren und äußeren Fries zwischen Greifen und einer
Bekrönung von Voluten besteht. Die Friese waren mit Reliefs geschmückt, von denen
die an der linken Altarseite noch verhältnismäßig gut erhalten sind. Der innere, dem
Altar zugewandte Fries zeigt eine Prozession von sechs Vestalinnen, die von Liktoren
begleitet wird, der äußere einen Zug, zu dem ein Priester, Liktoren, Opferdiener und
Jünglinge mit Opfertieren gehören (Abb. 82c). Mit diesen Bildern soll der alle Jahre
sich wiederholende Prozessionszug dargestellt werden.

Die Umfassungsmauern sind im Inneren reliefartig verziert, und zwar so, daß den
Wänden an den vier Ecken und neben den Portalen Pilaster vorgesetzt sind, zwischen
denen sich die Wand jeweils als in der Horizontale dreigeteilt zeigt. Dabei stellt sich
die untere Zone in zaunartigen Wandstreifen dar. Darüber liegt ein schmaler Palmettenfries. In den oberen Feldern aber hängen kunstvolle Fruchtgirlanden, die mit
Opferbinden an den Hörnern von Bukranien, Stierschädeln also, befestigt sind.

Die Außenseiten des Umfassungsbaus entsprechen hinsichtlich ihrer Gliederung den
Innenseiten. Rankengezierte Pilaster bestimmen die Ordnung in der Senkrechten. In
der Waagrechten zeigt die untere Zone immer wiederkehrende Ornamente von wun-
derbarer Schönheit. Aus Akanthuskelchen wachsen Ranken, die sich zu symmetrischen
Voluten formen und eine Vielfalt von Blüten hervorbringen. Auf besonders zarten
Stengeln stehen Schwäne mit ausgebreiteten Flügeln und manieristisch gewundenen
Hälsen.

Der schmale Fries der Mittelzone besteht in einem Mäanderband, in der oberen Zone
aber finden sich Figurenreliefs, die zu den hervorragendsten Werken der römischen
Plastik gehören.

Die Figurenreliefs der Vorder- und Rückwand sind auf Allegorie und Mythos bezogen, die der Längswände stellen ein historisches Ereignis dar: die Prozession bei der
Grundsteinlegung im Jahre 13 v. Chr. Dabei sind zwei gesondert auf den Altar zu-
schreitende Gruppen im Bild festgehalten, an der rechten Längswand die Gruppe des
Kaisers und seines Hauses, an der linken die der Senatoren. In der Form ist die Komposition der historischen Reliefs so angelegt, daß sie zwei – an einigen Stellen sogar
drei – Schichten aufweisen, also Hoch-, Halb- und Flachrelief miteinander vereinigen.

Von der Prozession des kaiserlichen Hauses ist der Anfang leider zum großen Teil
zerstört. Glücklicherweise blieb die Gestalt des Augustus noch halb erhalten, während
sein Kopf zwar stark beschädigt, aber noch gut erkennbar ist. Rechts und links vom
Kaiser sieht man zwei Togati. Dann folgen vier Priester, ein junger Mann mit einem
Opferbeil und schließlich – in der Vorderschicht – Mitglieder des kaiserlichen Hauses.

Wer hier dargestellt ist, kann nur vermutet werden. Der ältere Mann, der die Toga über das Haupt gezogen hat, dürfte Agrippa sein (Abb. 82d). Es folgen Livia mit ihrem Sohn Tiberius, dann dessen Bruder Drusus mit seiner Gemahlin Antonia minor und dem Sohn Germanicus und schließlich als letztes Paar Domitius Ahenobarbus mit Antonia maior, der älteren Schwester der Drususgattin. Wenn die Deutung stimmt, wären die beiden Kinder Domitia und Domitius, der später Neros Vater werden sollte.

Der Senatorenzug auf der linken Längswand ist zwar imponierend, aber er hat an Wert verloren, weil bei den Gestalten der Vorderschicht alle zerstörten Köpfe durch neue ersetzt worden sind. Dennoch spiegelt die Prozession der Togati und ihrer Begleiter römische Würde wider.

Wie bereits erwähnt, stellen die Prozessionsreliefs an den Längswänden, wenn auch idealisiert, ein historisches Ereignis dar. Die vier Reliefs an der Vorder- und Rückfront haben Mythos und Allegorie zum Gegenstand.

Rechts neben der Eingangstür sieht man den bärtigen Aeneas, wie er bedeckten Hauptes an einem ländlichen Altar den Penaten opfert. Jugendliche Camilli bringen eine Opferschale mit Früchten und führen eine Sau heran, während neben Aeneas noch eine Figur stand, von der nur noch ein Rest verblieb. Ist es Ascanius, auch Iulus genannt, der Sohn des Aeneas; ist es sein treuer Gefährte Achates? Wir wissen es nicht. Der abgeschlagene Kopf jedenfalls, den man der Figur aufgesetzt hat, ist nicht ihr eigener. Erika Simon weist mit Recht darauf hin, daß er zwar stilistisch zum plastischen Werk der Ara Pacis gehört, aber nicht in den Zusammenhang der Aeneas-Darstellung paßt.[8]

Mit diesem Relief soll der Kaiser und seine Familie geehrt werden; denn das julische Haus sieht ja den von Venus geborenen Aeneas als seinen Stammvater an. Gefeiert werden soll aber auch Rom, dessen sagenhafter Stadtgründer aus dem Königshaus von Alba Longa, das Iulus begründet hat, hervorgegangen ist. Darum auch wird im linken Relief der Vorderfront die Sage von Romulus und Remus dargestellt, die von Mars gezeugt, von einer Wölfin genährt und vom Hirten Faustulus gefunden und aufgezogen worden sind. Des Romulus Gründung, Rom, erscheint dann im rechten Relief der Rückseite als Allegorie, als thronende Göttin Roma in kriegerischer Gewandung. Leider ist von den beiden letztgenannten Darstellungen sehr wenig erhalten geblieben. Vielleicht ist die Vermutung von Erika Simon richtig, daß der in das Aeneas-Relief eingefügte Kopf zur allegorischen Darstellung der Roma gehört, und zwar als Teil einer Figur, die den Genius Populi Romani verkörpern sollte.[9]

Wohlerhalten dagegen blieb das Relief auf der linken Seite der Rückfront (Abb. 82b). Nur einiges wenige wurde daran ersetzt. Dargestellt ist hier Italia, die als Erdgöttin Tellus erscheint. Sie, die »Männer und Früchte gebiert«[10], hält zwei Kinder in ihren Armen und sitzt inmitten einer fruchtbaren Natur von Pflanzen und Tieren. Rechts und links von der Göttin werden zwei weibliche Gestalten mit aufgeblähten Schleiern emporgetragen, die eine auf einem Schwan, die andere auf einem Seeungeheuer. Sie sollen die Lüfte von Land und Meer symbolisieren, ohne die Fruchtbarkeit nicht sein kann. Auch im Reichtum der Tellus-Italia spiegeln sich die Segnungen des goldenen Zeitalters des Augustus.

Über die Meister der Ara-Pacis-Reliefs weiß man nichts. Vermutlich kamen sie aus griechischen Bereichen und waren keine Italiker. In der augusteischen Ära nahm man sich die klassische Kunst Griechenlands zum Vorbild. Bestes Beispiel dafür ist Tellus-Italia, die an Schönheit, Wohlgestalt und Haltung griechischen Figuren nachstrebt und so – allerdings ein wenig kühl und ungelöst – die Mitte eines klar komponierten Reliefs einnimmt, dessen Gestalten nach Griechenart an ihre Hintergrundfläche gebunden sind. Weniger klassizistisch geben sich die Prozessionszüge an den Längswänden. Die Gestalten bewegen sich auf einer – wenn auch nicht tiefen – Raumbühne, deren Rahmen den personenreichen Zug zusammenfaßt. Zeitgemäße Hinneigung zu Schönheit und Idealität lassen dem altrömischen Sinn für Wirklichkeitstreue, Porträthaftigkeit und Individualität noch Spielraum. Neben dem schönen Körper gilt auch das Gewand, das Stand und Würde veranschaulicht. In ganz eigener Weise spiegeln diese Reliefs staatlich-kaiserliche Repräsentation wider und prägen einen Stil, für den die Bezeichnung ›Klassizismus‹ nicht mehr zutrifft und den man deshalb ›augusteisch-römisch‹ genannt hat.[11]

Der Porticus Octaviae, ein Obelisk als Uhrzeiger und das Augustus-Mausoleum

Zu den Bauwerken, die an die Zeit des Augustus erinnern, gehört auch der *porticus Octaviae*. Er umrahmte die Tempel des Iuppiter Stator und der Iuno Regina, die im Süden des Marsfeldes lagen. Schon seit 147 v. Chr. stand hier ein Portikus. Ihn hatte jener Q. Caecilius Metellus erbaut, der sich durch die Niederwerfung des von Andriskos angestachelten makedonischen Aufstandes den Beinamen ›Macedonicus‹ erworben hatte. Augustus setzte an die Stelle des alten Portikus einen neuen und gab ihm den Namen seiner Schwester Octavia. Wenn auch Septimius Severus die bei einem Brand schwer beschädigte Anlage in den Jahren 203–205 n. Chr. wiederherstellte, so verbindet sich mit dem Porticus Octaviae vor allem die Erinnerung an die Zeit des Augustus, der ihn durch Bibliotheken und die Aufstellung von Bildwerken zu einer Stätte der Wissenschaft und Kunst gemacht hatte.

Heute findet man wieder einige Säulen der Südseite aufgerichtet und zwischen ihnen den freigelegten Eingangsbau, der eine Inschrift des Septimius Severus trägt. Diese Propyläen, die aus zwei Säulenreihen korinthischer Ordnung mit Gebälk und Giebeln bestanden, haben durch mittelalterliche Reparaturen und Umbauten– vor allem bei ihrer Verwendung als Atrium für die Kirche S. Angelo in Pescheria – ihr Aussehen verändert, aber nicht so, daß die Grundform verlorengegangen wäre. So gehören die Propyläen des Porticus der Octavia noch immer zu den ansehenswerten Monumentalbauten des antiken Rom.

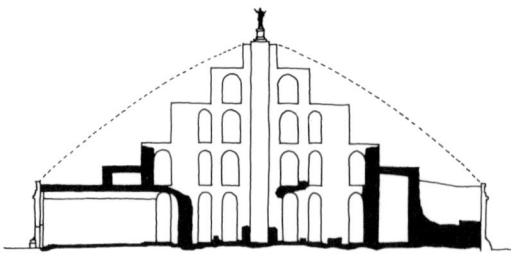

Mausoleum des Augustus. Schnitt nach der Rekonstruktion von Gatti

Aus augusteischer Zeit stammt auch der ägyptische Obelisk, der heute vor dem Parlamentsgebäude auf der Piazza di Montecitorio steht. Der Kaiser hatte ihn aus Heliopolis nach Rom geholt. Aufgestellt hat er ihn aber nicht an seinem jetzigen Standort, sondern ganz in der Nähe der Ara Pacis. Er machte ihn der Widmungsinschrift zufolge dem Sol zum Weihgeschenk. Gleichzeitig aber stellte er diese Sonne in den Dienst der Zivilisation, sofern er den Obelisken als Zeiger einer überdimensionalen Sonnenuhr verwandte, deren Zifferblatt er aus Marmorplatten mit eingelegten Bronzestreifen nördlich von ihm auf die Erde legen ließ. Reste des Zifferblattes wurden im 15. Jahrhundert gefunden. Seinen jetzigen Standort hat der Obelisk seit 1792. Da man ihn neu zusammensetzen mußte und einige Stücke fehlten, hat man diese von den Resten der Säule des Antoninus Pius genommen, die 1703 ganz in der Nähe ausgegraben worden war und noch auf der Piazza di Montecitorio lag, als mit den Arbeiten zur Wiedererrichtung des Obelisken begonnen wurde.

Eines der wesentlichsten Denkmäler aus der Zeit des Augustus ist sein Mausoleum, das er sich selbst errichtet hat (Abb. 83). Über dieses und die Beisetzungsfeierlichkeiten zu Ehren des verstorbenen Kaisers schreibt Sueton: »Es wurden zwei Leichenreden auf ihn gehalten, die eine von Tiberius vor dem Tempel des vergöttlichten Julius (Caesar), die andere von dem Sohn des Tiberius, Drusus, auf der alten Rednertribüne des Forums. Senatoren trugen die Leiche auf ihren Schultern zum Marsfeld, wo die Verbrennung vor sich ging. Es fand sich auch ein Mann – er stand im Range eines Praetors –, der eidlich bezeugte, er habe die Gestalt des Verbrannten zum Himmel emporsteigen sehen. Seine sterblichen Reste sammelten die vornehmsten Mitglieder des Ritterstandes, in der bloßen Tunika, ohne Gürtel und mit nackten Füßen, und setzten sie im Mausoleum bei. Diesen Bau hatte Augustus zwischen der Flaminischen Straße und dem Tiberufer in seinem sechsten Konsulat (28 v. Chr.) errichtet und die darum angelegten Parks und Promenadenwege schon damals zur Benutzung dem Volke freigegeben.«[12]

Das Mausoleum war wie ein etruskischer Tumulus gebaut, dessen Kammern allerdings nicht wie in Cerveteri aus gewachsenem Stein herausgeschlagen werden konnten. Von außen betrachtet, stellte sich das Monument als gewaltiger Zylinder dar, über dem sich ein mit immergrünen Bäumen bepflanzter, kegelförmiger Erdhügel erhob, dessen Spitze eine goldbronzene Statue von Augustus bildete. So wenigstens beschreibt der

Historiker und Geograph Strabon (3, 5, 8) das Mausoleum. Es ist allerdings auch denkbar, daß bei der Erdaufschüttung und Anpflanzung der terrassenförmige Aufbau des Monumentes sichtbar blieb. Jedenfalls erforderten die schweren Erdmassen einen massiven Steinbau, und dieser bestand aus konzentrischen, nach innen zu höher werdenden Mauern, die durch ein System zahlreicher, oft unzugänglicher Kammern gestützt und verfestigt waren. Den Kern des Monumentes bildete eine Cella, in deren Zentrum ein großer Pfeiler stand und in deren Nischen sich die Urnen mit der Asche der Toten befanden.

Rechts und links neben dem Haupteingang des Mausoleums waren an Pfeilern die Bronzetafeln mit den Res gestae, dem Rechenschaftsbericht des Augustus, angebracht. Leider sind sie verlorengegangen. Da aber Augustus Kopien in die Provinzen geschickt hatte und die in seinem Tempel in Ankara veröffentlichte Abschrift aufgefunden wurde, ist uns der Text der Res gestae bekannt. Um ihn nahe der Stätte, an der er einst auf Bronzetafeln zu lesen war, einem größeren Publikum zugänglich zu machen, hat man ihn in die dem Augustus-Mausoleum zugewendete Wand des Museumsgebäudes gemeißelt, in dem die wiedererrichtete Ara Pacis steht.

Vor dem monumentalen Eingang des Mausoleums waren auch zwei Obelisken aufgestellt, von denen heute der eine hinter der Apsis von S. Maria Maggiore und der andere auf dem Quirinalsplatz zu finden ist.

Wenn auch die Urne des Augustus verlorenging und nur an einige wenige der hier Beigesetzten ein paar Fragmente erinnern, so wissen wir doch sehr genau, wessen Asche im Mausoleum aufbewahrt wurde. Von den Kaisern sind es Tiberius, Caligula, Claudius und Nerva. Von bekannten Mitgliedern des julisch-claudischen Hauses wären zu nennen: Octavia, Livia, Agrippa, Agrippina die Ältere, Drusus und Germanicus. Drei Namen rufen aber die Erinnerung an das Unglück wach, das dem großen Augustus hinsichtlich seiner Nachfolge widerfuhr. Zuerst hatte er seinen hoffnungsvollen Neffen Marcellus dafür vorgesehen, der als Mann seiner Tochter Iulia gleichzeitig sein Schwiegersohn war. Dieser starb aber schon 23 v. Chr. und war der erste, dessen Asche im Mausoleum beigesetzt wurde. Nach dem Tode des Marcellus heiratete Iulia den Agrippa. Die ältesten Söhne aus dieser Ehe waren Caius und Lucius, die beide den Beinamen Caesar führten. Auch des Kaisers Enkel fielen als mögliche Nachfolger aus; denn Caius starb im Alter von 24 und Lucius im Alter von 19 Jahren. Als Augustus die Asche dieser drei jungen Männer in sein Mausoleum aufnahm, mußte er mit ihnen die Hoffnungen begraben, die er auf sie gesetzt hatte.

Doch nicht nur hinsichtlich der hier Beigesetzten ist das Augustus-Mausoleum zum Zeugen der Geschichte geworden, es hat auch seine eigene Historie. Im Mittelalter wandelten die Colonna es in eine Festung um, in der Neuzeit war es nacheinander Barockgarten, Stierkampfarena, Circus und Theater, schließlich Konzertsaal. In den dreißiger Jahren unseres Jahrhunderts gab man dem Bau, indem man alle vorhandenen Reste freilegte, sein antikes Aussehen zurück, so daß er heute zwar als Ruine dasteht, aber als monumentales Zeugnis augusteischer Zeit.

Agrippa als Bauherr

Viele bedeutende Bauten auf dem Marsfeld wurden von Agrippa errichtet. Dieser war ein Jugendfreund des Augustus. Später wurde er dessen Feldherr. Außerdem hat ihm der Kaiser wichtige Staatsämter übertragen und ihm seine Tochter Iulia zur Frau gegeben.

Man darf Agrippa wohl als die bedeutendste Persönlichkeit des jungen Imperiums nach Augustus bezeichnen. Groß war sein Einfluß in allen Bereichen, war er doch der besondere Vertraute des Kaisers.

Hinsichtlich der Bauten auf dem Marsfeld ist Agrippas Name zuerst einmal mit dem Pantheon verknüpft, das er 27 v. Chr. erbaute. In übergroßen Lettern steht er noch heute an der Vorhalle, aber der Bau, der zweimal ausbrannte, ist in seiner gegenwärtigen Form ein Werk Hadrians.

An das Pantheon schloß sich nach Süden zu eine Basilika an, die Agrippa aus Dank für seine Siege zur See 25 v. Chr. dem Gotte Neptunus geweiht hatte. Von dieser *basilica Neptuni*, die in der Feuersbrunst des Jahres 80 n. Chr. schwere Schäden erlitt und wahrscheinlich unter Hadrian wiederaufgebaut wurde, ist noch die Nordwand mit ihrer Apsis, mit Säulenresten und Gebälkstücken erhalten.

Südlich von der Basilika errichtete Agrippa seine Thermen. Anfangs baute er nur ein *laconicum*, ein Heißluftbad. Als er aber im Jahre 19 v. Chr. den großen Aquädukt, die *aqua virgo*, vollendete und ihn in die Bereiche seiner Bautätigkeit führte, konnte

Rekonstruktion der Agrippa-Thermen. Nach Hülsen

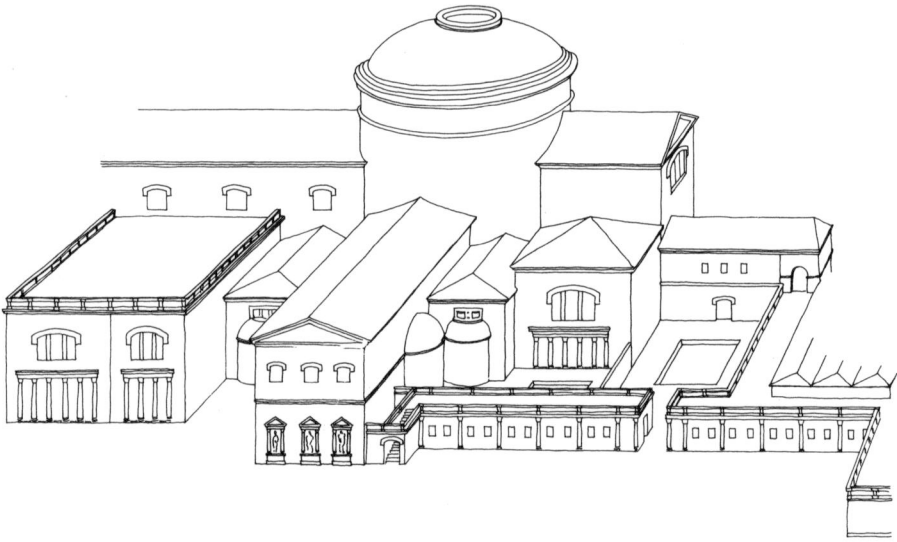

er große Thermen mit Warm- und Kaltbädern, mit einer Palaestra und weiteren Räumlichkeiten anlegen und den Römern zur kostenlosen Benutzung öffnen.

Die Thermen des Agrippa stellten ein imposantes Badehaus dar, das allerdings noch nicht nach dem bei späteren Thermenbauten üblichen axialsymmetrischen Schema angelegt war. Es stand inmitten von Gärten, in denen jedermann spazierengehen konnte. Auch ein *stagnum* gehörte zu den Agrippa-Thermen, ein künstlicher See, der ständig frisches Wasser von der Aqua Virgo bekam. Die abfließenden Wassermassen wurden durch einen *euripus,* einen offenen Kanal, von dem noch ein Teilstück unter der Cancelleria zu sehen ist, in den Tiber geleitet. Agrippa wäre sicher schockiert gewesen, wenn er gewußt hätte, wozu das Stagnum späterhin durch Nero mißbraucht worden ist. Tacitus berichtet darüber in den Annalen (15, 37): »Um davon zu überzeugen, daß ihm nirgends so wohl war wie in der Öffentlichkeit, veranstaltete Nero dort Gelage und benutzte die ganze Stadt als sein Haus. So war wegen seiner Üppigkeit ein Mahl in aller Munde, das – von Tigellinus angerichtet – als Beispiel genannt werden soll, damit ich nicht öfter von gleicher Verschwendung zu berichten brauche. Auf dem Teich des Agrippa ließ er ein Floß herstellen, auf dem das Gelage – von Schiffen gezogen – sich fortbewegen konnte. Die Schiffe waren mit Gold und Elfenbein ausgelegt. Sie wurden gerudert von Lustknaben, die nach Alter und Erfahrung im Laster eingeteilt waren. Geflügel und Wild hatte er aus den verschiedensten Ländern, Seetiere aber vom Ozean kommen lassen. Am Rande des Teiches standen Hurenwirtschaften mit vielen angesehenen Frauen und gegenüber nackte Dirnen . . .«

Ersparen wir uns die weitere Darstellung. Das Stagnum jedenfalls diente in der Zeit Neros Zwecken, die nie vorgesehen waren. Die Thermen aber fanden die ganze Antike hindurch als Badehaus ihre Verwendung. Mehrere Male wurden sie ein Raub der Flammen, aber bis in die Zeit von Constantius und Constans im 4. Jahrhundert n. Chr. hat man sie immer wieder restauriert.

Heute ist nicht mehr viel von den Agrippa-Thermen vorhanden. Den größten noch erhaltenen Trakt findet man in der Via dell' Arco della Ciambella, die das alte Thermengelände heute durchschneidet. Es handelt sich um einen Teil des Rundbaus, den man so sieht, wie er – vermutlich in der Ära des Alexander Severus – restauriert wurde.

Östlich vom Pantheon und den Agrippa-Thermen lagen die *saepta Iulia.* Dieser monumental angelegte Freiraum war für Volksversammlungen bestimmt, vermutlich sowohl für die bereits besprochenen *comitia centuriata* als auch für die *comitia tributa,* die Sonderversammlungen der Plebejer, in denen u. a. die Volkstribunen gewählt wurden. Im Lateinischen bedeutet *saeptum* ›Schranke‹, die aus Brettern gezimmert ist und wieder abgebrochen werden kann. Caesar errichtete allerdings festgefügte Marmorschranken, d. h., er begrenzte den für Volksversammlungen angelegten Platz durch Säulenhallen. Von ihnen nennt man die der östlichen Langseite *porticus Meleagri,* weil hier eine Meleager-Skulptur von Skopas stand, und die der westlichen *porticus Argonautarum,* weil sich in dieser eine gemalte Bildfolge mit Szenen der Argonautensage befand.

Von letztgenanntem Portikus stehen heute noch durchaus beachtliche Reste an der Ostseite des Pantheons.

Weil Iulius Caesar mit dem Bau der Saepta begann, bekamen sie nach ihm den Beinamen ›Iulia‹. Weitergeführt wurden die Bauarbeiten von dem Triumvirn Lepidus, vollendet aber von Agrippa, der die Saepta, die sich an seine Bauten auf dem Marsfeld anschlossen, 26 v. Chr. einweihte. Ihre Fertigstellung erfolgte also, als die Volksversammlungen bereits an Bedeutung verloren hatten. In der Kaiserzeit wurden sie auch nur noch für Wettkämpfe, Gladiatorenspiele und Bazare verwendet.

Zu den Saepta gehörte auch das im Süden vorgelagerte *diribitorium,* in dem man nach den Abstimmungen die Stimmtäfelchen auszählte.

So gab es auf dem Marsfeld einen ausgedehnten, in sich geschlossenen Bereich, der seine Entstehung oder Ausgestaltung dem großzügig planenden und baufreudigen Agrippa verdankte.

Theater und ›Crypta‹ des Balbus

Zu den Bauten aus der Zeit des Augustus und des Agrippa gehört auch das *theatrum Balbi.* Bis vor einiger Zeit hat man gemeint, es habe seinen Platz in der Nähe des Tibers gehabt, dort wo heute der Palazzo Cenci liegt. Mit der Forma Urbis, dem marmornen Stadtplan des Septimius Severus, ließ sich diese Annahme aber nicht in Einklang bringen. Bei einer Neuzusammensetzung der Fragmente des Stadtplans ergab sich nämlich, daß das Balbus-Theater südlich von der Via delle Botteghe Oscure lag. Man hatte hier – unter dem Palazzo Mattei – schon seit längerem Reste eines Zuschauerraumes gefunden, aber gemeint, es handle sich um Teile des Circus Flaminius. Nun aber erkannte man, daß sie zum Balbus-Theater gehörten und daß der Circus Flaminius, wie dargelegt, in Tibernähe nordwestlich vom Marcellus-Theater zu suchen sei.

Zum Theater gehörte auch die sogenannte Crypta Balbi, ein überdeckter Wandelgang oder Portikus. In der Via di S. Maria dei Calderari, also in der Nähe des vermeintlichen Balbus-Theaters, gibt es nun einen von Travertinsäulen flankierten Ziegelbogen, der in ein Haus eingebaut ist. Man sah in ihm einen Rest der ›Crypta‹, was sich aber mit den neuen Erkenntnissen über die Lage des Theaters nicht mehr vereinbaren läßt. Dagegen dürfte der Wandrest aus Travertinquadern, den man unter Haus 19 der Via delle Botteghe Oscure gefunden hat, Teil der Balbus-Crypta gewesen sein.

Wer war nun jener Balbus, nach dem Crypta und Theater benannt sind? Es war L. Cornelius Balbus, der 21–20 v. Chr. als Statthalter über Africa herrschte, dort das Volk der Garamanten besiegte und dafür 19 v. Chr. einen Triumph bekam. Das Theater wurde in der Zeit danach erbaut und 13 v. Chr. eingeweiht. Rom legte in diesem ersten vorchristlichen Jahrhundert anscheinend großen Wert auf repräsentative Theaterbauten, denn es entstanden verhältnismäßig kurz hintereinander im Bereich des Marsfeldes drei steinerne Theater: das des Pompeius, das des Balbus und das an das Forum Holitorium angrenzende Marcellus-Theater.

3   Von Tiberius bis Domitian

Tempel, Bogen, Thermen und ein Stadium

Von dem, was von den Kaisern des ersten Jahrhunderts nach Augustus auf dem Marsfeld gebaut worden ist, gibt es nur wenige Reste. Einiges kennen wir allein seiner Lage
und seinem Grundriß nach, und zwar durch die Forma Urbis.

An die Zeit des Augustus-Nachfolgers Tiberius erinnert kein neues Bauwerk, wohl
aber eine Zerstörung. Seit der letzten republikanischen Zeit gab es auf dem Marsfeld
ein Heiligtum der Isis und des Serapis. Dieses ließ Tiberius – in Fortsetzung der Reli-
gionspolitik des Augustus – beseitigen. Doch es wurde schöner als zuvor wiederaufgebaut, und zwar wahrscheinlich unter Caligula, der ein großer Verehrer der ägyptischen
Kulte war. Der Tempel – *Serapeum* genannt – schloß sich östlich an die Saepta Iulia an.
Zu ihm führte der sogenannte *arcus ad Isis*, der zwar im 16. Jahrhundert zerstört
wurde, von dem wir aber eine Vorstellung haben, weil er auf einem in den Vatikanischen Museen befindlichen Relief des Haterier-Grabes dargestellt ist. Der Isis-Bogen
scheint in dieser Form erst in der Flavierzeit gebaut worden zu sein. Auf dem Relief
sind in die drei Durchgänge ein Krieger – vermutlich Mars –, Isis und der hundsköpfige
Anubis gestellt.

Für Claudius wurde zum Andenken an seinen Sieg über Britannien ein Ehrenbogen
über die *via lata* – die heutige Via del Corso – zwischen 51 und 52 n. Chr. errichtet.
Von diesem Bogen, über den die Aqua Virgo geführt wurde, ist an Ort und Stelle nichts
mehr erhalten. Im Hof des Konservatorenpalastes befindet sich aber noch ein Stück von
der Widmungsinschrift und im Museo Nuovo Capitolino ein Relieffragment mit Kopf
und Arm eines gut gearbeiteten Kriegers.

Nero baute auf dem Marsfeld die zweite öffentliche Großbadeanstalt nach der des
Agrippa. Seine Thermen sind die ersten, die axialsymmetrisch angelegt sind. Anfangs
stark besucht vom römischen Publikum, konnten die *thermae Neronianae* späterhin
hinsichtlich ihrer Größe und ihres Komforts doch nicht mit den Badeanstalten des
Trajan und des Caracalla konkurrieren. Nicht zuletzt darum restaurierte und moder-
nisierte Alexander Severus 227 n. Chr. die Anlage, weswegen man sie von diesem Zeitpunkt an *thermae Alexandrinae* nannte. Nachdem man aus Gründen moderner Stadt-
planung die letzten Pfeiler niederlegen mußte, blieben nur noch zwei Säulen vom
Frigidarium, die man 1934 vor der Kirche S. Luigi dei Francesi ausgegraben und später
unweit vom Pantheon an der Piazza S. Eustachio aufgestellt hat.

Von den flavischen Kaisern war es Domitian, der auf dem Marsfeld eine rege Bau-
tätigkeit entfaltete. Er errichtete der Minerva Chalcidica einen Rundtempel, dessen
Lage – in der Nähe des Isis-Bogens – uns nur durch die Forma Urbis bekannt ist.
Wenige Meter südlich von diesem Tempel erbaute Domitian den *porticus Divorum,*

einen von Säulenhallen eingefaßten rechteckigen Platz, durch den der Länge nach ebenfalls Säulenreihen verliefen. Den Eingang bildete ein dreitoriger, großer Bogen, zu
dessen Seiten Domitian Tempel für seine beiden Vorgänger errichtete, den einen für
seinen Vater Vespasian, den anderen für seinen Bruder Titus. Doch auch vom Porticus
Divorum haben wir nur durch die Forma Urbis Kenntnis.

Das bekannteste Bauwerk aus der Zeit Domitians ist das Stadium, mit dessen Errichtung der Kaiser um 92 n. Chr. begonnen hatte. Wenn die Ausgrabungen auch nur
den Haupteingang der Nordseite und Reste des Zuschauerraumes zutage gefördert
haben – die großenteils sichtbar geblieben sind –, so lebt das *stadium Domitiani* doch
in der Piazza Navona weiter, deren Häuser auf den Substruktionen der Cavea, des
Zuschauerraumes, erbaut sind und deren Mitte die Form der Arena behalten hat
(Abb. 84a).

Das Stadium, das an seiner Nordseite gerundet und im Süden durch eine gerade
Mauer begrenzt war, diente Spielen und sportlichen Wettkämpfen (Abb. 84b). Als
unter dem Kaiser Macrinus das Flavische Amphitheater durch Feuer beschädigt worden
war, fanden hier auch Gladiatorenspiele und Tierhetzen statt. Danach allerdings mußte
das Stadium um 228 n. Chr. unter Alexander Severus restauriert werden, nach dem
es im Mittelalter dann auch benannt wurde.

In der Nähe des Stadiums hat Domitian ein *odeum* für musikalische Wettkämpfe
und Aufführungen erbaut, das noch im 5. Jahrhundert wegen seiner Schönheit bewundert wurde. Von ihm aber fehlt jegliche Spur.

4 Die Ära Hadrians und der Antonine

Tempel einer vergöttlichten Schwiegermutter

Von den Bauten, die Hadrian aufgeführt hat, wäre zuerst der Tempel der Matidia zu nennen. Von ihm sind nur noch zwei Säulen im Haus 76 der Piazza Capranica und ein Säulenstumpf sowie etwas Mauerwerk im Vicolo della Spada d'Orlando übriggeblieben. Eine interessante Abweichung von der Norm wies der durch ein Münzbild bekannte Tempel insofern auf, als rechts und links von seiner Eingangsfront je eine Ädikula angebaut war, an die wiederum sich je eine Säulenhalle angliederte, die eine mit dem Namen *basilica Matidiae*, die andere als *basilica Marcianae* bezeichnet.

Marciana war die Schwester von Trajan, ihre Tochter Matidia die Mutter von Sabina, der Gattin Hadrians. Auf der erwähnten Münze steht zu lesen: *Divae Matidiae Socrui*, das heißt: der vergöttlichten Schwiegermutter Matidia. Vergöttlichung erfuhren also nicht nur die Kaiser und ihre Gemahlinnen, sondern gelegentlich auch weitere Familienmitglieder wie im Jahre 119 n. Chr. jene Matidia, die als fromm und kaisertreu galt.

Pantheon und stoische Weltanschauung

Das bedeutendste Bauwerk auf dem Marsfeld aus der Zeit Hadrians ist das Pantheon (Abb. 85; Fig. S. 2). Wie bereits erwähnt, steht noch heute der Name des Agrippa über dem Eingang. Doch der Tempel, den Agrippa erbaute, brannte 80 n. Chr. nieder, und der nachfolgende, von Domitian errichtete, wurde 110 n. Chr. das Opfer eines Blitzschlages. So begann Hadrian 118 oder 119 n. Chr. mit einem Neubau, der von dem Schema, nach dem Tempel bisher angelegt wurden, völlig abwich. Kuppelsäle der Thermen scheinen mehr Vorbild gewesen zu sein als Sakralbauten. Dennoch war offensichtlich eine gewandelte religiöse Vorstellungswelt die Ursache dafür, daß man sich zu einem Kuppelbau entschloß.

Was der Name ›Pantheon‹ besagt, läßt sich nicht aufklären. War der Tempel allen Gottheiten geweiht, oder wollte man ihn als ganz besonders heilig bezeichnen? Der Agrippa-Bau war vermutlich den Planetengottheiten geweiht, allen voran Mars und Venus als Schutzgottheiten des julischen Hauses. Welche religiösen Vorstellungen bestimmten aber Hadrian beim Neubau des Pantheons? Stellen wir die Frage zurück, bis wir uns mit dem Bauwerk vertraut gemacht haben.

Wenn man in der Antike den Hadrian-Bau betreten wollte, so mußte man durch einen Torbau hindurchgehen und einen langgestreckten, von Säulenhallen eingefaßten Platz durchschreiten, ehe man zur giebelgekrönten Vorhalle des Tempels kam, zu der früher Stufen hinaufführten. Die Vorhalle besteht aus 16 Granitsäulen mit korin-

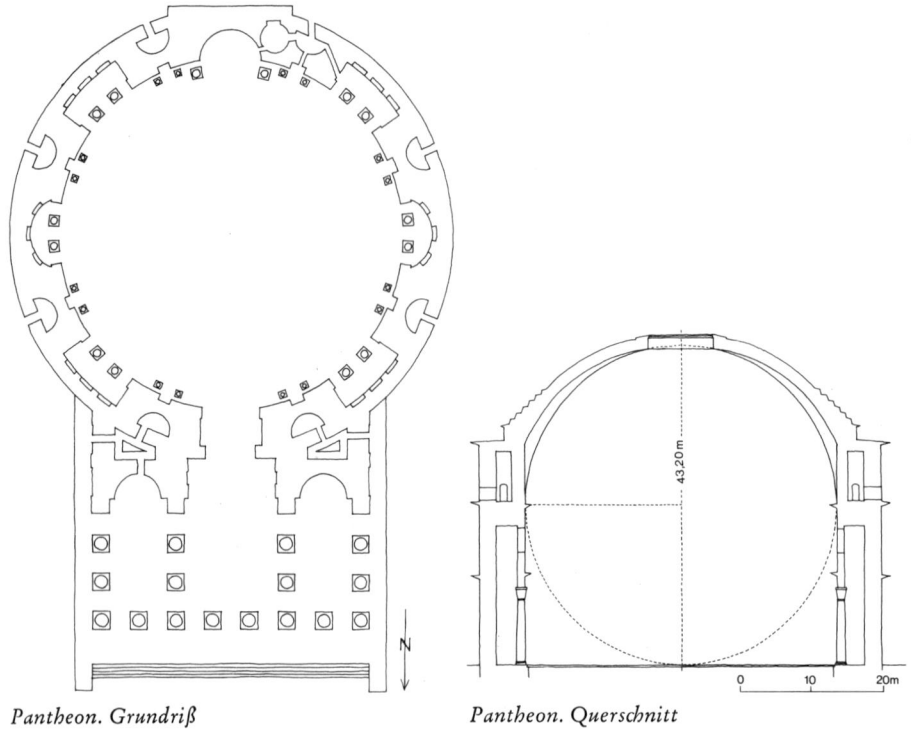

Pantheon. Grundriß *Pantheon. Querschnitt*

thischen Marmorkapitellen. Dann folgt ein Querhaus, das auch von außen erkennbar ist, weil es den Giebel überragt. Von hier aus betritt man durch eine Bronzetür, die noch aus der Antike stammt, das Innere.

Der runde Innenraum ist von einer Wand umschlossen, die mit farbigem Marmor inkrustiert ist (Abb. 86). In dieser Wand befinden sich sieben Nischen, von denen sich die, welche dem Eingang gegenüberliegt, durch besondere Größe auszeichnet. Hier standen früher Götterstatuen. An den Wandstücken zwischen den Nischen befinden sich – ebenfalls für Figuren bestimmte – Ädikulen. Der Wand folgt nach oben zu, über einem Gesims, eine Attikazone, die durch die plumpe Stuckdekoration, welche sie im 18. Jahrhundert bekam, an Schönheit verloren hat. Erfreulicherweise wurde ein kleines Teilstück in der alten Form wiederhergestellt, damit man sich vorstellen kann, wie die Attika mit ihren Blendfenstern und dazwischen angeordneten eleganten Pilastern über einem Sockelstreifen einmal ausgesehen hat.

Über der Wandzone wölbt sich als gewaltige Halbkugel die Kuppel. Sie ist durch Kassetten geziert und hat im Gewölbescheitel eine runde Öffnung, durch die Lichtstrahlen wie Regen in den Innenraum fallen. Dieser aber wirkt in seiner Gesamtheit so vollkommen, daß er vollkommener nicht gedacht werden kann. Vollkommenheit ist immer mathematisch bedingt und beruht beim Pantheon darauf, daß sein Durchmesser wie seine Höhe die gleiche Länge von 43,20 m haben. Dabei ist der zylinderförmige Unterbau ebenso hoch wie die Kuppel. Daraus ergibt sich, daß der Halbkreis, als welcher die Kuppel im Querschnitt erscheint, bei seiner Vervollständigung zum Kreis die Fußbodengerade als Tangente bekäme. Vervollständigte man also die halbkugelförmige Kuppel zur Kugel, so läge diese dem Fußboden auf. Wir haben es hier mit einem Raum von vollendeter Harmonie zu tun.

Die vortreffliche Gestaltung des Innenraums war nur möglich, weil der Außenbau in genialer Weise konstruiert war. Dieser besteht aus einer dreigeschossigen Mauer von 6,20 m Dicke mit eingebauten Entlastungsbögen und Hohlräumen. Auf ihr ruht eine flache Kalotte aus Gußwerk, die eine Skelettkonstruktion aus Bandrippen enthält, welche bis nahe unter den Kuppelring geführt und dort durch Bogen verbunden sind. Da es nicht möglich war, eine Kuppel als Halbkugel von 43,20 m Spannweite auf die Mauer zu setzen, bediente man sich – wie man es am Außenbau sieht – einer flachen Kalotte. Im Inneren aber füllte man den Übergang von der Mauer zur Kalotte so aus, daß sich eine Halbkugel ergab, die scheinbar dem Attikageschoß auflag.

Jedoch nicht nur ihre technische Begabung machte es den Römern möglich, einen Bau wie das Pantheon zu schaffen. Es gehörte dazu auch der schon vielfach erwähnte Sinn für das Räumliche. Anders hätte nie ein solcher Innenraum entstehen können. Auch unter dem Aspekt des Religiös-Kultischen bedeutete dieser ein Novum. Im Inneren eines Tempels stand sonst nur das Kultbild der Gottheit. Das Volk versammelte sich *vor* dem Heiligtum, wo auch der Altar seinen Platz hatte. Das Pantheon aber war so angelegt, daß das Volk den Innenraum betreten mußte. Der Überlieferung nach waren die Kassetten von dessen Kuppelgewölbe mit Sternen auf blauem Grund geschmückt. Das Gewölbe sollte also den Himmel symbolisieren, was den Gesamtraum zum Sinnbild des Weltalls machte. Ein Sakralraum als versinnbildeter Kosmos – in dieser Vorstellung verbarg sich stoische Philosophie, die in der Kaiserzeit große Bedeutung hatte. Nach Auffassung der Stoiker, die Gott im pantheistischen Sinne begriffen, war das ganze Weltall von Logoi spermatikoi, von Samenteilchen göttlicher Vernunft, also vom göttlichen Geist erfüllt. So lebt das Göttliche folgerichtig auch in dem Raum, der Kosmos bedeutet, und der Innenraum des Pantheon als solcher ist Träger des Göttlichen. Die Götterbilder in den Nischen vertragen sich sehr gut mit dieser stoischen Auffassung. Die verschiedenen Gottheiten galten bei den Stoikern als Personifikationen von Kräften des alldurchwaltenden Geistes. So spiegelt das Pantheon stoische Weltanschauung wider.

Konsekration der Kaiserin Sabina

Hadrian auf dem Marsfeld zeigen zwei Reliefs, die sich heute im Konservatorenpalast des Kapitols befinden. Früher waren sie in einem Bogen eingebaut, der bei der Einmündung der Via della Vite in die Via del Corso – die antike Via Lata – aufgestellt war. Der Bogen wurde seit dem 16. Jahrhundert ›Arco di Portogallo‹ genannt, weil er beim Palazzo Fiano stand, in dem der portugiesische Gesandte residierte. Im 17. Jahrhundert wurde er auf Anordnung Alexanders VII. abgetragen, um ein Hindernis für die alljährlich während des Karnevals stattfindenden Rennen der reiterlosen Araberpferde zu beseitigen. Wie der Bogen in der Antike hieß, ist unbekannt. Wir wissen auch nicht, wann er auf dem Marsfeld errichtet wurde. Wahrscheinlich geschah es in der Spätantike, allerdings mit Spolien, also mit Material von früheren Denkmälern, zu denen auch die beiden Reliefs gehörten.

Auf dem einen dieser Reliefs ist die Apotheose der Kaiserin Sabina, der Gattin Hadrians, dargestellt. Wenn es auch an vielen Stellen ergänzt werden mußte, so reicht das Originale doch aus, um die klassizistische Form anschaulich und den Inhalt verständlich zu machen (Abb. 88).

Im Hintergrund sieht man einen Scheiterhaufen mit Flammen. Über ihm erhebt sich ein fackelhaltendes, weibliches Flügelwesen, in dem man *aeternitas* – die Ewigkeit – zu erblicken meint, und trägt Sabina zum Himmel empor. Rechts vorn sitzt Hadrian, hinter dem ein Begleiter steht, und weist mit der Hand auf die aufschwebende Gattin. In der linken Bildecke indes liegt eine Jünglingsgestalt am Boden, die den Campus Martius personifiziert und somit das Marsfeld als Ort der Handlung dokumentiert.

Die Apotheose, die Vergöttlichung, eines Menschen kommt aus den griechischen Bereichen, wo man von den Heroen und später von den hellenistischen Herrschern glaubte, sie würden nach ihrem Tode unter die Götter aufgenommen. Unter griechischem Einfluß ließ man den sagenhaften Romulus in den Himmel auffahren. Die erste historische Persönlichkeit, der man die Apotheose in Rom zugestand, war Caesar. Sueton berichtet darüber: »Er wurde unter die Götter aufgenommen, aber nicht nur durch Verkündung eines formellen Beschlusses, sondern vielmehr aus innerer Überzeugung des Volkes. Während der Festspiele, welche gleich nach seiner Aufnahme unter die Götter sein Erbe Augustus ihm zu Ehren aufführen ließ, erglänzte sieben Tage lang ein Komet am Himmel, der um die elfte Stunde aufging. Allgemein glaubte man, das sei die Seele des in den Himmel eingegangenen Caesar. Deswegen findet man stets auf seinem Bildnis einen Stern über dem Scheitel.«[13]

Auch Augustus erfuhr seine Apotheose, und mit dieser bildete sich ein eigenes Zeremoniell für die *consecratio* heraus, wie die Römer den Akt der Vergötterung nannten. Bei der Verbrennung eines Kaisers ließ man einen Adler vom Scheiterhaufen aufsteigen, der die Seele des Toten in die Höhe tragen sollte. Es fand sich auch immer ein Zeuge, der unter Eid aussagte, er habe gesehen, wie der Kaiser in den Himmel aufgefahren sei.

Der Senat erhob dann den Toten zum *divus,* und eine besondere Priesterschaft wurde für den Kult des Vergöttlichten begründet.

Im 1. Jahrhundert n. Chr. hat man noch nicht alle Kaiser konsekriert, das geschah – mit nur wenigen Ausnahmen – erst seit dem 2. Jahrhundert. Vergöttlicht wurden aber auch Mitglieder der kaiserlichen Familie, wir wir es am Beispiel von Hadrians Schwiegermutter Matidia gesehen haben. Selbstverständlich kam unter ihnen zuerst einmal den Gemahlinnen der Kaiser die Konsekration zu. Die Erinnerung an die Vergöttlichung der Sabina bewahrt dabei das Relief vom Arco di Portogallo.

Das zweite Relief, das in den genannten Bogen eingefügt worden war, zeigt Hadrian – umgeben von realen und allegorischen Gestalten – bei einer *allocutio,* bei einer Ansprache. Da anzunehmen ist, daß beide Reliefs in der Hadrian-Zeit ein Monument zu Ehren Sabinas schmückten, darf man vermuten, daß Hadrian bei der Leichenrede auf seine Gemahlin gezeigt ist. Wie dem auch sei, beide Darstellungen gehören wesentlich zur Historie des Marsfeldes.

Das Hadrianeum

Der Tempel, der den Namen Hadrians trägt, wurde 145 n. Chr. erbaut und gehört schon der Epoche des Antoninus Pius an. Dieser hatte als Nachfolger und Adoptivsohn Hadrians dem vergöttlichten Kaiser das Heiligtum geweiht. Noch heute sind beachtliche Teile des Tempels an der Piazza di Petra erhalten, und zwar Reste der Cellawand der nördlichen Langseite, dazu elf Marmorsäulen mit korinthischen Kapitellen. Das Gebälk trägt ein Stück der alten Sima, die mit Palmetten und Wasserspeiern in Form von Löwenköpfen geziert ist. Heute bildet diese Tempelseite einen Teil der Mauer der römischen Börse – eines von vielen Beispielen dafür, daß die Antike im modernen Rom mit- und weiterlebt.

Im Bereich des Hadrianeums hat man Teile einer Balustrade gefunden, von denen sich die meisten – wieder zusammengesetzt – im Hof des Konservatorenpalastes auf dem Kapitol befinden.[14] Die Balustrade ist verkröpft. Es wechseln also vorspringende Sockel mit zurückliegenden Platten. Erstere zeigen im Relief weibliche Figuren, welche als Allegorien der römischen Provinzen gedacht sind, letztere verschiedenartige Trophäen.

Es läßt sich nicht mit Sicherheit sagen, wo die Balustrade gestanden hat, wahrscheinlich aber im Inneren der Cella. Dort könnte sie in zwei Teilen vor den Längswänden angeordnet gewesen sein, die so das Kultbild des vergöttlichten Hadrian flankiert hätten. Auf den Sockeln standen vielleicht Säulen. Die Figurenreliefs wären dabei dem Kultbild zugewandt gewesen, als sichtbarer Ausdruck dessen, daß es nicht zuletzt die Provinzen sind, auf denen die Macht des Kaisers und die Größe seines Reiches beruhen.

Säule und Ustrinum des Antoninus Pius

So wie der Tempel des vergöttlichten Hadrian von seinem Adoptivsohn Antoninus Pius erbaut wurde, waren es dessen Adoptivsöhne Marcus Aurelius Antoninus und Lucius Verus, welche die *columna Antonini Pii* zwischen 161 und 169 n. Chr. errichteten. Diese war eine Ehrensäule für den vergöttlichten Antoninus, der sich vor allem als *Verwalter* des Reiches bewährt und für seine Pflichttreue, Redlichkeit und Güte den Beinamen Pius erhalten hatte.

Die Säule aus ägyptischem Rosengranit, die mit einer Statue des Kaisers gekrönt war, stand einst in der Nähe der heutigen Piazza Montecitorio. Als man sie im beginnenden 18. Jahrhundert ausgrub und auf die genannte Piazza brachte, schützte man sie durch einen Schuppen, in dem sie mehrere Jahrzehnte liegenblieb. Als der Schuppen eines Tages abbrannte, wurde die Säule so beschädigt, daß man ihr Material nur noch zur Ausbesserung des Augustus-Obelisken verwenden konnte. Das untere Ende des Säulenschaftes und der glücklicherweise noch erhaltene, mit Reliefs gezierte Sockel kamen schließlich in den Vatikan und sind dort im Cortile della Pigna zu besichtigen.

Von den vier Sockelseiten zeigt die vordere die Widmungsinschrift, die hintere die Konsekration des Antoninus Pius und seiner Gattin Faustina, während an den Seitenflächen eine Parade dargestellt ist. Das Konsekrationsrelief ist in der Auffassung dem der Sabina verwandt und unterscheidet sich in Einzelheiten doch nicht unwesentlich von ihm.

Antoninus Pius und Faustina werden bei ihrer Konsekration nicht von einem weiblichen, sondern einem männlichen Flügelwesen in die Höhe getragen. Es hält in der Linken den Himmelsglobus, über den eine Schlange kriecht, und versinnbildlicht die Ewigkeit in der Gestalt des Aion. Flankiert ist das Kaiserpaar von zwei Adlern, die wesentlich zur Konsekration gehören. Auch das Marsfeld ist wieder durch einen liegenden Jüngling personifiziert, der in die linke untere Ecke hineinkomponiert ist. Auf seinem linken Oberschenkel steht eine Nachbildung jenes ägyptischen Obelisken, den Augustus als Zeiger einer Sonnenuhr auf dem Marsfeld errichtet hatte. In der rechten unteren Bildecke sitzt Roma im Kriegsschmuck der Minerva. Ihre rechte Hand weist auf das konsekrierte Kaiserpaar, während ihr linker Arm auf einen Schild gestützt ist, der das Bild der römischen Wölfin mit den Zwillingen zeigt (Abb. 87a).

An den beiden Seitenfronten des Säulensockels ist je eine *decursio* dargestellt, eine Parade, hier speziell eine Totenparade, wie sie beim Leichenbegängnis von Prominenten üblich war (Abb. 87b). Auf beiden Reliefs haben in der Mitte bewaffnete Prätorianer Aufstellung genommen, um die herum eine Reiterparade stattfindet. Vermutlich sollte das eine Relief an die Leichenparade zu Ehren des Antoninus Pius und das andere an die zu Ehren seiner zwanzig Jahre früher verstorbenen Gattin Faustina erinnern. Was geradezu verblüfft, ist die Form der Reliefs. Während bei der Konsekrationsdarstellung der Klassizismus der Hadrian-Zeit in leicht erstarrten Gestalten nachklingt und sich mit der Neigung zu übermäßigem Dekor verbindet, bieten die Paradereliefs etwas

*Ustrinum des
Antoninus Pius und
der Faustina.
Rekonstruktion nach
Bianchini*

völlig Neues. Die Figuren wirken wie kleine, ein wenig ungelenke Vollplastiken, die
man an einen abstrakten Hintergrund geheftet hat. Mit Recht wurde darauf hingewiesen, daß ihnen etwas von der naiven Art der römischen Volkskunst anhaftet.[15]

Nur wenige Meter von der Säule des Antoninus Pius entfernt fand man eine quadratische Basis, die von einer zweifachen Einfriedung umgeben war. Francesco Bianchini
erkannte, daß es sich um ein *ustrinum,* ein Gebäude für die Leichenverbrennung, handeln müsse, und zwar um jenes, das für den Scheiterhaufen Faustinas und den des
Antoninus Pius errichtet war. Bianchini veröffentlichte nicht nur, was er bei seinen
Ausgrabungen festgestellt hatte. Er fertigte auch eine Rekonstruktionszeichnung an, so
daß von dem Ustrinum, dessen Fundstelle wieder zugeschüttet werden mußte, eine
deutliche Vorstellung möglich ist.[16]

Zum Gedächtnis Marc Aurels

Eines der kostbarsten Denkmäler des alten Marsfeldes ist die Säule des Marcus Aurelius, die auf der nach ihr angelegten und benannten Piazza Colonna steht (Abb. 90).
Nach dem Vorbild der Trajanssäule geschaffen, bestand sie aus einem Sockel, einem
Säulenschaft, der außen von einem Reliefband umschlungen ist und in dessen Innerem
eine Wendeltreppe nach oben führt, sowie aus der Figur des Kaisers als Abschluß und
Krönung. Bei einer Restaurierung im Jahre 1589 durch Domenico Fontana veränderte
sich einiges am Aussehen der Säule. Der alte Sockel verlor seine Reliefs und bekam eine
Marmorverkleidung, und die nicht mehr vorhandene Kaiserstatue wurde durch eine
bronzene Paulus-Figur ersetzt.

Erst nach dem Tode Marc Aurels zwischen 180 und 193 n. Chr. erbaut, feiert die
Säule mit ihren Reliefdarstellungen die Taten des Kaisers auf seinen Feldzügen gegen

289

Quaden, Markomannen und Jazygen. Dabei sind die Darstellungen aus den beiden Kriegen, die Marc Aurel führte, auf dem Reliefband durch eine Victoria getrennt.

Wenn man die Reliefs der Säule des Marc Aurel mit denen der etwa siebzig Jahre älteren Trajanssäule vergleicht, sieht man, wie sich die Vorstellungswelt und damit die Kunst gewandelt hat. Auf dem Reliefband der Trajanssäule wird das Kriegsgeschehen in verhältnismäßig ruhigem Fluß erzählt. Bei der Darstellung ist die Profilhaltung der fest an den Reliefgrund gefügten Gestalten bevorzugt. Man sucht keine räumliche Tiefe, wohl aber eine differenzierte Staffelung der Reliefschichten bis zum Hintergrund der Landschaft oder Baulichkeiten, der zuweilen wie gezeichnet wirkt. Bei den Reliefs der Marc-Aurel-Säule handelt es sich mehr um eine Aneinanderfügung von Szenen, die sich nicht selten durch eine dramatische Konzentration und Vehemenz auszeichnen. Dabei agiert die einzelne Gestalt oft höchst expressiv. Im übrigen bekommen die Figuren mehr Volumen und treten aus der Fläche hervor. Der Raum dringt tief in ihre Gewandfalten ein und frißt sich – typisch römisch – an den Gestalten vorbei in den Hintergrund hinein, der sich meist nicht mit Landschaften oder Gebäuden, sondern abstrakt darstellt (Abb. 89) – ähnlich wie auf den Decursio-Reliefs der Säule des Antoninus Pius. Neben dramatischen Szenen gibt es auch solche kaiserlicher Repräsentation. Marc Aurel bietet sich mit seiner Umgebung denjenigen, denen er gegenübertritt, wie dem Bildbetrachter gern frontal dar. Die spätantike Darstellungsform, in welcher der Kaiser nicht handelnd, sondern als verehrungswürdige Repräsentationsfigur inmitten seines Gefolges erscheint, kündigt sich hier bereits an.

Man hat Marc Aurel nach seiner Vergöttlichung auch einen Tempel gebaut. Von diesem fehlt jedoch jede Spur. Vielleicht hat man aber das Ustrinum des Kaisers entdeckt. Unter dem Parlamentsgebäude sind Architekturreste – ein Marmorsockel mit einem Zahnschnittfries, Akroterien und weitere Fragmente – gefunden worden, die man ins Thermenmuseum gebracht hat. Sie scheinen von einem Ustrinum zu stammen, bei dem es sich vielleicht um das des Kaisers Marc Aurel handelt.

Damit wäre das Wesentliche über das Marsfeld berichtet. An die Spätantike erinnert kein einziges Bauwerk. Wir wissen allerdings aus der Historia Augusta[17], daß Aurelian nach seiner Rückkehr aus dem Osten im Jahre 273 n. Chr. einen Tempel für den *Sol Invictus* errichtet hat, für den unbesiegten Sonnengott, den der Kaiser als seinen und des Reiches Schutzgott verehrte. Es ist nicht ausgeschlossen, daß sich der Tempel, der reich an Kostbarkeiten gewesen sein soll, zwischen der Piazza S. Claudio und der Via Frattina befand, wo im 16. Jahrhundert noch Überreste eines antiken Gebäudes gestanden haben. Mit Sicherheit läßt sich aber nichts über den Tempel sagen, von dem im 6. Jahrhundert acht Säulen nach Konstantinopel gebracht und beim Bau der Hagia Sophia verwandt wurden.

IV Grenzen und Befestigungen

1 Stadtmauern, Gärten, Grabmäler

Das Pomerium der Vierregionenstadt und die Servianische Mauer

Nachdem wir uns nun mit allen Regionen Roms innerhalb der Aurelianischen Mauer beschäftigt haben, ist es an der Zeit, auf diese selbst einzugehen. Die Aurelianische Mauer entstand aber erst in der Spätantike, und es ist nötig, zuerst von früheren Grenzen und Befestigungen zu sprechen, zumal daran die Entwicklung der Stadt Rom noch einmal deutlich wird.

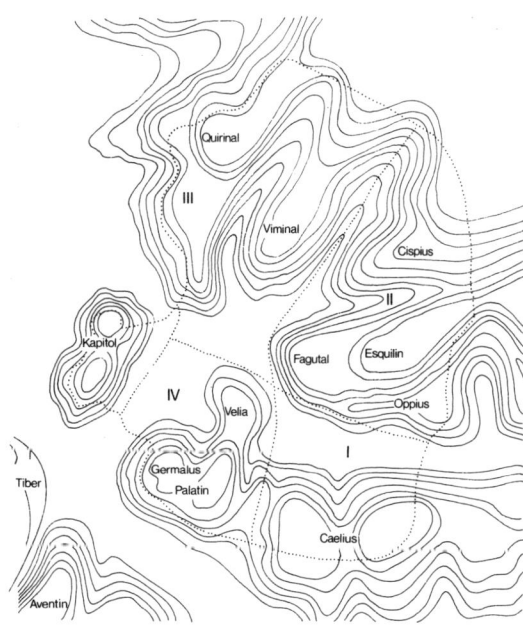

Die Vierregionenstadt

Nach antiker Tradition ist die Roma quadrata nach etruskischem Ritus angelegt worden. Mit einem Pflug hat man die heilige Grenze, das *pomerium,* um das künftige Stadtgebiet gezogen und dort die Mauer errichtet. Nachdem nun die Richtigkeit der antiken Überlieferung durch die moderne Forschung äußerst fragwürdig geworden ist, beginnt man besser bei jenem Pomerium, das nach der Weiterentwicklung Roms zur Vierregionenstadt als heilige Grenze um diese gelegt worden ist.

Die vier Regionen Roms trugen folgende Bezeichnungen: I. Suburana, II. Esquilina, III. Collina und IV. Palatina. Einbezogen waren somit Caelius, Esquilin, Viminal, Quirinal, Kapitol und Palatin. Die Vierregionenstadt dürfte um 600 v. Chr., also unter Tarquinius Priscus, gebildet worden sein. Ihr Pomerium war keine feste Mauer, sondern nur eine heilige, eine ideale Grenze, und diese blieb bis zur Zeit Sullas unverändert. Erst danach wurde sie mehrfach von den Herrschern erweitert.

Als allerdings später die Servianische Mauer gebaut wurde, folgte man weitaus dem Verlauf des Pomeriums (s. Fig. S. 294). Nur im Norden ging die Mauer über dieses hinaus, und zwar bis zur Porta Collina, während sie im Süden den Aventin mit einschloß, der außerhalb des Pomeriums lag.

Dem Namen *murus Servii Tullii* zufolge sollte man annehmen, daß die Mauer in der Zeit des Königs Servius Tullius – das heißt: um 550 v. Chr. – erbaut worden ist. In der Zeit der Antike und noch weit darüber hinaus war man auch dieser Ansicht. Es steht indes fest, daß die Mauer erst um 380 v. Chr. errichtet wurde, und zwar nach dem folgenschweren Einfall der Gallier. Einzig die Festungsmauern der kapitolinischen Arx und des westlichen Palatins, die später in die sogenannte Servianische Mauer einbezogen wurden, stammen aus dem 6. Jahrhundert v. Chr.

An vielen Orten Roms findet man noch Reste der aus großen Quadern bestehenden Mauer: am Kapitol, am Palatin, am Quirinal, am Esquilin. In einem Mauerstück auf dem Aventin sieht man noch einen Bogen für das Aufstellen von Wurfmaschinen, ebenso in einem Mauerrest, der sich im Palazzo Antonelli in der Via Tre Canelle erhalten hat.

Ansehnliche Überreste der Servianischen Mauer befinden sich im Umkreis des Hauptbahnhofes. Hier stößt man sogar noch auf Fragmente eines Tores: der *porta Viminalis.*

Agger Servianus. Querschnitt. Rekonstruktion nach Aurigemma

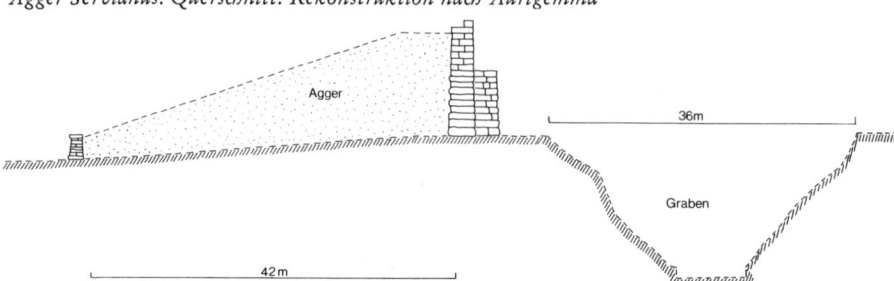

Im übrigen kann man bei dem Trakt, der sich – zu beiden Seiten dieses Tores – von der *porta Collina* bis zur *porta Esquilina* erstreckt, nicht nur von einer Mauer reden, man muß vielmehr *agger Servianus* sagen; denn hier war ein Erdwall aufgeworfen. Zwischen einer inneren Mauer von etwa 2,60 m Höhe und einer äußeren von etwa 9 bis 10 m erstreckte sich ein ungefähr 42 m tiefer, allmählich ansteigender Erdwall. *Vor* der Mauer öffnete sich dann ein etwa 36 m breiter Graben. So erweist sich der Agger Servianus als eine wohldurchdachte Verteidigungsanlage.

Die Aurelianische Mauer mit ihren Toren und Kasernen

Im Jahre 87 v. Chr. wurde die Servianische Mauer erneuert. Es ist die Frage, wieweit man es unter dem Gesichtspunkt der Verteidigung tat; denn man war in dem sich ständig ausweitenden Römischen Reich davon überzeugt, daß die Hauptstadt absolut sicher sei. Darum auch beließ man es in den nachfolgenden Jahrhunderten bei der alten Mauer, obwohl sich die Stadt immer mehr über diese hinaus ausdehnte. Zu befestigen waren nur die Grenzen des Reichs, weswegen, wo es angezeigt schien, ein Limes entstand.

Im 3. Jahrhundert n. Chr. änderte sich die Situation. Germanische Völkerschaften drangen ständig weiter nach Süden vor und fielen schließlich in das nördliche Italien ein. Noch konnten sie von den Kaisern aufgehalten oder zurückgeschlagen werden. Auch Aurelian siegte nach einer Niederlage bei Placentia über die Alemannen 271 n. Chr. bei Pavia, aber er begann dennoch zwischen 270 und 272 n. Chr. mit dem Bau einer Mauer, die das ganze weit über die Servianische Mauer hinausgewachsene Stadtgebiet einschloß. Nach seiner Ermordung im Jahre 275 n. Chr. setzte Kaiser Probus das Werk fort und beendete es 282 n. Chr. Die als *muri Aureliani* bezeichnete Stadtmauer war 18,837 km lang. Sie besaß ungefähr 380 Türme, die aus der Mauer hervortraten und in einem Abstand von je 29,60 m – das sind hundert römische Fuß – aufgebaut waren. Hinter den Mauerschlitzen verlief ein streckenweise überwölbter Laufgang. Zur Verbindung von Stadt und Land wurden an den großen Ausfahrtstraßen Tore erbaut. Zu diesen kamen die sogenannten *posterulae,* kleinere Mauerpforten.

Ihre erste Modernisierung erfuhr die Aurelianische Mauer unter Maxentius. Eine zweite und eingreifendere Erneuerung nahm Stilichio, der mächtige Heermeister des Honorius, 402 n. Chr. im Namen seines Kaisers vor. Er ließ die Mauer und ihre Türme aufstocken und, wo es nötig war, Tore um- oder ausbauen. Obwohl die Muri Aureliani nach den Angriffen der Ostgoten Witichis und Totila restauriert und in manchem verändert wurden, gleicht das heutige Erscheinungsbild noch dem der Honoriuszeit.

Von den Toren ist ein in seiner Art typisches die *Porta Latina* (Abb. 91). Während die flankierenden, halbrunden Türme aus der Zeit Aurelians stammen, wurde der eintorige Bogen mit den darüber angeordneten Fenstern unter Honorius errichtet. Eintorig war allerdings schon der Durchgang der Porta Latina in aurelianischer Zeit.

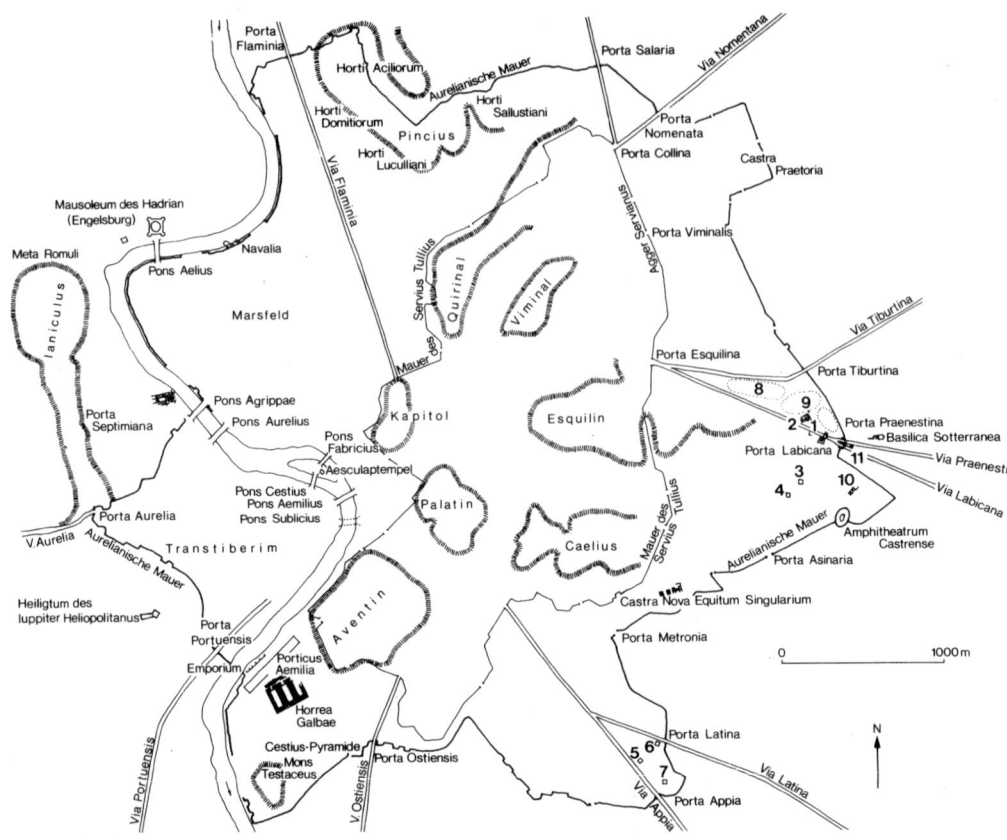

Stadtmauern

1 Grabstätte der Statilier 2 Grabstätte der Arruntier 3 Grabstätte der Quinctier 4 Columbarium des Tiberius Claudius Vitalis 5 Scipionengräber 6 Columbarium des Pomponius Hylas 7 Columbarium der Vigna Codini 8 Horti Pallantiani 9 Horti Liciniani 10 Horti Spei Veteris 11 Grabmal des Eurysaces

Anders verhält es sich bei der Porta Ostiensis, die heute Porta S. Paolo heißt. Diese war mit zwei Toren erbaut worden, die aber unter Honorius aus Gründen der Verteidigung in ein einziges Tor umgewandelt wurden. An die ehemalige Form erinnert indes noch die Innenseite. Hier war der Porta ein Binnenhof vorgebaut worden, und dieser hatte zwei Tore, die noch vorhanden sind.

Das gleiche gilt von der Porta Appia, die heute Porta S. Sebastiano genannt wird. Auch bei ihr waren zwei Bogen durch einen einzigen ersetzt worden, auch bei ihr gab es einen Binnenhof, jedoch erst in späterer Zeit, als man den nahegelegenen Drusus-Bogen in den Torbau einbezog. Dieser hat allerdings nichts mit dem berühmten Drusus zu tun und wird erst seit dem 16. Jahrhundert so genannt. Seine Bestimmung war es, die *aqua Antoniniana* über die Via Appia zu führen, den Aquädukt also, der das Wasser zu den Thermen des Caracalla leitete.

Bei der Porta Tiburtina wurde sogar der bereits vorhandene Bogen eines Aquäduktes gleich von Anfang an als Tor der Aurelianischen Mauer benutzt. Kaiser Augustus hat im Jahre 5 v. Chr. den Bogen gebaut, um drei Wasserleitungen – die *aqua Marcia, Tepula* und *Iulia* – über die Via Tiburtina zu leiten. Von Vespasian und Septimius Severus restauriert, wurde dieser Bogen von Aurelian ganz einfach als Porta für seine Mauer verwandt, und erst Honorius setzte ein zweites Tor von der Außenseite her davor.

Und nicht viel anders verhielt es sich bei der Porta Praenestina (Abb. 92). Dieses heute noch imponierende, aus mächtigen Quadern erbaute doppelbogige Tor war dazu bestimmt, innerhalb seiner dreigeteilten Attika zwei Wasserleitungen – den *Anio novus* und die *aqua Claudia* – über die Via Praenestina und Via Labicana zu führen, die bei der Porta zusammenliefen. Als die Aurelianische Mauer errichtet wurde, benutzte man die alte Porta als Durchgang und verwandelte die beiden Bogen in ein Doppeltor, das dann unter Honorius weiter ausgebaut wurde. Das Grabmal des Eurysaces, das in der Mitte der Außenseite der Porta stand und von dem noch die Rede sein wird, wurde zu diesem Zweck von einem Turm ummantelt. Außerdem wurden rechts und links neben den beiden Bogen ebenfalls Türme errichtet, um so dem bereits vorhandenen Doppeltor zwei massive Tore vorlagern zu können, welche fortan Porta Labicana und Porta Praenestina genannt wurden. Doch von diesen Toren findet man – abgesehen von einem kleinen Rest der Porta Labicana – nichts mehr, weil sie im 19. Jahrhundert aus Verkehrsgründen abgerissen wurden. Damit aber war dann auch das Grabmal des Eurysaces wieder freigelegt.

Nicht alle Tore der Aurelianischen Mauer haben ihr antikes Aussehen bewahrt. Umbauten, Verfall, aber auch Kriegsschäden – die Porta Salaria beispielsweise lag 1870 unter Artilleriebeschuß – erforderten eine Veränderung. Die Porta Flaminia wurde barockisiert, die Porta Septimiana wie die Porta Aurelia neu gebaut. Die alte Porta Portuensis aber fiel der Zerstörung anheim.

Auch zwei große Kasernen standen mit der Aurelianischen Mauer in Verbindung. Nicht weit von der Porta Asinaria befanden sich seit der Zeit des Septimius Severus die *castra nova equitum singularium,* d. h.: das Lager der berittenen Leibgarde des Kaisers. Heute findet man von dieser Kaserne nur dann etwas, wenn man in das Untergeschoß der Kirche S. Giovanni in Laterano hinabsteigt. Dort stehen noch Mauerreste einiger Räume sowie des Hofes. Als Aurelian seine Stadtmauer anlegte, mag es ihm gelegen gekommen sein, daß dieses Castrum in so großer Nähe zu ihr lag. Allerdings bestand es nur bis zur Zeit Konstantins, der das kaiserliche Reiterkorps auflöste und danach auch dessen Kaserne zerstören ließ, um das Gelände für den Bau der ersten großen christlichen Basilika zu verwenden. (Das einzige antike Bauwerk, das in der Nähe der Kirche freigelegt werden konnte, ist das Frigidarium der aus dem 3. Jahrhundert n. Chr. stammenden Lateransthermen, das an der Via Amba Aradam liegt.)

Ein anderes Lager verband Aurelian direkt mit seiner Mauer. Südlich von der Via Nomentana befand sich die nach dem Vorbild eines Legionslagers erbaute Kaserne der

Prätorianer. Schon in der Zeit der Republik gab es eine *cohors praetoria,* eine Schar besonders tapferer und zuverlässiger Soldaten, welche die Schutztruppe des Feldherrn bildeten. Augustus stellte neun *cohortes praetoriae* zu seinem und des Staates Schutz auf, die in der Umgebung Roms ihre Unterkünfte hatten. Von Tiberius wurden dann in den Jahren 21–23 n. Chr. die *castra praetoria* gebaut, in welchen der Prätorianerpräfekt Seianus die Kohorten sammelte.

Als nun Aurelian seine Stadtmauer errichtete, fügte er die Nord-, Ost- und Südmauer des Lagers, nachdem er sie erhöht hatte, in seinen Mauerring ein. Spätere Herrscher bauten die Befestigungsanlagen noch aus, doch unter Konstantin verlor das Castrum seine Bedeutung, weil der Kaiser nicht nur sein Reiterkorps, sondern auch die Prätorianerkohorten auflöste. Zerstören konnte er die Castra Praetoria allerdings nicht, weil deren Mauern einen Teil der Stadtmauer bildeten und der Verteidigung dienten. So erfüllten sie noch ihre Aufgabe, als Totila im 6. Jahrhundert in Rom einbrach. Sie wurden allerdings stellenweise stark beschädigt und mußten im Mittelalter wiederhergestellt werden. Bis in die jüngste Zeit hinein standen auf dem Gebiet der Castra Prätoria Kasernen, und noch immer ist es umgrenzt von den hohen und mächtigen alten Mauern. Erhalten ist außerdem ein Tor an der Südseite des Lagers, das vermutlich aus der Honoriuszeit stammt. Es lag an der Straße, die von der Porta Viminalis, an den Castra Praetoria vorbei, stadtauswärts führte. Man findet das Tor heute hinter Haus 4 bis 6 der Via Mozambano. Sein Name ist nicht mehr bekannt. Da es zugemauert wurde, nennt man es ganz einfach ›Porta Chiusa‹.

Vor der Porta Praenestina: eine unterirdische Basilika der Neupythagoreer

An der Via Praenestina, kurz vor der gleichnamigen Porta, liegt eine unterirdische Basilika. Sie befindet sich unter der Bahnlinie von Rom nach Neapel und wurde 1917 entdeckt. Diese *Basilica Sotterranea,* wie man sie nennt, unterscheidet sich sowohl von der paganen wie der christlichen Basilika. Sie besteht aus drei mit Tonnengewölben bedeckten Schiffen, die durch Bogen auf massiven Pfeilern miteinander verbunden sind. Dem Eingang vorgelagert ist eine fast quadratische Vorhalle.

Gewölbe und Wände der Basilika sind mit Stuckarbeiten geziert, und es gibt wohl keinen zweiten Raum im ganzen Römischen Reich, der so viele Quadratmeter stuckgeschmückter Fläche aufzuweisen hätte (Abb. 93).

Worum es bei den Dekorationen geht, zeigt am besten das Apsisrelief. Auf diesem sieht man rechts den leukadischen Felsen, auf dem Sappho mit der Kithara steht und sich anschickt – von Eros getrieben –, ins Meer zu springen, derweil sich schon ein Triton bereithält, sie in einem ausgebreiteten Tuch aufzufangen. Auf der linken Bildseite wartet Apollon, mit dem Bogen in der einen Hand, während er die andere Sappho entgegenstreckt. Im Meer verharrt ein anderer Triton mit Muschelhorn und Ruder, hinter Apollon sitzt der schöne Phaon, zu dem Sappho in unglücklicher Liebe entbrannt war.

Die Darstellung steht nicht für sich selbst da, sondern dient als Symbol. So wie Sappho an das *jenseitige* Ufer gelangt, an dem Seligkeit auf sie wartet, kann auch die menschliche Seele auf ein glückliches Jenseits hoffen. Das wollten offensichtlich die verkünden, welche die Basilika erbauen ließen. Es waren vermutlich gebildete und vermögende Aristokraten, und die leider stark beschädigten Stuckporträts an Pfeilern der Basilika scheinen Personen ihres Kreises darzustellen.

Wie schon mehrfach ausgeführt, vermochte die römische Staatsreligion oft nicht, den Menschen das zu geben, was sie suchten. Darum wandten sie sich an die Philosophie und die fremden Kulte. Zu den Sekten, die in Rom Fuß faßten, gehörte auch die der Neupythagoreer. Die Schule des Pythagoras hatte im 4. Jahrhundert v. Chr. aufgehört zu bestehen, aber im 1. Jahrhundert v. Chr. fanden sich wieder Anhänger der pythagoreischen Lehre im griechischen Osten und in Rom, zu denen auch Nigidius Figulus, Praetor und Freund Ciceros, gehörte.

Diese Neupythagoreer hielten Platon für einen treuen Schüler von Pythagoras und vereinigten darum Pythagoreisches und Platonisches. Streng dualistisch, sahen sie Gegensätze zwischen Materie und Geist, Sinnenlust und Vernunft, Körper und Seele und glaubten an den Eingang der Seele in die ewige Seligkeit, wenn sie vom Körper getrennt ist. Ewiges Glück verkündeten sie darum denen, die nach Erlösung strebten und zur Erreichung ihres Zieles den Weg gingen, den sie ihnen zeigten.

Aller Wahrscheinlichkeit nach gehören die, welche die Basilica Sotterranea in der Mitte des 1. Jahrhunderts n. Chr. stifteten, zur Sekte der Neupythagoreer. Alles, was sie vom griechisch-römischen Mythos in den zahlreichen Stuckreliefs darstellen ließen, sollte ebenso wie das Apsisrelief ins Jenseitige weisen. In dem Raub einer Tochter des Leukippos symbolisiert sich das Fortgetragenwerden der Seele im Tode. Von Strafe künden die Qualen des geschundenen Marsyas und die Leiden der Töchter des Danaos, die in der Unterwelt ständig Wasser in ein durchlöchertes Gefäß gießen müssen. Verheißung bedeutet es aber, wenn Ganymed zum Olymp entführt wird, wo er zum Mundschenk an der Göttertafel bestimmt ist. So mag auch Demeter, die Triptolemos die Ähren gibt, das im Sinne der Seelennahrung tun. Bilder von der Ankunft einer Seele im glücklichen Jenseits, von geflügelten Wesen, vom auferstandenen Attis, von Ritualgegenständen und noch viele andere standen im Dienst der Lehrverkündigung, und zwar mittels Allegorie und Symbolik in attraktiven Stuckreliefs.

Gärten und Gräber

Im östlichen und nördlichen Bereich der Stadt befanden sich mehrere große Gärten und Villenanlagen begüterter Familien. Als die Aurelianische Mauer angelegt wurde, schloß sie diese – bis auf eine Ausnahme – mit ein. Im Osten lagen die *horti Pallantiani*, die *horti Spei veteris* und die *horti Liciniani*, von denen schon die Rede war. Auch von den nördlich gelegenen *horti Sallustiani,* die dem berühmten Historiker Sallust gehörten, wurde schon gesprochen. Nicht weit von diesen entfernt – in westlicher Richtung – befanden sich die *horti Luculliani,* die als die ersten Monumentalgärten Roms gelten. Ihr Schöpfer war Lucullus, der in der ersten Hälfte des 1. Jahrhunderts v. Chr. hohe Staatsämter bekleidete, als Feldherr berühmt wurde, sich durch Bildung auszeichnete, vor allem aber als Feinschmecker, der auch die Kirsche nach Italien brachte, in die Geschichte einging. Nach dem Tode des Lucullus wurden die Gärten Eigentum des Valerius Asiaticus, der zu den Mördern des Caligula gehörte.

Nach Norden zu schlossen sich an die Lucullus-Gärten die *horti Aciliorum* an. Sie hatten im 2. Jahrhundert n. Chr. die Familie der Acilii Glabriones zu Besitzern. Ihre nördlichen und östlichen Stützmauern, die aus dem 1. Jahrhundert v. Chr. stammen, wurden beim Bau der Aurelianischen Mauer in diese einbezogen. Sie sind bis heute erhalten, allerdings unter neuer Verkleidung. Nur an der Mauerbiegung, die unter dem Namen ›Muro Torto‹ bekannt ist, liegt noch das ursprüngliche Retikulat-Mauerwerk offen.

Die *horti Domitiorum,* die einst im Bereich der Porta Flaminia und des Pincio zu finden waren, sind nicht zuletzt wegen Neros Grab im Gedächtnis der Nachwelt geblieben. Die Domitier hatten in den Gärten ihre Familiengruft, und da Nero zu diesem Geschlecht gehörte, wurde auch er hier begraben. Sueton berichtet darüber: »Man beerdigte ihn in den weißen, goldbestickten Decken, die er am ersten Januar getragen hatte. Seine Gebeine begruben seine Ammen Egloge und Alexandria gemeinsam mit seiner Geliebten Akte in dem Erbbegräbnis der Domitier, das man vom Marsfeld aus hoch oben auf dem Gartenhügel liegen sieht. In diesem Erbbegräbnis steht ein Sarkophag von purpurrotem, weißgesprenkeltem Marmor, darüber ein Altar von carrarischem Marmor, das Ganze eingefaßt mit thasischem Stein.«[1]

Es gibt eine große Zahl von Gräbern im Umkreis der Aurelianischen Mauer. Da es nach heiligem Gesetz verboten war, Tote innerhalb des Pomeriums zu bestatten, mußte man über dieses hinausgehen und bevorzugte für die Anlage von Gräbern die großen Ausfahrtstraßen und den Stadtrand.

So ergab es sich, daß die Aurelianische Mauer dort angelegt wurde, wo sich Gräber befanden. Manchmal nahm man beim Mauerbau auf diese keine Rücksicht. Sowohl unter dem westlichen als auch unter dem östlichen Turm der Porta Salaria hat man bei deren Abbruch im Jahre 1871 Gräber gefunden. In dem einen war eine Cornelia, Tochter des L. Scipio, beigesetzt, in dem anderen ein Knabe namens Q. Sulpicius Maximus. Die Fragmente der Gräber hat man an der Aurelianischen Mauer in der Nähe der ehemaligen Porta Salaria wiederaufgestellt. Gleicherweise befand sich unter dem Südturm der Porta Nomentana das Grab des Redners Q. Haterius, das man 1826 freigelegt hat.

Zwischen der Servianischen und Aurelianischen Mauer gab es in dem Bereich, der von der Via Labicana und der Via Appia begrenzt ist, eine stattliche Anzahl von Columbarien.

Seinem ursprünglichen Sinn nach heißt *columbarium* soviel wie Taubenschlag. Mit diesem Namen bezeichnete man aber auch einen Grabraum mit taubenschlagartigen Nischen, in denen die Töpfe mit der Asche der Verstorbenen aufbewahrt wurden.

Die Römer kannten die Erdbestattung ebenso wie die Einäscherung. Letztere war allerdings gebräuchlicher, bis im 2. Jahrhundert n. Chr. die Erdbestattung – besonders bei den vornehmen Familien – vorherrschend wurde.

Von den Columbarien in der Nähe der Porta Praenestina wäre zuerst einmal das *sepulcrum Statiliorum et aliorum* zu nennen. Über siebenhundert Urnengräber wurden in diesem Columbarium der Familie des Statilius Taurus gezählt, in dem auch die Asche von Sklaven und Freigelassenen beigesetzt war. In unmittelbarer Nähe hat man eine Grabkammer freigelegt, die wegen ihrer Malerei interessant und reizvoll ist. Auf einem Fries aus der Zeit des Kaisers Augustus, der um alle vier Wände läuft, sind Szenen aus dem Aeneas-Mythos und der römischen Gründungssage unglaublich lebendig dargestellt, während die Decke aus dem beginnenden 3. Jahrhundert n. Chr. außer einer gefälligen Dekoration Szenen mit Fortuna, Apollo, Hercules, Hippolyt und Phaedra zeigt.

Leider muß man verbessernd sagen: ›zeigte‹; denn das Deckengemälde ist zwar photographiert, aber nicht mehr erhalten, während man den Fries in das Thermenmuseum gebracht hat. Grab und Columbarium mußten nämlich aus verkehrstechnischen Gründen wieder zugeschüttet werden.

Knapp hundert Meter vom Sepulcrum der Statilier entfernt lag das Columbarium der Arruntier. Auch dieses ist nicht mehr zugänglich. Es verfiel schon im vergangenen Jahrhundert. Nur aus alten Zeichnungen wissen wir, wie es ausgesehen hat und daß es mit einem stuckierten Gewölbe ausgestattet war.

Erhalten blieb dagegen das Columbarium des Tiberius Claudius Vitalis, das im 1. Jahrhundert n. Chr. gebaut wurde und im Park der Villa Wolkonsky steht. Dieser wohlproportionierte, dreistöckige Ziegelbau mit seiner Inschrifttafel und den nur wenig beschädigten Nischen vermittelt ein anschauliches Bild von einem Urnenfriedhof.

An der Nordostecke der Villa Wolkonsky, d. h. an der Kreuzung der Via Statilia mit der Via di S. Croce in Gerusalemme, befindet sich im übrigen noch eine Anlage aus der Zeit der späten Republik, die aus mehreren Grabkammern besteht. Beigesetzt wurden hier P. Quinctius, seine Frau Quinctia und die Freigelassene Quinctia Agatea, mit der Quinctius sich nach dem Tod seiner Gattin in einer Konkubinatsehe verbunden hatte. Von den übrigen Beigesetzten wären die Freigelassenen aus den Familien Clodia, Marcia und Annia zu nennen, deren an der Ostfassade angebrachte Reliefbildnisse in ihrem Realismus typische Beispiele für römische Grabporträts sind.

Die meistbesuchten Columbarien findet man zwischen der Via Latina, die heute diesseits der Aurelianischen Mauer Via di Porta Latina heißt, und der Via Appia, die innerhalb des Mauerbereiches als Via di Porta S. Sebastiano bezeichnet wird. Zuerst einmal wären die drei Columbarien der Vigna Codini zu nennen, in denen viele hundert Urnennischen an Wänden von übergroßer Höhe übereinandergestockt sind. Die

Asche von Verwandten und Freigelassenen des julisch-claudischen Hauses sowie der ersten Agrippa-Gattin Marcella wurde hier beigesetzt. Während die großen, kühlen Räume mit der Unzahl von Nischen fast unheimlich wirken, gibt sich ein kleines Columbarium in unmittelbarer Nähe geradezu anheimelnd.

Schon wenn man die Treppe zu ihm hinabsteigt, erblickt man über dem Eingang ein buntfarbiges Mosaik mit Greifendekoration und einer Inschrift, aus der man erfährt, daß das Columbarium dem Pomponius Hylas und seiner Gattin Pomponia Vitalinis gehörte. Das Innere besteht aus einem kleinen Raum mit Nischen, die von bunt bemalten, stuckierten Architekturen gerahmt sind (Abb. 97). Als besonders schön erweist sich eine Aedicula inmitten einer Apsis. Zierlich gemalte Szenen auf schmalen Friesstreifen – bisweilen aus der Mythologie entnommen – spielen auf Tod und Jenseits an. Apsis und Gewölbe sind mit zarten Ranken bemalt, die schwerelose Figuren tragen, so daß die Welt der Toten durch lebendiges Bild transzendiert scheint.

Vermutlich wurde das Columbarium des Pomponius Hylas in der ersten Hälfte des 1. Jahrhunderts n. Chr. begründet. Inschriften weisen darauf hin, daß die Asche von Sklaven – der eine war ein *unctor*, ein Salber – des Tiberius und der Claudius-Tochter Octavia hier beigesetzt ist. Über einen Zeitraum von mehr als hundert Jahren nahmen die Nischen die Asche Verstorbener auf.

In Mittelalter und Neuzeit aber war das Columbarium verschüttet, bis man es im Jahre 1831 wiederentdeckte.

Abermals nicht weit entfernt findet man – direkt an der Via Appia – ein weiteres Columbarium (Abb. 95) und daneben das *sepulcrum Scipionum*. Die Grabstätte wurde in den Felsen geschlagen, ausgebaut und mit Tor und Säulenportikus versehen, von dem nur noch Reste vorhanden sind. Sie gleicht einem kleinen Labyrinth. Es war bei den Scipionen üblich, die Toten nicht zu verbrennen, sondern in Sarkophagen beizusetzen, die in den Gängen der Familiengrabstätte ihre Aufstellung fanden. Vom beginnenden 3. bis zum ausgehenden 2. Jahrhundert v. Chr. hat man Verstorbene des Scipionengeschlechts hier zur letzten Ruhe gebettet. Die Sarkophage sind keine großen Kunstwerke, bis auf den des L. Cornelius Scipio Barbatus, den man in die Vatikanischen Museen gebracht hat und von dem in der Grabstätte eine Nachbildung steht (Abb. 94).

Der Sarkophag aus Nenfro, also vulkanischem Grautuff, hat als ein Werk hellenistischer Kunst, das vermutlich von einem großgriechischen Künstler stammt, griechische Form. Über Triglyphen und Metopen, die mit Rosetten geschmückt sind, schließt die einfache Dekoration mit einer Zahnschnittleiste und einem Gesims, auf dem ein Polster mit Voluten aufliegt. In der Inschrift, die unterhalb der Dekoration an der Frontseite in den Stein eingemeißelt ist, kann man lesen, daß der Verstorbene klug, tapfer, wohlgestaltet und tugendhaft war, daß er die Ämter eines Ädilen, eines Konsuls (298 v. Chr.) und eines Censors bekleidete und in Samnium und Lukanien gesiegt hat. Der wohlproportionierte Sarkophag wurde im 3. Jahrhundert v. Chr. geschaffen.

Leichenbestattung und Reinigungsriten

Angesichts der Gräber und Columbarien stellt sich die Frage, in welcher Weise denn die Römer ihre Toten bestatteten.

Wenn in einer Familie ein Mitglied gestorben war, so rief man es bei seinem Namen. Man wollte damit bekunden, wie gern man es noch unter den Lebenden wüßte, und wollte feststellen, ob es tatsächlich tot war. Bekam man keine Antwort, so wusch man die Leiche, zog ihr festliche Kleider an und goß Parfüm über sie aus. Man legte ihr eine Münze in den Mund, damit sie die Überfahrt an Charon bezahlen konnte, der als Totenfährmann die Schatten der Verstorbenen über die Unterweltströme zum Hades bringt.

Mehrere Tage wurde der Tote im Atrium des Hauses auf einem Paradebett aufgebahrt. Dabei mußten seine Füße zur Tür gewandt sein, damit er nicht zurückkehren konnte; denn, so sehr man bei den Römern den Toten liebte, man fürchtete ihn auch. Vor dem Haus wurden Zweige von Zypressen und Tannen angebracht, damit die Passanten wußten, daß hier ein Toter liegt und das Haus und seine Bewohner dadurch unrein geworden sind.

Bei der Bestattung begleiteten Verwandte und Freunde die Leiche. Von der Pompa funebris, die den prominenten Toten zuteil wurde, war schon im Kapitel über das Forum Romanum die Rede.

Bei Verbrennung – und das war die vorherrschende Bestattungsform – errichtete man vor der Stadt einen Holzstoß. Auf diesem verbrannte man nicht nur den Toten, sondern auch seine Kleider, persönliche Gegenstände, Opfergaben und duftende Flüssigkeiten. Bevor man den Holzstoß durch Fackeln entzündete, schnitt man dem Verstorbenen einen Finger ab, um diesen zu begraben. Das weist darauf hin, daß man trotz der üblich gewordenen Verbrennung bewußt oder unbewußt der Erdbestattung den Vorrang gab.

War der Holzstoß niedergebrannt, sammelten die Angehörigen die Aschenreste, um sie beizusetzen. Dann aber war es nötig für die Hinterbliebenen, das Haus und sich selbst zu reinigen, da man davon überzeugt war, daß die Berührung einer Leiche unrein macht. Was das Haus angeht, so besprengte man es mit Wasser und räucherte es aus. Man kehrte auch die Befleckung mit dem Besen hinaus. Zur Reinigung der Angehörigen opferte der Erbe eine Sau für Ceres, die nach römischer Auffassung durch ein Opfer in der Kraft, Wachstum zu spenden, gestärkt werden mußte, nachdem sie durch die Berührung mit Leblosen bei der Aufnahme des Toten unter die Erde solche verloren hatte. Der Lar familiaris erhielt als Opfer einen Hammel. Schließlich wurden das Totenmahl am Grab und ein Festmahl am neunten Tag ebenfalls um der Entsühnung willen veranstaltet.

Das Grabmal des Bäckermeisters Eurysaces
und die Pyramide des Praetors Cestius

Unter den Grabmälern gibt es zwei, die sich durch besondere Originalität auszeichnen. Das eine steht an der Ostseite der Porta Praenestina und trägt die Inschrift: EST HOC MONUMENTUM MARCEI VERGILEI EVRYSACIS PISTORIS REDEMPTORIS APPARET. Das Grabmonument gehörte also Marcus Vergilius Eurysaces. Er war Bäckermeister und Unternehmer und – wie aus dem ›apparet‹ hervorgeht – auch als Unterbeamter des Staates tätig. Vermutlich hatte er als solcher etwas mit der Brotverteilung zu tun (Abb. 98).

Eurysaces, der im 1. Jahrhundert v. Chr. lebte, wollte nicht nur die Erinnerung an sich durch ein imposantes Grabdenkmal lebendig erhalten; dieses sollte ihn auch in origineller Weise als Bäckermeister ausweisen. Es stimmt zwar nicht, daß Eurysaces – wie man oft liest – sein Grabmal in der Form eines römischen Backofens baute, aber er benutzte doch Formen, die von Gegenständen seines Gewerbes stammten. Er errichtete einen Bau, der den Eindruck erweckt, es stünden Getreidemaße nebeneinander, über denen drei Reihen ebensolcher Maße horizontal angeordnet sind. Unter dem Dachgesims führte er einen Relieffries um sein Bauwerk. Auf diesem sind in konsequenter Folge alle Arbeitsvorgänge in einer Bäckerei dargestellt, was kulturgeschichtlich sehr interessant ist. Man sieht, wie das Getreide gewaschen, gesiebt, gemahlen und das Mehl danach sortiert wird. Ein Maultier bewegt unter Aufsicht eines Arbeiters die Maschine, die den Teig knetet. Dann wird dieser ausgerollt, geformt und in den Ofen geschoben. Schließlich ist das Wiegen der Brote unter Kontrolle von Beamten und ihr Fortschaffen in Körben dargestellt.

Außerdem ist an dem Grabmal eine Inschrift angebracht, aus der hervorgeht, daß in ihm auch die Gattin von Eurysaces, Atistia, beigesetzt ist. Man hat bei dem Monument die Bildnisse der Ehegatten gefunden, die den Mann in der Würde eines Aristokraten und die Frau matronenhaft, aber nicht ohne Grazie zeigen.

Das zweite dieser originellen Grabdenkmäler ist die sogenannte Cestius-Pyramide an der Porta Ostiensis (Abb. 99). Der Inschrift nach war Cestius Praetor und Volkstribun. Außerdem gehörte er zu den *septemviri epulones*, die bei den *ludi Romani* und *ludi plebei* das Festmahl für Iuppiter organisierten.

Wann dieser Cestius gelebt hat, ist nirgends verzeichnet; es läßt sich aber annäherungsweise feststellen. Man hat nämlich vor dem Grabmal zwei Statuenbasen gefunden, auf denen der Praetor seine Erben nennt. Da zu ihnen Agrippa gehört, der 12 v. Chr. gestorben ist, muß der Beigesetzte vor diesem Datum verstorben sein. Daß sein Tod nicht weit zurückliegen kann, beweist die im Inneren gefundene Malerei.

Wenn Cestius auf den Gedanken kam, sich in einer Pyramide beisetzen zu lassen, so lag dieser originelle Einfall durchaus im Zug der Zeit. Schon mehrfach war davon die Rede, daß in der Ära des Augustus die ägyptischen Kulte vom Staat zwar bekämpft wurden, daß es aber Mode war, die Wohnungen mit ägyptisierenden Wandmalereien auszustatten. Cestius ging nun noch weiter und errichtete sich eine ägyptische Pyramide als Grabmonument.

Es gab übrigens noch eine zweite Pyramide, in unmittelbarer Nähe der Engelsburg, die ›Meta Romuli‹ genannt wurde. Im 15. und 16. Jahrhundert wurde sie abgetragen.

Im Inneren der Cestius-Pyramide befindet sich in einer überwölbten Kammer die erste uns bekannte Wandmalerei des dritten sogenannten pompejanischen Stils. Leider ist sie heute bis zur Unkenntlichkeit verblaßt, aber ein alter Stich von Pietro Sante Bartoli[2] läßt erkennen, wie sie einmal ausgesehen hat. Über einem Sockelgeschoß breitet sich eine Zone großer rechteckiger Felder aus, die durch gerahmte Kandelaber voneinander getrennt sind. Wie es dem dritten Stil entspricht, sind die Felder jeweils nur durch eine kleine Figur oder eine Vase geziert und sollen vor allem als raumbegrenzende Flächen wirken. So verdeutlicht dieses originelle Grabmal des Praetors und Volkstribunen Cestius Tendenzen der augusteischen Zeit.

2 Der Tiber

Reichtum und Armut in Transtiberim

Im Westen findet die Aurelianische Mauer streckenweise ihre Fortsetzung entlang dem Tiber. In früher Zeit war der Fluß selbst Grenze, die zur Verteidigung genutzt wurde. In der Zeit Aurelians genügte eine solche natürliche Verteidigungslinie selbstverständlich nicht mehr. So mußte also seine Mauer am Tiber entlang weitergeführt werden. Im übrigen reichte die Stadt mit einem Bezirk auf das rechte Flußufer hinüber. Als Rom von Augustus in vierzehn Regionen eingeteilt worden war, hatte der Kaiser ein Gebiet jenseits des Tibers, *Transtiberim* genannt, als letzte Region mit eingeschlossen. Und um diesen Stadtteil, aus dem sich das heutige Trastevere entwickelt hat, mußte die Aurelianische Mauer herumgeführt werden.

Von Transtiberim sagt man, daß es »nur ein Anhängsel des eigentlichen Rom«[3] gewesen sei. In gewisser Hinsicht ist das richtig. Als Rom schon eine ansehnliche Stadt war, breiteten sich auf dem rechten Tiberufer noch Äcker, Felder und Viehweiden aus. Der Fluß mit seiner Schiffahrt und seinem Hafen zog aber Arbeiter an. Teilweise kamen sie aus kleineren, unterworfenen Städten. Da sie wenig Geld hatten und in der Nähe des Flusses wohnen wollten, zogen sie nach Transtiberim, wo noch Platz war. Hier entwickelte sich ein Arme-Leute-Viertel mit unhygienischen Verhältnissen, das sich immer mehr ausbreitete. Zu den Schiffern und Hafenarbeitern gesellten sich Fischverkäufer, Müller, Zimmerleute, Töpfer, ja Händler und Handwerker aller Art. Auch sie lebten in sehr bescheidenen Verhältnissen, wenn sich auch hier und da ein größeres Unternehmen entwickelte wie jene Gerberwerkstatt, deren Reste man noch unter der Kirche S. Cecilia findet.

Daneben gab es auch prachtvolle Gärten und Villen. Mancher wohlhabende Bürger entdeckte, daß das Gelände zwischen dem Tiber und den Hängen des Ianiculus zu derlei Anlagen hervorragend geeignet war. Auch Caesar hatte hier seine Horti, in denen nicht nur der Dictator selbst, sondern auch Kleopatra während ihres römischen Aufenthaltes sich sehr wohl fühlte. Wie prächtig Luxusvillen dieser Art ausgestattet waren, sieht man, wenn man ins Thermenmuseum geht und die Wandmalereien und Stuckdecken betrachtet, die aus der Villa stammen, die auf dem Gelände der Farnesina ausgegraben worden ist. Man weiß nicht, wer der Bauherr dieses großartigen Hauses war, nimmt aber mit guten Gründen an, es könnte Agrippa gewesen sein.

So gab es jenseits des Tibers also Paläste und ein ausgedehntes Arme-Leute-Viertel, ein Zustand, an dem sich im heutigen Trastevere nicht viel geändert hat.

Die dem Agrippa zugeschriebene Villa und vermutlich auch die Gärten Caesars lagen schon außerhalb der Aurelianischen Mauer. Jenseits der Mauer lag auch ein bedeutsames Heiligtum, und zwar auf dem Gelände der heutigen Villa Sciarra. In der frühen

100
Mausoleum
Hadrians
(Engelsburg).
a Rekonstruk-
tion des antiken
Grabmals
b Heutiger
Zustand

101 Pons Fabricius

102 Tiberinsel. Steinernes
Schiff mit Aesculap-
Stab und Stierkopf

103 Via Appia antica

104
Grabmal der Annia
Regilla, fälschlicherweise
Tempio del Dio Redicolo
genannt.
Um 160 n. Chr.

105
Grabmal der Caecilia
Metella. Zweite Hälfte
1. Jahrhundert v. Chr.,
Ghibellinnen-Zinnen
aus dem Mittelalter.
Via Appia antica

106 Stuckdekorationen in der Tomba dei Valeri. Via Latina

107 Stuckrelief ›Das Urteil des Paris‹ in der Tomba dei Pancrazi. Via Latina

108 Vorkonstantinische Nekropole des Vatikans unterhalb der Grotten von St. Peter

109 Mausoleum der Caetennier in der Nekropole unter St. Peter

110 Ostia. Decumanus maximus

111 Ostia. Fußbodenmosaik in den Neptun-Thermen

112 Ostia. Casa di Diana, Rekonstruktion nach I. Gismondi

113 Ostia. Das Kapitol

114 Villa Adriana. Villa dell' Isola oder Teatro Marittimo

115 Villa Adriana. Canopus und Serapis-Heiligtum

118　Augustus von Prima
　　　Porta. Vatikanische
　　　Museen ▷

116　Villa Adriana.
　　　Poikile

117　Villa Adriana. Ruinen
　　　der Thermenanlagen im
　　　westlichen Teil der Villa

119/120 Caesar (100–44 v. Chr.). Vatikanische Museen und Museo Torlonia
121 Augustus (31 v. Chr.–14. n. Chr.).
Vatikanische Bibliothek

122 Nero (54–68). Thermenmuseum

123 Claudius (41–54) als Iuppiter.
Vatikanische Museen

124 Titus (79–81). Vatikanische Museen

125 Domitian (81–96). Kapitolinisches Museum

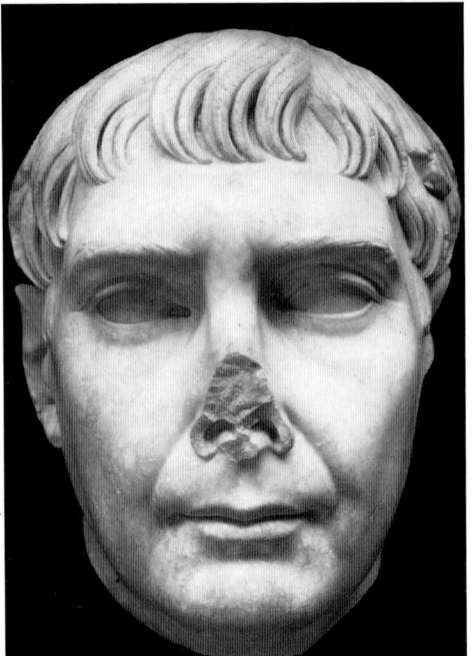

126 Trajan (98–117). Museum von Ostia

127 Hadrian (117–138). Thermenmuseum

128 Antoninus Pius (138–161).
 Kapitolinisches Museum

129 Marc Aurel (161–180). Museo Torlonia

130 Commodus (180–192) als Hercules.
     Konservatorenpalast
132 Elagabal (218–222). Kapitolinisches Museum

131 Caracalla (211–217). Thermenmuseum
133 Philippus Arabs (244–249).
     Vatikanische Museen

134 Decius (249–251). Kapitolinisches Museum

135 Gallienus (253–268). Thermenmuseum

136 Probus (276–282). Kapitolinisches Museum

137 Konstantin (312–317). Konservatorenpalast

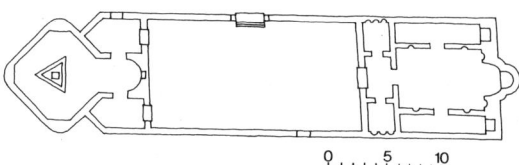

Grundriß des Tempels der syrischen Gottheiten. Nach Nash

0   5   10

Zeit befand sich hier der heilige Hain der Nymphe Furrina. Im 1. Jahrhundert n. Chr. entstand an dieser Stelle ein Tempel, dem im 2. und 4. Jahrhundert Neubauten folgten, von deren letzter Ausführung noch einige Mauerreste erhalten sind.

Der Tempel, der in verschiedene Trakte aufgeteilt ist, hat eine ungewöhnliche Form und war dem Hadad von Baalbek-Heliopolis, dem syrischen Lichtgott, geweiht, der in Rom zum Iuppiter Optimus Maximus Heliopolitanus geworden ist. Außerdem wurden in dem Heiligtum noch andere syrische Gottheiten verehrt.

Es hatte seinen Grund, wenn man den syrischen Göttern ihren Tempel am Abhang des Ianiculus bei Transtiberim erbaute. Seit dem 2. Jahrhundert v. Chr. wurden viele syrische Sklaven nach Rom verkauft, und diese brachten ihre Kulte mit, so daß die Römer sie schon kannten, ehe Kaufleute aus Syrien in der Kaiserzeit ebenfalls diesen ihren Glauben propagierten. Die Sklaven fanden Anhänger für ihre einheimische Religion besonders bei den kleinen Leuten in Transtiberim; und so errichtete man den Tempel in der Nähe dieser Region.

Man hat in dem Heiligtum Altäre und Figuren gefunden, die man ins Thermenmuseum gebracht hat. Der interessanteste Fund ist ein Bronzeidol, das in einem sargartigen Schrein lag, der in einem dreieckigen Altar stand (Abb. 96). Eine starre menschliche Figur, von einem eng anliegenden Tuch umhüllt, ist siebenfach von einer Schlange umwunden. Zwischen den Windungen lagen sieben Eier. Offensichtlich ist ein toter Gott dargestellt, dessen zu erwartende Auferstehung die Eier symbolisieren. Das Idol soll die Sehnsuchtshoffnungen der Gläubigen bestärken. Vielleicht deutet die Zahl Sieben auf siebenfache Geburt und Wiedergeburt hin.[4]

Zu den öffentlichen Bauten in Transtiberim gehörte auch eine Naumachia, die Augustus im Jahre 2 v. Chr. aus Anlaß der Einweihung des Mars-Ultor-Tempels ihrer Bestimmung übergab. In ihr fanden zur Befriedigung der Schaulust des römischen Volkes Seeschlachten statt, die ebenso wie die Gladiatorenkämpfe im Amphitheater auf Leben und Tod gingen.

Von der Lage der Naumachia hat man bisher keine genaue Kenntnis. Ihr Wasser erhielt sie von der *aqua Alsietina*, dem Aquädukt, dessen Zuflüsse aus dem Lago di Martignano und dem Lago di Bracciano kamen. Die Naumachia des Augustus wurde auch von späteren Kaisern gern für Seegefechte benutzt, bis dann Domitian eine neue Naumachia am Vatikan baute.

Schiffahrt und Handel

Der Tiber bedeutete für die Römer nicht nur Grenze, sondern auch Verbindung. Er eröffnete Handelswege nach dem Norden. Wo er nicht mehr mit Schiffen zu befahren war, konnten die Lasten im Flußtal weiterbefördert werden. Nach Süden zu mündete der Fluß sehr bald ins Meer und ermöglichte die Verbindung mit der weiten Welt.

Manches in Tibernähe erinnert noch an Schiffahrt und Handel. Wenn man zwischen dem Ponte Testaccio und dem Ponte Aventino am Flußufer entlanggeht, findet man noch Reste von antiken Lagerräumen, Mauern, Pflasterungen und einigen steinernen Anlegeringen. All das gehörte zum *emporium*, dem mit einem Hafen verbundenen Stapelplatz, der von 193 v. Chr. bis zum Bau der Aurelianischen Mauer intakt war.

Geht man dann von der Uferstraße in die stadteinwärts verlaufenden Quer- und Seitenstraßen, so stößt man an der Via Florio und Via Rubattino auf Mauern mit Bogenöffnungen, die vom sogenannten *porticus Aemilia* übriggeblieben sind. Bei diesem 193 v. Chr. errichteten und 174 v. Chr. erneuerten Gebäude handelt es sich um die Großmarkthalle, von der aus die über den Tiber angelieferten Waren verteilt wurden. Hinter ihr breitete sich ein Komplex von Lagerhäusern aus, die in der Zeit der Republik gebaut und unter Kaiser Galba 68 n. Chr. restauriert und modernisiert worden sind. Auch von dieser als *horrea Galbae* bezeichneten Anlage sind noch bescheidene Reste an der Via Zabaglia zu sehen. Auf ebenerdiger Straße kommt man zu einem Berg von 54 m Höhe, der im Mittelalter *mons testaceus* genannt wurde. Vermutlich trug er schon in der Antike diesen Namen; denn *testa* bedeutet die Scherbe, und der Berg besteht ausschließlich aus Scherben von Amphoren, Dolien und anderen Vorratsgefäßen, die beim Schiffstransport oder in den Lagerhäusern zerbrochen sind. So wuchs in der Kaiserzeit beständig der Berg, der noch heute wegen der Originalität zum Besuch reizt und einen schönen Ausblick auf die Ewige Stadt und ihre Umgebung bietet. Tiberaufwärts, oberhalb des Pons Agrippae, hat man Amphoren in Kammern eines Lagerhauses gefunden. Wie aus einer Inschrift zu ersehen ist, handelt es sich um ein kaiserliches Weinlager aus der Zeit Trajans. Leider ist die Anlage nicht mehr erhalten, da sie wegen einer notwendig gewordenen Verbreiterung des Tibers nach ihrer Auffindung zerstört werden mußte.

Doch nicht nur im Dienst des Handels und der städtischen Versorgung stand der Tiber. Dort, wo das Marsfeld an den Fluß angrenzte, wurden ein Arsenal und eine Werft gebaut: die *navalia*. Auch von dieser Anlage, die vom 4. vorchristlichen bis zum 2. nachchristlichen Jahrhundert der Kriegsmarine zur Verfügung stand, ist nichts mehr erhalten – bis auf den Rest einer Mole.

Brücken

Verbindung bedeuten aber auch die Brücken, die man im Lauf der Zeit über den Tiber schlug. Nachdem in der frühesten Zeit der Fluß nur mit einer Fähre zu überqueren war, wurde als erste Brücke der *pons sublicius* gebaut. Er war aus Holz und ruhte – wie die Bezeichnung ›sublicius‹ folgern läßt – auf Pfählen.

Erst 179 v. Chr. gingen die Censoren M. Fulvius Nobilior und M. Aemilius Lepidus daran, eine steinerne Brücke zu bauen. Allerdings bestanden nur die Pfeiler aus Stein. Mit steinernen Bogen wurde die Brücke erst im Jahre 142 v. Chr. versehen. Von diesem *pons Aemilius,* wie er heißt, steht nur noch *ein* Bogen, der allerdings repariert und mit barockem Dekor geschmückt ist. Heute heißt die ›zerbrochene‹ Brücke Ponte rotto. Die besterhaltene Brücke ist jene, welche das linke Ufer mit der Tiberinsel verbindet (Abb. 101). Der noch erhaltenen Inschrift zufolge ist sie vom *curator viarum L. Fabricius* im Jahre 62 v. Chr. erbaut worden. Eine weitere Inschrift über dem linken Bogen läßt darauf schließen, daß die Konsuln des Jahres 21 v. Chr. diese Seite entweder repariert oder den Gesamtbau amtlich genehmigt haben.

Wenn man von der neueren Ziegelverkleidung an der Südseite absieht, muß man sagen, daß es sich beim Pons Fabricius im wesentlichen um die alte römische Brücke handelt. Bedenkt man, daß sie heute noch dem Verkehr gewachsen ist, so erkennt man an ihr wie an vielen anderen Bauwerken die Meisterschaft römischer Ingenieure und Architekten im Zweckbau. Dabei ist diese Brücke auch schön, und zwar nicht nur wegen der Travertininkrustation. Wohlproportioniert sind die Teile wie das Ganze; in angemessenem Verhältnis stehen die Bogen zueinander: die beiden großen und der mittlere kleine, der den Staudruck bei Hochwasser mindern soll.

Von den übrigen Brücken, die das linke und rechte Tiberufer verbanden, ist nicht mehr viel erhalten. Gelegentlich findet man noch ein paar Fundamentreste im Wasser, und wenn man von der weit außerhalb gelegenen Milvischen Brücke absieht, ist nur noch von dem heute als Ponte S. Angelo bezeichneten *pons Aelius* ein größeres Stück übriggeblieben. Bis zum Ende des vorigen Jahrhunderts war diese Brücke ihrer baulichen Substanz nach noch als die alte anzusprechen, aber bei der Regulierung des Tibers mußten die beiden Seitenbogen durch neue ersetzt werden, so daß nur noch die drei Mittelbogen antik sind. Geländer und Engelsfiguren entstammen der Neuzeit.

Die Engelsburg: Mausoleum Hadrians

Der Pons Aelius wurde von Hadrian gebaut und nach ihm benannt; denn der volle Name des Kaisers lautet: Publius *Aelius* – das ist sein Geschlechtsname – Hadrianus. Bisweilen sprach man allerdings auch vom *pons Hadriani.* Anlaß zum Brückenbau war das Grabmal, das der Kaiser für sich und seine Familie errichtete und das vom Marsfeld her einen Zugang haben sollte.

Wie schon mehrfach erwähnt, mußten die Toten außerhalb des Pomeriums beigesetzt werden. So wie im Osten jenseits der Servianischen Mauer Tote bestattet wurden, geschah es auch im Westen. Hier lag das Marsfeld, auf dem man Gräber vor allem der Prominenz zubilligte. Zu ihnen gehört beispielsweise das Grabmal des Konsuls A. Hirtius, der 43 v. Chr. im Kampf gegen Antonius in der Schlacht von Mutina gefallen ist. Von diesem Grabmal sind unter der Cancelleria noch Teile der Umfassungsmauern erhalten, in die an verschiedenen Stellen Grabsteine mit dem Namen des Hirtius eingelassen sind. Zwei dieser Steine hat man in die Vatikanischen Museen gebracht.

Auch Augustus errichtete sich und seinem Geschlecht ein Mausoleum auf dem Marsfeld. In diesem setzte man, da er sich kein eigenes Grabmal gebaut hatte, auch Kaiser Nerva bei. Trajans Urne wurde im Sockel seiner Säule aufbewahrt, und es war unter Hadrian an der Zeit, daß der Kaiser für sich, seine Familie und seine Nachfolger ein neues Mausoleum baute. Dies geschah in den Gärten der Domitia auf dem rechten Tiberufer, und zwar so, daß das Monument durch den Pons Aelius mit dem Marsfeld verbunden war.

Hadrian hielt sich ebenso wie Augustus an das Vorbild des etruskischen Tumulusgrabes. Auf einen quadratischen Sockel wurde ein marmorinkrustierter Zylinder gesetzt, der eine kegelförmige, bepflanzte Erdaufschüttung trug, die entweder durch ein Standbild des Kaisers oder durch eine Quadriga mit dem Sonnengott gekrönt war (Abb. 100a u. b). Aus Äußerungen des byzantinischen Geschichtsschreibers Prokop von Caesarea[5] kann man entnehmen, daß an den vier Ecken des quadratischen Sockels Reiterstandbilder aufgestellt waren und der Zylinderrand mit Statuen geschmückt war.

Im Innern kommt man über eine spiralförmige Rampe und durch einen Quergang, den man in der Renaissancezeit aus dem ehemaligen Vorraum der Grabkammer entwickelt hat, in diese selbst. Quadratisch, tonnenüberwölbt, mit Nischen an drei Wänden, war sie dazu bestimmt, Urnen aufzunehmen. Hier wurden Hadrian und seine schon vor ihm gestorbene Gattin Sabina sowie sein Adoptivsohn L. Aelius Caesar beigesetzt. Bis zu den Zeiten des Septimius Severus blieb das *mausoleum Hadriani*, das Antoninus Pius ein Jahr nach Hadrians Tod vollendet und eingeweiht hat, Grabstätte der römischen Kaiser.

Als vorgeschobene Bastion der Aurelianischen Mauer wurde das Mausoleum unter Honorius zur Festung ausgebaut, die oft umkämpft war. Nach Prokop wurden auch die Figuren auf dem Zylinderrand Opfer der Kämpfe. Als die Goten unter Witichis im Jahre 537 das befestigte Mausoleum bestürmten, sollen ihnen die Römer die Figuren auf die Köpfe geworfen haben. Später wurde Hadrians Grabstätte Festung der Päpste. Sie hieß allerdings seit dem Jahre 590 Engelsburg, weil Papst Gregor der Große glaubte, er habe bei einer Pestprozession über dem Mausoleum den Erzengel Michael gesehen.

Insel des Aesculapius und Tiberinus

Auf der Höhe des Forum Boarium liegt die Tiberinsel. In der Antike hatte sie ihre besondere Bedeutung durch einen Tempel des Aesculap. Als im Jahre 293 v. Chr. in Rom eine Epidemie ausgebrochen war, befragte man die Sibyllinischen Bücher, wie man die Krankheit überwinden könne, und erfuhr, man solle Asklepios aus Epidauros holen.

Asklepios war der griechische Heilgott, dessen Therapie vor allem in der Inkubation bestand. Die Kranken legten sich an heiliger Stätte nieder und bekamen im Traum Hinweise, welcher Heilmittel sie sich bedienen sollten, wenn sie nicht gar durch ein Wunder geheilt wurden. Dieser Gott, den die Römer Aesculapius nannten, wurde gemäß der sibyllinischen Anweisung von einer Gesandtschaft in Epidauros geholt. Freiwillig kam er in der Inkarnation einer Schlange auf ihr Schiff. Mit dieser segelten die Ausgesandten über das Meer, und als sie den Tiber hinauffuhren, bestimmte die Schlange selbst den Ort, an dem sie bleiben wollte. Wie es geschah, schildert Ovid:

Als zum Haupt der Welt, zu der römischen Stadt sie gelangt war,
Richtet die Schlange sich auf, und oben gelehnt an den Mastbaum,
Regt sie den Hals und späht umher nach gelegenem Wohnsitz.
In zwei Teile begibt sich der Strom mit umfließenden Wellen –
Insel heißt die Statt –, und neben dem Land in der Mitte
Streckt er sich rechts und links mit zwei gleichmäßigen Armen.
Dahin wendet sich jetzt zu gehen die phöbische Schlange
Aus dem latinischen Kiel, und gekehrt in die himmlische Bildung,
Setzt sie dem Jammer ein Ziel und erscheint heilbringend der Hauptstadt.[6]

So bestimmte der Legende nach Aesculap in Schlangengestalt selbst, wo sein Tempel stehen sollte. Man baute ihn im Süden der Insel, wo sich heute die Kirche S. Bartolomeo befindet. Leider ist von dem Tempel nichts übriggeblieben. Man errichtete aber um ihn herum einen heiligen Bezirk, der für Kult und Inkubation erforderlich war, und gab ihm die Form eines flußaufwärts fahrenden Schiffes. Dieses ist so, wie es im 1. Jahrhundert v. Chr. anzusehen war, zum Teil noch erhalten und trägt – in Stein gehauen – die Zeichen eines Aesculap-Stabes und eines Stierkopfes (Abb. 102).

Die Tiberinsel war eine Insel der Heiligtümer. Viele Gottheiten wurden hier verehrt: Iuppiter Iurarius – also Iuppiter als Schwurgott –, Veiovis, Semo Sancus und Faunus. Von all diesen Kultstätten ist aber nichts mehr erhalten, ebenso nichts von einem Sanctuarium des Tiberinus, das an dieser Stelle seinen besonderen Sinn hatte.

Der Tiber bedeutete für die Römer nicht nur Grenze und Graben zur Abwehr der Feinde, nicht nur Verbindung zur weiten Welt und ihren Gütern mittels der Schiffahrt, er bedeutete auch Fruchtbarkeit. War der Fluß trocken, so herrschte Dürre. Darum verehrte man den Flußgott Tiberinus vor allem als Spender lebendigen Wassers. Die Priester riefen ihn an wie die Gläubigen. Wenn Trockenheit herrschte, ertönte überall der Ruf: »*Adesto Tiberine cum tuis undis* – Erscheine, Tiberinus, mit deinen Wellen!« Der Tiber war der lebenspendende Fluß des alten Rom.

Anmerkungen

Vorbemerkung: Bei Zitaten griechischer und römischer Schriftsteller, die in fremder Übersetzung wiedergegeben sind, ist der Name des Übersetzers in Klammern angeführt.

Einleitung: Die Anfänge Roms

1 Livius: ›Ab urbe condita‹ 1, 7
2 Livius: ›Ab urbe condita‹ 10, 23
3 Plutarch: ›Romulus‹ 3
4 Livius: ›Ab urbe condita‹ 1, 4
5 Plutarch: ›Romulus‹ 4
6 Fischer: Weltgeschichte, Bd. 6, S. 89
7 Vom selben Stamm kommt auch der durch eine Inschrift belegte Geschlechtsname *rumlna,* der das gleiche Geschlecht benennt wie der Name *ruma.*
8 Plutarch: ›Romulus‹ 2 (Kaltwasser-Floerke, stellenweise abgewandelt)
9 Plutarch: ›Romulus‹ 2
10 Man hat erwogen, ob Promathion mit Promathidas, einem Historiker des 1. Jahrhunderts v. Chr. aus Herakleia am Pontos, identisch ist, was aber unwahrscheinlich erscheint. Vgl. RE ›Promathion‹ 23, 1, Sp. 650.
11 Vgl. Rose: ›Griechische Mythologie‹, S. 327. Es gibt noch eine verwandte Volkssage aus Praeneste. Nach dieser saß ein Mädchen am Feuer, als plötzlich ein Funke in seinen Busen sprang und in ihm einen Sohn zeugte, der später Praeneste gründete.
12 Plutarch: ›Romulus‹ 11 (Kaltwasser-Floerke)
13 Der sogenannte Mundus des Romulus darf nicht, wie es oft geschieht, verwechselt werden mit dem Mundus der Ceres, der dreimal im Jahr geöffnet wurde, damit die Geister der Toten in die Stadt aufsteigen und sich dort aufhalten konnten.
14 Livius: ›Ab urbe condita‹ 1, 7
15 Tacitus: ›Annalen‹ 12, 24
16 Livius: ›Ab urbe condita‹ 1, 9–13
17 Riemann (Göttingische Gelehrte Anzei-gen, 214. Jg., Nr. 1–2, 1960) und Dohrn (u. a. in: Helbig, ›Führer durch die öffentlichen Sammlungen klassischer Altertümer in Rom‹, 2. Bd.) datieren die ältesten Funde ins 9. Jahrhundert v. Chr., Müller-Karpe (Vom Anfang Roms) ins 10. Jahrhundert v. Chr. Wenn Gjerstad (Early Rome) die Zeit von 800–700 v. Chr. nennt, ist die Ansetzung zweifellos zu spät.
18 Müller-Karpe: ›Zur Stadtwerdung Roms‹, S. 61
19 Pallottino: ›Le origini di Roma‹, S. 29
20 Müller-Karpe: ›Zur Stadtwerdung Roms‹, S. 32–33
21 Kornemann: ›Römische Geschichte‹, Bd. 1, S. 55–57
22 Duhn: ›Italische Gräberkunde‹, Bd. 1, S. 413–436 und 458–488. – Prominenter Vertreter der These von einer Ansiedlung der Latiner auf dem Palatin und der Sabiner auf dem Quirinal ist A. v. Gerkan. Nach ihm hatten beide Gemeinden von Anfang an Stadtcharakter.
23 Vgl. Müller-Karpe: ›Zur Stadtwerdung Roms‹, S. 44–46
24 Pinza: ›Monumenti primitivi di Roma e del Lazio‹, S. 770–798. – Heute gilt E. Gjerstad als Hauptvertreter der These Pinzas.
25 Müller-Karpe: ›Vom Anfang Roms‹, S. 37
26 Bleicken in ›Propyläen Weltgeschichte‹, 4. Bd., S. 52

I: Marktplätze

1 Später führten den Titel ›Praetor‹ die höchsten Gerichtsbeamten

2 Die Einzahl lautet: *rostrum* = der Schiffsschnabel
3 Sueton: ›Vespasian‹ 19
4 Goidànich: ›L'iscrizione arcaica‹, S. 433
5 Sueton: ›Augustus‹ 57
6 Vgl. Latte: ›Römische Religionsgeschichte‹, S. 57
7 Ovid: ›Fasti‹ 4, 733–734
8 Plutarch: ›Numa‹ 10
9 Ovid: ›Fasti‹ 6, 311–312 (Gerlach)
10 Die römische Bürgerschaft war ursprünglich – wie bereits berichtet – in drei Tribus eingeteilt, zu denen je zehn Curiae gehörten. Im 5. Jahrhundert v. Chr. wurde die Bevölkerung neu eingeteilt, und zwar nach Wohnsitzen. Es gab fortan vier städtische und sechzehn (oder siebzehn) ländliche Tribus. Ihre Zahl wurde bei der Vergrößerung Roms beständig erhöht. Im 3. Jahrhundert v. Chr. waren es schließlich fünfunddreißig Tribus.
11 Dionysios von Halikarnassos 6, 13, 4
12 Vgl. Hans von Steuben in: Helbig, Bd. 2, S. 845–847
13 Plutarch: ›Camillus‹ 42
14 Livius: ›Ab urbe condita‹ 22, 10
15 Die Kapsel (Bulla) ist ein hohles Schmuckstück, das ein phallusartiges Amulett gegen den bösen Blick enthält. Sie war aus Gold für die Kinder der Senatoren und Ritter, sonst aus Leder. Mit dem beginnenden Mannesalter legten die Jugendlichen die Bulla zusammen mit der Toga praetexta (in diesem Fall ist die Knabentoga gemeint) ab und weihten beides den Laren, den Schutzgöttern des Hauses.
16 Sueton: ›Caesar‹ 84 (Heinemann)
17 Sueton: ›Augustus‹ 97 (Heinemann)
18 Sueton: ›Augustus‹ 100
19 Sueton: ›Vespasian‹ 23
20 Livius: ›Ab urbe condita‹ 10, 7 (Feix)
21 Vgl. Latte: ›Römische Religionsgeschichte‹, S. 152, und Kerényi ›Die Religion

der Griechen und Römer‹, S. 241, sowie Grimal ›Römische Kulturgeschichte‹, S. 196
22 Flavius Josephus: ›Bellum Iudaicum‹ 7, 5, 6 (Endrös)
23 Plutarch: ›Marius‹ 12
24 Statius: ›Silvae‹ 1, 1
25 Eusebius: ›Kirchengeschichte‹ 9, 9
26 Vgl. dazu Lactantius: ›De mortibus persecutorum‹ 44
27 Sueton: ›Caesar‹ 61 (Heinemann)
28 Plinius d. Ä.: ›Naturalis historia‹ 36, 32
29 Ovid: ›Ars Amatoria‹ 1, 79 (Mittler)
30 Sueton: ›Augustus‹ 29 (Heinemann)
31 Vgl. Zanker: ›Forum Augustum‹, S. 18–22
32 Sueton: ›Augustus‹ 56
33 Vgl. Sueton: ›Claudius‹ 33
34 Flavius Josephus: ›Bellum Iudaicum‹ 7, 5, 7 (Endrös)
35 Curtius-Nawrath: ›Das antike Rom‹, S. 192
36 Livius: ›Ab urbe condita‹ 1, 7; Vergil: ›Aeneis‹ 8, 185–335; Ovid: ›Fasti‹ 1, 543–586
37 Vgl. Latte: ›Römische Religionsgeschichte‹, S. 213–221
38 Vgl. Kähler: ›Rom und seine Welt‹, Bd. 2, S. 95
39 Vgl. Rakob: ›Zum Rundtempel auf dem Forum Boarium‹, S. 275–284
40 Plutarch: ›Romulus‹ 5 (Kaltwasser-Floerke)
41 Coarelli: ›Il Tempio di Bellona‹, S. 37–72
42 Terenz: ›Hautontimorumenos‹ 77

II: Stadt der sieben Hügel

1 Livius: ›Ab urbe condita‹ 29, 10
2 Cumont: ›Die orientalischen Religionen‹, S. 55
3 Vgl. Cumont: ›Die orientalischen Religionen‹, S. 43–67, und Latte: ›Römische Religionsgeschichte‹, S. 258–262 sowie S. 353–356

4 Sueton: ›Augustus‹ 72

5 Schefold: ›Pompejanische Malerei‹, S. 163–164

6 Sueton: ›Augustus‹ 29

7 Properz 2, 31, 1–16

8 Vgl. Plinius d. Ä.: ›Naturalis historia‹ 36, 24

9 Vgl. Res gestae divi Augusti 4, 24, und Sueton: ›Augustus‹ 52

10 Vgl. Sueton: ›Augustus‹ 31

11 Sueton: ›Nero‹ 31

12 Sueton: ›Nero‹ 31 (Heinemann)

13 ›Parrhasisch‹ ist eine dichterische Bezeichnung für ›palatinisch‹, die darauf beruht, daß als Heimat des Arkaders Euandros, der in grauer Vorzeit auf dem Palatin gesiedelt haben soll, Parrhasia in Arkadien galt.

14 Pisa ist eine Stadt im griechischen Elis, in der eine Zeus-Figur von Phidias stand.

15 Martial: ›Epigramme‹ 7, 56 (Helm)

16 Sueton: ›Domitian‹ 14

17 Sueton: ›Domitian‹ 20 (Heinemann)

18 Tertullian: ›Ad nationes‹ 1, 14, 1

19 Vgl. Altheim: ›Der unbesiegte Gott‹, S. 41–44

20 Martial: ›Epigramme‹ 10, 53 (Helm)

21 Martial: ›Epigramme‹ 10, 50 (Helm)

22 Ovid: ›Ars amatoria‹ 1, 135–148 (Mittler)

23 Varro: ›De lingua Latina‹ 5, 41

24 Plutarch: ›Romulus‹ 9

25 Kaschnitz von Weinberg: ›Die Grundlagen der republikanischen Baukunst‹, S. 125–126

26 Ovid: ›Fasti‹ 3, 429–448 (Gerlach)

27 Erika Simon in: Helbig, Bd. 2, S. 10

28 Sueton: ›Domitian‹ 13

29 Helga von Heintze in: Helbig, Bd. 2, S. 13–16

30 Juvenal: ›Satiren‹ 3, 224–225

31 Juvenal: ›Satiren‹ 3, 193–196

32 Plutarch: ›Pompeius‹ 24

33 Diese Ansicht vertritt auch Vermaseren (›Mithras‹, S. 55). Für Cumont (›Die My-

sterien des Mithra‹, S. 123) gehört die Schlange zu den Mächten des Bösen.

34 Vermaseren: ›Mithras‹, S. 144–145

35 Plinius d. Ä.: ›Naturalis historia‹ 9, 168

36 Dabei ist eine direkte Erwärmung des Wassers nicht ausgeschlossen. Vitruv gibt für eine solche folgende Anweisung: »Über der Unterfeuerung sind drei Bronzekessel anzubringen, einer für warmes, einer für lauwarmes, einer für kaltes Wasser, und diese müssen so aufgestellt werden, daß soviel, wie an lauem Wasser aus dem Lauwarmwasserkessel in den Warmwasserkessel ausgeflossen ist, aus dem Kaltwasserkessel in gleichem Maße in den Lauwarmwasserkessel einfließt und daß auch die flachgewölbten Räume, die die Wannen enthalten, von der gemeinschaftlichen Unterfeuerung erwärmt werden.« De Architectura 5, 10 (Fensterbusch).

37 Man hat früher in diesem Raum das Tepidarium gesehen, weswegen das Frigidarium in vielen Plänen noch als Tepidarium bezeichnet wird.

38 Bernard Andreae in ›Propyläen Kunstgeschichte‹, Bd. 2, S. 212

39 Vgl. Stützer: ›Römische Kunst der Spätantike‹, S. 17–24

40 Streng genommen sind es Säulen etruskischer Ordnung, weil sie auf einer Basis stehen.

41 Sueton: ›Domitian‹ 4

42 Sueton: ›Claudius‹ 21

43 Tacitus: ›Annalen‹ 15, 42

44 Sueton: ›Nero‹ 31

45 Plinius d. Ä.: ›Naturalis historia‹ 35, 120

46 Nash: ›Bildlexikon‹ II, 127

47 Rakob in ›Propyläen Kunstgeschichte‹, Bd. 2, S. 196

48 Latte: ›Römische Religionsgeschichte‹, S. 150

49 Sueton: ›Domitian‹ 1

50 Martial: ›Epigramme‹ 9, 20 (Helm)

51 Nash: ›Obelisk und Circus‹, S. 239–250

III: Marsfeld

1 Livius: ›Ab urbe condita‹ 1, 43 (Feix)
2 Vgl. Livius: ›Ab urbe condita‹ 1, 44
3 Ovid: ›Fasti‹ 6, 205 (Gerlach)
4 Plutarch: ›Pompeius‹ 52
5 Vitruv: ›De Architectura‹ 9, 9 (Fensterbusch)
6 Sueton: ›Caesar‹ 88
7 Horaz: ›Carmen saeculare‹ 64–67 (Färber)
8 Simon: ›Ara Pacis‹, S. 23
9 Simon: ›Ara Pacis‹, S. 29
10 Vergil: ›Georgica‹ 2, 173
11 Vgl. Kraus in ›Propyläen Kunstgeschichte‹, Bd. 2, S. 49–52, und Stützer: ›Die Kunst des Römischen Kaiserreiches‹, S. 19–25
12 Sueton: ›Augustus‹ 100 (Heinemann)
13 Sueton: ›Caesar‹ 88 (Heinemann)
14 Weitere Stücke werden im Museo Nazionale in Neapel und im Palazzo Odescalchi in Rom aufbewahrt.
15 Vgl. Erika Simon in: Helbig, Bd. 1, S. 380, und Helga von Heintze in: ›Propyläen Kunstgeschichte‹, Bd. 2, S. 234
16 Bianchini, Mitteilungen des Deutschen Archäologischen Instituts, Römische Abteilung IV, 1889, S. 49–59
17 Historia Augusta, Aurelianus 1, 3; 25, 6; 39, 2

IV: Grenzen und Befestigungen

1 Sueton: ›Nero‹ 50 (Heinemann)
2 Bartoli: ›Gli antichi sepolcri ovvero mausolei romani ed etruschi.‹, Roma 1699
3 Paoli: ›Das Leben im alten Rom‹, S. 61
4 Vgl. Cumont: ›Die orientalischen Religionen‹, S. 94–123
5 Prokop: ›De bello Gothico‹ 1, 22
6 Ovid: ›Metamorphosen‹ 15, 734–742 (Suchier)

Literaturverzeichnis

Antike Quellen und Übersetzungen

Cicero, Marcus Tullius: *De natura deorum.* Stuttgart 1968 (= Bibl. Teubneriana)
– *Vom Wesen der Götter.* Übers. v. A. Kabza. München o. J. (= Goldmanns Gelbe Taschenbücher)
Dio, Cassius: *Historia Romana.* Griech. u. engl. London 1914–1927
Dionysius Halicarnassensis: *The Roman Antiquities (Antiquitates Romanae).* Griech. u. engl. London 1937
Horatius Flaccus, Q.: *Sämtliche Werke.* Lat. u. deutsch. München 1967 (= Tusculum-Bücherei)
Josephus, Flavius: *De bello iudaico.* Griech. u. deutsch. Darmstadt 1959
– *Der jüdische Krieg.* Ins Deutsche übers. v. H. Endrös. München 1965–1966 (= Goldmanns Gelbe Taschenbücher)
Iuvenalis, Decimus Iunius: *Saturae.* Berlin 1932
– *Satiren.* Ins Deutsche übers. v. W. Plankl. München 1958 (= Goldmanns Gelbe Taschenbücher)
Livius, Titus: *Ab urbe condita libri.* Stuttgart 1966 (= Bibliotheca Teubniana)
– *Römische Frühgeschichte* I. Aus ›ab urbe condita‹ 1–5 ausgewählt u. übers. v. J. Feix. München 1960 (= Goldmanns Gelbe Taschenbücher)
– *Römische Frühgeschichte* II. Aus ›ab urbe condita‹ 6–10 ausgewählt u. übers. v. J. Feix. München 1962 (= Goldmanns Gelbe Taschenbücher)
– *Hannibal ante portas.* Aus ›ab urbe condita‹ 21–30 ausgewählt u. übers. v. J. Feix. München o. J. (= Goldmanns Gelbe Taschenbücher)
Marc Aurel: *Selbstbetrachtungen.* Übers. v. W. Capelle, 12. Aufl. Stuttgart 1973 (= Kröners Taschenausgabe)
Marcellinus, Amminaus: *Römische Geschichte.* Lat. u. Dt. 4 Bde. Berlin 1970–1975

Martial, M. Valerius: *Epigrammaton libri.* Leipzig 1925
– *Epigramme.* Übers. v. R. Helm. Zürich – Stuttgart 1957 (= Die Bibliothek der alten Welt)
Ovidius Naso, Publius: *Ars amatoria libri tres.* Lat. u. deutsch. München 1959 (= Tusculum-Bücherei)
– *Drei Bücher über die Liebeskunst – Heilmittel gegen die Liebe.* Übers. v. O. M. Mittler. München 1959 (= Goldmanns Gelbe Taschenbücher)
– *Fasti.* Lat. u. deutsch. Übers. v. W. Gerlach. München 1960 (= Tusculum-Bücherei)
– *Metamorphoses.* Lat. u. deutsch. Zürich – Stuttgart 1958 (= Die Bibliothek der alten Welt)
– *Metamorphosen.* Ins Deutsche übers. v. R. Suchier. München 1959 (= Goldmanns Gelbe Taschenbücher)
Plautus/Terenz: *Antike Komödien.* Übers. v. W. Binder (neubearbeitet v. W. Ludwig) u. J. J. C. Donner. Stuttgart 1974
Plinius, C. Secundus: *Naturalis historia.* Stuttgart 1967 (= Bibl. Teubneriana)
Plinius, C. Caecilius Secundus: *Briefe.* Lat. u. deutsch. München 1968 (= Tusculum-Bücherei)
Plutarchus: *Vitae parallelae* I u. II. Stuttgart 1964–1969 (= Bibliotheca Teubneriana)
– *Lebensbeschreibungen* I–VI. Übers. v. Kaltwasser u. Floerke. München 1964–1965 (= Goldmanns Gelbe Taschenbücher)
Polybios: *Geschichte.* Übers. v. H. Drexler. Zürich – Stuttgart 1961–1963 (= Die Bibliothek der alten Welt)
Prokop: *Gotenkriege.* Griech. u. deutsch. München 1966 (= Tusculum-Bücherei)
Propertius, Sextus: *Carmina.* Lat. u. deutsch. Zürich – Stuttgart 1964 (= Die Bibliothek der alten Welt)
Scriptores Historiae Augustae, Leipzig 1927
Statius, P. Papinius: *Silvae.* Stuttgart 1961 (= Bibliotheca Teubneriana)

Suetonius Tranquillus: *De vita Caesarum.* Stuttgart 1967 (= Bibliotheca Teubneriana)
– *Cäsarenleben.* Übers. v. M. Heinemann. Stuttgart 1957 (= Kröners Taschenausgabe)
Terenz: *Die Komödien.* Übers. v. V. von Marnitz. Stuttgart 1960 (= Kröners Taschenausgabe)
Tacitus, Cornelius: *Annalen.* Lat. u. deutsch. München 1954 (= Tusculum-Bücherei)
– *Historien.* Lat. u. deutsch. München 1969 (= Tusculum-Bücherei)
Varro, M. Terentius: *Antiquitates rerum divinarum librorum I–II fragmenta.* Bologna 1965
– *De gente populi Romani librorum IV reliquiae* (in: Fraccaro, ›Studi Varroniani‹). Roma 1966
– *De lingua Latina.* Stuttgart 1964
– *De vita populi Romani* (Fragmente, hrsg. von B. Riposati). Milano 1939
Vergilius Maro, Publius: *Aeneis.* Lat. u. deutsch. München 1965 (= Tusculum-Bücherei)
Vergil: *Sämtliche Werke.* Übers. v. J. u. M. Götte. München 1972
Vitruvius Pollio: *De architectura libri decem.* Lat. u. deutsch (übers. v. C. Fensterbusch). Darmstadt 1964

Benutzte Literatur

Alföldi, Andreas: *Die Ausgestaltung des monarchischen Zeremoniells am Römischen Kaiserhofe.* In: ›Mitteilungen des Deutschen Archäologischen Instituts. Römische Abteilung‹, Bd. 49, 1934, 1–2, S. 1–118
– *Das frühe Rom und die Latiner.* Aus dem Englischen übers. v. F. Kolb. Darmstadt 1977
Altheim, Franz: *Der unbesiegte Gott. Heidentum und Christentum.* Hamburg 1957
– *Griechische Götter im alten Rom.* Gießen 1930
Andreae, Bernard: *Römische Kunst.* Freiburg 1973

Aurigemma, Salvatore: *Die Hadriansvilla bei Tivoli*. Aus dem Italienischen übers. v. H. Hohenemser Steglich. Tivoli 1955

Apollonj Ghetti, B. M.; Ferrua, A.; Josi, E.; Kirschbaum, E.: *Esplorazioni sotto la Confessione di San Pietro in Vaticano*. Vatikanstadt 1951

Bartoli, Alfonso: *Tracce di culti orientali sul Palatino imperiale*. In: ›Rendiconti, Atti della Pontificia Accademia Romana di Archeologia‹ (Serie III), Bd. 29. Vatikanstadt 1958

Bengtson, Hermann: *Grundriß der Römischen Geschichte mit Quellenkunde*. Erster Band: *Republik und Kaiserzeit bis 284 n. Chr.* München 1967

Bianchi Bandinelli, Ranuccio: *Rom. Das Zentrum der Macht*. Aus dem Italienischen übers. v. M. Restle. München 1970

Bieber, Margarete: *The history of the Greek and Roman theater*. 2. Aufl. Princeton 1961

Büchner, Karl: *Römische Literaturgeschichte*. Stuttgart 1957

Byvanck, Alexander Willem: *Der Kaiserpalast auf dem Palatin in Rom*. In: ›Bonner Jahrbücher‹ 158 (1958), S. 45–59

Calza, Raissa und Nash, Ernest: *Ostia*. Florenz 1959

Carcopino, Jérôme: *So lebten die Römer während der Kaiserzeit*. Aus dem Französischen übers. v. W. Niemeyer. Stuttgart 1959. (Eine Neuausgabe erschien 1977 in Stuttgart mit dem Titel: *Rom – Leben und Kultur in der Kaiserzeit*)

Carettoni, Gianfilippo: *Due nuovi ambienti dipinti sul Palatino*. In: ›Bolletino d'Arte‹, Jg. 46, Serie 4. Roma 1961

– *Scavo della zona a sud-ovest della Casa di Livia*. Prima relazione: *la Casa repubblicana*. In: ›Atti della Accademia Nazionale dei Lincei‹ (Anno CCCLXIV). Notizie degli Scavi di Antichità. Serie ottava, volume XXI. Roma 1967, S. 287–319

– *Una nuova Casa repubblicana sul Palatino*. In: ›Rendiconti. Atti della Pontificia Accademia Romana di Archeologia‹ (Serie III), Bd. 29. Vatikanstadt 1958

Carettoni, Gianfilippo; Colini, Antonio M.; Cozza, Lucos; Gatti, Guglielmo: *La pianta marmorea di Roma Antica*. Bologna 1969

Castagnoli, Ferdinando: *Topografia e urbanistica di Roma Antica*. Bologna 1969

Christ, Karl: *Das Römische Weltreich*. Freiburg 1973

Classen, C. Joachim: *Zur Herkunft der Sage von Romulus und Remus*. In: ›Historia‹, Bd. 12. Wiesbaden 1963, S. 447–457

Coarelli, Filippo: *Il tempio di Bellona*. In: ›Bull. della Comm. Arch. Com. di Roma‹ LXXX. 1965–1967, S. 37–72

– *Rom – Ein archäologischer Führer*. Aus dem Italienischen übers. von A. Allroggen-Bedel. Freiburg 1975

Crema, Luigi: *L'Architettura Romana*. Torino 1959 (= Enciclopedia Classica)

Cumont, Franz: *Die orientalischen Religionen im römischen Heidentum*. Nach der 4. französischen Aufl. unter Zugrundelegung der Übers. Gehrichs bearb. von A. Burckhardt-Brandenberg. 5. Aufl. Stuttgart 1969

– *Die Mysterien des Mithra*. Aus dem Französischen übers. von G. Gehrich. 4. Aufl. Stuttgart 1963

Curtius, Ludwig; Nawrath, Alfred: *Das antike Rom*. 4. Aufl. Neu bearb. und hrsg. von Ernest Nash. Wien – München 1963

Davico, Alberto: *Ricostruzione probabile dell'abitazione laziale del primo periodo del ferro secondo le testimonianze dello scavo sul Germalo*. In: ›Monumenti antichi‹. Pubblicati per cura della Accademia Nazionale dei Lincei, Bd. 41. Roma 1951. Sp. 125–134

Duhn, Friedrich von: *Italienische Gräberkunde*. Heidelberg 1924

Finsen, Helge: *Domus Flavia sur le Palatin; Aula Regia – Basilica*. Hafniae 1962

Fischer: *Weltgeschichte, Bd. 6: Der Hellenismus und der Aufstieg Roms (Die Mittelmeerwelt im Altertum II)*. Hrsg. von Pierre Grimal, Bd. 7: *Der Aufbau des Römischen Reiches* (Die Mittelmeerwelt im Altertum III). Hrsg. von Pierre Grimal, Bd. 8: *Das Römische Reich und seine Nachbarn* (Die Mittelmeerwelt im Altertum IV). Hrsg. von Fergus Millar. Frankfurt a. M. 1965–1966

Friedlaender, Ludwig: *Sittengeschichte Roms.* Volksausgabe nach der von Georg Wissowa besorgten 10. Aufl. Wien 1934

Fuchs, Günter: *Das Datum der Gründung Roms.* In: ›Geschichte in Wissenschaft und Unterricht‹, 17. Jg., H. 2, S. 106–114. Stuttgart 1966

Gerkan, Armin von: *Grenzen und Größen der vierzehn Regionen Roms.* In: ›Bonner Jahrbücher‹, Heft 149. Kevelaer 1949, S. 5–66

– *Von antiker Architektur und Topographie.* Gesammelte Aufsätze, hrsg. von Erich Boehringer. Stuttgart 1959

Giedion, S.: *Architektur und das Phänomen des Wandels. Die drei Raumkonzeptionen in der Architektur.* Tübingen 1969

Gjerstad, Einar: *Early Rome.* 3 Bde. Lund 1953 (= Skripter utg. av Svenska Inst. i Rom. 17)

Goidànich, Pier Gabriele: *L'iscrizione arcaica del Foro Romano e il suo ambiente archeologico. Suo valore giuridico.* In: ›Atti della Reale Accademia d'Italia. Memorie della Classe di Scienze Morali e Storiche‹. Serie 7, volume 3. Roma 1943, S. 317–501

Grimal, Pierre: *Römische Kulturgeschichte.* Aus dem Französischen übers. von Michael Petzet. München 1961

Hanfmann, George M. A.: *Römische Kunst.* Aus dem Amerikanischen von L. Voelker. Wiesbaden o. J.

Heintze, Helga von: *Römische Kunst.* Stuttgart 1969

Heinze, Richard: *Die augusteische Kultur.* 3. Aufl. Stuttgart 1960

Helbig, Wolfgang: *Führer durch die öffentlichen Sammlungen klassischer Altertümer in Rom.* Vierte, völlig neu bearbeitete Aufl.,

hrsg. von Hermine Speier. 1. Bd.: *Die Päpstlichen Sammlungen im Vatikan und Lateran.* Tübingen 1963. 2. Bd.: *Die Städtischen Sammlungen (Kapitolinische Museen und Museo Baracco) – Die Staatlichen Sammlungen (Ara Pacis. Galleria Borghese. Galleria Spada. Museo Pigorini. Antiquarien auf Forum und Palatin).* Tübingen 1966. 3. Bd.: *Die Staatlichen Sammlungen (Museo Nazionale Romano. Museo Nazionale di Villa Giulia).* Tübingen 1969. 4. Bd.: *Die Staatlichen Sammlungen (Museo Ostiense in Ostia Antica. Museo der Villa Hadriana in Tivoli. Villa Albani).* Tübingen 1972

Hülsen, Christian: *Forum und Palatin.* München – Wien – Berlin 1926

Kähler, Heinz: *Hadrian und seine Villa bei Tivoli.* Berlin 1950

– *Rom und seine Welt. Bilder zur Geschichte und Kultur.* München 1960

Kahrstedt, Ulrich: *Kulturgeschichte der Römischen Kaiserzeit,* 2. Aufl. Bern 1958

Kaschnitz von Weinberg, Guido: *Das Schöpferische in der römischen Kunst* (Römische Kunst I) – *Zwischen Republik und Kaiserreich* (Römische Kunst II) – *Die Grundlagen der republikanischen Baukunst* (Römische Kunst III) – *Die Baukunst im Kaiserreich* (Römische Kunst IV). Hamburg 1961–1963

Kerényi, Karl: *Die Religion der Griechen und Römer.* München 1963

Klingner, Friedrich: *Römische Geisteswelt.* München 1956

Kornemann, Ernst: *Römische Geschichte.* 2. Aufl. Stuttgart. Bd. 1, 1941. Bd. 2, 1942

Latte, Kurt: *Römische Religionsgeschichte.* 2., unveränderte Aufl. 1967

Lauffer, Siegfried: *Abriß der antiken Geschichte.* 2. Aufl. München 1964

Lewandowski, Herbert: *Römische Sittengeschichte.* Stuttgart 1964

L'Orange, Hans Peter, und Gerkan, Armin von: *Der spätantike Bildschmuck des Konstantinbogens.* Berlin 1939

Lugli, Giuseppe: *I monumenti antichi di Roma e suburbio.* 3 vol. e supplemento. Roma 1931–1940
– *Roma Antica. Il centro monumentale.* Roma 1946
– *Itinerario di Roma Antica.* Milano 1970
Lyngby, Helge: *Beiträge zur Topographie des Forum-Boarium-Gebietes in Rom.* Lund 1954
Mackendrick, Paul: *Roms steinernes Erbe.* Aus dem Englischen übers. von H. Eggert. Wiesbaden 1967
Mommsen, Theodor: *Das Weltbild der Caesaren.* 23. bis 30. Tausend. Wien–Leipzig 1933
– *Römische Geschichte.* Neuausgabe von K. L. Walter-Schomburg. Berlin o. J.
Müller-Karpe, Hermann: *Vom Anfang Roms.* Heidelberg 1959 (= Mitteilungen des Deutschen Archäologischen Instituts. Römische Abteilung. 5. Ergänzungsheft)
– *Zur Stadtwerdung Roms.* Heidelberg 1962 (= Mitteilungen des Deutschen Archäologischen Instituts. Römische Abteilung. 8. Ergänzungsheft)
Nash, Ernest: *Bildlexikon zur Topographie des antiken Rom.* Bd. 1. Tübingen 1961. Bd. 2. Tübingen 1962
– *Obelisk und Circus.* In: ›Mitteilungen des Deutschen Archäologischen Instituts. Römische Abteilung‹, Bd. 64. Heidelberg 1957, S. 232–259
– *Secretarium Senatus.* In: ›Colloqui del Sodalizio‹ 2, 3. Roma 1970–1972, S. 68–82
Pallottino, Massimo: *Le origini di Roma.* In: ›Archeologia Classica‹, Bd. 12, 1. 1960, S. 1–36
Paoli, Ugo Enrico: *Das Leben im alten Rom.* 2. Aufl. Bern 1961
Paul, Eberhard: *Antikes Rom.* 2. Aufl. Leipzig 1972
Picard, Gilbert: *Die Kunst der Römer.* Aus dem Französischen übers. v. B. Ronge. Stuttgart 1968
– *Imperium Romanum.* Aus dem Französischen übers. v. A. P. Zeller. München 1966

Pinza, G.: *Monumenti primitivi di Roma e del Lazio.* In: ›Monumenti Antichi pubblicati per cura della Reale Accademia dei Lincei‹. XV. 1905
Poulsen, Frederik: *Römische Kulturbilder.* Kopenhagen 1949
Propyläen-Kunstgeschichte. Bd. 2: *Das römische Weltreich.* Hrsg. von Theodor Kraus. Berlin 1967
– *Supplementband 1: Spätantike und frühes Christentum.* Hrsg. von Beal Brenk. Berlin 1977
Propyläen Weltgeschichte. Hrsg. von Golo Mann und Alfred Heuss. 4. Bd.: *Rom. Die Römische Welt.* Berlin 1963
Prümm, Karl: *Religionsgeschichtliches Handbuch für den Raum der altchristlichen Umwelt. Hellenistisch-römische Geistesströmungen und Kulte mit Beachtung des Eigenlebens der Provinzen.* Rom 1954
Puglisi, Salvatore M.: *Gli abitatori primitivi del Palatino attraverso le testimonianze archeologiche e le nuove indagini stratigrafiche sul Germalo.* In: ›Monumenti Antichi‹, pubblicati per cura della Accademia Nazionale dei Lincei, Bd. 41. Roma 1951, Sp. 1–98
Radke, Gerhard: *Die Götter Altitaliens.* Münster 1965
Rakob, Friedrich: *Zum Rundtempel auf dem Forum Boarium in Rom.* In: ›Archäologischer Anzeiger‹ 3. Berlin 1969, S. 275–284
RE = *Paulys Real-Encyclopädie der classischen Altertumswissenschaft.* Neue Bearbeitung begonnen von Georg Wissowa unter Mitwirkung zahlreicher Fachgenossen hrsg. von W. Kroll und K. Mittelhaus, jetzt von K. Ziegler. Stuttgart seit 1893
Rizzo, Giulio Emanuele: *Le pitture della ›Casa dei Grifi‹.* Roma 1936
– *Le pitture della ›Casa di Livia‹.* Roma 1937
Romanelli, Pietro: *Certezze e ipotesi sulle origini di Roma.* In: ›Studi Romani‹ XIII. 2. 1965
– *Terrecotte architettoniche del Foro Roma-*

no. In: ›Bollettino d'Arte‹, Jg. 40, Serie 4.
Roma 1955

Romanelli, Pietro, und Carettoni, Gianfilippo: *Nuove pitture del Palatino.* In: ›Bollettino d'Arte‹, Jg. 40, Serie 4. Roma 1955

Rose, Herbert Jennings: *Griechische Mythologie* (vor allem Kap. XI: Italische Pseudomythologie). Aus dem Englischen übers. v. Anna Elisabeth Berve-Glauning. 2. Aufl. München 1961

Rupp, Erwin: *Bautechnik im Altertum.* München 1964

Schefold, Karl: *Pompejanische Malerei. Sinn und Ideengeschichte.* Basel 1952

Simon, Erika: *Ara Pacis Augustae.* Tübingen o. J.

Stöver, Hans Dieter: *Die Römer – Taktiker der Macht.* 2. Aufl. Düsseldorf – Wien 1976

Stucchi, Sandro: *I monumenti della parte meridionale del Foro Romano.* Roma 1958

Stützer, Herbert Alexander: *Die Kunst der Etrusker und der Römischen Republik.* München 1956

– *Die Kunst des Römischen Kaiserreiches bis zum Sieg des Christentums.* München 1957

– *Römische Kunst der Spätantike im Reich der christlichen Kaiser.* Nürnberg 1962

– *Römische Kunstgeschichte.* Freiburg 1973

Ürögdi, Georg: *Die Zustände im alten Rom.* Aus dem Ungarischen übers. v. Heinrich Weissling. Frankfurt a. M. 1969

Usener, Hermann: *Götternamen. Versuch einer Lehre von der religiösen Begriffsbildung.* 3., unveränderte Aufl. Frankfurt a. M. 1948

Vermaseren, Marten J.: *Mithras. Geschichte eines Kultes.* Stuttgart 1965

Vermaseren, M. J., und van Essen, C. C.: *The Aventine Mithraeum adjoining the Church of St. Prisca.* In: ›Antiquity and Survival‹, Nr. 1. May 1955

Vogt, Joseph: *Der Niedergang Roms.* Zürich 1965.

Wataghin-Cantino, Gisella: *La Domus Augustana. Personalità e problemi dell'architettura flavia.* Torino 1966

Welin, Erik: *Studien zur Topographie des Forum Romanum.* Lund 1953

Wheeler, Mortimer: *Römische Kunst und Architektur.* Aus dem Englischen übers. v. Tilly Lauffer. München 1969

Wilkinson, L. P.: *Rom und die Römer. Porträt einer Kultur.* Aus dem Amerikanischen von E. Pack. Bergisch Gladbach 1979

Wirth, Fritz: *Römische Wandmalerei vom Untergang Pompejis bis ans Ende des dritten Jahrhunderts.* Berlin 1934

Wissowa, Georg: *Religion und Kultur der Römer.* München 1912

Wotschitzky, Alfons: *Die Kultur der Römer.* Frankfurt a. M. 1969

Zanker, Paul: *Forum Augustum.* Tübingen o. J.

Bildnachweis

Alinari, Florenz: Abb. 2, 15, 16, 22, 29, 31b, 38, 40, 42, 47, 53b, 58, 63, 66, 114, 115, 123, 135
Anderson, Rom: Abb. 7, 37, 64a–c, 69a–d, 82b, 82c, 106, 107, 111, 118, 125, 131, 133
Archivio, Fotografico Gall. Mus. Vaticani, Vatikanstadt: Abb. 87b
Paul Böhm, Kempten: Abb. 113
Deutsches Archäologisches Institut, Rom: Abb. 1, 3, 14, 18, 24, 32, 34, 39, 48, 52, 65, 73, 87a, 88, 108, 109, 119, 120, 122, 124, 126, 130, 137
DuMont-Bildarchiv, Köln: Abb. 121, 128, 132
Ente Provinciale per il Turismo, Rom: Abb. 28, 57a, 59, 61, 62, 89, 90
Fototeca Unione (Accademia Americana), Rom: Abb. 5a–c, 6, 10, 12, 23, 44, 46, 51, 53a, 54, 55, 56a, 56b, 57b, 60, 74a, 75, 77, 78, 80, 81b, 82d, 83, 84a, 86, 93, 94, 96, 97
Gabinetto Fotografico Nazionale, Rom: Abb. 20b, 21, 33, 35, 36, 41, 45, 49, 50, 67, 68, 70, 74b, 76, 79, 82a, 84b, 100a, 112, 129, 134
Leonard von Matt, Buochs/Schweiz: Farbtafel 7, 14, 15, 17, 18 u. Umschlaginnenklappe; Abb. 68, 72, 103, 116, 117, 125, 127, 136
E. Richter, Rom: Abb. 110
H. A. Stützer, München: Farbtafel 2, 3, 4, 9, 10, 12, 13, 21; Abb. 4, 8, 9, 11, 13, 17, 19, 20a, 25, 26, 27, 30, 31, 43, 81a, 85, 91, 92, 95, 98, 99, 100b, 101, 102, 104, 105
W. Stuhler, Hergensweiler: Umschlagrückseite
Zentrale Farbbild Agentur Düsseldorf: Farbtafel 1 (E. Kaup), 5 u. 6 (T. Schneiders), 8 u. 11 (T. Schneiders), 16 (K. Helbig), 19 u. 20 (E. Streichan), 22 u. 23 (K. Helbig), Umschlagvorderseite (T. Schneiders)

Zeichnungen im Text:

Dieter Weber, München: Karte der Umschlaginnenklappe vorn und alle Pläne und Zeichnungen bis zum Gelben Teil des Buches
Ursula Plag, Tübingen: Karte der Umschlaginnenklappe hinten; S. 340, 342, 346/347, 352

Raum für Ihre Reisenotizen

Anschriften neuer Freunde, Foto- und Filmvermerke, neuentdeckte gute Restaurants, etc.

Praktische Hinweise und Ausflüge in die Umgebung Roms

Wo befinden sich die antiken Stätten und wann sind sie geöffnet?

Nachfolgend werden die antiken Stätten, die man besichtigen kann, mit ihren Öffnungszeiten aufgeführt. Außerdem werden die Museen genannt, in denen Werke der römischen Antike gesammelt sind.

Antiquarium des Forums. Zugang über das Forum Romanum. Besichtigungsmöglichkeit alle 30 Minuten von 9.00 bis 12.00 Uhr. Dienstags geschlossen.

Antiquarium des Palatins. Zugang über das Forum Romanum. Besichtigungsmöglichkeit alle 30 Minuten von 9.00 bis 12.30 Uhr. Dienstags geschlossen.

Antiquarium von S. Prisca. Via S. Prisca. Geöffnet montags und freitags von 10.00 bis 12.00 Uhr.

Ara Pacis Augustae. Via di Ripetta. Geöffnet von 9.00 bis 13.00 und 15.00 bis 18.00 Uhr, an Sonn- und Feiertagen von 9.00 bis 13.00 Uhr. Montags geschlossen.

Area Sacra della Zona Argentina (Republikanische Tempel). Largo di Torre Argentina. Man sieht die Tempel sehr gut von der Straße aus. Wenn man das Gebiet betreten will, braucht man eine Genehmigung der Soprintendenza Comunale ai Musei, Monumenti e Scavi, piazza Caffarelli 3.

Auditorium des Maecenas. Largo Leopardi. Zur Besichtigung braucht man eine Genehmigung der Soprintendenza Comunale ai Musei, Monumenti e Scavi, piazza Caffarelli 3.

Basilica Sotteranea di Porta Maggiore (Neupythagoreische Basilika). Via Prenestina. Man braucht eine Genehmigung der Soprintendenza alle Antichità di Roma, piazza S. Maria Nuova 53.

Carcere Mamertino (Mamertinischer Kerker). Via del Foro Romano. Geöffnet von 9.00 bis 12.30 und 14.00 bis 18.30 Uhr.

Colosseum. Geöffnet von 9.00 bis Sonnenuntergang. Sonntagnachmittag geschlossen.

Domus Aurea. Via Labicana 136. Geöffnet von 9.00 bis 13.00 Uhr. Montags geschlossen.

Forum des Augustus. Via Campo Carleo. Geöffnet von Oktober bis Mai von 10.00 bis 17.00 Uhr, von Juni bis September von 9.00 bis 13.00 und 15.00 bis 18.00 Uhr; an Sonn- und Feiertagen von 9.00 bis 13.00 Uhr. Montags geschlossen.

Forum Caesars. Clivus Argentarius. Man sieht das Forum sehr gut von der Straße aus. Wenn man es betreten will, braucht man eine Genehmigung der Soprintendenza Comunale ai Musei, Monumenti e Scavi, piazza Caffarelli 3.

Forum Romanum und Palatin. Via dei Fori Imperiali. Geöffnet von 9.00 bis 1 Stunde vor Sonnenuntergang. Dienstags geschlossen.

Forum und Märkte Trajans. Via IV. Novembre 94. Geöffnet von Oktober bis Mai von 10.00 bis 17.00 Uhr, von Juni bis September von 9.00 bis 13.00 und 15.00 bis 18.00 Uhr; an Sonn- und Feiertagen von 9.00 bis 13.00 Uhr. Montags geschlossen.

Galleria Borghese. Villa Borghese. Geöffnet von 9.00 bis 14.00 Uhr. An Sonn- und Feiertagen von 9.00 bis 13.00 Uhr. Montags geschlossen.

Mausoleum des Augustus. Piazza Augusto Imperatore. Um das Innere zu besichtigen, braucht man eine Genehmigung der Soprintendenza ai Musei, Monumenti e Scavi, piazza Caffarelli 3.

Mithraeum unter der Kirche S. Clemente. Via S. Giovanni in Laterano. Geöffnet von 9.00 (an Sonn- und Feiert. von 10.00) bis 11.30 und 15.30 bis 18.30 Uhr.

Mithraeum im Palazzo Barberini. Via Quattro Fontane. Eine Besichtigung ist nur mit Genehmigung des im Palazzo wohnenden Fürsten Barberini möglich.

Musei Capitolini (Kapitolinisches Museum, Konservatorenpalast, Museo e Braccio Nuovo, Antiquarium Comunale). Piazza del Campidoglio. Geöffnet von 9.00 bis 14.00 Uhr, dienstags und donnerstags auch von 17.00 bis 20.00 Uhr, samstags auch von 21.00 bis 23.30 Uhr; an Sonn- und Feiertagen von 9.00 bis 13.00 Uhr. Montags geschlossen.

Musei e Gallerie del Vaticano (Vatikanische Museen). Viale del Vaticano. Geöffnet von 9.00 bis 14.00 Uhr, vom 1. Juli bis 30. September und in der Osterzeit von 9.00 bis 17.00 Uhr. An Sonn- und Feiertagen geschlossen. (Da der Besuch der vielen Museen innerhalb des Vatikans sehr anstrengend ist, sei darauf hingewiesen, daß es im Museumsbereich eine Bar gibt, in der man Erfrischungen zu sich nehmen und auch essen kann.)

Museo Barracco. Corso Vittorio Emanuele 168. Geöffnet von 9.00 bis 14.00 Uhr, dienstags und donnerstags auch von 17.00 bis 20.00 Uhr, an Sonn- und Feiertagen von 10.00 bis 13.00 Uhr. Montags geschlossen.

Museo della Civiltà Romana. Piazza Agnelli 15. Dieses in der Trabantenstadt E.U.R. gelegene Museum zeigt alle Bauten, Kunstwerke und Objekte der römischen Kultur in Rekonstruktionen und Nachbildungen und vermittelt damit eine komplexe Vorstellung von der Zivilisation der Römer. Geöffnet von 9.00 bis 14.00 Uhr, dienstags und donnerstags auch von 17.00 bis 20.00 Uhr; an Sonn- und Feiertagen von 9.00 bis 13.00 Uhr. Montags geschlossen.

Museo Nazionale di Castel S. Angelo (Engelsburg). Lungotevere Castello. Geöffnet von 9.00 bis 14.00 Uhr, an Sonn- und Feiertagen von 9.00 bis 13.00 Uhr. Montags geschlossen.

Museo Nazionale Romano (Thermenmuseum). Via delle Terme. Geöffnet von 9.00 bis 14.00 Uhr; an Sonn- und Feiertagen von 9.00 bis 13.00 Uhr. Montags geschlossen.

Museo Nazionale di Villa Giulia. Piazzale di Villa Giulia 9. Geöffnet von 9.00 bis 14.00 Uhr; an Sonn- und Feiert. von 9.00 bis 13.00 Uhr. Montags geschlossen.

Museo Preistorico ed Etnografico ›Luigi Pigorini‹. Piazza Marconi (E.U.R.). Geöffnet von 9.00 bis 14.00 Uhr; an Sonn- und Feiertagen von 9.00 bis 13.00 Uhr. Montags geschlossen.

Museo di Roma. Piazza di S. Pantaleone 10 (Palazzo Braschi). Geöffnet von 9.00 bis 13.30 Uhr, dienstags und donnerstags auch von 17.00 bis 19.30 Uhr. Montags geschlossen.

Museo Torlonia. Via Corsini 5. Wer das Museum besichtigen will, muß sich schriftlich an die Amministrazione Torlonia (via della Conciliazione 30) wenden.

Sepolcro degli Scipioni e Columbario di Pomponio Hylas (Scipionengräber und Columbarium des Pomponius Hylas). Via di Porta S. Sebastiano 9. Geöffnet von 10.00 bis 17.00 Uhr. Montags geschlossen.

Sotterranei della chiesa dei SS. Giovanni e Paolo (Römisches Haus unter SS. Giovanni e Paolo). Piazza SS. Giovanni e Paolo. Geöffnet von 8.00 bis 12.00 und 15.30 bis 18.00 Uhr. Sonntagvormittags und während religiöser Feiern geschlossen.

Tabularium des Kapitols. Eine Besichtigung ist nur möglich mit Genehmigung der Soprintendenza Comunale ai Musei, Monumenti e Scavi, piazza Caffarelli 3.

Thermen des Caracalla. Via delle Terme di Caracalla. Geöffnet von 9.00 bis 1 Stunde vor Sonnenuntergang; an Sonn- und Feiertagen von 9.00 bis 13.00 Uhr. Montags geschlossen.

Villa Medici. Viale Trinità dei Monti. Der Garten, in dem sich zahlreiche Kunstwerke der Antike befinden, ist mittwochs von 9.00 bis 11.00 Uhr geöffnet.

Für Interessenten, die eine gute *archäologische Bibliothek und Photothek* suchen, sei hingewiesen auf das **Deutsche Archäologische Institut** in Rom, Via Sardegna 79.

Antike Stätten vor den Toren Roms

Unser Buch beschäftigt sich mit der alten Stadt innerhalb ihrer Grenzen, die durch die Aurelianische Mauer gezogen sind. Für diejenigen, die noch die antiken Denkmäler an den berühmten Ausfahrtstraßen im näheren Umkreis von Rom besuchen wollen, seien hier Angaben über Stätten an der Via Appia, der Via Latina und im Bereich des Vatikans hinzugefügt.

Via Appia
Zur Unterscheidung von der neuen Via Appia nennt man die alte Straße *Via Appia antica* (Farbabb. 22; Abb. 103). Sie hat ihren Namen nach Appius Claudius Caecus, dem im Alter erblindeten Censor aus dem Jahre 312 v. Chr., der sie ebenso wie die Aqua Appia – die erste Wasserleitung Roms – erbaut hat.

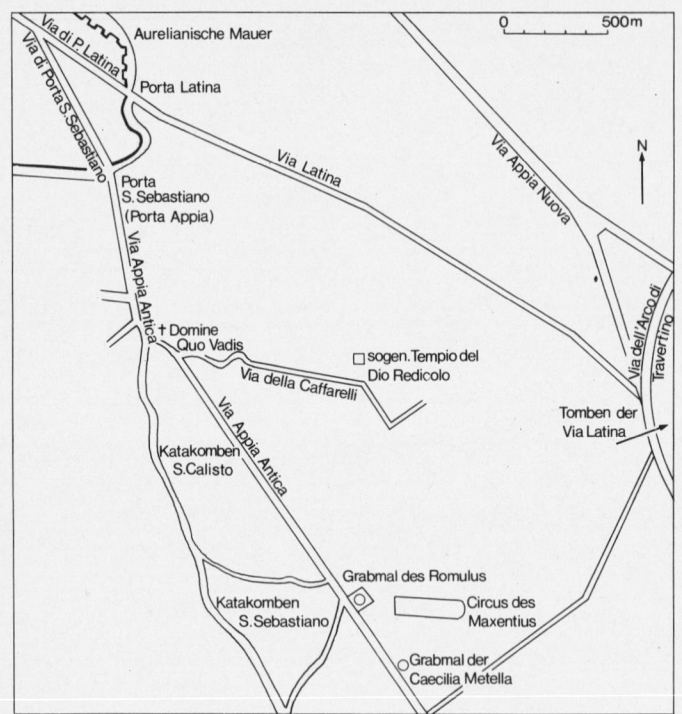

*Via Appia antica
und Via Latina*

P. Papinius Statius, ein Dichter in der Mitte des 1. Jahrhunderts n. Chr., nannte in seinen ›Silvae‹ (2, 2, 12) die Via Appia die ›Königin der Straßen‹. Sie begann in der Antike nicht wie heute erst an der Aurelianischen Mauer, sondern schon an der Porta Capena, direkt hinter dem Circus Maximus, und endete in Capua. Später wurde sie bis Benevent und dann über Tarent bis Brindisi verlängert.

Da Gräber nicht innerhalb des Pomeriums, der sakralen Stadtgrenze, liegen durften, wurden sie an den großen Ausfahrtstraßen angelegt. Von den *Scipionen-Gräbern* und von *Columbarien,* die zwischen der Porta Capena und der Aurelianischen Mauer im Bereich der Via Appia liegen, war schon die Rede. Man nennt dieses Stück der alten Straße heute Via di Porta S. Sebastiano, entsprechend dem Tor in der Aurelianischen Mauer, das nicht mehr Porta Appia, sondern Porta S. Sebastiano heißt.

Hinter der Mauer stadtauswärts kommt man zu der kleinen *Kirche ›Domine quo vadis?‹.* Es lohnt sich, kurz danach links auf die Via della Caffarelli abzubiegen, um den *sogenannten Tempio del Dio Redicolo* aufzusuchen. Es handelt sich um einen noch gut erhaltenen Bau aus zweifarbigen Ziegeln, den man für einen Tempel jener Gottheit hielt, die Hannibal zum Rückzug gezwungen hat. Tatsächlich aber ist er ein Grabmal, das der reiche und gelehrte Herodes Atticus im 2. Jahrhundert n. Chr. seiner Gattin Annia Regilla errichtet hat (Abb. 104).

Wenn man auf die Via Appia zurückkehrt, um den Weg nach Süden fortzusetzen, kommt man – vorbei an den Katakomben von S. Callisto und S. Sebastiano – zum *Grabmal des Romulus.* Es ist der im Jahre 309 n. Chr. jung verstorbene Sohn des Kaisers Maxentius, dem sein Vater ein Mausoleum errichtete. Wie die Ruinen erkennen lassen, handelt es sich um ein prunkvolles Grabhaus im Stil des Pantheons inmitten eines Hofes, der von überwölbten Hallen eingefaßt ist.

Nicht weit von dem Mausoleum entfernt, liegt der *Circus des Maxentius,* den der Kaiser 309 n. Chr. zum Andenken an seinen Sohn Romulus erbauen ließ. Im Circus fanden in gleicher Weise wie im Circus Maximus, über den ausführlich berichtet wurde, Wagenrennen statt. Der Circus des Maxentius ist mit seiner Länge von ungefähr 513 Metern kleiner als der Circus Maximus. Von ihm ist aber noch weit mehr erhalten als von seinem Vorbild. Der Obelisk, der auf der Spina stand, krönt heute den Vier-Ströme-Brunnen von Bernini auf der Piazza Navona. Dieser Obelisk ist eine römische Arbeit, trägt aber einen ägyptischen Text mit den Namen Domitian, Vespasian und Titus. Vermutlich hat ihn Domitian im Isis-Tempel auf dem Marsfeld aufstellen lassen. Später holte ihn Maxentius in seinen Circus, wo er noch im 17. Jahrhundert – in fünf Stücke zerbrochen – lag. Papst Innocenz X. ließ ihn wieder zusammensetzen und auf der Piazza Navona aufstellen, also auf dem ehemaligen Stadium Domitians.

Hinter dem Circus und dem Grabmal findet man noch Reste einer *Villa,* die vermutlich dem Maxentius gehörte.

Das nächste Gebäude auf der Via Appia Antica ist das *Grabmal der Caecilia Metella*, ein noch gut erhaltenes Monument in Zylinderform mit einem Durchmesser von 20 m (Farbabb. 23; Abb. 105). Das mit Travertin inkrustierte Grabmal wird durch einen Fries geziert, dessen Reliefs aus Girlanden, Bukranien, also Stierschädeln, und gallischen Schilden bestehen, die daran erinnern, daß Caecilia Metella die Schwiegertochter des Triumvirn Crassus war, der als General unter Caesar in Gallien kämpfte. Die Ghibellinen-Zinnen, die heute das Grabmal krönen, stammen aus dem Mittelalter, als das Gebäude in ein Kastell der Caetani einbezogen war, von dem noch Reste vorhanden sind. (Man kann das Innere des Grabmals von 9.00 bis 13.30 Uhr an allen Tagen außer Montag besichtigen.)

Via Latina

An der alten Via Latina befinden sich dort, wo sie mit der Via Appia Nuova und der Via dell'Arco di Travertino zusammenläuft, Grabanlagen, die unter dem Namen *Tombe della Via Latina* bekannt sind. Zu ihnen gehört die Tomba mit dem Beinamen ›Barberini‹, einem zweistöckigen Ziegelbau aus dem 2. Jahrhundert n. Chr. In einigem Abstand befinden sich zwei Tomben von besonderem Reiz, zu denen man durch den am Ort wohnenden Custoden hingeführt wird: die Tomba dei Pancraci und die Tomba dei Valeri.

Die *Tomba dei Pancrazi* besteht aus mehreren Räumen, von denen vor allem jener die Besucher anzieht, der mit farbigen Stuckreliefs geschmückt ist, die in der ersten Hälfte des 2. Jahrhunderts n. Chr. geschaffen wurden. An den Wänden sind Götter, Kentauren und Tiere sowie Begebenheiten aus dem Trojanischen Krieg dargestellt, im Gewölbe vier mythologische Szenen mit folgendem Inhalt: 1. Priamos begibt sich in das Zelt des Achilleus, um die Leiche seines Sohnes Hektor zu holen; 2. Das Urteil des Paris (Abb. 107); 3. Admetos kommt mit einem Wagen, der von einem Wildschwein und einem Löwen gezogen wird, in Begleitung von Apollon und Artemis, um König Pelias um die Hand seiner Tochter Alkestis zu bitten; 4. Herakles spielt in Anwesenheit von Göttern die Leier. Im Mittelstück der Decke ist die Apotheose eines Verstorbenen dargestellt.

In der *Tomba dei Valeri* fanden im ebenerdigen Obergeschoß Totenfeiern zum Jahrgedächtnis statt. In der darunter liegenden Grabkammer zeigen die Stuckdekorationen, die in Feldern und Medaillons angeordnet sind, tanzende Horen, Najaden und Seeungeheuer, Nereiden auf Hippokampen und einen Greif mit einem verhüllten Toten (Abb. 106).

Eine Nekropole am Vatikan

Das *vaticanum*, zu dem ein Hügel, ein Tal und ein Feld gehörten, lag außerhalb der alten Stadt auf dem rechten Tiberufer. In der Antike standen hier eine Reihe von Bauwerken, angefangen vom *Grabmal Hadrians,* der späteren Engelsburg. Am Vatikan gab es eine Anzahl von *Ziegeleien,* eine *Naumachia* für Wasserspiele und Seegefechte, ein *Heiligtum der Kybele,* ein *Hippodrom,* das nach Gaius Iulius Caligula Gaianum

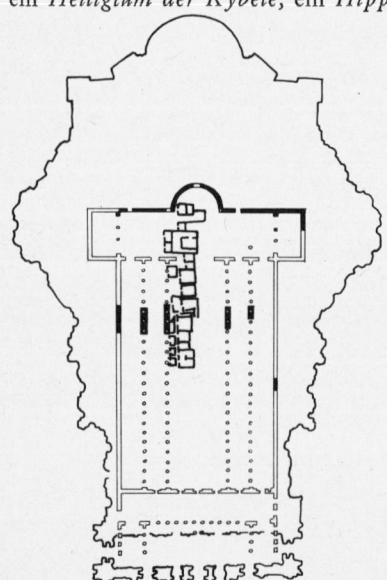

Die Nekropole unter der Petrus-Basilika im Umriß der heutigen Peterskirche

genannt wurde, und einen *Circus,* zu dem der Obelisk gehörte, der heute in der Mitte des Petersplatzes steht.

Im vatikanischen Circus erlitt Petrus gemäß der Überlieferung sein Martyrium und wurde an jener Stelle beigesetzt, über der dann Kaiser Konstantin die Petrus-Basilika errichtete. Im Jahre 1940 ging man daran, das Petrus-Grab zu öffnen, und legte dabei nicht nur weitere christliche Gräber frei, sondern auch achtzehn Mausoleen heidnischer Römer, die ungefähr zwischen 130 und 200 n. Chr. gebaut wurden, aber bis zur Zeit Konstantins immer wieder neue Tote aufnahmen. Da man nur einen Teil der Nekropole ausgegraben hat, ist es möglich, daß sich in ihr auch noch ältere Grabbauten befinden.

Die Ausgrabungen unter der Peterskirche, die in der Zeit zwischen 1940 und 1950 erfolgten, waren außerordentlich schwierig. Als Kaiser Konstantin die Basilika erbaute, überdeckte er die kleineren Mausoleen, um den Fußboden darüber anzulegen, die größeren köpfte er und füllte sie inwendig mit Sand und Schutt auf, damit sie das Niveau nicht überragten. Der Fußboden der Konstantinsbasilika ist aber nicht der Fußboden der heutigen Peterskirche. Dieser wurde beim Neubau in der Renaissancezeit etwa drei Meter höher angelegt. Der Raum zwischen dem alten und dem neuen Fußboden wurde zu einer Art Unterkirche ausgespart, die den Namen ›Grotten von St. Peter‹ trägt. Die Archäologen mußten also unter diesen Grotten die heidnischen und christlichen Grabanlagen ausgraben, was unter einem so gewaltigen Bauwerk unvorstellbar schwierig war.

Heute kann man die jetzt *unterirdische Nekropole* betreten, auf der alten Gräberstraße von Mausoleum zu Mausoleum gehen und gewinnt dort viele Erkenntnisse und Eindrücke (Abb. 108, 109).

Im 2. Jahrhundert n. Chr. erfolgte ein allmählicher Übergang von der Feuerbestattung zur Erdbestattung. So findet man in den älteren Mausoleen mehr Urnennischen, in den jüngeren mehr Bestattungsgräber in der Form von Arkosolien. Aufgefunden wurden auch formschöne Urnen und Sarkophage mit interessanten und gut gearbeiteten Reliefs. Die Mausoleen sind mit Mosaiken geschmückt und ausgemalt: mit Dekorationsmustern, Symbolen und mythologischen Szenen. Die Decken sind bisweilen mit eleganten Stuckreliefs geziert.

Überrascht hat die Feststellung, daß in heidnischen Mausoleen auch christliche Familienmitglieder bestattet worden sind. Und *eine* Grabkammer, in der ursprünglich ein Knabe mit dem Namen Iulius Tarpeianus bestattet lag, wurde im 3. Jahrhundert n. Chr. in eine christliche verwandelt und mit Mosaiken ausgestattet, die Jonas, einen Fischer, den Guten Hirten und Christus als Sonnengott zeigen.

Wenn man die Ausgrabungen unter der Peterskirche besuchen will, muß man sich schriftlich an die Fabbrica di S. Pietro in der Vatikanstadt wenden und Name, Anschrift und Telefonnummer in Rom angeben. Man kann sich dann einer Führung in seiner Landessprache anschließen, zu der jeweils nur fünfzehn Personen zugelassen sind.

Ostia – der Hafen Roms

Wenn man das Wort ›Ostia‹ ins Deutsche übersetzt, ergibt sich ›Gemunden‹ oder ›Gmund‹; denn das alte Ostia lag an der *Mündung* des Tibers und hat daher seinen Namen bekommen. Der Sage nach soll es vom König Ancus Martius gegründet worden sein. Seine Anfänge liegen aber erst im 4. Jahrhundert v. Chr.

Ostia hatte ein Militärlager und verfügte über einen Kriegs- und einen Handelshafen, der für die Versorgung Roms wichtig war. Wegen seiner Salinen begann hier die Via Salaria, die Salzstraße. Zur Zeit des Kaiserreiches gab es in Ostia ungefähr 100 000 Einwohner. Seine größte Blüte erlebte es unter den Kaisern des 2. Jahrhunderts.

In der Spätantike verlor Ostia an Bedeutung, weil Konstantin ihm die Stadtrechte entzog, um sie dem nahe gelegenen Porto zu geben. Allmählich entvölkerte sich der Ort, litt unter den Einfällen der Völkerwanderungszeit und verfiel, so daß sich die Malaria ausbreiten konnte.

Nachdem die Päpste im 19. Jahrhundert mit Ausgrabungen begonnen hatten, wurden diese im 20. Jahrhundert vom italienischen Staat fortgesetzt, so daß heute zwar nicht die ganze antike Stadt freigelegt ist, aber der größe Teil.

Wenn man Ostia antica besichtigen will, beginnt man an der Via delle Tombe, der Gräberstraße, an der man Columbarien mit Urnengräbern und Bestattungsgräbern findet.

Die eigentliche Stadt betritt man an der Porta Romana. Man kommt so auf den Piazzale della Vittoria, wo die Figur der *Minerva Victoria* steht, die aus dem Ende des 1. Jahrhunderts n. Chr. stammen dürfte. Zur Rechten des Piazzale liegen *Horrea* aus dem letzten Jahrhundert v. Chr., Magazine, von denen es in einer Hafenstadt verständlicherweise sehr viele gibt. An dem Platz beginnt auch der *decumanus maximus,* die Hauptverkehrsader der Stadt (Abb. 110).

Rechts am Decumanus liegen die sogenannten *Thermen des Neptun.* Man steigt auf eine Terrasse und blickt hinab auf zwei schöne *Schwarz-Weiß-Mosaiken* aus dem 2. Jahrh. n. Chr., von denen das eine Neptun und das andere Amphitrite darstellt (Abb. 111). Man blickt auch auf die *Palaestra* der Thermen, in der Gymnastik getrieben wurde.

Durch die Via dei Vigili kommt man zur *Caserma dei Vigili,* in der Feuerwehrmänner untergebracht waren. An die Thermen und die Kaserne grenzt die Via della Fontana an, in der sich die *Osteria eines gewissen Fortunatus* befand. Der Fußboden ist mit Mosaik bedeckt, auf dem ein Becher zu sehen ist mit den Worten: *Fortunatus: (vinum cr)atera quod sitis bibe* (Fortunatus sagt: Trinke Wein aus dem Becher, solange du Durst hast).

Während auf der linken Seite des Decumanus die *Horrea des Hortensius* liegen, folgt auf der rechten das *Theater.* Vor seinem äußeren Halbrund befinden sich die *Reste eines christlichen Oratoriums* zum Gedenken an die Märtyrer von Ostia und ein moderner *Gedenkstein für die hl. Monika,* die Mutter des hl. Augustinus, die in Ostia gestorben ist.

Das Theater wurde unter Augustus gebaut und unter Septimius Severus und Caracalla erweitert. Man hat es restauriert und so für Aufführungen wieder verwendbar
gemacht. An die Bühnenwand schließt sich der Piazzale delle Corporazioni an, in
dessen Mitte ein *Ceres-Tempel* steht und der von Säulenhallen umgeben war. Von
diesen gingen siebzig *Büros weltweiter Handelsvertretungen* aus, vor deren Eingängen
Mosaikfußböden lagen, die Bezug auf Seefahrt, Handel und fremdartige Tiere nahmen
und zum größten Teil noch erhalten sind.

An den Piazzale schließt sich die *Casa di Apuleio* an, die ein Haus im Stil des als
domus bezeichneten einstöckigen italischen Atrium-Hauses ist, während die Hafenstadt
Ostia zumeist aus drei- bis viergeschossigen Mietshäusern bestand.

Vom Haus des Apuleius kommt man in ein Gebiet, das den Namen *Quattro Tempietti* trägt. Hier befinden sich ein gut erhaltenes Mithras-Heiligtum mit dem Namen
›delle sette sfere‹, Reste von vier kleinen Tempeln, von einem Nymphaeum und von
einem Sacellum Iuppiters.

Auf dem Decumanus geht man weiter bis zur Via dei Molini, in der man noch alte
Getreidemühlen sieht. An der rechten Straßenseite liegen wieder *Horrea*, Lagerhäuser
für Getreide, auf der linken kann man in die Via di Diana einbiegen. Am Haus, das
nach einer Diana-Darstellung in seinem Innern *Casa di Diana* heißt, befindet sich noch
ein Balkon (vgl. Abb. 112). Ihm gegenüber ist ein kleiner Platz mit einem Altar der
Laren, der Schutzgottheiten dieses Bezirks, und ganz in der Nähe ein *Thermopolium,*
eine noch gut erhaltene antike Bar.

Biegt man von der Via Diana rechts in die Via dei Dipinti, so kommt man zuerst zu
einem *Haus mit Mosaiken und Malereien* und dann zu einem *Lagerhaus* mit vielen
Dolien im Boden, mit Vorratsgefäßen für Getreide und Öl. Dahinter liegt das *Museum,*
in dem man die besten Stücke aufbewahrt, die in Ostia antica gefunden worden sind.

Römische Städte waren so angelegt, daß der *decumanus maximus* etwa in der Mitte
vom *cardo maximus* gekreuzt wurde. So war es auch in Ostia, und auf der Kreuzung
befand sich das Forum und mit ihm das Zentrum der Stadt. Es wird gekrönt vom
Kapitol, in dessen Tempel wie in Rom Iuppiter, Iuno und Minerva verehrt wurden.
Die Anlage erfolgte anstelle einer älteren unter Hadrian (Abb. 113).

Neben dem *Kapitol* liegt die *Kurie,* in der sich der Stadtrat versammelte, ihr gegenüber – jenseits des Decumanus – die *Basilika,* in der auch das Gericht tagte.

Auch vom *Tempel der Roma und des Augustus,* der im 1. Jahrhundert n. Chr. errichtet wurde und dem Kapitol gegenüber lag, gibt es noch Reste, u. a. die Kultfigur
der Roma als Herrscherin. Weiter nach Osten zu liegen die im 2. Jahrhundert n. Chr.
erbauten *Thermen des Forums,* von denen noch beachtliche Überbleibsel vorhanden
sind, vor allem vom Frigidarium, dem Kaltbad, und von der Heizungsanlage. Zwischen
Forum und Decumanus liegt die *Casa dei Triclini,* die mehrere Triclinien, also Speisezimmer, vereinigt.

Neben der Basilika befindet sich ein Peristyl mit einem *Tempio Rotondo,* einem
Rundtempel, der im 3. Jahrhundert n. Chr. für den Kaiserkult gebaut wurde. Dem

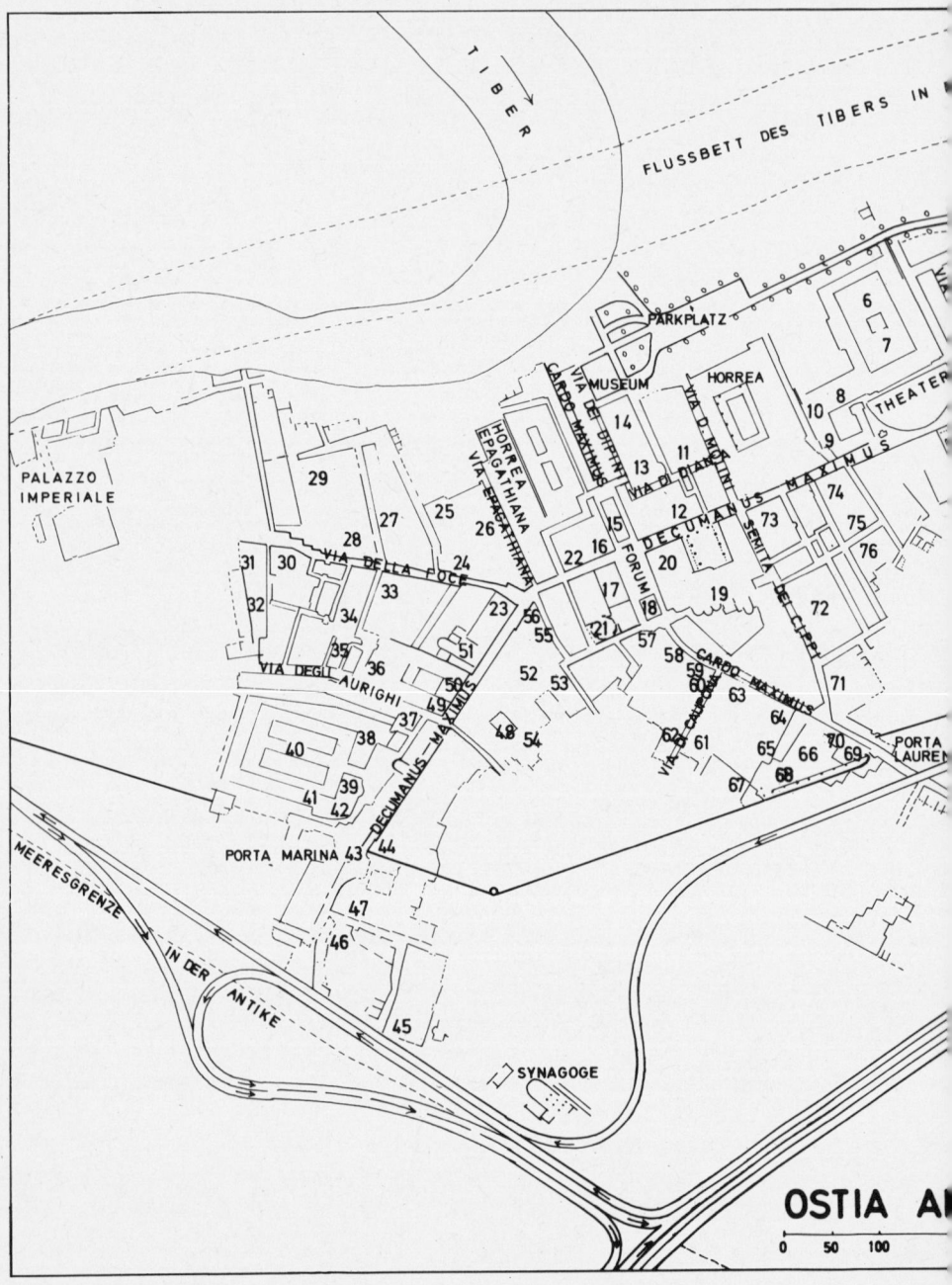

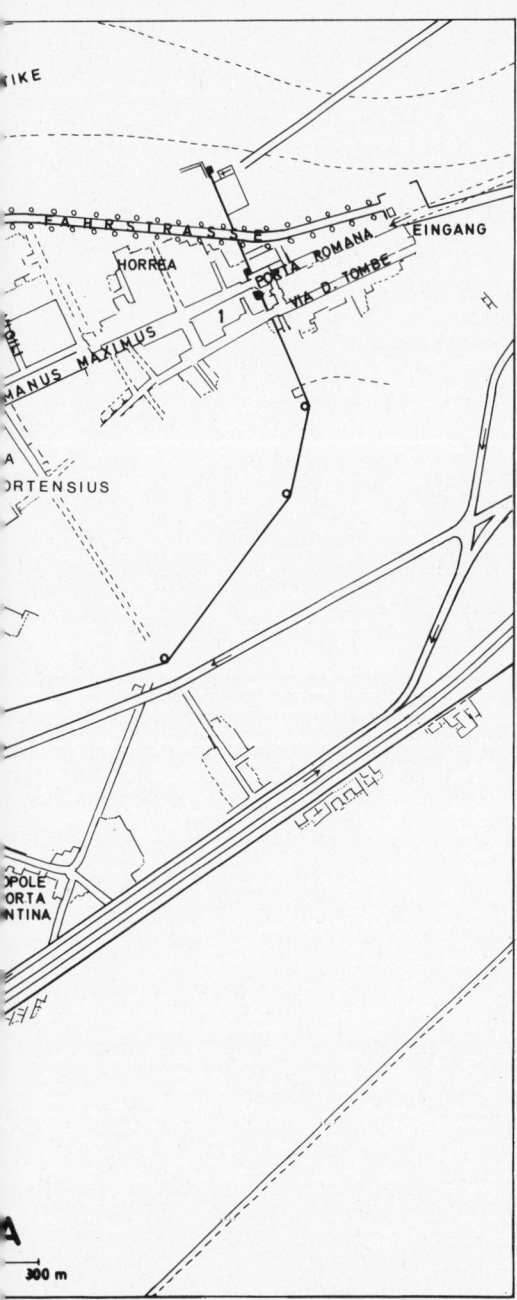

Plan von Ostia

1 *Piazzale della Vittoria* 2 *Thermen des Neptun* 3 *Palaestra* 4 *Caserma dei Vigili* 5 *Christliches Oratorium* 6 *Piazzale delle Corporazioni* 7 *Tempel der Ceres* 8 *Casa di Apuleio* 9 *Quattro Tempietti* 10 *Mithraeum delle sette sfere* 11 *Casa di Diana* 12 *Thermopolium* 13 *Haus mit Malereien* 14 *Lagerhaus mit Dolien* 15 *Kapitol* 16 *Kurie* 17 *Basilica* 18 *Tempel der Roma und des Augustus* 19 *Thermen des Forums* 20 *Casa dei triclini* 21 *Tempio rotondo* 22 *Casa del larario* 23 *Mithraeum delle pareti dipinte* 24 *Republikanische Tempel* 25 *Domus di Amore e Psiche* 26 *Thermen des Buticosus* 27 *Thermen des Mithras* 28 *Tempel der Mensores* 29 *Horrea der Mensores* 30 *Thermen ›della Trinacria‹* 31 *Insula ›di Bacco e Arianna‹* 32 *Serapeum* 33 *Insula del Serapide* 34 *Thermen der sieben Weisen* 35 *Insula degli aurighi* 36 *Sacellum delle tre navate* 37 *Insula delle volte dipinte* 38 *Insula delle Muse* 39 *Casa a pareti gialle* 40 *Case a giardino* 41 *Domus dei dioscuri* 42 *Domus del ninfeo* 43 *Porta Marina* 44 *Caupona di Alexander* 45 *Thermen der Porta Marina* 46 *Grabmal des Poplicola* 47 *Sanctuarium der Bona Dea* 48 *Schola des Trajan* 49 *Domus di Marte* 50 *Tempel der fabri navales* 51 *Christliche Basilica* 52 *Cortile del Dioniso* 53 *Heiligtum der Isis* 54 *Mithraeum delle sette porte* 55 *Macellum* 56 *Fischhandlungen* 57 *Domus di Giove Fulminatore* 58 *Domus della nicchia a mosaico* 59 *Ninfeo degli eroti* 60 *Domus delle colonne* 61 *Caupona del pavone* 62 *Domus dei pesci* 63 *Porticus dell'Ercole* 64 *Thermen ›del faro‹* 65 *Mithraeum degli animali* 66 *Campus Magnae Matris* 67 *Tempel der Magna Mater* 68 *Sacellum des Attis* 69 *Sanctuarium di Bellona* 70 *Schola degli hastiferi* 71 *Domus delle Gorgoni* 72 *Haus der Fortuna Annonaria* 73 *Thermen* 74 *Sitz des Kollegiums der Augustalen* 75 *Fullonica* 76 *Mithraeum di Felicissimo*

Heiligtum gegenüber, auf der anderen Seite des Decumanus, steht die *Casa del Larario* aus dem 2. Jahrhundert n. Chr., der man ihren Namen wegen einer schönen Nische aus vielfarbigen Ziegeln gegeben hat, in der Figuren von Laren aufgestellt waren.

Geht man vom Haus des Larariums auf dem Decumanus noch ein paar Schritte weiter, so kommt man zum *Westtor des Castrums,* des alten Lagers, dessen Mauern parallel zur Via Epagathiana verlaufen. An dieser liegen die im 2. Jahrhundert n. Chr. erbauten *Horrea Epagathiana,* die zwei Freigelassenen aus dem Orient, Epagathus und Epaphroditus, gehörten und zu den vorbildlichsten Warenlagern Ostias zu rechnen sind.

Hinter dem Westtor geht vom Decumanus die Via della Foce ab, auf deren linker Seite sich das *Mithraeum delle pareti dipinte* befindet, das in eine Wohnung des 2. Jahrhunderts n. Chr. eingebaut ist. Auf der gegenüberliegenden Straßenseite stehen drei *republikanische Tempel,* von denen der mittlere dem Hercules geweiht ist. Dahinter liegt die *Domus di Amore e Psiche,* von der noch schöne Säulen, ein Nymphaeum und vielfarbige Fußböden vorhanden sind. In dem Haus, das im 3. bis 4. Jahrhundert entstand, hat man eine Marmorgruppe von Amor und Psyche gefunden, die sich im Museum befindet. Die verhältnismäßig kleinen *Thermen des Buticosus,* die in der Nähe der Domus zu finden sind, tragen ihren Namen nach dem Wort ›Buticosus‹ im Fußbodenmosaik, das vielleicht der Name des Bademeisters war.

Die *Thermen des Mithras,* die ebenfalls an der Via delle Foce liegen, sind nach dem Mithraeum benannt, das ihrem Komplex eingegliedert ist – ganz ähnlich dem Mithraeum in den Thermen des Caracalla in Rom. (Von den Mithras-Thermen kann man noch einen Abstecher zum sogenannten *Palazzo Imperiale* machen, der ebenfalls ein kleines Mithraeum sowie ein Lararium besitzt.)

Es folgen der *Tempel der Mensores,* der Männer, die das Getreide ›messen‹, der mit großen Horrea, mit Getreidemagazinen, verbunden ist, und dort, wo die Via della Foce zu Ende geht, die *Thermen ›della Trinacria‹* sowie der große *Wohnblock ›di Bacco e Arianna‹.* Beide Baulichkeiten sind nach Fußbodenmosaiken benannt; hier ist es eine Allegorie für Trinacria-Sizilien, dort eine Darstellung von Dionysos-Bacchus und Ariadne beim Kampf zwischen Eros und Pan. Das sich anschließende *Serapeum,* das im 2. Jahrhundert n. Chr. erbaut wurde, diente der Verehrung des ägyptischen Gottes Serapis. An ihn erinnert auch die *Insula,* also der Wohnblock, ›del Serapide‹ in der Via della Foce, in dem man eine Serapis-Figur gefunden hat.

Zwischen der Via della Foce und der Via degli Aurighi gibt es mehrere interessante Gebäude: die *Thermen der sieben Weisen,* die ihren Namen von einer Wandmalerei haben; die *Insula degli Aurighi,* ein großer Wohnblock aus dem 2. Jahrhundert, und das *Sacellum delle tre Navate,* in dem ein orientalischer Kult gefeiert wurde.

Bei den Gebäuden, die südlich der Via degli Aurighi liegen, ist zuerst einmal die *Insula delle volte dipinte* zu nennen, ein Mietshaus, in dessen Räumen sich noch bemalte Decken befinden, dann die *Insula delle Muse,* in der eine Darstellung von Apoll und den Musen zu sehen ist, und die *Casa a pareti gialle,* von der einige Fenster die Aussicht auf die *Case a giardino* eröffnen, die auch als Mietwohnhäuser einen schönen Garten hatten. Die *Domus dei dioscuri* ist ein feudales Wohnhaus mit heizbaren Badezimmern, die in einem ihrer Fußböden ein Dioskuren-Mosaik enthalten. Sie wurde ebenso wie die *Domus del Ninfeo,* zu der ein Nymphäum gehörte, im 4. Jahrhundert n. Chr. erbaut.

Der Decumanus führt zur *Porta Marina,* und an dieser liegt eine Osteria, die *Caupona di Alexander* (Helix). Auch außerhalb der Mauer wurde noch gebaut. Hier gab es u. a. *Thermen,* ein *Grabmal des Censors L. Cartilius Poplicola* und vor allem ein *Sanctuarium der Bona Dea,* der guten Göttin weiblicher Fruchtbarkeit, an deren Kult Männern die Teilnahme untersagt war. Jenseits der Stadtmauer liegt auch eine höchst interessante Synagoge aus dem 1. Jahrhundert n. Chr.

Wenn man sich auf dem Decumanus zurückwendet und zum Ausgang geht, kommt man an der *Schola des Trajan* aus dem 2. Jahrhundert n. Chr. vorbei, die aber gar keine Schule ist, sondern Haus einer Handelsgesellschaft. Noch heute findet man hier prächtige Säulen und schöne Mosaiken. Im Besitz von Handelsgesellschaften waren wohl auch die *Domus di Marte* und die *Tempel der Fabri Navales,* der Schiffszimmerleute.

Erstaunt ist man aber, daß man am Decumanus zwischen Häusern von Handelsgesellschaften eine *christliche Basilika* vorfindet. Sie wurde im 4. Jahrhundert eingerichtet, und zwar zweischiffig, weil die Erbauer auf den vorhandenen Raum angewiesen waren und ein Stück Therme und ein Stück Straße einbeziehen mußten. Ein Architrav in jenem Bereich, wo vermutlich getauft wurde, trägt eine Inschrift, die den Christen auf die vier Paradiesströme verweist.

Etwa in gleicher Höhe, auf der Südseite des Decumanus, liegt der *Cortile del Dioniso,* der in einem zu einer Domus gehörenden Peristyl – einem von Säulenhallen eingefaßten Ziergarten – aus der Zeit der Republik besteht. Hinter dem Cortile kommt man in ein kleines *Heiligtum,* in dem vermutlich Isis verehrt wurde, und in das *Mithraeum delle sette Porte,* das nach den in Mosaik dargestellten sieben Türen der Planetensphären benannt wurde.

Zwischen dem Isis-Heiligtum und dem Decumanus liegt ein *Macellum,* ein Speisemarkt; am Decumanus selbst findet man noch zwei verhältnismäßig gut erhaltene *Fischhandlungen.*

Geht man vom Decumanus, hinter dem Tempio Rotondo entlang, auf den südlichen Teil des Cardo maximus, so kommt man zuerst zur *Domus di Giove Fulminatore,* die sich, wenn auch mehrfach verändert, als einstöckiges italisches Atrium-Haus erhalten hat. Ähnliches läßt sich von der daneben liegenden *Domus della nicchia a mosaico* sagen. Diesem folgt das *Ninfeo degli eroti* aus dem 4. Jahrhundert n. Chr., in dem man zwei Nachbildungen von Lysipps Eros gefunden hat. Man biegt hinter der *Domus delle colonne,* die um einen Säulenhof angelegt ist, in die Via della Caupona. Dort liegen die *Caupona del pavone,* eine Osteria mit einem antiken Hotel, und die *Domus dei pesci,* in der ein Fußbodenmosaik einen Kelch und einen Fisch zeigt, weswegen man die Frage gestellt hat, ob hier vielleicht ein Christ gewohnt hat.

In dem Winkel, der von der Via della Caupona und dem Cardo gebildet wird, gibt es den *Porticus dell'Ercole*, Arkaden mit Wohnungen und Geschäften, abermals *Thermen*, mit dem Namen ›del faro‹, und das *Mithraeum degli animali* mit einem Mosaik, das einen Eingeweihten mit den Kultsymbolen Hahn, Rabe, Schlange, Stier und Skorpion zeigt.

In diesem Bereich liegt auch der *Campus Magnae Matris* aus dem 2. Jahrhundert n. Chr., zu dem der Tempel der Magna Mater, also der Kybele, gehört. Auch ihrem Geliebten und Kultpartner Attis wurde in diesem Bereich ein *Sacellum* errichtet, an dessen Südseite ein *Sanctuarium di Bellona*, der latinischen Göttin des Krieges, angrenzt. Daneben wiederum befindet sich die *Schola degli Hastiferi,* der Sitz einer Kultgemeinde der Kybele.

Wendet man sich an der Porta Laurentina, durch die man zu einer etwa 300 Meter entfernten Nekropole gelangt, zurück, um in die Straße Semita dei Cippi einzubiegen, so kommt man zuerst zur *Domus delle Gorgoni,* einem Wohnhaus des 3. Jahrhunderts, in dem Gorgo-Darstellungen zu sehen sind. Es folgen weitere schöne Häuser im Domus-Stil. Sie entstanden im 3. und 4. Jahrhundert n. Chr., also teilweise in einer Zeit, als schon der Abstieg der Stadt Ostia begann. Vielleicht das schönste dieser Häuser ist das *Haus der Fortuna Annonaria,* deren Personifikation als Statue im Innern der Domus zu besichtigen ist.

Geht man auf den Decumanus maximus zurück, so findet man rechterseits *Thermen* sowie *Mietshäuser* und danach den *Sitz des Kollegiums der Augustalen.* Den Sodales Augustales oblag der Kult der nach ihrem Tode vergöttlichten Kaiser. Hinter dem Gebäude liegt eine *Fullonica,* eine der Färbereien Ostias, und danach, jenseits der Straße, kommt man zum *Mithraeum di Felicissimo,* das – als Stiftung eines Felicissimus – in seinem Mosaik wieder Kultsymbole der Mithras-Mysten zeigt.

Auf dem Decumanus folgen nach Osten zu vor allem noch Horrea, Lagerhäuser und Magazine, deren größte die *Horrea des Hortensius* sind. Danach kommt man bald wieder zur Porta Romana und damit zum Ausgang.

Öffnungszeiten und Fahrtmöglichkeiten

Das Ausgrabungsgebiet von Ostia antica ist geöffnet täglich von 9.00 Uhr bis eine Stunde vor Sonnenuntergang. Montags ist es geschlossen.

Man erreicht Ostia antica von Rom aus mit der Metropolitana oder mit der Vorortbahn vom Piazzale Ostiense. Wenn man mit dem Auto fährt, nimmt man seinen Weg von der Porta S. Paolo aus über die Autostrada in Richtung Lido di Ostia.

Wer es einrichten kann, sollte auch die Nekropole del Porto di Roma auf der *Isola Sacra* aufsuchen. Sie gehört zu den interessantesten, besterhaltenen und schönsten Friedhöfen der römischen Antike. Man erreicht sie auf der Straße von Ostia nach Fiumicino. Die Abzweigung zu ihr ist durch ein gelbes Hinweisschild gekennzeichnet. Es öffnet ein Custode.

Villa Adriana

Nicht weit entfernt von Tivoli liegt die Villa Adriana, die berühmte Kaiservilla, die Hadrian nach 126 n. Chr. erbauen ließ. Er hatte auf seiner Reise durch sein Imperium viel von der Welt gesehen und wollte das, was ihm besonders gefallen hatte, in verkleinerter Form nachbauen lassen. Als er 134 n. Chr. von einer ausgedehnten Reise in die östlichen Provinzen zurückkehrte, war die Riesenvilla fast fertig, aber Hadrian konnte sich nur noch kurze Zeit an ihr erfreuen, da er vier Jahre später nach längerer Krankheit starb. Intensiven Ausgrabungen, besonders in unserem Jahrhundert, ist es zu verdanken, wenn wir beim Besuch der Villa eine gute Vorstellung von ihrer Ausdehnung und ihrer Schönheit erhalten.

Vom heutigen Eingang kommt man zuerst zu einer Bar und einem Raum, in dem eine Nachbildung der rekonstruierten Gesamtanlage aufgestellt ist, an der man sich hervorragend orientieren kann. Dann betritt man die *Poikile,* eine Nachbildung der Stoa Poikíle, der berühmten Säulenhalle von Athen, die mit Bildern von Polygnotos, Mikon und Panainos geschmückt war (Abb. 116). An der Südwestseite der Mauer befindet sich eine Anzahl kleinerer Räume, die sogenannten *Cento Camerelle,* die entweder als Magazine oder als Unterkunftsräume für Sklaven oder Soldaten der Prätorianergarde dienten.

Von der Nordostseite der Poikile kommt man in den sogenannten *Philosophensaal,* einen rechteckigen Raum mit einer Apsis, über dessen Verwendung Unklarheit herrscht. Wenn man ihn mit Philosophen in Verbindung bringt, dann wegen seiner sieben Apsisnischen, weil man es für möglich hält, daß hier die Figuren der Sieben Weisen gestanden haben.

An den Philosophensaal schließt sich ein Rundbau an, den man *Villa dell'Isola* oder *Teatro Marittimo* nennt (Abb. 114). Es handelt sich um einen Portikus in Rundform aus vierzig jonischen Säulen, die ein Wasser umschließen, in dessen Mitte eine Insel mit einem kleinen Palast liegt. Ursprünglich waren Insel und Portikus durch zwei drehbare Holzbrücken verbunden, die heute durch eine gemauerte Brücke ersetzt sind. Wie es heißt, zog sich der Kaiser auf die kleine Insel zurück, wenn er seine Ruhe haben oder sich seinen künstlerischen Liebhabereien hingeben wollte.

Südlich vom Philosophensaal findet man Thermenanlagen, zu denen ein runder *Heliocaminus* gehört. Hier konnte man Schwitzbäder in dem von der Sonne erwärmten Sand nehmen. Schien die Sonne nicht oder nicht warm genug, wurde der Sand durch eine Heizung erhitzt.

Weiter südlich folgt eine langgestreckte Anlage, die man früher irrtümlich für ein Stadium hielt. Es handelt sich aber um ein *Nymphäum* mit einem Wasserbecken. An dieses schließt sich nach Osten hin ein *Quadriporticus* mit vierzig weißen Marmorsäulen an, in dessen Mitte sich ein Teich befindet. An das Nymphäum grenzt nach Westen zu ein großer, ehemals *prächtig dekorierter Saal,* der an drei Seiten von *halbrunden Exedren* umgeben ist, während sich an die vierte Seite ein rechteckiger Raum

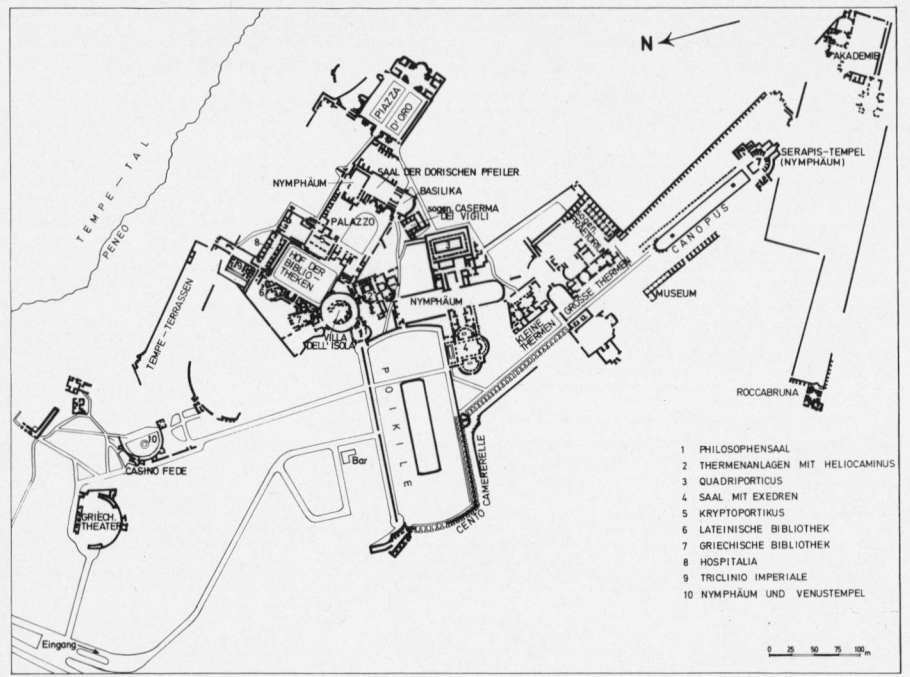

Plan der Villa Adriana bei Tivoli

mit einem Brunnen anschließt, von dem aus man in die Poikile gelangt. Ob der Pracht-
raum als Bankettsaal diente, mag dahingestellt bleiben.

Südlich vom Nymphäum befinden sich ausgedehnte Thermenanlagen (Abb. 117).
Man kommt zuerst zu den *Kleinen Thermen,* von denen noch einige Räume verhältnismäßig gut erhalten sind. Es handelt sich um einen großen elliptischen Saal (vermutlich das Frigidarium, das Kaltbad), um einen achteckigen Raum (das Apodyterium, das
Auskleidezimmer), um einen Rundbau (das Laconium, das Schwitzbad) und um einen
rechteckigen Saal (das Caldarium, das Warmbad).

In den *Großen Thermen,* die ganz nach dem Vorbild römischer Badehäuser gebaut
sind, findet man noch einen Apsissaal, ein Kreuzgewölbe, kostbare Säulen und Reste
von Stuckdekorationen. Hinter den ›Großen Thermen‹ liegt das sogenannte *Praetorium,* das aber vermutlich nichts anderes als ein großes Magazin war.

Wenn man von den Thermen weiter in südlicher Richtung geht, kommt man zum
Canopus. Die ägyptische Stadt Kanopus liegt 22 Kilometer von Alexandria entfernt
und war durch ihren Serapis-Tempel berühmt. Sie galt aber auch als mondäner Aus-
flugs- und Vergnügungsort. Eine besondere Attraktion war der Kanal, der zu ihr hin-
führte.

Hadrian hat nun für seine Villa den als Canopus bezeichneten Kanopus-Kanal nachbauen lassen und dazu das *Serapis-Heiligtum,* das er zugleich als *Nymphäum* und wohl
auch als Sommer-Triclinium gestalten ließ (Abb. 115). In diesem Bereich wurden zahlreiche Figuren gefunden, die – ebenso wie die übrigen in der Villa ausgegrabenen –
heute in drei Museen aufgestellt sind: im Kapitolinischen sowie im Vatikanischen Museum in Rom und in dem kleinen *Museum der Villa Adriana,* das nur wenige Schritte
vom Canopus entfernt liegt. Zu den Figuren am Rande des Kanals gehörten auch die
Kopien von vier Koren der Athener Korenhalle sowie zwei Silene und ein Krokodil.
Man hat von diesen Figuren, die heute im Museum stehen, Abgüsse angefertigt und sie
am Canopus aufgestellt.

Vom Serapis-Heiligtum südöstlich – zur allgemeinen Besichtigung nicht freigegeben –
liegt ein nur teilweise ausgegrabener Gebäudekomplex, der vielleicht als Palast diente,
der aber *Akademie* genannt wurde, weil man glaubte, Hadrian habe hier Platons berühmte Athener Akademie nachgebildet. Nicht weit davon entfernt (außerhalb unseres
Planes) befindet sich ein *Odeon,* ein kleines Musiktheater.

Etwa 200 Meter vom Museum südwestlich steht in einem Olivenhain die *Torre di
Roccabruna,* von der es heißt, sie sei ein Rest der Nachbildung vom Turm des Timon,
der in Athen neben der Akademie errichtet war.

Geht man zurück zum sogenannten Praetorium hinter den ›Großen Thermen‹, so
kommt man in den Bereich des Kaiserlichen Wohnpalastes. Sein südöstlichstes Bauwerk
ist die *Piazza d'Oro,* der man den Namen ›Goldplatz‹ wegen der hier gefundenen
kostbaren Kunstwerke gegeben hat. Es handelt sich bei ihr um ein Peristyl, einen von
Säulen umschlossenen Hof, an dessen Nordwest-Seite ein achteckiges Vestibül liegt, mit
Nebenräumen, von denen einer noch ein schönes Mosaik enthält. Die gegenüberlie-
gende, nach Südosten zu gelegene Seite, besteht aus Räumen, deren Mittelsaal sich in
seinem Grundriß der Form eines griechischen Kreuzes annähert. Er diente vermutlich
zu kaiserlichen Empfängen und Audienzen.

In nordwestlicher Richtung von der Piazza d'Oro liegt der *Saal der dorischen Pfeiler,*
dessen Aussehen schon durch seine Benennung geschildert wird. Nach Osten zu ist er
von einem Nymphäum mit zwei Wasserbecken flankiert, nach Westen zu von einer
Basilika, von der man nicht weiß, ob sie als Gerichtsbasilika oder als Triclinium, als
Speisesaal, verwandt wurde. An diese grenzt – weiterhin nach Westen – ein Gebäude,
das als *Caserma dei Vigili,* als Feuerwehrkaserne, bezeichnet wird, dessen Verwendungszweck aber ebenfalls unklar ist.

Das Herzstück des Kaiserlichen Palastes bildet ein großes Peristyl, dem man den
Namen *Palazzo* gegeben hat. An seiner Nordseite befindet sich eine Privatbibliothek.
An diese grenzt ein Saal, der mit einem *Cryptoporticus,* einem überwölbten Gang im
Untergeschoß, verbunden ist, der vermutlich noch von einer Villa aus der Zeit der Re-
publik stammt, die an dieser Stelle gestanden hat. Abermals schließt sich ein Peristyl
an, das als *Hof der Bibliotheken* bezeichnet wird und von dem die *Lateinische* und
Griechische Bibliothek abgehen.

An der Ostseite des Bibliothekshofes liegt ein *Hospitalia* genanntes Gästehaus mit schönen Mosaikfußböden. Ganz in seiner Nähe befindet sich das *Triclinio imperiale,* von dem allerdings nicht mit Sicherheit gesagt werden kann, ob es als Speisesaal verwendet wurde.

Vom Triclinium aus geht man durch einen Gang zu den *Tempe-Terrassen.* Das darunter liegende *Tempe-Tal* soll jenem Tal in Thessalien nachgebildet sein, durch das der Peneios zwischen Olymp und Ossa hindurchfließt.

Auf dem Weg zum Ausgang kommt man noch zu einem *Nymphäum* und zu einem kleinen wiederaufgebauten *Venus-Tempel.* Hier befindet sich das *Casino Fede,* in dem die archäologische Leitung der Villa Adriana ihren Sitz hat. Vom nahe gelegenen *Griechischen Theater* sind die Strukturen noch deutlich erkennbar. Man verläßt das Ausgrabungsgebiet der Villa Adriana wieder am Eingang.

Öffnungszeiten und Fahrtmöglichkeiten

Die Villa Adriana ist geöffnet täglich von 9.00 Uhr bis eine Stunde vor Sonnenuntergang. Montags ist sie geschlossen.

Man erreicht die Villa Adriana mit dem Autobus, der von Rom nach Tivoli fährt, und zwar halbstündig von der Piazza del Cinquecento (Vorplatz des Hauptbahnhofs) an der Ecke zur Via Gaeta. Von der Piazza della Repubblica verkehrt auch ein direkter Bus zur Villa Adriana.

Zeittafel

Monumente und Kunstwerke	Geschichte

vor Christi Geburt

Monumente und Kunstwerke	Geschichte
8. Jh. Hütten auf dem Germalus (Palatin)	8. Jh. Herausbildung städtischer Wesenszüge in Rom
Um 600 Cloaca Maxima	616–510 Könige aus etruskischem Geschlecht
	616–578 Tarquinius Priscus
2. Hälfte 6. Jh. Archaischer Inschriftenstein unter dem Lapis niger (Forum Romanum)	578–534 Servius Tullius
	534–510 Tarquinius Superbus
	Um 510 Begründung der Republik
	Beginn der Ständekämpfe zwischen Plebejern und Patriziern
509 Weihe des Iuppiter-Tempels (Kapitol)	509 Erster Freundschaftsvertrag mit Karthago
498 Weihe des Saturn-Tempels (Forum Romanum)	498 Kriegserklärung der latinischen Städte an Rom
	496 Sieg am See Regillus
	494 Nach Zuspitzung der Ständekämpfe Anerkennung der plebejischen Standesversammlung und der Rechte der Volkstribunen
493 Weihe des Tempels der Ceres, Liber und Libera (Forum Boarium)	493 Ende des Krieges mit den Latinerstädten durch Bündnisvertrag
484 Weihe des Castor-Tempels, welcher nach der Legende nach der Schlacht am See Regillus gelobt worden war (Forum Romanum)	
	483–474 Krieg mit Veji
1. Hälfte 5. Jh. Römische Wölfin (Bronze, Konservatorenpalast)	
470–460 Marmorgruppe der Dioskuren mit ihren Pferden vom Lacus Iuturnae (Antiquarium des Forums)	

Um 450 Zwölftafelgesetze als erste schriftliche Fixierung des Rechts

Um 445 Lex Canuleia: Rechtsgültigkeit von
Ehen zwischen Patriziern und Plebejern

431 Weihe des Apollo-Tempels (Marsfeld)   438–426 Krieg mit Fidenae und Veji

406–396 Krieg mit Veji und dessen Eroberung

387–386 Die Gallier schlagen das römische
Heer an der Allia und dringen in Rom ein

Nach 386 Sogenannte Servianische Mauer
366 Concordia-Tempel nach Einigung zwischen Patriziern und Plebejern (unterhalb
des Kapitols)   367–366 Licinisch-sextische Gesetze (einer
der beiden Konsuln muß Plebejer sein)

344 Weihe des Tempels der Iuno Moneta
(Kapitol)   348 Zweiter Vertrag mit Karthago

343–341 Erster Krieg mit den Samniten

338 Anbringung der Schiffsschnäbel an der
Rostra (Forum Romanum)   340–338 Krieg mit den Latinern

338 Unterwerfung der Latiner (Erbeutung
der Flotte bei Antium)

329 Sichere literarische Kunde vom Circus
Maximus

312 Bau der Via Appia

4. Jh. Navalia (Tiber)   326–304 Zweiter Krieg mit den Samniten

306 Dritter Vertrag mit Karthago

4. Jh. Anlage der Hafenstadt Ostia   Um 300 Zulassung der Plebejer zum Prie-
stertum

Ende 4. oder Anfang 3. Jh. Tempel C der
Area Sacra del Largo Argentina   298–290 Dritter Krieg mit den Samniten.
Diese sind verbündet mit Sabinern, Um-
brern, Etruskern, Galliern und Lukanern.
(Letztere von L. Cornelius Scipio Barbatus
besiegt.) Durch seinen Endsieg wird Rom
Herrin über Mittelitalien

Nach 298 Sarkophag des L. Cornelius Scipio Barbatus (Vatikanische Museen)

294 Weihe des Victoria-Tempels (Palatin)

294 Neubau des Tempels des Iuppiter Stator, im Samnitenkrieg gelobt (Nordostseite
des Palatins)

293 Weihe des Quirinus-Tempels (Quirinal)

Nach 292 Aesculap-Tempel (Tiberinsel)   287 Lex Hortensia verleiht den Beschlüssen
der Plebejerversammlung Gesetzeskraft.
Dadurch Ende der Ständekämpfe

282 Sieg über die gallischen Boier und die
Etrusker am Vadimonischen See

282 Beginn des Krieges gegen das griechische
Tarent, in den 281 Pyrrhos von Epirus ein-
greift

279 Pyrrhos siegt unter schweren Verlusten
bei Ausculum in Apulien (Pyrrhussieg)

Monumente und Kunstwerke	Geschichte
	275 Nach Niederlage bei Benevent kehrt Pyrrhos nach Epirus zurück
	272 Übergabe von Tarent. Rom beherrscht das griechische Unteritalien
	264–241 Erster Punischer Krieg gegen die Karthager
260 C. Duilius weiht dem Ianus einen Tempel (Forum Holitorium)	260 Seesieg des Konsuls C. Duilius bei Mylae
Um 260 Tempel der Spes (Forum Holitorium)	
	241 Friedensschluß: Karthago verzichtet auf seinen sizilischen Besitz und zahlt eine hohe Kriegsentschädigung. Sizilien (ohne Syrakus) erste römische Provinz
	238–237 Karthago tritt Sardinien und Korsika an Rom ab
	225–222 Gallierkrieg. Rom beherrscht Oberitalien
221 Circus Flaminius (Marsfeld)	
	218–201 Zweiter Punischer Krieg. Hannibal zieht von Spanien über Pyrenäen und Alpen nach Italien
	217 Konsul C. Flaminius wird am Trasimenischen See geschlagen
	216 Hannibal besiegt C. Terentius Varro und L. Aemilius Paullus bei Cannae
	215–205 Erster Makedonischer Krieg als Folge des Bündnisvertrages zwischen Hannibal und König Philipp V.
	212 Eroberung von Syrakus durch die Römer
	209 P. Cornelius Scipio erobert Neukarthago in Spanien
205 Der Kultstein der Magna Mater wird in der Hoffnung, er könne die Vertreibung des Feindes aus Italien bewirken, von Kleinasien nach Rom geholt. Dort wird ihm nach 204 ein Tempel errichtet (Palatin)	
3. Jh. Tempel A der Area Sacra del Largo Argentina	
3. oder 2. Jh. Porticus Deorum Consentium am Fuße des Kapitols	
3. oder 2. Jh. Tempel B der Area Sacra del Largo Argentina	
	204 Hannibal siegt bei Kroton in Unteritalien

202 Scipio besiegt Hannibal in der Entscheidungsschlacht von Zama (südwestlich von Karthago)

201 Friedensschluß: Abtretung Spaniens, Auslieferung der Flotte bis auf 10 Schiffe, Kriegführung nur mit römischer Genehmigung, Tributzahlungen

200–197 Zweiter Makedonischer Krieg. Makedonien verzichtet auf Beherrschung Griechenlands

194 Tempel der Iuno Sospita (Forum Holitorium)

193 Emporium (Tiber)

193 Porticus Aemilia am Tiber

192 Weihe des Veiovis-Tempels (Kapitol)

200–190 Gallierkrieg endet nach wechselvollen Kämpfen mit römischem Sieg

192–188 Krieg mit Antiochos III. von Syrien. Der König muß seleukidisches Gebiet an das mit Rom verbündete Pergamon und Rhodos abtreten

191 Weihe des Tempels der Magna Mater (Palatin)

Nach 189 Tempel des Hercules Musarum (Marsfeld)

184 Basilica Porcia (Forum Romanum)

181 Tempel der Venus Erucina (Quirinal)

179 Basilica Aemilia (Forum Romanum, Fragmente der Relieffriese im Antiquarium des Forums)

179 Pons Aemilius

179 Tempel der Iuno Regina (beim Porticus der Octavia)

171–168 Dritter Makedonischer Krieg. Ende des makedonischen Königtums

170 Basilica Sempronia (Forum Romanum)

149–146 Dritter Punischer Krieg

148 Makedonien römische Provinz

146 P. Cornelius Scipio Aemilianus (Adoptivenkel des Siegers von Zama) besiegt und zerstört Karthago. Einrichtung der Provinz Africa

133 Attalos III. von Pergamon vererbt das Pergamenische Reich an Rom

133 Agrarprogramm des Volkstribunen Tiberius Sempronius Gracchus: Einschränkung des Großgrundbesitzes zugunsten der Ansiedlung von Kleinbauern. Tiberius wird erschlagen

123–121 Der Volkstribun Caius Sempronius Gracchus setzt das Werk seines Bruders Tiberius fort und unterbreitet weitere Reformvorschläge (z. B. Zuweisung von verbilligtem Getreide an Bedürftige). Gescheitert, läßt er sich von einem Sklaven auf der Flucht töten

121 Fornix Fabianus (Forum Romanum)

113–101 Kämpfe gegen Kimbern und Teutonen. Vernichtung der Teutonen bei Aquae Sextiae (102), der Kimbern bei Vercellae (101)

111–105 Krieg gegen Jugurtha von Numidien. Dieses wird römische Provinz

100–90 Rundtempel auf dem Forum Boarium (fälschlicherweise Vesta-Tempel genannt)

Anfang 1. Jh. Bronzestatue des Hercules Victor aus seinem Tempel am Forum Boarium (Konservatorenpalast)

91–88 Bundesgenossenkrieg. Die italischen Bundesgenossen kämpfen um das römische Bürgerrecht

88–84 Erster Krieg gegen Mithridates VI. von Pontos. Damit verbunden Bürgerkrieg zwischen den Optimaten unter Sulla und den Popularen unter Marius

83–82 Zweiter Krieg gegen Mithridates

82–79 Sulla erobert Rom und wird Dictator

80–60 Haus der Greifen auf dem Palatin (Wandmalerei im Antiquarium des Palatins)

78 Tabularium (Kapitol)

73–71 Sklavenaufstand unter Spartacus

74–64 Dritter Krieg gegen Mithridates. Pontos von Pompeius unterworfen

62 Pons Fabricius

60 Erstes Triumvirat: Pompeius, Caesar und Crassus

60–50 Sogenannte Casa repubblicana auf dem Palatin (eine der gemalten Wände im Antiquarium des Palatins)

58–50 Caesar erobert Gallien

55 Pompeius-Theater (Marsfeld)

55 Konsulat des Pompeius und Crassus

54 Basilica Iulia (Forum Romanum)

	53 Niederlage und Tod des Crassus bei Carrhae im Kampf gegen die Parther
51 Caesar-Forum begonnen	
1. Hälfte 1. Jh. Rechteckiger Tempel am Forum Boarium (fälschlicherweise Tempel der Fortuna Virilis genannt)	
1. Hälfte 1. Jh. Grabmal des C. Poplicius Bibulus (nördlich des Kapitols)	
Mitte 1. Jh. Gräber der Quinctier (Esquilin)	49 Beginn des Bürgerkrieges zwischen Caesar und Pompeius
	48 Niederlage des Pompeius bei Pharsalos in Thessalien
Um 46 Errichtung des bei Pharsalos gelobten Tempels der Venus Genetrix (Caesar-Forum)	45 *Caesar.* Dictator auf Lebenszeit
	44 Ermordung Caesars
	44–43 Mutinensischer Krieg. Der Caesarmörder Brutus wird von M. Antonius in Mutina (Modena) belagert. In der Schlacht fällt auf seiten des Brutus der Konsul A. Hirtius
	43 Zweites Triumvirat: Antonius, Octavian und Lepidus
Nach 43 Grabmal des A. Hirtius (Marsfeld)	42 Bei Philippi in Makedonien werden die Caesarmörder Brutus und Cassius von M. Antonius geschlagen und begehen Selbstmord
Vor 42 Neptun-Tempel (Marsfeld)	
	41–40 Perusinischer Krieg: Bewaffnete Auseinandersetzung zwischen Octavian und L. Antonius, dem Bruder von M. Antonius
Um 40 Odyssee-Fresken eines Hauses auf dem Esquilin (Vatikanische Museen)	40 Vertrag von Brundisium. Reichsteilung: Octavian erhält den Westen, M. Antonius den Osten, Lepidus Africa
Um 40 Gärten des Sallust (Quirinal)	
Um 40 Malereien mit Motiven der Aeneas-Sage und der römischen Gründungsgeschichte aus einem Grab nahe der Statilier-Grabstätte am Esquilin (Thermenmuseum)	
2. Hälfte 1. Jh. Grabmal der Caecilia Metella	
40–35 Sogenanntes Auditorium des Maecenas (Esquilin)	38 Erneuerung des Triumvirats auf fünf Jahre
40–30 Haus des Augustus (Palatin)	36 Lepidus vom Triumvirat ausgeschlossen, bleibt Pontifex Maximus
	36 M. Antonius heiratet Kleopatra VII. von Ägypten und gebärdet sich als hellenistischer Gottkönig
34–32 oder um 17 Neubau des Apollo-Tempels (Marsfeld)	

	32–31 Ptolemäischer Krieg: Octavian gegen Antonius und Kleopatra
	31 Sieg Octavians bei Actium (Griechenland). Antonius und Kleopatra begehen Selbstmord. Ägypten römische Provinz (Sonderstellung)
Um 30 Sogenanntes Haus der Livia	
29 Weihe des Caesar-Tempels (Forum Romanum)	30 *Octavian* Alleinherrscher
28 Weihe des Apollo-Tempels (Palatin)	
	28 Octavian erhält den Titel eines Ersten Bürgers (Princeps). Begründung des Prinzipates
28 Mausoleum des Augustus (Marsfeld)	
27 Pantheon von Agrippa erbaut (Marsfeld)	27 Octavian wird mit dem kultischen Ehrennamen ›Augustus‹ (der Erhabene) ausgezeichnet
	Augustus in Gallien und Spanien
26 Einweihung der Saepta Iulia (Marsfeld)	
Um 25 Porticus der Octavia (Marsfeld)	
25 Basilica Neptuni (Marsfeld)	
Nach 25 Agrippa-Thermen (Marsfeld)	
Um 20 Isis-Aula (Palatin)	23 Augustus Volkstribun auf Lebenszeit
20 Milliarium Aureum (Forum Romanum)	
	20 Friede mit den Parthern. Rückgabe der römischen Legionsadler
19 Zweiter Bogen des Augustus (Forum Romanum)	19 Augustus erhält die konsularische Gewalt auf Lebenszeit
19 Aqua Virgo	
Um 17 Pulvinus der Ara Ditis vom Marsfeld (Konservatorenpalast)	
13 Einweihung des Balbus-Theaters (Marsfeld)	17 Säkularfeier der Stadt Rom und Verkündigung des Weltfriedens (Pax Augusta)
13 Grundsteinlegung der Ara Pacis (Marsfeld)	
Vor 12 Horrea Agrippiana (Palatin)	
Vor 12 Cestius-Pyramide (Porta Ostiensis)	
13 oder 11 Einweihung des Marcellus-Theaters	12 Augustus Pontifex Maximus
10 Aufstellung eines aus Heliopolis geholten Obelisken durch Augustus (Marsfeld)	
2. Hälfte 1. Jh. Grabmal des Eurysaces (Porta Praenestina)	9 Drusus verunglückt westlich der Saale
2 Einweihung des Augustus-Forums	2 Die Römer überschreiten die Elbe
2 Aqua Alsietina und Naumachia des Augustus (Transtiberim)	2 Augustus erhält den Titel eines Pater patriae

nach Christi Geburt

6   Grabstätte der Arruntier (Esquilin)

9   Heer des P. Quinctilius Varus im Teutoburger Wald durch Cheruskerfürst Arminius vernichtet

9–10   Provinz Pannonia. Sicherung der Donaugrenze. Auch Gallien und die Rheingrenze werden gesichert

10   Bogen des Dolabella und des Silanus (Caelius)

Um 16   Tiberius-Bogen (Forum Romanum)

14   Tod des Augustus
14–37   *Tiberius*
16   Germanicus besiegt Arminius an der Weser und erhält die in der Varus-Schlacht verlorenen Feldzeichen zurück. Tiberius verzichtet auf die Elbgrenze
17   L. Aelius Seianus wird als Vertrauter des Kaisers alleiniger Prätorianerpräfekt

21–23   Castra Praetoria (Viminal)
1. Hälfte 1. Jh.   Domus Tiberiana (Palatin)
1. Hälfte 1. Jh.   Columbarium des Pomponius Hylas (Via Latina)

31   Seianus als Verschwörer hingerichtet
37–41   *Caligula*
Fällt bald in pathologischen Cäsarenwahn

Mitte 1. Jh.   Neupythagoreische Basilika (Porta Praenestina)
Mitte 1. Jh.   Tempel des Iuppiter Heliopolitanus (jenseits des Tibers, Funde im Thermenmuseum)
Mitte 1. Jh.   Columbarium des Tiberius Claudius Vitalis (Esquilin)

Nach 43   Tempel von Isis und Serapis (Marsfeld)

41–54   *Claudius*
43   Feldzug gegen Britannien. Südliches Britannien wird römische Provinz
46   Provinz Thrakien
48   Gallier erhalten Bürgerrecht

51–52   Claudius-Bogen (Via Lata, Inschriftfragment im Konservatorenpalast, Reliefrest im Kapitolinischen Museum)

54–68   *Nero*
59   Erste Auftritte als Wagenlenker und Kitharöde
63   Nach Krieg mit den Parthern Kompromißfriede. Tiridates, parthischer Thronkandidat für Armenien, wird römischer Klientelkönig

Vor 64   Domus Transitoria (Palatin, Dekorationsreste im Antiquarium des Palatins)
62 oder 64   Nero-Thermen
64–68   Domus Aurea (Esquilin)
Nach 64   Neubau des Vestalinnen-Hauses
(Forum Romanum)

64   Brand Roms

66–68   Unruhen in Judäa
68   Nach Aufständen gegen den grausamen
und größenwahnsinnigen Kaiser Selbstmord Neros

68   Horrea Galbae am Tiber (aus republikanischer Zeit, von Kaiser Galba wiederhergestellt)

68/69   Vierkaiserjahr: *Galba, Otho, Vitellius, Vespasian*
69–79   *Vespasian*
70   Eroberung Jerusalems durch Titus

71   Forum Pacis

72   Kommagene wird Provinz
74   Unterwerfung des Neckargebietes (De-
kumatland)
77   Ausdehnung des Herrschaftsbereiches in
Britannien
79–81   *Titus*

80   Einweihung des Flavischen Amphitheaters (Colosseum) und der Titus-Thermen
81   Titus-Bogen (Forum Romanum)
Nach 81   Domus Flavia und Domus Augustiana (Palatin)

81–96   *Domitian*

83   Sieg über die Chatten. Baubeginn des
obergermanisch-rätischen Limes
85–89   Kämpfe mit den Dakern
86   Domitian beansprucht den Titel ›Dominus et Deus‹
89   Nach mehreren römischen Niederlagen
Friedensschluß mit den Dakern
90   Provinzialstatus für die ober- und unter-
germanischen Heeresbezirke

91   Reiterstandbild Domitians (Forum Romanum)
Um 95   Stadium Domitians

96–98   *Nerva*
96   Wiederherstellung der unter Domitian
zerrütteten Rechtsstaatlichkeit und Hilfs-
maßnahmen für Italien (u. a. Versorgungs-
und Erziehungsbeihilfen für bedürftige
Kinder und Landabgabe an arme Bauern)

97   Einweihung des Forum Transitorium
Ende 1. Jh.   Grabmal der Haterier (Vatikanische Museen)
1.–2. Jh.   Paedagogium (Palatin)

97   Durch Adoption des M. Ulpius Traianus
Beginn des Adoptivkaisertums

Monumente und Kunstwerke

Geschichte

98–117 *Trajan*

101–107 Kriege gegen die Daker und deren Unterwerfung. Provinz Dacia

106 Eroberung des Nabatäerreiches (Provinz Arabia)

109 Eröffnung der Trajansthermen (Esquilin)

1. Jahrzehnt des 2. Jh. Märkte des Trajan

112 Einweihung des Trajansforums

114–115 Partherkrieg. Eroberung Armeniens, das zur Provinz wird

115 Eroberung Mesopotamiens. Provinzen Assyria und Mesopotamia. Größte Ausdehnung des Römischen Reiches

1. Viertel 2. Jh. Thermae Suranae (Aventin)

117–138 *Hadrian*

117 Aufgabe der Provinzen Assyria und Mesopotamia

Nach 118 Plutei Traiani (Forum Romanum)

118–119 Neubau des Pantheon (Marsfeld)

119 Verwaltungsreform: Italien in vier Provinzen eingeteilt

Nach 119 Tempel der Matidia (Marsfeld)

121 Tempel der Venus und Roma (Velia)

Um 126–134 Villa Adriana

Zwischen 117 u. 138 Neubau des Kapitols in Ostia

Um 130–200 Nekropole unter der Peterskirche

121 Aufhebung des Rechts, eigene Sklaven zu töten

121–125 Erste Inspektionsreise Hadrians in die Provinzen

122 Verstärkung des obergermanischen Limes und Baubeginn des Hadrianwalls in Britannien

128–132 Zweite Inspektionsreise

129 Einweihung der von Hadrian gegründeten Athener Neustadt

132–135 Aufstand in Judäa unter Barkochba

134 Pons Aelius

135 Zurückeroberung Jerusalems. Judäa wird Provinz Syria Palaestina

Nach 136 Hadrian-Reliefs vom Arco di Portogallo (Konservatorenpalast)

138–161 *Antoninus Pius*

Sicherung des Friedens durch Neuanlage und Ausbau von Grenzwällen

Nach 138 Tempel des Iuppiter Dolichenus (Aventin, Skulpturen und Inschriften im Kapitolinischen Museum)

139 Einweihung des Mausoleums Hadrians (Engelsburg, Tiber)

145 Weihe des Hadrianeums (Marsfeld, Marmorschmuck im Konservatorenpalast)
1. Hälfte 2. Jh.   Insula am Fuße des Kapitols
1. Hälfte 2. Jh.   Tomben an der Via Latina
Mitte 2. Jh.   Thermae Novatianae (Viminal)
Mitte 2. Jh.   Basilica Hilariana (Caelius)

Um 160 Grabmal der Annia Regilla, fälschlicherweise Tempio del Dio Redicolo genannt
Um 160 Mosaiken mit Neptun und Amphitrite in den Thermen des Neptun in Ostia

Nach 161 Säule des Antoninus Pius (Marsfeld, Sockel mit Reliefs im Cortile della Pigna des Vatikans)
Nach 161 Reiterstandbild Marc Aurels (Kapitol)

193 Säule des Marc Aurel fertiggestellt (Marsfeld)

Nach 193 Castra Nova Equitum Singularium (Lateran)
Ende 2. Jh. Mithraeum unter S. Prisca (Aventin)

141 Alimentastiftung für Mädchen

161–180 *Marc Aurel* (bis 169 *L. Aurelius Verus* Mitregent)

162 Niederwerfung der Chatten in Germanien und der Kaledonier in Britannien
162 Parther fallen in römische Gebiete ein
163–164 Schlacht bei Dura-Europos. In Armenien wird ein Klientelkönig eingesetzt. Mesopotamien wird erobert und abermals römische Provinz
167–175 Erster Markomannenkrieg. Sicherung der Donaugrenze
171–174 Marc Aurel schreibt seine ›Selbstbetrachtungen‹
175 Quaden und Jazygen besiegt
176 Commodus, Sohn Marc Aurels, Mitregent. Damit Ende des Adoptivkaisertums
178–180 Zweiter Markomannenkrieg
180 Marc Aurel stirbt in Vindobona (Wien)
180–192 *Commodus*
Nach Friedensschluß mit Markomannen bleibt Commodus in Rom, herrscht wie ein orientalischer Gottkönig, tritt als Hercules im Amphitheater auf und wird schließlich von einem Sklaven im Bad erwürgt
193/194 Fünfkaiserjahr: *Pertinax, Didius Salvius Iulianus, Pescennius Niger, Clodius Albinus, Septimius Severus*
193–211 *Septimius Severus*

198 Feldzug gegen die Parther. Einnahme von Babylon, Seleukeia, Ktesiphon
Nach 200 Die Grenzheere werden zur ansässigen Miliz

2. und 3. Jh.   Wohnhäuser unter der Kirche
SS. Giovanni e Paolo (Caelius)

203   Bogen des Septimius Severus (Forum
Romanum)

203   Septizodium (Palatin)

204   Wechslerbogen (Forum Boarium)

Zwischen 194 u. 217   Wiederherstellung des
Theaters in Ostia

Anfang 3. Jh.   Wiederaufbau des Vesta-Tempels (Forum Romanum)

Anfang 3. Jh.   Mithraeum unter S. Clemente
(Caelius)

Nach 211   Serapis-Tempel (Quirinal)

200–220   Domus Praeconum (Palatin, Wandmalereien im Antiquarium des Palatins)

216   Einweihung der Caracalla-Thermen
(Aventin)

Um 220   Tempel des Sol Invictus Elagaba-
lus (Palatin)

Um 220   Amphitheatrum Castrense (Esquilin)

Um 230   Nymphaeum Aquae Iuliae (Esquilin)

208–211   Krieg gegen Britannien. Besetzung
Schottlands

211   Der Kaiser stirbt in Eburacum (York)

211–217   *Caracalla*

212   Caracalla läßt seinen Bruder und Mitregenten Geta umbringen

212   Constitutio Antoniniana: Alle freien
Reichsbewohner erhalten das römische Bürgerrecht

213   Alemannen überschreiten den Limes und
werden zurückgeschlagen

216   Partherkrieg. Überschreitung des Tigris
und Besetzung von Arbela durch die Römer

217   Ermordung Caracallas durch den Prä-
torianerpräfekten Macrinus

217–218   *Macrinus*

217   Parther besiegen Macrinus bei Nisibis

218–222   *Elagabal*

219   Elagabal, Priester des syrischen Sonnengottes Baal, führt den Sonnenkult als
Reichskult ein

222–235   *Alexander Severus*

226   Eroberung des Partherreichs durch Ar-
daschir I. und Begründung des Neupersi-
schen Reiches

231–232   Perserfeldzug des Alexander Severus endet mit Rückzug

233   Alemannen fallen in Rätien ein

235–238   *Maximinus Thrax*
Mit ihm beginnt die Herrschaft der Soldatenkaiser

238   *Gordian I.* und *Gordian II.*

238–244   *Gordian III.*

242–244   Perserfeldzug. Perser ziehen sich aus
Mesopotamien zurück

Monumente und Kunstwerke	Geschichte

Monumente und Kunstwerke **Geschichte**

244–249 *Philippus Arabs*
245–247 Donaufeldzug
249–251 *Decius*
250 Großangelegte Christenverfolgung
251 *Herennius* und *Hostilianus*, Söhne des Decius, werden zu Mitkaisern ernannt und fallen im gleichen Jahr im Kampf gegen die Goten in Mösien
251–253 *Trebonianus Gallus*
253–260 *Valerian*
254–256 Vordringen der Goten, Alemannen und Franken
258 Aufgabe des obergermanisch-rätischen Limes
260 Sieg der Perser bei Edessa
260–268 *Gallienus*

262 Gallienus-Bogen auf dem Esquilin (aus augusteischer Zeit, später dem Kaiser Gallienus gewidmet)

262 Rückeroberung Mesopotamiens durch Odaenathus

267 Die Alemannen besetzen Rätien
268–270 *Claudius II.*
268 Sieg über die Alemannen am Gardasee
269 Claudius II. besiegt die Goten bei Naissus (Nisch) und erhält den Beinamen Gothicus
270–275 *Aurelian*
270 Aufgabe von Dakien
270 Einfall der Alemannen und Juthungen in Norditalien. Niederlage Aurelians bei Placentia (Piacenza)

Nach 270 Aurelianische Mauer

271 Sieg über die Alemannen bei Pavia
273 Zerstörung Palmyras durch Aurelian

274 Weihe des Tempels für Sol Invictus (Marsfeld)

274 Aurelian läßt sich ›Dominus et Deus‹ nennen. Reichskult des ›Sol Invictus‹ mit eigenen Priestern
275–276 *Tacitus*
276–282 *Probus*
Erfolgreiche Feldzüge zur Sicherung der Rhein- und Donaugrenze
282–284 Soldatenkaiser *Carus, Carinus* und *Numerian*
284–305 *Diokletian*
286 Maximianus wird Mitkaiser
287 Friede mit den Persern

Monumente und Kunstwerke	Geschichte

<table>
<tr><td></td><td>286–291 Krieg mit Franken und Alemannen</td></tr>
<tr><td></td><td>293 Begründung der Ersten Tetrarchie: Diokletian und Maximian Augusti, Galerius und Constantius Chlorus Caesares (Residenzen: Nicomedia – Mailand – Sirmium – Trier und York). Dennoch keine Reichsteilung. Diokletian oberster Herr (Dominat als absolute Monarchie. Straff organisierter Zwangsstaat. Bürger ist Untertan)</td></tr>
<tr><td>Anfang 4. Jh. Umbilicus Romae (Forum Romanum)</td><td>290–296 Kämpfe gegen Usurpatoren in Britannien und Ägypten</td></tr>
<tr><td>303 Ehrensäule der Tetrarchen (Forum Romanum)</td><td>296–297 Krieg mit Persien. Ostgrenze des Reiches vom Euphrat zum Tigris vorverlegt</td></tr>
<tr><td>305 oder 306 Einweihung der Diokletiansthermen (Viminal)</td><td>298 Sieg des Constantius Chlorus über die Alemannen bei Vindonissa (Windisch)</td></tr>
<tr><td>Nach 306 Maxentius-Basilika auf dem Forum Romanum (von Konstantin umgebaut, Fragmente seiner Figur im Konservatorenpalast)</td><td>303 Große Christenverfolgung</td></tr>
<tr><td>309 Grabmal des Romulus
309 Circus des Maxentius</td><td>305–311 Zweite, dritte und vierte Tetrarchie In der vierten Tetrarchie ist Konstantin, Sohn des Constantius Chlorus, Caesar, während Maxentius, Sohn des Maximian, in Rom als Usurpator regiert</td></tr>
<tr><td>1. Viertel 4. Jh. Sogenannter Romulus-Tempel (Forum Romanum)
1. Viertel 4. Jh. Palatium Sessorianum der Kaiserin Helena (Esquilin)</td><td></td></tr>
<tr><td>Nach 312 Konstantinsbogen (zwischen Palatin und Caelius)</td><td>312 Im Einvernehmen mit dem Augustus Licinius Kampf Konstantins gegen Maxentius und Sieg an der Milvischen Brücke. Tod des Maxentius</td></tr>
<tr><td>Um 315 Konstantinsthermen (Quirinal)
1. Hälfte 4. Jh. Ianus Quadrifrons (Forum Boarium)
Um 320 Sogenannter Tempel der Minerva Medica in den Horti Liciniani (Esquilin)</td><td>313–324 Konstantin und Licinius
Entzweiung der beiden Augusti bis zum offenen Kampf. Hinrichtung des Licinius</td></tr>
<tr><td></td><td>324–337 Konstantin Alleinherrscher</td></tr>
<tr><td>328 Einweihung der Statio Aquarum (Forum Romanum)
334 Reiterstandbild Konstantins (Forum Romanum)</td><td>330 Konstantin verlegt die Reichshauptstadt von Rom nach Byzanz (Konstantinopel) und erklärt es zur Nova Roma, zu Neu-Rom</td></tr>
</table>

368

Register

Namen des Literaturverzeichnisses und der Zeittafel wurden hier nicht nochmals aufgenommen

Raum für Ihre Reisenotizen

Anschriften neuer Freunde, Foto- und Filmvermerke, neuentdeckte gute Restaurants, etc.

Raum für Ihre Reisenotizen

Anschriften neuer Freunde, Foto- und Filmvermerke, neuentdeckte gute Restaurants, etc.

DuMont Kunst-Reiseführer

»Kunst- und kulturgeschichtlich Interessierten sind die DuMont Kunst-Reiseführer unentbehrliche Reisebegleiter geworden. Denn sie vermitteln, Text und Bild meist trefflich kombiniert, fundierte Einführungen in Geschichte und Kultur der jeweiligen Länder oder Städte, und sie erweisen sich gleichzeitig als praktische Führer.« *Süddeutsche Zeitung*

Alle Titel in dieser Reihe:

Ägypten
Äthiopien
Algerien
Belgien
Dänemark
Deutsche Demokratische
  Republik
Das Bergische Land
Franken
Hessen
Köln
München
Der Niederrhein
Oberbayern
Die Pfalz
Zwischen Neckar und
  Donau
Schleswig-Holstein
Sylt, Helgoland,
  Amrum, Föhr u. a.
Schottland
Süd-England
Die Bretagne
Burgund
Das Elsaß
Frankreichs gotische
  Kathedralen

Südwest-Frankreich
Das Tal der Loire
Die Provence
Athen
Die griechischen Inseln
Kreta
Alte Kirchen und Klöster
  Griechenlands
Tempel und Stätten der
  Götter Griechenlands
Guatemala
Holland
Indien
Ladakh und Zanskar
Indonesien
Iran
Irland
Das antike Rom
Rom
Von Pavia nach Rom
Ober-Italien
Florenz und die Medici
Das etruskische Italien
Apulien
Elba
Venedig

Sardinien
Sizilien
Toscana
Japan
Der Jemen
Jugoslawien
Malta und Gozo
Marokko
Die Götterburgen Mexikos
Nepal
Salzburg, Salzkammergut,
  Oberösterreich
Wien und Umgebung
Portugal
Rumänien
Kunst in Rußland
Die Schweiz
Skandinavien
Katalonien und Andorra
Zentral-Spanien
Die Kanarischen Inseln
Südamerika: präkolum-
  bische Hochkulturen
Tunesien
Städte und Stätten der
  Türkei
USA – Der Südwesten

»Diese Einführungen in Kunst, Kultur, Geschichte und Landschaft eines Landes gehören zum Besten, was man heute zur Vorbereitung einer Reise in die Hand nehmen kann. Der Informationswert liegt sehr hoch, die vielen Abbildungen geben Anregung und Erinnerung. Selbst auf einen Teil mit mehr praktischen Hinweisen wurde nicht verzichtet.«

Literaturreport

Alle Bände mit vielen, zum Teil farbigen Abbildungen; dazu Zeichnungen, Karten, Grundrisse, praktische Reisehinweise

»Richtig reisen«

»Richtig reisen«: Amsterdam
Von Eddy und Henriette Posthuma de Boer. 203 Seiten mit 50 farbigen und 130 einfarbigen Abbildungen

»Richtig reisen«: Ferner Osten
Von Charlotte Peter und Margrit Sprecher. 302 Seiten mit 14 farbigen und 120 einfarbigen Abbildungen

»Richtig reisen«: Griechenland 1
Delphi, Athen, Peloponnes und Inseln
Von Evi Melas. Etwa 290 Seiten mit etwa 58 farbigen und etwa 140 einfarbigen Abbildungen. (Erscheint Frühjahr '80)

»Richtig reisen«: Großbritannien
England, Wales, Schottland
Von Rolf Breitenstein. 284 Seiten mit 58 farbigen, 140 einfarbigen Abbildungen

»Richtig reisen«: Ibiza/Formentera
Von Ursula von Kardorff und Helga Sittl. 248 Seiten mit 52 farbigen und 153 einfarbigen Abbildungen

»Richtig reisen«: Istanbul
Von Klaus und Lissi Barisch. 257 Seiten mit 28 farbigen und 173 einfarbigen Abbildungen

»Richtig reisen«: Kanada und Alaska
Von Ferdl Wenger. 325 Seiten mit 39 farbigen und 118 einfarbigen Abbildungen

»Richtig reisen«: Kopenhagen
Von Karl-Richard Könnecke. 200 Seiten mit 32 farbigen und 118 einfarbigen Abbildungen

»Richtig reisen«: London
Von Klaus Barisch und Peter Sahla. 251 Seiten mit 18 farbigen und 189 einfarbigen Abbildungen

»Richtig reisen«: Los Angeles
Hollywood, Beverly Hills, Venice, Santa Monica
Von Priscilla und Matthew Breindel. Etwa 346 Seiten mit 75 farbigen und etwa 180 einfarbigen Abbildungen. (Erscheint Frühjahr '80)

»Richtig reisen«: Mexiko und Zentralamerika
Von Thomas Binder. 330 Seiten mit 32 farbigen und 119 einfarbigen Abbildungen

»Richtig reisen«: Moskau
Von Wolfgang Kuballa. 268 Seiten mit 36 farbigen und 150 einfarbigen Abbildungen

»Richtig reisen«: Nepal
Kathmandu: Tor zum Nepal-Trekking
Von Dieter Bedenig. 288 Seiten mit 37 farbigen und 97 einfarbigen Abbildungen

»Richtig reisen«: New York
Von Gabriele von Arnim und Bruni Mayor. 312 Seiten mit 61 farbigen und 178 einfarbigen Abbildungen

»Richtig reisen«: Paris
Von Ursula von Kardorff und Helga Sittl. 277 Seiten mit 34 farbigen und 178 einfarbigen Abbildungen

»Richtig reisen«: Rom
Von Birgit Kraatz. Etwa 280 Seiten mit etwa 40 farbigen und etwa 120 einfarbigen Abbildungen. (Erscheint Frühjahr '80)

»Richtig reisen«: San Francisco
Von Hartmut Gerdes. 248 Seiten mit 33 farbigen und 155 einfarbigen Abbildungen

»Richtig reisen«: Südamerika 1
Kolumbien, Ekuador, Peru, Bolivien
Von Thomas Binder. 252 Seiten mit 35 farbigen und 121 einfarbigen Abbildungen

»Richtig reisen«: Südamerika 2
Argentinien, Chile, Uruguay, Paraguay
Von Thomas Binder. 330 Seiten mit 37 farbigen und 110 einfarbigen Abbildungen

»Richtig reisen«: Südamerika 3
Brasilien, Venezuela, die Guayanas
Von Thomas Binder. 332 Seiten mit 38 farbigen und 117 einfarbigen Abbildungen

»Richtig reisen«: Tokio
Von Frank und Ceci Whitford. 270 Seiten mit 49 farbigen und 120 einfarbigen Abbildungen

DuMont Kunst-Reiseführer
Leonard von Matt
Franco Barelli

Kunst und Kultur
der ›Ewigen Stadt‹
in mehr als 1000 Bildern

ROM

DuMont Kunst-Reiseführer: Rom

Kunst und Kultur der ›Ewigen Stadt‹ in mehr als 1000 Bildern
Von Leonard von Matt und Franco Barelli. 344 Seiten mit 9 farbigen und 1044 einfarbigen
Abbildungen, 13 Karten und Plänen, 16 Seiten praktischen Reisehinweisen, Register, kartoniert

»Eine reichen Überblick über die Kunst in Rom von den Anfängen bis zum Ausgang des Barocks bieten Leonard von Matt und Franco Barelli . . . Ein nahezu unwiderstehliches Buch, das
mit Plänen im Anhang die Orientierung erleichtert . . . Obendrein ist es, gemessen am Ange-
bot, verblüffend preiswert. *Frankfurter Neue Presse*

»Kunstführer von der Qualität des vorliegenden kann man suchen. Eigenwillig und konsequent in der Konzeption, erfüllt er seine Aufgabe mit der modernen Verbindung von Text
und Fotografie . . . Man will dem Leser zu einer gezielten Betrachtungsweise verhelfen, die
ihm eine Hilfe angesichts der Überfülle von Kunstwerken und -denkmälern in Rom gibt.«
Gießener Allgemeine Zeitung

»Richtig reisen«: Rom

Von Birgit Kraatz. Etwa 280 Seiten mit etwa 40 farbigen und etwa 120 einfarbigen Abbildungen, Zeichnungen und Plänen, etwa 70 Seiten praktischen Reisehinweisen

Es gibt kaum eine Stadt der Welt, über die Schriftsteller so ausführlich berichtet haben wie gerade über Rom. Das mag auch der Grund sein, warum deutschen Touristen Rom fast ausschließlich als Bildungsreise erleben. Das moderne Leben dieser Metropole ist kaum für Touristen praktisch erschlossen und zugänglich gemacht worden. Dieses vielseitige Rom-Buch ersetzt den italienischen Freund am Tiber, der durch das turbulente Innenleben einer Stadt führt, die sich auch im 20. Jahrhundert ihre Individualität bewahrt hat.

Weitere Kunst-Reiseführer über Italien:

Apulien   Kathedralen und Kastelle
Ein Begleiter durch das normannisch-staufische Apulien. Von Carl Willemsen

Das etruskische Italien
Entdeckungsfahrten zu den Kunststätten und Nekropolen der Etrusker. Von Robert Hess

Elba
Ferieninsel im Tyrrhenischen Meer. Macchienwildnis, Kulturstätten, Dörfer, Mineralienfundorte. Von Almut und Frank Rother

Florenz und die Medici
Ein Begleiter durch das Florenz der Renaissance. Von My Heilmann

Ober-Italien
Kunst, Kultur und Landschaft zwischen den Oberitalienischen Seen und der Adria. Von Fritz Baumgart

Von Pavia nach Rom
Ein Reisebegleiter entlang der mittelalterlichen Kaiserstraße Italiens: Pavia, Piacenza, Parma, Lucca, San Gimignano, Siena, Viterbo, Rom. Von Werner Goez

Sardinien
Geschichte · Kultur · Landschaft – Entdeckungsreisen auf einer der schönsten Inseln im Mittelmeer. Feengrotten, Nuraghen und Kastelle. Von Rainer Pauli

Sizilien
Insel zwischen Morgenland und Abendland. Sikaner/Sikuler, Karthager/Phönizier, Griechen, Römer, Araber, Normannen und Staufer. Von Klaus Gallas.

Toscana
Das Hügelland und die historischen Stadtzentren. Pisa · Lucca · Pistoia · Prato · Arezzo · Siena · San Gimignano · Volterra. Von Klaus Zimmermanns

Venedig   Geschichte und Kunst
Erlebnis einer einzigartigen Stadt. Von Marianne Langewiesche

Alle Bände mit vielen, zum Teil farbigen Abbildungen; dazu Zeichnungen, Karten, Grundrisse und praktische Reisehinweise.

Von Herbert Alexander Stützer, dem Autor des vorliegenden Buches, erschien in unserem Verlag:

Malerei der Italienischen Renaissance
152 Seiten mit 40 eingeklebten Farbtafeln und 85 einfarbigen Abbildungen, Anmerkungen, ausgewählter Bibliographie, Register, Leinen (DuMont's Bibliothek Großer Maler)

Die Italienische Renaissance
286 Seiten mit 19 farbigen und 168 einfarbigen Abbildungen, 10 Zeichnungen, Literaturverzeichnis, synchroner Zeittafel und Stammbäumen bedeutender Herrscherfamilien, Personenregister, kartoniert (DuMont Dokumente)